Larry Collins
Dominique Lapierre

... oder du wirst Trauer tragen

Das phantastische Leben des El Cordobés

C. Bertelsmann

Titel der Originalausgabe:
»Ou Tu Porteras Mon Deuil«

Aus dem Französischen von
Wolfgang Teuschel

Deutsche Erstausgabe 1968
Satz: Filmsatz Schröter GmbH, München
Druck und Bindung:
Mohndruck Graphische Betriebe GmbH, Gütersloh
ISBN 3-570-02663-9 · Printed in Germany

»Weine nicht, Angelita,
heute abend kauf' ich dir ein Haus –
oder du wirst Trauer tragen.«

Manuel Benitez el Cordobés
zu seiner Schwester
am Tag seines ersten Kampfes
mit den wilden Stieren Spaniens

Im Süden Spaniens, auf dem stolzen, kargen Boden Andalusiens, eingekesselt zwischen Bergen, deren kahle Hänge zum Mittelmeer abfallen, klammert sich eine kleine, uralte Stadt mit ockergelben Mauern an einen Felsenabsatz, den eine schwindelerregende Schlucht durchschneidet. Ihr Name ist Ronda. Der rauhe Schlag ihrer Bewohner und die Verwegenheit ihrer Lage haben ihr einen Beinamen eingebracht: »Der Adlerhorst«. Und hier war es vor nunmehr zwei Jahrhunderten, nach dem Ende des Zeitalters der Konquistadoren, daß hinter den barocken Toren einer weiten Arena die »Real Maestranza de Caballería« (Königlicher Reitkunstklub) ungewöhnliche Spiele veranstaltete, die vor allem eine Schule der Tapferkeit sein sollten. Vom Rücken ihrer Pferde aus gaben sich die reichen Edelleute Rondas einem Sport hin, der ihnen die Freuden und Gefahren des Krieges ersetzte: dem Stiergefecht.

Einmal, am Ende des 18. Jahrhunderts, stieß im Verlauf eines dieser Kämpfe ein Stier seinen Widersacher samt dem Pferd nieder. Und gerade als er seine Hörner in den Leib des unglücklichen Edelmanns bohren wollte, tauchte ein Retter auf: ein bescheidener Tischler, der seinen breiten andalusischen Hut schwenkte und so die Aufmerksamkeit des Stiers auf sich zog. Ein Beifallssturm belohnte sein mutiges Eingreifen. Da warf sich der Tischler, den der Erfolg seiner Tat verwandelt hatte, neuerlich vor die Hörner des Stiers und zwang ihn, seinen Hut zu verfolgen. Dieser beherzte Unbekannte hieß Francisco Romero. Er hatte an diesem Nachmittag unter der gleißenden Sonne Rondas den Stierkampf zu Fuß erfunden, eine Kunst, die zu einem der mitreißendsten aller jemals von Menschen ersonnenen Schauspiele werden sollte.

Während der folgenden dreißig Jahre fuhr Francisco Romero fort, als erster Matador der Geschichte, zu Fuß mit den Stieren Spaniens zu kämpfen. Als er reich und berühmt starb, hatte sich die Corrida endgültig von ihrem ursprünglichen Stil wegentwickelt. Aus einem Zeitvertreib für begüterte Adelige war eine Kunst für das Volk geworden. Vor allem aber hatte die unerwartete Karriere des andalusischen Tischlers einen neuen Weg zu Ruhm und Geld eröffnet. Dieser Weg, der vor den Hörnern der Stiere vorbeiführt, lockte im Verlauf der nächsten eineinhalb Jahrhunderte Tausende junge Spanier mit seinem Versprechen an, Hunger und Elend zu besiegen. Für einige wenige brachte er Ruhm und Geld. Für die meisten aber führte er nur zu Leiden und Verzweiflung. Und für vierhundert Söhne Spaniens in den Tod.

Dieses Buch hier erzählt den harten und langen Weg eines dieser Männer.

Madrid, an einem Maimorgen

»Ite missa est« – Gehet hin, ihr seid entlassen.

Nach diesen Worten wendet sich Don Juan Espinosa Carmona, Pfarrer zu Unserer Lieben Frau von Covadonga, wieder dem Altar zu: Und wie an jedem Donnerstag und Sonntag von März bis Oktober, wie jeden Tag während der letzten beiden Maiwochen, in denen Madrid die *Feria* seines Schutzpatrons San Isidro feiert, verlängert er die heilige Handlung durch ein ungewöhnliches Ritual.

Seit dreißig Jahren hat sich an diesen Gesten nichts geändert: Der Priester öffnet das Ziborium, entnimmt ihm zwei konsekrierte Hostien und legt sie in eine silberne Bursa. Dann holt er aus der Sakristei ein Gefäß mit geweihtem Öl und verschließt es zusammen mit dem Hostienbehälter in ein schwarzledernes Köfferchen, in dem bereits eine violette Stola und ein Stück Watte liegen.

Sein kostbares Köfferchen in der Hand, tritt Don Juan in die Helle der Straße. Es ist 8 Uhr; Madrid erwacht. Er biegt nach links ein, auf einen anderen Tempel zu, dessen maurische Arkaden aus rotem Backstein am Ende der Avenue hervorleuchten. Es ist die *Plaza de Toros* von Madrid, die Kathedrale eines ebenso alten, ebenso spanischen Kults wie jener der Jungfrau von Covadonga.

Don Juan ist der Seelsorger der Arena. Als junger Priester hat er diese Aufgabe übernommen, ohne irgend etwas von den verwickelten Bestimmungen des *Reglamento Taurino* zu ahnen. Doch dreißig Jahre auf den rauhen Betonstufen, auf denen er manche Soutane abgewetzt hat, haben ihn zum leidenschaftlichsten *Aficionado* gemacht. Durch seine messinggefaßte Brille hat er drei Generationen von Stierkämpfern die Kunst der Corrida bis zu ihren höchsten Höhen führen gesehen.

Aber es gibt keine Mutprobe ohne Tragödien; und so ist die Anwesenheit Don Juans auf den Tribünen der *Plaza* stets ein düsteres Symbol. Das an jedem Donnerstag geweihte Olivenöl aus Granada und die Hostie aus dem schwarzen Köfferchen haben zwölfmal während dieser dreißig Jahre für einen der Männer in den goldbestickten Kostümen die letzte Wegzehrung bedeutet.

Unter der heißen Maisonne beschleunigt Don Juan seine Schritte; in seiner Tasche hört er ein kleines Metallstück klirren: das Zeichen seiner Würde, den Schlüssel zum Tabernakel der *Plaza*-Kapelle, in die er in wenigen Minuten den Inhalt seines schwarzen Köfferchens legen wird. An dem Schlüssel ist mit einem Gummiband ein rot-gelb gestreiftes Stückchen Papier befestigt, seine Eintrittskarte für die Arena von Madrid: das wertvollste Dokument, von dessen Besitz an diesem Maimorgen ein Spanier träumen konnte. In genau zehn Stunden werden der amtliche Stempel und die Unterschrift, die es trägt, Don Juan gestatten, einem Schauspiel beizuwohnen, das ganz Spanien sehen möchte: die feierliche Bestätigung, daß eine Waise mit zerrauften Haaren in den Rang eines *Matadors de Toros* aufgestiegen ist.*

Niemals in der jüngeren Vergangenheit wurde Spanien von einem vergleichbaren Taumel erfaßt, ausgenommen vielleicht während der Wirren des Bürgerkriegs oder anläßlich jenes Ereignisses, das Millionen von Spaniern in Bestürzung versetzt hat: Manoletes Tod in der Arena. Kein anderer zeitgenössischer Matador und wahrscheinlich auch keiner in der ganzen langen Geschichte der *Fiesta Brava* konnte das Volk in solche Erregung versetzen wie der schlaksige junge Mann, dessen Tollkühnheit der alte Pfarrer von Covadonga heute nachmittag zum erstenmal bewundern wird.

Fünf Jahre vorher konnte man seinen Namen nur in den Archiven der Zivilgarde seines Geburtsorts und in denen eines halben Dutzends von Gefängnissen finden. Heute wird sein Name von einer Aureole glänzenderen Ruhms umstrahlt, werden seine Taten mit größerer Bewunderung umjubelt, als es jemals dem Caudillo aller Spanier, dem General Francisco Franco, vergönnt war.

Er heißt Manuel Benítez, aber die ganze Welt kennt ihn unter dem Beinamen El Cordobés – der Mann aus Córdoba. An diesem 20. Mai 1964 ist er gerade 28 Jahre alt geworden.

Aufgeregt erwartet Madrid die Corrida. Fern im Norden kann der

*Die Matadore werden in zwei Klassen geteilt: in die *Novilleros*, die mit *Novillos* – weniger als drei Jahre alten Stieren – kämpfen, und in die *Matadores de Toros*, deren Gegner die ausgewachsenen Tiere sind. Die Erhebung vom ersten in den zweiten Stand geschieht durch eine feierliche Zeremonie: die *Alternativa*. Diese kann in jeder beliebigen Arena stattfinden, doch muß sie auf der *Plaza* von Madrid, dem Heiligtum der Tauromachie, »bestätigt« werden.

alte Pfarrer die schneebedeckten Gipfel der Sierra Guadarrama sehen, die letzte granitene Bastion vor der stolzen Stadt. Über die Kastilische Hochebene weht ein heißer Wind, dringt in die Stadt, reizt die Augen. Als Don Juan ihn auf seinem Gesicht fühlt, vergißt er einen Augenblick lang sein Köfferchen und sagt sich befriedigt, daß das Wetter ideal für eine Corrida zu werden verspricht.

Auf den roten Flanken der Stockautobusse hält der aufgemalte Held des Tages eine Flasche aus Pappe empor und rät: »Trinkt den Wein des Cordobés!« »ABC«, die seriöseste Zeitung Spaniens, widmet ihre ganze Titelseite dem unbekümmerten Gesicht des Matadors, das seit dem Morgen von den Ständen aller Zeitungsverkäufer Madrids lächelt. Im Inneren des Blatts kann man lesen: »Jedesmal wenn El Cordobés auftritt, bricht ein Sturm los. Er hat aus den stillen Wassern des Stierkampfs einen brandenden Ozean gemacht.« Und weiter unten fügt ein Kommentator hinzu: »El Cordobés hat der Corrida ihre Spannung wiedergegeben. Von diesem Burschen kann man alles erwarten.«

Neben dem Kiosk auf der Plaza de Roma verkündet der alte Kriegsblinde, der seit zwanzig Jahren seine Lose mit dem Ruf »para hoy!« – für heute – anpreist, daß das Glück des Cordobés an diesem Tag »viele Gewinner machen« werde. Überall entlang der endlosen Calle de Alcalá beleben grelle Farbflecken die grauen, schmutzigen Fassaden. Es sind die traditionellen Plakate, die seit Generationen immer wieder verkünden:

»SEIS HERMOSOS Y BRAVOS TOROS...
sechs prachtvolle, tapfere Stiere.
Pünktlich um 18 Uhr,
wenn es das Wetter und die Behörden erlauben.«

Über jedes ist ein weißes Schriftband geklebt: »No hay billetes« – ausverkauft –, das dem Priester vor Augen hält, welch außerordentliches Privileg er in ein paar Stunden genießen wird.

Am höchsten branden die Wogen der Erregung, deren Zeuge er ist, in der Umgebung der Puerta del Sol, dem historischen Kern der Stadt. Hier, unweit des bescheidenen Hauses, in dem San Isidro, der Patron Madrids, Bedienter gewesen ist, hinter dem Palast, dessen Mauern 150 Jahre vorher den Hintergrund für die von Goya unsterblich gemachten napoleonischen Massaker gebildet haben, beginnt ein schmales Gäßchen, die Calle Victoria. Sie verläuft zwischen alten

Häusern mit schäbigen Fassaden, gefleckt vom verwaschenen Grün abgeblätterter Fensterläden. Aber die charakteristische Eigenart dieser Gasse rührt weniger von diesem Äußeren her als vielmehr von einem bestimmten Geruch: Ein beißender, durchdringender Geruch nach gebratenen Fischen und ranzigem Öl schlägt aus unzähligen Cafés und Kneipen, von denen manche so eng sind, daß man sich nicht einmal niedersetzen kann. Über den Eingängen speien schwarze Rohre die grauen Rauchschwaden der Öfen aus, auf denen Wannen voll Öl sieden; und auf die fettigen Fensterscheiben sind mit weißer Farbe die Namen der vielfältigen Spezialitäten gekritzelt, die dieses seltsame Feinschmeckerparadies zu bieten hat: fritierte Tintenfische im *Sol y Sombra*; Sardinen und Aale im *Oreja de Oro*; gestocktes Blut und andalusische *Chorizo*-Wurst in der *Taberna Eritana*; Kaldaunen auf maurische Art im *Generalife*; geräucherte Krabben und süßer Wein im *Café Alcantina.*

Aber der scharfe Geruch und die kulinarischen Spezialitäten sind nicht die einzigen Eigentümlichkeiten der Calle Victoria. An den Wänden der Gaststätten beweisen Bilder, Plakate und Fotografien, daß hier eine gemeinsame Leidenschaft die Menschen eint. Drinnen, wo sich Spucke, Zigarrenstummel und Krabbenschalen in die aufgestreuten Sägespäne mischen, im Dunst von Wein, Bier, ranzigem Öl und Knoblauch, erledigt die geheimnisvolle Welt der Tauromachie ihre Geschäfte; Geschäfte, die mit ein paar Worten, einem Zwinkern, einem Handschlag abgetan sind und ohne Umstände über Millionen von Peseten und über Mut und Ehre einiger ruhm- und geldbesessener Burschen entscheiden. Im zweiten Stock des altersschwachen Hauses Nummer 9 befindet sich hinter verstaubten Fensterscheiben das Gehirn dieser Welt: die *Empresa* von Madrid, die Direktion der Arenen. Ihre Anwesenheit macht die Calle Victoria zum Weltzentrum der Tauromachie.

An diesem Morgen überschwemmt eine schreiende Menge ihre Gehsteige und ihre Fahrbahn, denn nach dem Gesetz müssen 10 Prozent der 26000 Plätze der Arena am Tag der Corrida öffentlich verkauft werden. Der Rest, also neun Zehntel der Karten, ist schon Wochen vorher abgesetzt worden, im Verlauf des spektakulärsten Runs in den Annalen des Stierkampfs. Kein Platz ist einzeln angeboten worden: Nur wer ein komplettes Abonnement für alle sechzehn Corridas der *Feria* von San Isidro nahm, wurde berücksichtigt. Jedes dieser Abonnements hat ein Vermögen gekostet: drei Monatslöhne eines Arbeiters für den schlechtesten Platz, einen Jahreslohn für den besten. Auf diese Weise ist es der Arena von Madrid zum erstenmal in ihrer Geschichte gelungen, eine ganze *Feria* auszuverkaufen. Und diesen Erfolg verdankt sie der Mitwirkung des Cordobés an zwei Corridas: Er hat es ermöglicht, daß eine Summe von annähernd hundert Millionen Peseten in die Kassen geflossen ist.

Um eine dieser kostbaren 2600 Karten zu erobern, deren Verkauf nun beginnt, hat die Menge schon am Vorabend die Calle Victoria gestürmt; eine Nacht, wie sie soeben dieses alte, arme Viertel von Madrid erlebt hat, kann man höchstens noch bei einer Königskrönung in den Straßen Londons sehen. Gegen 22 Uhr hat sich eine Schar von Burschen in goldbetreßten Uniformen in die Gasse ergossen; die Pagen der großen Hotels von Madrid werden von der Corrida bestenfalls ein Stückchen Papier sehen: Eine Eintrittskarte, die sie vielleicht nach einer langen Nacht des Wartens ergattern können und die sie sofort an irgendeinen reichen Touristen weiterverkaufen werden. Geschäftsleute, Aristokraten, Generale und sogar Minister haben ihre Laufburschen, Chauffeure und Ordonnanzen geschickt. Auch die niedrigeren Bevölkerungsschichten sind vertreten: barhäuptige Hausfrauen, Angestellte in schäbigen Anzügen, Arbeiter in Samthosen. Der gleiche Schwung der *afición* eint diese kunterbunte Menge, inmitten deren die Agioteure und Spekulanten lauern, riesige Profite witternd.

Gegen Mitternacht hat die Polizei in weitem Umkreis des Viertels ein Fahrverbot erlassen müssen. Mit dem ersten der neun Schläge, die vom barocken Turm von San Isidro, der benachbarten alten Kathedrale, ertönen, geht die erregte, lärmende Nachtwache zu Ende: Die Masse stürmt den Schalter.

Zwei Stockwerke höher überschaut ein Mann vom Fenster seines Büros aus die lange, stoßende, schiebende Schlange, die sich bis zum ruhigen Park der Plaza Santa Ana erstreckt; er genießt dieses Schauspiel. Sein eleganter grauer Anzug, seine sorgsam gekämmten weißen Haare und seine randlose Brille lassen ihn in dieser Umgebung etwas fehl am Platze erscheinen. An den Wänden des Raums hängen vergilbte Plakate von denkwürdigen Corridas und alte Fotografien, auf denen Toreros von der Menge Madrids im Triumph auf den Schultern getragen werden; sie erzählen von der seltsamen Karriere dieses Mannes. Nichts in seinem eher biederen Aussehen deutet darauf hin, daß er einer der Könige der *Fiesta Brava* ist. Selbst sein Name ist ebensowenig spanisch wie Smith oder Schulze, und die Kreise, aus denen er kommt, haben mit der Tauromachie ungefähr soviel zu tun wie jene eines tibetanischen Lamas. Don Livinio Stuyck ist der Erbe der Königlichen Teppichmanufaktur, einer sehr alten, sehr berühmten Anstalt, die seine Ahnen auf Aufforderung Philipps V. in Flandern gegründet haben. Die königlichen Gemächer des Escorial, die Säle des Prado-Museums und die Residenzen spanischer Granden schmeicheln sich, einige der Meisterwerke zu besitzen, die von Generationen seiner Ahnen gewebt worden sind. Don Livinio selbst ist noch unter Farben und Wolle aufgewachsen. Eines Tages, als er die Archive der Manufaktur durchstöberte, stieß er auf Teppiche, die Stierkampfszenen darstellten. In einer Schachtel daneben fand er die Entwürfe dazu – Skizzen mit dem Namenszug eines zu seiner Zeit unbekannten jungen Künstlers: Francisco de Goya. Hier begegnete Livinio zum erstenmal der Welt der Tauromachie. Bevor er die Leitung des elterlichen Betriebes übernehmen sollte, wollte er Jura studieren und inskribierte in Madrid. Aber von seinen beiden Berufen, dem eines Industriekapitäns und dem eines Advokaten, sollte Livinio Stuyck weder den einen noch den anderen ausüben. Seine Bestimmung lag anderswo.

An einem Abend des Winters 1941 boten ihm zwei Freunde die Direktion der Arena von Las Ventas an, die damals am Rande des Zusammenbruchs stand. Stuyck, der es verabscheute, das Blut von Tieren fließen zu sehen, zögerte lange, bevor er zustimmte. Und als er seine ersten Kämpfe organisierte, entdeckte er, welch komplizierte Alchimie hinter einer Corrida steckt und wie unsicher deren Ausgang ist. Stuyck jedoch mit seinem juristisch geschulten, methodischen Denken bemühte sich hartnäckig, den Anteil des Zufalls einzuschränken und Voraussetzungen zu schaffen, die es eines Tages einem Mann und einem Tier fast mit Gewißheit ermöglichen könnten, einen schönen Kampf zu liefern. Er hatte viele Mißerfolge zu verzeichnen. Aber oft war auch dank ihm ein grandioses Schauspiel auf dem Sand der Arena von Madrid zu sehen.

Mittlerweile ist es ein Vierteljahrhundert, daß der Erbe der Königlichen Teppichmanufaktur über diese Arena herrscht. Er hat mehr als 2500 Corridas veranstaltet, und fast 1500 Stiere sind auf sein Geheiß unter dem Degen zweier Generationen von Matadoren gestorben. Er hat Manolete nach Madrid geholt; er hat den langen, faszinierenden Zweikampf zwischen Antonio Ordóñez und Luis Miguel Dominguín, den beiden verschwägerten Matadoren, organisiert, der Hemingway bewogen hat, noch einmal über Spanien zu schreiben. Gemeinsam mit einem ehemaligen Bankangestellten aus Sevilla, mit einem zynischen Achtzigjährigen aus Barcelona und mit einem abgedankten Roßtäuscher aus San Sebastián regiert Livinio Stuyck über die Einrichtung der Corrida selbst. Diese vier Könige der spanischen *Fiesta* kontrollieren alle halbwegs bedeutenden *Plazas*, und Matadore, Impresarii, Züchter, Kritiker, ja sogar die *Acionados* müssen nach ihrer Pfeife tanzen.

Trotzdem ist das Schauspiel, über dessen Geschicke diese erfahrenen Männer wachen, in den letzten zehn Jahren in eine gewisse Flaute geraten. Spanien, hieß es, habe seine *afición* eingebüßt. Neue Unterhaltungen, neue Idole zögen die Jugend von den Arenen weg. Seit dem Tod Manoletes konnte kein Matador die Mengen wirklich mitreißen, und das Schild »No hay billetes« – ausverkauft – wurde zu einer seltenen Auszeichnung für die Kartenschalter.

Zwei Ereignisse sollten die *Fiesta Brava* retten. Das erste war die Einrichtung des Fernsehens, das die Corrida in breitere Schichten trug und neue Keime der *afición* in die Herzen der Spanier säte. Und fast zur gleichen Zeit erschien der lang prophezeite neue Messias mit der *Muleta*. Eine Waise aus dem andalusischen Städtchen Palma del Río mit langen, zerrauften Haaren, entwaffnendem Lächeln und geradezu selbstmörderischer Tollkühnheit riß die *Fiesta Brava* mit einem Schlag aus dem Trott, in den sie verfallen war.

Er setzte sich über alle Regeln der Kunst und alle Gesetze der Ästhetik hinweg und schuf einen neuen Stil, der die Gemüter erhitzte und niemanden gleichgültig ließ. Verehrt und verhaßt, bejubelt und beschimpft, genoß El Cordobés dank dem Fernsehen eine Popularität, die kein Matador vor ihm gekannt hatte – ein Phänomen, das in jeder Saison einen Sturm ohnegleichen auf die Kassen der *Plazas* entfesselte.

Fünf Jahre vorher, an einem Wintermorgen, war Don Livinio vor dem Zaun von Las Ventas dem künftigen Idol Spaniens begegnet. Aus diesem ersten Zusammentreffen bewahrt der Manager die Erinnerung an einen »herabgekommenen andalusischen Burschen mit verhungertem, ungewaschenem Gesicht«. Mit seinen schwieligen Händen umklammerte der künftige El Cordobés die Gitterstäbe und flehte den berühmten Impresario mit seiner heiseren Stimme an, ihm eine *oportunidad* – eine Chance – zu geben. Hundertmal am Tag, sowie Don Livinio sich in der Arena zeigte, quälte dieses Wort wie eine endlose Litanei seine Ohren. Aber die Arena von Madrid gibt keine *oportunidad.* Nur anerkannte Matadore dürfen ihren Fuß auf den geheiligten Sand dieses Platzes setzen. Don Livinio erinnert sich, daß er sich zu dem

Burschen umdrehte und ihm einen *Duro*, ein Fünfpesetenstück, hinwarf. Kaum war die Münze vor die Füße Manuels gefallen, als dieser sie auch schon zurückschleuderte und wütend schrie: »Ich will kein Almosen, ich will eine Chance mit Stieren zu kämpfen!« Und während der Sekunde, da ihn sein Gegenüber verblüfft anstarrte, deutete er mit einer weitausholenden Geste auf das Rund der Tribünen und stieß hervor: »Eines Tages werden Sie diese Arena mit meiner Hilfe füllen, Don Livinio!« Der Impresario lachte über diese anmaßende und pathetische Behauptung.

Fünf Jahre später geht nun diese großsprecherische Prophezeiung in Erfüllung. Die Gitter von Las Ventas öffnen sich vor dem tabakfarbenen, goldbestickten Kostüm des »herabgekommenen Burschen mit dem verhungerten, ungewaschenen Gesicht«. Für den Mann, dessen Almosen einst zurückgewiesen worden ist, ist dies ein Augenblick des Triumphs, der Höhepunkt dieser *Feria*, der er ein Jahr lang all seine Kräfte gewidmet hat.

Ganz Madrid weiß, daß er El Cordobés eine Million Peseten* pro Corrida zahlen muß, eine märchenhafte Summe, die bisher noch kein Matador für die zwanzig Minuten erhalten hat, in denen er mit seinem Leben spielt und zwei Stiere ins Jenseits befördert.

Im Erdgeschoß des Hauses, in dem Don Livinio seine Freude auskostet, sitzt ein Mann hinter der Planke, die seinen Schalter schützt, und horcht auf das Geschrei der ungeduldigen Menge. Er heißt José Ramos. Seit 34 Jahren erfüllt er pünktlich und genau dieselbe Pflicht. Er ist der offizielle Kartenverkäufer für Las Ventas. Auf einem weißen Holztisch vor ihm liegt, sorgfältig zu mehreren Stapeln gebündelt, der einmalige Schatz, den er vor einer Stunde aus einem doppelt gesicherten Panzerschrank geholt hat. Karte um Karte hat er ihn gezählt. Und zum erstenmal in seiner Laufbahn wird er in seiner Tätigkeit grausam gedemütigt: Er muß an diesem Morgen die Kammer, die ihm zugleich als Kasse und als Büro dient, mit einem Fremden teilen. Dieser Fremde erfüllt eine Aufgabe, die keinerlei Zusammenhang mit der Tauromachie hat. Er ist ein Inspektor, den die Generalsicherheitsdirektion in die Calle Victoria geschickt hat, um den Kartenverkauf zu überwachen.

In weniger als einer Stunde entreißt die Menge dem alten Angestellten seinen kostbaren Schatz. Als nach dem Verkauf der letzten Karte der Schalter schließt, verwandelt sich die enge Gasse in die spektakulär-

* Das sind rund gerechnet öS 370 000 bzw. DM 57 000.

ste Börse Europas. Der Kurs des einzigen Papiers, das hier gehandelt wird, steigt so schnell, daß er den astronomischen Preis, den ein amerikanischer Tourist dem Portier des Hotel Hilton geboten hat, bald übertrifft. Ein Platz im ersten Rang, Schatten, erreicht 15 000 Peseten. Ein Angestellter der Gesellschaft Iberia zahlt drei Monatsgehälter, um ihn zu kaufen. Ein Arbeiter der Seat-Autowerke bietet seine Uhr für einen Platz im zwölften Rang, Sonne. Doch solche Opfer werden leichten Herzens erbracht, denn jenes kostbare Stück Papier berechtigt dazu, sich einen einzigen Nachmittag lang zur Welt der wahren *Aficionados* zu zählen.

Um zwei Brennpunkte sammelt sich diese Welt. Auf der Plaza Santa Ana findet sich im schattigen, holzgetäfelten Bräuhaus Alemana die Aristokratie der *afición* ein. Hier, in der Hochburg der Konservativen, diskutieren vor schäumenden Bierkrügen und Tellern voller geräucherter Krabben berühmte Matadore, reiche Stierzüchter, bedeutende Impresarii, Journalisten, einflußreiche Schriftsteller und die Stars des Flamenco, kurz, die Elite der Welt des Stierkampfes und ihre intellektuellen Trabanten. Das Orakel der Runde ist Ramón, der Wirt, ein sechzigjähriger Schmerbauch, ein Freund und Vertrauter dreier Generationen von Toreros. Seine Gäste, Feinde jeglicher Revolution, und beträfe sie auch bloß den Stierkampf, zähe Anhänger der Traditionen, verteidigen fanatisch ihre Privilegien und hassen alles, was an die bequeme Weltordnung rühren könnte, in der sie die Herren sind. Sie repräsentieren das alte Spanien; sie haben für den jungen bilderstürmerischen Matador und für den frischen Wind, den er in die Corrida bringt, nur ätzenden Spott übrig. Er sei, behaupten sie, bloß »einer der Clowns, die morgen wieder vergessen sind«, wie es sie in der bewegten Geschichte des Stierkampfes immer wieder gegeben habe; er sei ein »im Torerokostüm verkleideter Beatle«, dessen effekthascherischer, unordentlicher Stil das arglose Publikum gemein betrüge. El Cordobés, prophezeien sie, werde bald in der Versenkung verschwinden, ein Opfer seiner eigenen Exzentrizitäten und seines erschlichenen Ruhms. Aber diese harten Worte hindern keinen Stammgast des Bräuhauses, triumphierend seine Eintrittskarte für die Corrida des verabscheuten Matadors zu schwenken.

Ein halber Kilometer und eine breite soziale Kluft trennen das Bräuhaus Alemana von dem anderen Brennpunkt der *afición*, dem Gehsteig der Calle de Alcalá, wo das Volk sich sammelt. Hier, zwischen der Theke des *Café Tropical* und dem Abgang zur Metrostation

Sevilla, hält die Welt der *Fiesta Brava* vor einem kargen Glas Rotwein oder auch mitten auf dem siedenden Asphalt ihren seltsamen Hof. Matadore, die der Bazillus der Angst aus der Arena vertrieben hat, *Banderilleros*, deren Karriere vorzeitig von einem bösen Hornstoß beendet worden ist, *Picadores*, von Alter und Alkohol ausgehöhlt, Degenträger ohne Torero und Toreros ohne Manager, die ihr Scheitern durch das endlose Wiederkäuen eines Eintagsruhms bemänteln, sie alle harren des Wunders, das ihnen von neuem den Weg in die lichtdurchfluteten Arenen öffnet. Und dieses Warten ist nicht nur voll quälender Ungeduld, es ist auch fast immer aussichtslos, denn das einzige Wunder, das diese gestrandeten Existenzen zuweilen erleben, ist, daß ein mitleidiger Bekannter ihnen einen Hundertpesetenschein in die Tasche schiebt, damit sie einen Tag lang ihres nagenden Hungers Herr werden können. Noch bedauernswerter als sie sind jene zerlumpten Burschen, die das Elend ihrer Dörfer und eine verzehrende *afición* hierher getrieben hat: die *Maletillas*, wie man sie des Bündels wegen nennt, das sie auf dem Rücken tragen. Auch sie, mit ihren zerrissenen Hemden und geflickten Blue jeans und ihren Schirmmützen, mit ihren bloßen Füßen oder zerlöcherten *Espadrillas* (Leinenschuhe), betteln um das geheiligte Recht, den Sand einer Arena betreten zu dürfen. Manchmal, wenn sie sich mit einem Autobusfahrschein oder einer Handvoll Münzen als Gage zufriedengeben, gibt ihnen irgendein Dorfimpresario die Erlaubnis, in einer hinterwäldlerischen *Plaza* zu kämpfen und zu sterben, in einer *plaza de mala muerte* (Arena des bösen Todes) ohne *Enfermería* (Erste-Hilfe-Station), ohne Penicillin, ohne Arzt, wo höchstens ein Priester bereitsteht, ihnen die Letzte Ölung zu spenden und ihnen die Augen zuzudrücken.

Heute erfüllt das bevorstehende Ereignis dieses Pflaster des Elends mit besonderem Leben. Für die ältesten wie für die jüngsten Schiffbrüchigen der *Fiesta Brava* verkörpert der Aufstieg des andalusischen Waisenkindes die Erfüllung ihrer Träume, ein Beispiel, das sie weiterhin auf die *plazas de mala muerte* treiben wird, einen Mythos, der sie vor der Verzweiflung schützt. Fünf Jahre vorher hat das Idol von heute ihre Erniedrigung, ihren Hunger, ihre Hoffnungen geteilt. Er ist ihr Gefährte im Unglück gewesen; er bleibt in seinem Glanz ihr Kamerad.

Das Interesse, das die feierliche »Bestätigung« des Cordobés erweckt, ist keineswegs auf die Hauptstadt beschränkt. In ganz Spanien spricht man von dem Ereignis: unter den rosa Sandsteinarkaden der Plaza Mayor von Salamanca; in den tropischen Gärten von Málaga; auf den hitzeflimmernden Ramblas von Barcelona; und in Dutzenden kleinerer Städte und abgelegener Dörfer, durch die El Cordobés auf seinem Triumphzug nach Las Ventas gekommen ist.

Nirgends aber nimmt die Erwartung einen so mystischen Charakter an wie an den Ufern des Guadalquivir, in Córdoba und, ein wenig weiter flußabwärts, im Geburtsort Manuels, der Kleinstadt Palma del Río. Córdoba, die einstige glanzvolle Hauptstadt der Araber, der Heimatort Senecas und des Großen Hauptmanns*, hegt eine glühende Liebe zur *Fiesta Nacional.* Im Sommer 1947 ist die ganze Stadt dem Sarg ihres vergötterten Sohns Manolete gefolgt, der vom Horn eines Miura-Stieres getötet worden war. In ihren Elendsvierteln sind so viele, so hervorragende Matadore geboren worden, daß die gesamte Geschichte der *Fiesta Brava* den Stempel ihres Genies trägt. Vier von ihnen, Lagartijo, Guerrita, Bombita und Manolete, standen zu ihrer Zeit auf so einsamer Höhe, daß die alte andalusische Stadt sie gleichsam heiliggesprochen hat. Sie sind zu den »Vier Kalifen von Córdoba« geworden. Ihre Namen stehen eingemeißelt im harten Stein des barocken Kirchturms von Santa María.

Mit dem ganzen Schwung ihrer *afición* hat die Stadt die Taten des Analphabeten begrüßt, der in der umliegenden Provinz geboren worden ist und in den Arenen Spaniens ihren Namen trägt. Bald sollte auch sein Name in das Mauerwerk des Kirchturms geritzt stehen – eine zwar etwas ironische, aber doch herzliche Ehrung für einen Mann, dessen erste Bekanntschaft mit der Residenz der Kalifen die hohen Mauern des Gefängnisses gewesen sind.

Noch höher aber schlagen die Wellen der Freude und des Stolzes in der kleinen Geburtsstadt Manuels. Durch einen glücklichen Zufall wird an diesem Tag auch die *Feria* von Palma del Río eröffnet. Kein einziger der 1800 Einwohner arbeitet heute. Auf dem Festgelände am Eingang der Stadt sind große, bunte Zelte aufgestellt worden. Umdrängt von einem Schwarm rotznäsiger Kinder, dreht sich ein Ringelspiel mit Holzpferden unermüdlich zu den markerschütternd falschen Klängen einer Drehorgel. Daneben hört man den eintönigen Singsang eines weißbärtigen Greises, dessen uralte Lieder von Araberfürsten und

*Gonzalo Fernández de Córdoba (1453–1515), spanischer Feldherr, der sich im Kampf gegen Mauren und Italiener auszeichnete. Reformator des spanischen Heerwesens. Anm. d. Übers.

beraubten Prinzessinnen künden. Von einem Wagen herab weissagt einem eine alte Zigeunerin für einen *Duro* die Zukunft. Und vor den Zelten tanzen kleine Mädchen mit wirbelnden Röcken wilde Flamencos und lassen an den Spitzen ihrer winzigen Finger die Kastagnetten ihrer Mütter klappern. Für Palma ist heute ein Tag des Lärms, des Lachens und der Freude.

Einzig das Halbdunkel der Pfarrkirche bildet eine Oase der Ruhe in diesem Tumult. Hier kniet Don Carlos Sánchez, der Pfarrer, und liest sein Brevier. Verstohlene Schritte lassen ihn aufhorchen. Er dreht den Kopf und sieht eine von einem schwarzen Umhängetuch verhüllte Gestalt zu dem Glasschrein huschen, der in einer Nische rechts vom Altar steht. Im Innern dieses Kästchens befindet sich eine kleine Statue mit einem Kleid aus weißem, goldbesticktem Atlas, mit einem silbernen Zepter in der Hand und einer saphir- und rubinbesetzten Krone auf dem Kopf. Es ist die Jungfrau von Bethlehem, die Patronin von Palma.

Seit fünfzehn Generationen ist dieses Werk eines unbekannten Renaissancekünstlers die Schutzheilige der kleinen Stadt. Kein Anliegen ist zu geringfügig und keines zu groß, um ihr vorgebracht zu werden. Sie wird auf Händen durch die Gassen getragen, damit sie Kranke heilt und Frauen fruchtbar macht, damit sie gegen Dürre oder gegen Hochwasser hilft, damit sie ein Kind beschützt oder einen Feind bestraft, damit sie ein Neugeborenes oder einen Sterbenden segnet. Zu ihren Füßen kniet nun die Frau in Schwarz mit einer außergewöhnlichen Bitte nieder. Angelita Benítez hat sich ihr Leben lang verbissen bemüht, ihren Bruder von den wilden Stieren fernzuhalten. Die heutige Fiesta zeigt den vollen Umfang ihrer Niederlage.

In ihrer Angst ist Angelita gekommen, um den Beistand der Patronin von Palma für ihren Bruder zu erflehen. In ein paar Stunden wird sie vor dem Fernsehapparat, den El Cordobés ihr für diese Gelegenheit zur Verfügung gestellt hat, das Ereignis miterleben können, das seine absolute Vorrangstellung unter den Matadoren seiner Generation besiegelt. Es wird die erste Corrida sein, die Angelita in ihrem Leben sieht. Niemand hat hartnäckiger gekämpft als sie, um den heutigen Tag zu vereiteln. Aber eine andere Stimme, neben der ihr verzweifeltes Flehen nur ein kaum hörbares Raunen war, hat ihren Bruder fortgerissen. Eine unwiderstehliche Stimme. Eine Stimme, ebenso alt und ebenso spanisch wie Spanien selbst.

In der Corrida drückt sich die Seele dieses Volks aus; die Corrida ist eine Einrichtung, deren Ursprünge so alt, deren Wurzeln so weitläufig sind, daß es von der Kunst bis zur Industrie, vom Handel bis zur Sprache nichts in diesem Land gibt, das nicht von ihr geprägt worden wäre. Die Corrida ist für Spanien, was die Olympischen Spiele für das alte Griechenland waren. Trotz ihrer Grausamkeit, trotz ihrer oft künstlichen Romantik, trotz ihrer Kommerzialisierung bleibt sie, von der man an diesem Nachmittag eine Art symbolischer Erneuerung erhofft, einer der beständigsten und bedeutsamsten Faktoren des stolzen Erbes der spanischen Nation. »Blut – Lust – Tod« – diese oft besungene Dreiheit erklärt Spanien nicht zur Gänze, aber sie umreißt die fundamentale Eigenart eines Volks, das das Leben nur als eine andauernde Gegenüberstellung mit dem Tod auffaßt. Im Lauf der Geschichte, da dieses Land zuerst von der Welt abgeschnitten war, dann in Strömen von Blut erobert und zurückerobert wurde und schließlich, nachdem es im Namen seines Glaubens ganze Völker ausgerottet hatte, auf allen Kontinenten triumphierte, hat es eine harte, stolze, leidenschaftliche Seele erworben. Diese Heimat der Cervantes und Ignatius von Loyola, der großen Entdeckungen und der Inquisition, der Gewalt und der Zärtlichkeit, der Liebe und der Intoleranz, der Vernunft und der Grausamkeit zeigt die extremen Gegensätze ihres Wesens noch in der scharfen Teilung der Arena in »sol y sombra« – Sonne und Schatten. Nur hier, auf diesem Boden, der dem übrigen Europa so nah und doch so fern ist, in diesem von Arabern, Juden und Christen geformten Land, in dem Ehre, Mut und Tod eine geradezu abgöttische Verehrung genießen, konnte ein rituelles Schauspiel entstehen, dessen Protagonisten man heute feiert.

Keine Naturgewalt erlaubt es dem Spanier besser, seinen Mut zu erproben und seine Leidenschaft für das Spiel mit dem Tod zu stillen, als das Tier, dessen wilde Herden über die *marismas* des Landes galoppieren. Der Stier, dieses Symbol von Männlichkeit, Fruchtbarkeit und Tapferkeit, ist seit unvordenklichen Zeiten Gegenstand kultischer Verehrung. Im ganzen Mittelmeerbecken und bis nach Persien und Indien ist er im Mittelpunkt geheimnisvoller religiöser Riten gestanden. Zehn Jahrtausende vor der Erfindung der Corrida haben ihn die Urmenschen bereits in Zeichnungen an den Wänden ihrer Höhlen verherrlicht. Später beteten ihn die Massen der Hindus in ihren Schiwatempeln an. Seine mächtige Gestalt bevölkert die Reliefs der kretischen Paläste. Zahllose Heiden haben ihn auf ihren Altären geopfert und sein Blut den Göttern dargebracht, um von ihren Sünden befreit und von ihren Übeln, als deren schlimmstes der Tod galt, erlöst zu werden. Die Römer setzten diese Opfer durch ihre Zirkusspiele fort.

Ohne Blutvergießen gibt es keine Erlösung – diese Gewißheit verteidigte Spanien mit der ganzen Leidenschaft seines Mystizismus. Durch seine mehr instinktive als rationale Religiosität, durch seine Primitivität im Ausdruck des Glaubens und durch seine ewige Furcht vor allem Jenseitigen war es das ideale Land für den Ritus des erlösenden Blutopfers. Es vermengte die geheiligten Traditionen, die lokalen Gebräuche und den heidnischen Aberglauben von dreißig Jahrhunderten, setzte die Zirkusspiele des römischen Imperiums fort und gab so dem Blutopfer in der düsteren Helle seiner Arenen eine neue Gestalt.

»Alles andere war Tod und nur Tod« – dieser Vers Federico García Lorcas umreißt die tragische und unabwendbare Bestimmung des Stiers für das Opfer. Doch dieser Tod in der spanischen *Plaza* ist keineswegs einfach der letzte Akt eines barbarischen Spiels. Er ist der feierliche Abschluß eines unbewußten Sühneopfers der Menge. Um den tieferen Sinn der *Fiesta Brava* verstehen zu können, muß man die Ansicht ablegen, die Corrida sei ein sportliches oder artistisches Schauspiel, die Arena eine Bühne und der Stier ein Statist. Die Arena ist ein Heiligtum, dessen glühender Sand das Blut eines Tiers aufnimmt, das wie bei den antiken Riten für alle Zuschauer stirbt, das nicht nur seine Tragödie, sondern auch die ihre auf sich nimmt, das sie durch seinen Tod von der Angst vor ihrem eigenen Tod erlöst. Das Fest der Stiere ist letztlich ein Fest des Todes, und dies ist der Grund, warum es so tief in den Herzen der Spanier verankert ist. Doch es hätte dem Wesen Spaniens nicht entsprochen, die Tradition des Stieropfers zu übernehmen, ohne ihm den Stempel seiner eigenen Tugenden aufzudrücken. Spanien war es seiner Ehre und seiner Tapferkeit schuldig, dem Tier, das es darbringt, das Privileg der Verteidigung zuzugestehen, ihm zu erlauben, daß es sich mit seiner ganzen wilden Kraft zur Wehr setze. So entstanden die seltsamen Spiele, die man Corridas nennt; in ihnen ist die antike Opferhandlung verfeinert und das überlieferte Schema durch die Einführung des Moments der Gefahr grundlegend verändert. In ihnen erhält der mythische Stier vor seinem Tod von den Menschen die faire Chance, den zu töten, der ihn zu töten kommt: Eine Geste voll des Hochmuts und der Noblesse Spaniens, die im Lauf der Jahrhunderte zu den höchsten Vollkommenheiten und zum tiefsten Verfall führen sollte.

Der erste Name, der das Pantheon der *Fiesta Brava* ziert, ist so bedeutend, daß er der Geschichte selbst angehört. Vor nunmehr zwanzig Jahrhunderten kämpfte auf dem Sand von Cádiz und Sevilla ein Mann zu Pferd mit den wilden Stieren. Über großen Teilen Europas, Afrikas und des Orients flatterten die Standarten seiner Legionen. Sein Titel war Imperator. Sein Name Julius Cäsar.

Weitere siebzehn Jahrhunderte blieb die Corrida eine Unterhaltung für Adelige; bis zu der historischen Tat des armen Tischlers von Ronda. Als dieser hinterwäldlerische Handwerker mit seinem alten Strohhut den Stier von einem aus dem Sattel geworfenen Edelmann ablenkte, erfand er eine Kunst, die von einer langen Kette bewundernswerter Kämpfer von Generation zu Generation vervollkommnet werden sollte. Die Tapferkeit dieser Männer setzte Glanzpunkte des Ruhms in die Geschichte Spaniens, und nirgends verehrte ein Volk seine Idole so sehr wie die Spanier ihre Matadore. Mehrere Jahrzehnte lang verblieb das Zentrum des Stierkampfs auf den steilen Felsen Rondas, wo er unter der grellen Sonne eines Sommertags geboren worden war. Hier legten die Schüler des Tischlers Romero nach und nach die Gesetze der Corrida fest, welche zu Beginn nur ein regelloser Kampf gewesen war, und verwandelten sie in ein festliches Ritual. Für die Kämpfer von Ronda hatte jede Phase des Schauspiels nur einen einzigen Zweck: den Stier auf den Tod vorzubereiten. Doch auch die Welt der Tauromachie hatte ihr Schisma zu verzeichnen, als die Schule von Sevilla verkündete, jeder Moment der Corrida müsse sein Ziel in sich selbst finden. Zu dieser Schule, die letztlich zu dem heutigen Verfall geführt hat, gehörten mehrere der berühmtesten Toreros. Mit ihnen entfernte sich der Stierkampf von seinem ursprünglichen Sinn, doch gewann er an Verfeinerung, was er an Wildheit verlor. Der größte dieser Matadore war Joselito, der gefeierte Bürger Sevillas. Eine Fotografie zeigt, wie dieser Sohn, Bruder und Neffe von Matadoren, bereits mit zwei Jahren einen Degen schwang. Mit neun Jahren empfing er »die Taufe der Hörner« und drei Jahre später beschritt er endgültig den Weg seiner Familie. Seinen sechzehnten Geburtstag feierte er, indem er sechs Stiere tötete. Mit zwanzig Jahren galt er den Spaniern als das größte Genie, das die *Fiesta Brava* jemals hervorgebracht hatte. Er verkörperte mit seiner klaren und verfeinerten Eleganz, mit der unvergleichlichen klassischen Schönheit seiner Gesten die Grazie und den Stil einer Welt, die mit den ersten Kanonenschüssen des Weltkriegs untergehen sollte. Seine Technik war so instinktiv, seine Meisterschaft so groß, daß ganz Spanien schwor, »kein Stier könne Joselito jemals gefährlich werden«. Aber Spanien irrte. In Talavera de la Reina bei Toledo tötete am 16. Mai 1920 ein Stier namens Bailador das Idol, das man für unsterblich gehalten hatte, und zerstörte mit ihm den letzten Abglanz einer für immer versunkenen Epoche.

Ein häßlicher, stotternder Zwerg, der Sohn eines Kolporteurs von Triana, dem Zigeunerviertel von Sevilla, nahm den Platz des toten Helden auf dem Piedestal des Ruhms ein. Wegen seines kleinen Wuchses und seiner außerordentlichen Schwächlichkeit beschloß er, die Maße der Corrida sich selbst anzugleichen: Er näherte sich den Hörnern so sehr, daß sein Kostüm von ihren Spitzen aufgeschlitzt wurde, er kämpfte so dicht an den Stieren, daß die Menge sich beeilte, diesem Verrückten zuzujubeln, ehe es zu spät wäre. Er hieß Juan Belmonte. Ihn hatte keinerlei Familientradition zum Stierkampf geführt. Von einem unbezähmbaren Willen beseelt, war er ganz allein seinem Elend entflohen, um eine Kunst, von der ihn alles trennte, zu revolutionieren. Die klassische Schönheit und die Verfeinerung Joselites hatten das Ende einer Epoche bezeichnet; die verzweifelte Hartnäckigkeit des armen Sohns von Triana fiel mit der Geburt eines neuen, nach Gerechtigkeit und Menschenwürde lechzenden Spanien zusammen, eines Spanien, das nach Sozialreformen schrie, in anarchistischen Utopien schwelgte und bereits unaufhaltsam auf die furchtbarste Prüfung seiner Geschichte zuschritt: auf den Bürgerkrieg. Nach dessen Ende, lange nachdem sich Juan Belmonte, reich und mit Ehren überhäuft, auf sein Seviller Gut zurückgezogen hatte (wo er mit siebzig Jahren Selbstmord verüben sollte), erschien in den Arenen das dritte Idol dieses an Helden so reichen 20. Jahrhunderts. Manolete hatte traurige schwarze Augen, ein knochiges, zu einer ewigen Maske der Melancholie erstarrtes Gesicht, Bewegungen voll einer düsteren, feierlichen Schönheit. Dieser »Ritter von der traurigen Gestalt«, wie man ihn nannte, beherrschte sieben Jahre lang die Arenen, sieben Jahre, in denen Spanien unter Hungersnot, Isolierung und Verzweiflung litt. Seine Kämpfe waren unheilkündende, finstere antike Tragödien, in denen die Menge das Abbild ihrer eigenen Leiden wiederfand. Als 1947 ein Stier Manolete tötete, glaubte ein Teil Spaniens, zugleich mit ihm unterzugehen: Die eigene Not und die tragische Liebe zu dem Idol mit den traurigen Augen waren eins geworden.

Nach dem Tod Manoletes senkte sich eine Nacht von dreizehn Jahren über die Welt der *Fiesta Brava*; nur einige flüchtige Kometen durchzogen ihren Himmel. Und nun erwacht sie jäh unter dem Sturm der Leidenschaften, den eine andalusische Waise entfesselt. El Cordobés ist mehr als ein neues Idol: Er ist die Personifizierung eines neuen Spanien, das Abgründe von jenem Manoletes trennen; eines Spanien der größten Invasion aller Zeiten, der Invasion von 14 Millionen Touristen, die jeden Sommer am Steuer ihrer Austin, Volkswagen und Renault das Land überschwemmen, den Mythos der spanischen Abgeschiedenheit zerschlagen und Keime einer in der Geschichte des Landes einzigartigen Sozialrevolution säen; eines Spanien der Fernsehapparate, der Dollars aus der amerikanischen Hilfe, der wirtschaftlichen Umwälzungen, der Massenemigration; eines Spanien der Wolkenkratzer, die sich vom kargen Boden Kastiliens recken, der Scharen von Kleinwagen, deren Geknatter das melodische Knarren der Eselskarren, wie es Jiménez besingt, verdrängt hat. Wie eine Eruption sind an den gestern noch vereinsamten Küsten Strandbäder aus dem Boden geschossen, Luxushotels, supermoderne Restaurants, Bars und Tanzlokale mit den unerhörten Namen *Broadway*, *Soho*, *Pigalle*...

Vor allem aber zeigt dieser Maitag das Spanien einer Jugend voll Lebenshunger. Diese neue Generation wendet sich brüsk von den Tragödien der Vergangenheit ab, unbefriedigt von der Gegenwart, und läßt die uralte Sozialstruktur in ihren Grundfesten erbeben. Weniger als ein Jahrzehnt hat für diese Metamorphose genügt. Die Jugendlichen Spaniens tragen Blue jeans, Bikinis à la Bardot, Beatle-Frisuren, sie kauen Kaugummi, fahren Motorroller, tanzen Jerk, lesen Sartre und ignorieren die sexuellen Tabus ihrer Eltern. Weniger sichtbar, aber ebenso wirklich ist ihre geistige Metamorphose. Sie schütteln die Tyrannei der offiziellen Ideologie mit dem gleichen Lächeln ab, mit dem sich El Cordobés über den zwei Jahrhunderte alten Kanon seiner Kunst hinwegsetzt, und bereiten in ihren Gruppen und auf ihren Universitäten eine politische und soziale Agitation vor, die an mehreren Punkten Spaniens schon ihre Früchte trägt.

Im Jahr vorher ist es zu einem aufsehenerregenden Ereignis gekommen. Um gegen ihre Lebensbedingungen zu protestieren, haben die Bergleute Asturiens und die Metallarbeiter zu einer in Francos Spanien verbotenen Waffe gegriffen: sie haben gestreikt; und ihr Streik ist von tapferen jungen Priestern unterstützt worden, die den Knüppeln der Polizei und der Exkommunikation durch die Bischöfe die Stirn boten. Ähnliches geschah in Katalanien und Kastilien, während an mehreren Orten Andalusiens die Zivilgarde mit ihren Gewehrkolben Demonstrationen von Bauern zerschlug, die ihren Teil an dem himmlischen Manna, das über das Land gefallen war, verlangten. Nach 25 Jahrhunderten der Knechtschaft, nach 25 Jahren der Diktatur schien das spanische Volk aus seiner Indolenz zu erwachen und bewies so das nicht unterdrückbare Bedürfnis des Menschen nach Glück und seine ewige Sehnsucht nach einem besseren Leben. Der ungeheure Ruhm, den der Held dieses Tages genoß, zeigte allerdings, wie schüchtern und unvollkommen dieses Erwachen noch war. Für die armen Massen Spaniens schien es allein der harte Weg, den El Cordobés beschritten hatte, zu ermöglichen, die eiserne Umklammerung der sozialen Hierarchie zu sprengen und zu Wohlstand und Freiheit zu gelangen. Dieser Habenichts von Palma hatte, um der Tyrannei der sozialen Bedingungen zu entkommen, den einzigen offenstehenden Weg beschritten: den des Mutes. Er warf auf diesem steinigen Pfad sein Leben selbst in die Waagschale, und sein Aufstieg machte nun die Enttäuschungen von Millionen Spaniern vergessen. Er war ihr fleischgewordener Traum, sein Ruhm war der ihre, und an diesem Frühlingsabend würden die gleißenden Strahlen seines Sieges auch auf sie fallen.

Und zu dieser Zeit, sechs Stunden vor der Corrida, liegt Manuel Benítez, ungerührt von der Erregung, die sein Land in ihrem Bann hält, in seinem verdunkelten Zimmer im ruhigen Madrider Hotel Wellington und schläft unbekümmert wie ein Kind.

Vier Stockwerke tiefer durchqueren zwei besorgt aussehende Männer mit raschen Schritten die Hotelhalle. Der eine der beiden ist mager und sehnig. Er heißt Pepín Garrido. Der andere, Paco Ruiz, ist klein und vierschrötig; er bewegt sich mit katzenartiger Geschmeidigkeit. José, der alte Liftführer, begrüßt die beiden respektvoll und drückt auf den Knopf für den vierten Stock. Er hat die *Banderilleros* des Cordobés erkannt, die direkt von der Arena Las Ventas kommen, wo sie am *Sorteo*, der Verlosung der sechs Stiere unter die drei Matadore der Corrida, teilgenommen haben. Und eben wegen des Ausgangs dieser Zeremonie sind ihre Gesichter so finster und unruhig.

Gerade hatten die Glocken von Covadonga Mittag geläutet, als ein kleiner beleibter Mann in Begleitung einiger Polizisten auf der Betonplattform erschien, die den *Corral* von Las Ventas überragt. Er ließ sich von seiner Eskorte eine Gasse durch die Menge der Journalisten, Fotografen und Neugierigen bahnen und schritt an die Balustrade. Drei Meter unter ihm, in einer Umfriedung mit gestampftem Boden, aus der ein schwüler Jauchedunst steigt, liegen, gleichmütig wiederkäuend, die sechs schwarzen Stiere des Seviller Züchters Benítez y Cubero.

Mit Kennermiene betrachtet der Besucher die Tiere. Sein Name taucht zwar in den Annalen der Tauromachie nicht auf. Und dennoch: Was der Präsident Mariano de Quiros in dieser Arena vertritt, ist nicht weniger als die feierliche, souveräne Autorität des spanischen Staates. In genau sechs Stunden wird seine Funktion, die er nur einen Tag lang ausübt, ihre Krönung finden. Umgeben von seinen Beisitzern wird er von seiner Ehrentribüne herab der Corrida des Cordobés präsidieren, und diese Aufgabe wird »das Gewicht ganz Spaniens auf seinen Schultern ruhen« lassen.

Mit einer Wendung zu den Polizisten in seiner Begleitung sprach der Präsident den rituellen Satz, mit dem der *Sorteo* beginnt: »Que pasan los toros« – zur Musterung der Stiere! Nach diesen Worten traten die *Banderilleros* an die Balustrade über dem *Corral.* Neben Pepín Garrido und Paco Ruiz, den Männern des Cordobés, standen die Vertreter von Pedrés und Palmeño, den beiden Matadoren, mit denen der Held des Tages die Corrida teilte. Als die *Banderilleros* die sechs Tiere sahen, prallten sie zurück. In all den langen Jahren, die sie nun schon am *Sorteo* teilnahmen, hatten sie noch nie so ausladende und starke Gehörne, so kräftige und kurze Nacken, kurz, so gewaltige, so gefährliche Stiere gesehen. Paco und Pepín wußten allerdings, daß sie auf Anordnung ihres eigenen Maestros ausgesucht worden waren. Drei Wochen vorher hatte El Cordobés seinen Manager zu dem Züchter Benítez y Cubero geschickt, um die »sechs schönsten und kräftigsten Tiere, die er fände«, zu kaufen. »Ich will dem Volk von Madrid zeigen«, hatte er erklärt, »daß mir große Stiere keine Angst einjagen.«

Mit Verschwörermienen besprachen sich der Präsident und die *Banderilleros*, um die Gruppe der Tiere gerecht in drei Paare zu teilen. Jedes Paar sollte möglichst die gleichen Vorzüge und Nachteile bieten. Nach lebhaften Diskussionen kam es schließlich zu einer Einigung.

Der Stier Nr. 64, der mit seinem gesenkten Kopf eine *Estocada* ohne sonderliches Risiko erwarten ließ, wurde zu dem mit Nr. 34 gesellt, dessen weit abstehende Hörner das Vorbeirasen am Körper äußerst gefährlich machen würden. Stier Nr. 23, der schwerste, und Stier Nr. 17 mit seinen zurückgebogenen Hörnern bildeten das nächste Paar. Blieben Nr. 25 und Nr. 77. Ihr Wuchs, der Bau ihrer Hörner und ihr Gewicht ließen diese beiden Tiere als die schönsten erscheinen; und zugleich würden sie am schwersten zu bekämpfen sein. Nachdem er sie lange gemustert hatte, kritzelte Gonzalo Carvajal, der Stierkampfexperte der Zeitung »Pueblo«, einige Worte auf seinen Notizblock. Es war eine lakonische Prognose. »Nr. 25 oder Nr. 77«, besagte sie, »wird seinen Matador töten.«

Der Präsident schrieb die Nummern der einzelnen Paare auf drei Zigarettenpapierchen, knüllte diese zusammen und warf sie in den breiten andalusischen Hut des *Mayorals*, des Mannes, der die Tiere von der *Ganadería* – der Züchterei – bis nach Madrid begleitet hatte. Dieser deckte nun einen zweiten Hut über den seinen und schüttelte das Ganze kräftig. Und dann griff der Vertreter des Matadors Pedrés – jenes Matadors, durch den El Cordobés an diesem Abend feierlich als *Matador de Toros* bestätigt werden sollte – zwischen die Krempen der beiden Hüte und holte eines der Papierkügelchen hervor. Als Abgesandter des rangältesten Matadors hatte er das Recht, als erster zu ziehen. Er entfaltete nervös seinen Zettel und verlas die Nummern 23 und 17. Die Reihe kam nun an den Vertreter Palmeños; als dieser die Nummern 64 und 34 aufgedeckt hatte, kam Bewegung in die Gruppe. Und ein kleines Papierbällchen fiel aus der Hand Paco Ruiz' ungeöffnet zu Boden.

Jetzt erwartete Paco und Pepín die undankbare Aufgabe, ihrem Maestro diesen Schicksalsschlag mitzuteilen. Heute abend würde der lange harte Weg des Andalusiers vor den furchtbaren Hörnern zweier schwarzer Stiere vorbeiführen, von denen ein Journalist prophezeit hatte, daß sie ihren Matador töten würden.

Zur selben Zeit spielt sich in einem Salon des Hotels Wellington eine weniger offizielle, aber ebenso traditionelle Zeremonie ab. Mit der lässigen Majestät eines arabischen Emirs, der Almosen verteilt, zieht Juan Antonio Insua, der junge Schwager des Cordobés, umfängliche Kuverts aus seinen Taschen und reicht sie lächelnd den ringsum drängenden Leuten. Diese Besucher haben alle eines gemeinsam: sie sind Journalisten.

»Die Presse vorbereiten« nennt man in der beschönigenden Sprache der Tauromachie diesen Brauch, der in jedem anderen Land schlicht »Bestechung« hieße. Jeder Umschlag enthält zwei Karten für die Corrida und ein Bündel Banknoten. Der Umfang eines solchen Bündels hängt von der Bedeutung der Zeitung ab, die der Empfänger vertritt. Die Korrespondenten der Tageszeitungen von Madrid können mit einer Summe von 7000 bis 10000 Peseten rechnen, als Preis für ihr Wohlwollen, falls El Cordobés seinem Ruf nicht gerecht werden sollte.

Neben dem Zimmer, in dem der Matador schlummert, macht sich im Halbdunkel eines Salons ein kleiner Mann mit pomadisierten Haaren geräuschlos zu schaffen. Die Aufgabe, die er zu erfüllen hat, macht ihn in dieser Stunde zu einer der wichtigsten Personen in der Umgebung des Cordobés. Paco Fernández, der ehemals in den Schlachthäusern von Córdoba Kühe tötete, ist *Mozo de espada* – Degenträger.

Aus einem großen schwarzledernen Koffer nimmt Paco den gold- und tabakfarbenen *Traje de luces* – den Lichteranzug –, den sein Maestro für diese außergewöhnliche Corrida gewählt hat. Er ist das prunkvollste der zwölf Kostüme, die die luxuriöse Garderobe des Cordobés enthält; überdies hat der Matador eine Vorliebe für seine Farben. Sorgfältig legt Paco es auf einem Lehnstuhl zurecht. Dann entfaltet er die prunkvolle Gala-*Capa*, deren schwere Gold- und Silberstickereien das Bild Unseres Herrn Jesus der Großen Macht zeichnen. Er überprüft die drei gelb-purpurnen Kampf-*Capas* und ebenso die drei *Muletas* aus roter Serge, die er über ein Sofa breitet. Schließlich schärft er jeden der sechs Degen aus Toledostahl, die schon mehr als tausend Stiere getötet haben. Danach wirft er eine Brausetablette in ein Glas Orangensaft: Es ist Redoxon, ein leichtes Anregungsmittel auf Vitaminbasis. Dieses Getränk und die zwei Eier, die er gleich darauf bestellt, bilden an Tagen der Corrida die einzige Nahrung des Matadors – eine Maßnahme, die im Fall einer Verletzung die Aufgabe der Chirurgen erleichtern soll. Doch der treue Diener ist überzeugt, daß man sich angesichts der entfesselten Wut der Stiere auf die Gnade des Himmels verlassen muß. So stellt er auf der Kommode die religiösen Symbole auf, vor denen El Cordobés sich sammeln wird, ehe er das Hotel verläßt. Er rückt die kleine Lampe vor den abgestoßenen Bildern des heiligen Raphael und der Jungfrau von Bethlehem zurecht, die der Matador anzünden wird und die die ganze Zeit während seiner Abwesenheit brennen muß. Endlich bleibt dem Degenträger nur noch, ein heißes Bad einzulassen und in den Rasierapparat des Matadors eine neue Klinge einzulegen. In wenigen Minuten kann er in das Zimmer nebenan treten und den Satz murmeln, mit dem für El Cordobés der Nachmittag einer Corrida beginnt: »Ya es la hora, matador« – Es ist Zeit, Matador!

Paco nickt befriedigt. Von all seinen Pflichten hat er sich einer mit besonderer Gewissenhaftigkeit gewidmet. Seit dem Morgen ist der Gang vor dem Zimmer 424 mit Leuten verstopft, die aus ganz Spanien zur Begrüßung des Matadors gekommen sind: Alte *Aficionados* mit ihren Zigarren, Journalisten, Fotografen, Radio- und Fernsehreporter, nahe und ferne Verwandte, wahre und falsche Freunde, Professionals der Arena, bekannte und unbekannte Manager, Impresarii mit leuchtenden Glatzen, Mädchen im Sonntagsstaat, die ein Autogramm wollen, junge Damen auf der Suche nach einem Abenteuer, kurz, das ganze Volk der Bittsteller und Bewunderer drängt sich vor der Eichentür Nummer 424. Als ein unbestechlicher Zerberus hat Paco ihnen den Eintritt mit der ganzen Überredungskunst seiner Worte, seines Lächelns und seiner Körperkraft verwehrt.

Aus dem Nebenzimmer hört der Degenträger nun das Geklimper einer Gitarre. Gleich darauf fällt laut und rauh eine Stimme ein:

»Ich kannte die Armut unter den Armen
und habe niemals geweint...
Was nützt mir mein Geld, all mein Geld,
wenn ich traurig bin
und allein...«

Es ist 3 Uhr nachmittags. Der reichste Matador der Welt ist soeben aus seiner Siesta erwacht.

Nicht weit von dem bunten Fahnengepränge der Arena, in der in ein paar Stunden 26000 Madrilenen El Cordobés zujubeln werden, durchlebt ein anderer Sohn der *Fiesta Brava* die gleichen Augenblicke in Unglück und Einsamkeit. Ausgestreckt auf dem Operationstisch des *Sanatorio de Toreros*, das Gesicht von Schmerz und Angst verzerrt, symbolisiert der junge Robustiano Fernández die Kehrseite dieses Fests aus Licht und Ruhm, dieses Schauspiels, dessen Triumphe El Cordobés verkörpert. Auch er hat davon geträumt, daß die Fahnen Madrids für ihn wehen, daß der Zauber seines Namens die Arenen mit einer begeisterten Menge füllt, daß die Mauern der spanischen Städte und Dörfer seinen Kampf mit »sechs prächtigen, tapferen Stieren« ankündigen. Auch er hat sich danach gesehnt, sein Gesicht auf den Titelseiten der Zeitungen zu finden und einen Degenträger zu haben, der wie ein eifersüchtiger Drache seinen Schlaf bewacht.

Und all diese Träume sind für immer dahin. Durch den Nebel seiner Schmerzen bemerkt Robustiano Fernández nur verschwommen die Gesichter weißgekleideter Männer über sich. Er kommt von einer *plaza de mala muerte*, auf der er, in einer letzten verzweifelten Hoffnung seines elenden Lebens, als *Banderillero* gekämpft hat. Nun liegt sein linkes Bein schlaff auf dem Leinen des Operationstisches, in der Höhe der Femuralarterie vom Horn eines Stieres zerfetzt.

Zusammengekrümmt auf dem Boden eines alten Lieferwagens, der als Ambulanz herhalten mußte, hat Robustiano Fernández zwölf qualvolle Stunden durchgehalten, bis er aus dem tiefsten Estremadura hierhergelangt ist. Die Hitze und der Gestank in dieser Blechkiste waren so arg, daß der Chauffeur immer wieder anhalten mußte, um Angeles, der Frau des *Banderilleros*, Gelegenheit zu bieten, sich am Straßenrand zu übergeben.

Der Leidensweg Robustianos hat vor vier Tagen begonnen, am Abend des Fests San Isidro, das Madrid mit seiner prunkvollen *Feria* begeht. An diesem Tag feierte am anderen Ende Spaniens ein kleines Dorf inmitten einer trostlosen Ebene gleichfalls San Isidro. Dorthin gelangte nie der Glanz der großen Welt der Tauromachie, doch war es der Stolz der Gemeinde Entrín Bajo, ihren Bürgern jedes Jahr eine Corrida zu bieten. Nirgends sind die Gefahren so groß wie in diesen Dorfcorridas. Mit ihren riesigen, uralten und oft heimtückischen Stieren, mit ihren aus Wagen, Ackergeräten, Schubkarren und Strohballen improvisierten Arenen, mit ihrem lärmenden, auf dem nackten Boden sitzenden Publikum, das mit jeder Bewegung die Aufmerksamkeit des Tiers auf sich ziehen kann, sind diese Corridas Kämpfe auf Leben und Tod, an die sich nur die Verzweifelten, die Gescheiterten der *Fiesta Brava* wagen. Robustiano Fernández, der Sohn eines armen Innereienhändlers, war einer von diesen Männern. Nachdem er jahrelang erfolglos die Arena von Badajoz umstrichen hatte, hatte er sich endlich entschlossen, mit einem kleinen Karren voll Schrott durch die trostlosen Landstriche seiner Provinz zu ziehen, und in jedem Dorf hörte man ihn mit seiner schrillen Stimme rufen:

»Altes Eisen! Kupfer, Messing, Zink, Blei! Altes Eisen!«

Doch auch auf den staubigen Straßen Estremaduras ließ der »Sohn des Schrotts«, wie man ihn nannte, seine ungestillten Träume nicht fahren. Und eines Sonntags wurde sein Traum in einem Dorf Wirklichkeit. In ein altes zerschlissenes Kostüm gekleidet, sprang Robustiano für einen *Banderillero* ein, der nicht erschienen war. Er erntete keinerlei Applaus für seine Darbietung; doch diese Chance reichte ihm, um genug Hoffnung für eine ganze Ewigkeit zu schöpfen. Eines Tages, davon war er überzeugt, würde ihn das Schicksal von seinem Schrott, aus den öden Gegenden dieses Landes holen und ihn in die blühenden Städte führen, wo der Matador König ist...

An jenem 15. Mai, auf der *Plaza* von Entrín Bajo, hatte Robustiano Fernández gerade dreimal den Stier in seine *Capa* zitiert. Da entschloß er sich, von den »olé« der Menge mitgerissen, das Tier von vorne anzugehen und es mit seinem Tuch in einen vierten und letzten *Pase* zu locken. In dem Augenblick, da der Stier sich in die *Capa* stürzte, lenkte ein hinter einem Wagenrad kauernder Zuschauer seine Aufmerksamkeit ab und änderte so die Richtung seiner Hörner. Mit voller Kraft getroffen, rollte der unglückliche *Banderillero* in den Staub; ein heftiger Schmerz durchzuckte seinen Schenkel. Als er kurz darauf wieder zu sich kam, lag er auf dem Küchentisch eines benachbarten Hauses. Er richtete sich auf seinen Ellbogen auf und sah einen roten Springbrunnen stoßweise aus seiner Wunde schießen. Bald überschwemmte eine rostbraune Lache den Raum. Eine alte Frau beugte sich über ihn und versuchte, seinen Schenkel mit einem zusammengedrehten Stück Stoff abzubinden. Diese Frau war der einzige Mensch in Entrín Bajo, der ein bißchen von Erster Hilfe verstand: Sie war die Hebamme des Orts.

Dreißig grausame Kilometer lang, die ihn ein altes Taxi über holprige, staubige Straßen ins Spital von Badajoz brachte, spukte ein Bild ununterbrochen durch die Fieberphantasien Robustianos; ein Bild, das seit 17 Jahren alle Toreros heimsuchte: das Bild Manoletes, des größten Matadors seiner Zeit, der in Linares an einer ähnlichen Wunde verblutet war.

Als der diensthabende Arzt im Spital von Badajoz den Verwundeten untersucht hatte, erklärte er, daß dem *Banderillero* nur mehr ein Priester helfen könne. Immerhin flickte er die Femuralarterie schlecht und recht zusammen, um sein Gewissen zu beruhigen. Vier Tage später, nach der Transfusion von vier Liter Blut, war Robustiano Fernández immer noch am Leben, doch hatte der Brand sein verletztes Bein erfaßt und drohte auf den Rumpf überzugreifen. Und da hatte der Lieferwagen eines mitleidigen Freundes den Sterbenden in diese Madrider Klinik gebracht, die für die Opfer der Arenen reserviert ist und in der Spezialisten wahre Wunder vollbringen.

Plötzlich versteht Robustiano trotz seiner Delirien den Sinn dieser geheimnisvollen Versammlung weißgekleideter Männer um ihn. Er ist überzeugt, daß sie ihm sein Bein abnehmen wollen. Angesichts dieser Aussicht rafft der »Sohn des Schrotts« seine letzten Kräfte zusammen, richtet sich auf und stößt einen wilden Schrei aus. Wirre Bilder seiner beiden kleinen Töchter durchkreuzen sein Hirn, und wie aus einer anderen Welt glaubt er die Stimme seiner Frau flehen zu hören, den Stierkampf doch aufzugeben. Schweißüberströmt und von aller Lebenskraft verlassen, erreicht er den Höhepunkt seiner Verzweiflung. Als Krüppel wird er nie wieder den armseligen Karren voll Schrott schieben können, mit dem er den Lebensunterhalt seiner Familie verdient hat. Mit 23 Jahren Invalide zu sein scheint ihm schlimmer als der Tod.

Die Chirurgen sehen ein Schluchzen das Gesicht dieses harten, tapferen Mannes verzerren, der sie anfleht, ihm sein Bein zu erhalten. Durch einen Tränenschleier hindurch erkennt der *Banderillero* ein Gesicht über sich. Dr. Máximo de la Torre hat sein Leben der Aufgabe gewidmet, die von Stierhörnern zerfetzten Beine der Toreros zu retten. Sobald diese Operation beendet ist, wird er in die Arena Las Ventas fahren, um bei der Corrida des Cordobés zur Verfügung zu stehen. Dr. de la Torre hat sich auf einen ungewöhnlichen Zweig der Medizin spezialisiert. Er ist Taurotraumatologist, ein Titel, der ihm die Ehre verschafft, der Arena Las Ventas und dem *Sanatario de Toreros* als Chefchirurg vorzustehen. Niemand begreift die Verzweiflung Robustianos besser als dieser fünfzigjährige Mann mit seinen großen, ehrlichen blauen Augen. So richtet er einige aufmunternde Worte an den Verletzten, bevor er ihn betäubt und sein Bein amputiert. »Weine nicht, Kleiner«, bittet er; dann nimmt er die Hand des *Banderilleros* in die seine und führt sie an sein eigenes Bein. »Fühl!« sagt er.

Das Bein ist hart wie Holz. Es ist aus Holz. »Glaub mir«, setzt der Chirurg mit einem warmen Lächeln hinzu, »auf zwei Beinen zu gehen ist purer Luxus!«*

4 Uhr nachmittags. Schon bildet sich ein dichtgedränger Zuschauerstrom, der sich zur Arena ergießt. Schubweise speien die beiden Metrostationen *Ventas* und *Carmen* zu beiden Seiten des Platzes Menschenmassen aus. Es ist die erste Welle der Aficionados, die lärmende Volksmenge der Ränge in der Sonne. Von der anderen Seite kommt wie ein Fluß, der ins Meer mündet, die zweite Welle mit einem ohrenbetäubenden Hupkonzert aus der Calle de Alcalá: die *Aficionados* der Plätze im Schatten, deren Privatautos und Taxis in einem hoffnungslosen Verkehrssalat verkeilt sind. An den zahlreichen Ein-

* Dr. de la Torre hat sein Bein in der Nacht des 17. Januar 1937 an der Ebrofront verloren, wo er Regimentsarzt der Republikaner war.

gängen der *Plaza* tummelt sich die Welt der Kolporteure und Händler. Um Summen, die ein Jahr lang alle irdischen Bedürfnisse eines spanischen Bauern und seiner Familie decken könnten, schlagen die Agioteure auf dem schwarzen Markt ihre letzten Karten los. Wie immer ruft die Schar der Krüppel, der Blinden und Lahmen, diese furchtbare Erinnerung an den Bürgerkrieg, ihre Lose, ihre Bonbons, ihre Zuckerstangen, ihren Kaugummi, ihre Zigaretten aus. Für zwei Peseten können die ärmeren Zuschauer sechs Zigaretten erstehen, eine für jede »Minute der Wahrheit« der sechs Stiere. An den Eingängen der Schattenseite bieten die Händler dicke »Romeo y Julieta« an, schwere Havannas, deren Torpedoform und exotischer Geruch untrennbar mit dem Eindruck einer Corrida verbunden sind. Aber dieser besondere Tag hat noch andere Händler an die Tore der Arena gelockt. Zahllose Invaliden, alte Frauen mit schwarzen Tüchern, Schwärme von Gassenbuben schwenkten Postkarten, Filzpuppen, Taschenmesser, Wimpel, Sonnenschirme, den ganzen Plunder von Souvenirs, von denen das jungenhafte Gesicht des Mannes lacht, der binnen kurzem in Fleisch und Blut erscheinen wird.

Eine stumme Drohung aber überschattet die steigende Begeisterung der Menge, welche langsam die Tribünen füllt. Seit Mittag hat wohl jeder Madrilene immer wieder zum Himmel geblickt und beunruhigt die schweren schwarzen Wolken gemustert, die über die Kastilische Hochebene kommen. Und knapp hundert Minuten vor dem Kampf birst der Himmel über Madrid mit einem Krachen, als sei der Weltuntergang gekommen, und schwere Tropfen zerwühlen den Sand der Arena.

Durch das rhythmische Schwenken der Scheibenwischer seines Autos betrachtet der Veranstalter der Corrida nervös das Unwetter. Eingekeilt in die Verkehrsstauung, für die er in gewissem Sinn selbst verantwortlich ist, fragt sich Don Livinio Stuyck, ob unter diesen Umständen der Kampf stattfinden kann. Er weiß, daß die Matadore Wind und Regen mehr fürchten als die Stiere selbst. Denn der Wind droht jeden Augenblick die *Muleta* wegzureißen und so ihren Körper schutzlos den Hörnern preiszugeben. Und infolge des Regens kann der Sand für einen Sekundenbruchteil unter ihren Füßen nachgeben, so daß sie dem Stier nicht rechtzeitig ausweichen können. Diese Gefahren sind so groß, daß das *Reglamento* den Toreros das Recht einräumt, den Kampf unter solchen Bedingungen abzulehnen. Die Inanspruchnahme dieses Privilegs würde heute einen glatten Verlust von 10 Millionen

Peseten bedeuten, denn das Gesetz zwingt die *Plazas*, die Karten im Fall einer Absage rückzuvergüten. Bei diesem Gedanken läuft es dem Geschäftsmann kalt über den Rücken.

Als sein Wagen endlich in Las Ventas anlangt, stürzt sich Don Livinio sofort zum Kampfplatz. Als er das Meer der Regenschirme betrachtet, »das bis zum Himmel zu reichen scheint«, stellt er sich schaudernd den Sturm vor, der auf den Rängen losbrechen würde, falls die Corrida nicht stattfinden sollte. Sie werden Las Ventas in Brand stecken, denkt er. Er weiß, welche Opfer manche unbemittelte Madrilenen gebracht haben, um heute dabeizusein, und daß die Agioteure ihnen niemals die Summen rückerstatten würden, die sie für die Karten bezahlt haben. Er weiß auch, daß die Vergrößerung des Risikos der Toreros für die Mehrzahl der Zuschauer den Reiz der Corrida erhöht. Unter den erstaunten Blicken seiner Angestellten hockt er sich nieder. Und wie ein Kind am Strand nimmt er eine Handvoll Sand auf und läßt die feuchten, klebrigen Körner durch seine Finger rieseln. Dann hebt er den Kopf und beginnt, die Augen zum schwarzen Himmel gerichtet, zu beten. »Heiliger Isidro«, fleht er, »mach den Himmel über Madrid klar und laß die Sonne scheinen!« Ein neuerlicher Donnerschlag antwortet seiner Bitte und der Regen wird zu einem Wolkenbruch.

Dank den Wundern der Elektronik können zwei Drittel Spaniens dieses Unwetter verfolgen. Um die feierliche *Alternativa* des Sohns von Palma del Río verfolgen zu können, haben sich 20 Millionen Spanier vor den Fernsehschirmen versammelt, eine ungeheuerliche Zahl, die die Zuschauermengen eines ganzen Jahrhunderts der Corrida übersteigt.

Noch nie hat Madrid einen ähnlichen Anblick geboten. Es ist wie in einem utopischen Film nach der Ankündigung eines atomaren Angriffs: Die Geschäfte haben ihre Rolläden heruntergelassen, die Kioske ihren Aushang abgetakelt, die Kinos ihre Pforten geschlossen. Sogar die Bettler sind von den Gehsteigen verschwunden. In den Straßen und Gassen bewegen sich nur noch ein paar einsame Fahrzeuge, die eilig ihren Garagen und Abstellplätzen zustreben. Es ist halb sechs Uhr. Ganz Madrid sitzt vor den Bildschirmen. Die Bars und Cafés, die über Empfangsgeräte verfügen, sind von einer fröhlich lärmenden Menge überschwemmt; bis zu 100 Peseten sind für einen Sitzplatz geboten worden. In der Calle Serrano, in der Calle García de Paredes und im Viertel um den königlichen Palast dringt aus jedem Stockwerk die sonore Stimme von Lozano Sevilla, dem Stierkampfkommentator des Fernsehens. In den Kneipen und Speisehäusern von Vallecas, einem Arbeitervorort, drängen sich Tausende von Arbeitern und barhäuptigen Frauen, um den ehemaligen Vagabunden, der es zum Milliardär gebracht hat, in die Arena einziehen zu sehn.

Hunderte von Madrider Familien haben sich für diese Gelegenheit einen Fernseher angeschafft. Der fünfzigjährige Notar Juan Martínez weiht den seinen auf eine außerordentlich demokratische Weise ein. Er hat seinen beiden Dienstmädchen erlaubt, gemeinsam mit seiner Familie der Übertragung beizuwohnen, »weil sie, wie alle Dienstmädchen von Madrid, in El Cordobés verliebt sind«. Einige Radiohändler sind darauf verfallen, die Apparate in ihren Auslagen einzuschalten; bei Tele-Zorro, auf der Avenida José Quintana, hat sich ein derartiger Auflauf gebildet, daß der Besitzer die Polizei bitten muß, die Menge, »die die Scheiben einzudrücken droht«, zu zerstreuen. Zahllose Schulen, Fabriken, Warenhäuser und Büros haben früher Feierabend gemacht, damit ihre Schüler beziehungsweise Angestellten die Corrida sehen können.

Ebenso wie in Madrid sind im ganzen Land die Straßen verödet. Vor den Tankstellen und Cafés mit Fernsehapparaten sind in langen Schlangen Last- und Personenwagen geparkt. 50 Kilometer südlich von Madrid, in der kleinen, adelsstolzen Stadt Aranjuez, schaltet ein alter zahnloser Mann das Empfangsgerät ein, dessen Aufstellung seinen ganzen Wochenlohn verschlungen hat. In einem Guckloch hinter ihm erscheinen drei Augenpaare. Es sind die Häftlinge des städtischen Gefängnisses, in dem Vicente Moreno seit vierzig Jahren Schließer ist. Der Wärter erinnert sich, vor acht Jahren einen jungen Landstreicher in zerlumpten Kleidern bewacht zu haben. In das umfangreiche Aufnahmeregister hat er damals unter Nummer 893 den Namen des Mannes eingetragen, dessen lächelndes Gesicht nun den Kalender an der abbröckelnden Wand ziert: Manuel Benítez. 350 Kilometer weiter südlich, in Córdoba, verläßt ein anderer ehemaliger Pensionär Morenos im Laufschritt die Garage, in der er Tankwart ist, um sich mit den Trinkgeldern des Tages einen Sitz vor dem Bildschirm der benachbarten Bar zu mieten. Juan Horillo ist der Leidensgefährte des Cordobés auf dem langen, harten Weg zum Ruhm gewesen. Gemeinsam haben sie Gras gegessen, Orangen gestohlen, ihre ersten Stiere angegriffen; gemeinsam haben sie Spanien auf den Puffern von Güterwagen durchquert, Prügel von der Zivilgarde bezogen, und ihre Körper tragen ähnliche Narben. Gemeinsam haben sie gelitten und gehofft, bis der Aufstieg des einen sie endgültig auseinandergerissen hat.

Ein paar Kilometer von Córdoba fiebert die kleine Stadt, in der sie beide geboren sind, bei der bangen Frage, ob nicht der Zorn des Himmels die Corrida vereiteln wird. Seit 3 Uhr nachmittags sind alle Cafés von Palma del Río überfüllt. In einer Geste der Solidarität mit ihren Mitbürgern haben die wenigen Einwohner, die Fernsehapparate besitzen, ihre Geräte auf die Gehsteige gestellt.

Vor den Geschäften von Rafael Niet, dem Schuster, und Antonio González, dem Bäcker, drängen sich Hunderte ungeduldiger Palmeños. Don Carlos, der Stadtpfarrer, hat mehrere Gläubige vor das Empfangsgerät eingeladen, das ihm erst vor kurzem sein reichstes Pfarrkind, die Frau des Stierzüchters Felix Moreno, geschenkt hat, damit er den Konzildebatten folgen kann. Doña Goza, die Hebamme, hat den Cafetier Charneca und einige andere *Aficionados* zu Gast. Sie war es, die vor 28 Jahren und 16 Tagen den Matador ans Licht der Welt gezogen hat.

Im Halbdunkel des Hauses, das El Cordobés ihr gekauft hat, erwartet Angelita Benítez nervös den Auftritt ihres Bruders. Zum erstenmal in ihrem Leben ist sie so aufgeregt, daß sie nicht einmal beten kann. Ohne die Verwandten, Bekannten, Freunde ringsum zu beachten, starrt sie auf die Mattscheibe und sagt sich, daß ihr Bruder, wenn er tatsächlich erscheinen sollte, »so berühmt wie Franco sein muß«.

Unter einem Deckenfresko, das die Krönung der Künste durch Apollo darstellt, in einem Salon seines vier Jahrhunderte alten Palastes in der Nähe von Madrid, von wo aus er seit 24 Jahren die Geschicke seines Landes lenkt, nimmt auch der Mann, der für eine andalusische Bäuerin den Gipfel der Berühmtheit darstellt, vor seinem Empfangsgerät Platz. Kein Staatsgeschäft kann den General Franco daran hindern, diesem Schauspiel beizuwohnen, das seine Landsleute so erregt. Bequem in einen Fauteuil gelehnt, die Hände über dem Bauch verschränkt, will er den Triumph des einzigen Spaniers erleben, dessen Bekanntheit mit der seinen konkurrieren kann.

In der letzten Welle von Wagen und Autobussen, die sich der Arena zuwälzt, versucht ein mit großen Koffern beladener schwarzer Chrysler verzweifelt, sich einen Weg zu bahnen. Wo er vorbeifährt, drücken

Autofahrer auf die Hupe, werfen Frauen Kußhände, klatschen Kinder begeistert Applaus. Im Fond dieses Wagens sitzt, den Blick verdrießlich auf die regennassen Scheiben gerichtet, der Mann, der diesen Tumult ausgelöst hat, der Mann, den die aufgewühlte Phantasie einer andalusischen Bäuerin soeben mit Franco verglichen hat. In der Stauung, an der er selbst schuld ist, eingekeilt, droht El Cordobés zu spät zu der wichtigsten Verabredung seines Lebens zu kommen, zu einer Verabredung, auf die die Madrilenen seit vier Jahren warten. Immer wieder hat man ihm im Verlauf dieser Jahre vorgeworfen, er drücke sich vor dem Urteil Madrids. Doch nun ist der Augenblick gekommen, diese Verleumdung zu widerlegen und die hochmütige, herausfordernde Vorhersage seiner Jugend zu verwirklichen.

Der Matador sieht besorgt aus. Er fragt sich, ob nicht der Regen die Behörden veranlassen wird, die Corrida abzusagen. Kurz vorher hat er seinen *Banderilleros* versichert: »Wenn es sein muß, kämpfe ich auf Wasserskiern; aber Madrid soll nicht für nichts und wieder nichts gekommen sein!« Und noch etwas früher hatte er Paco eine dieser pathetischen, großsprecherischen Prophezeiungen gemacht, zu denen die Toreros von ihrem ungewöhnlichen Beruf verleitet werden: »Paco, heute abend verlasse ich die Arena entweder auf den Schultern der Menge durch das große Tor oder auf einer Bahre durch die Tür der *Enfermería*.«

200 Meter vor dem Zaun von Las Ventas bleibt der Chrysler in dem Ozean der *Aficionados* stecken, welche keine Karten haben und in der einzigen Hoffnung gekommen sind, El Cordobés von Angesicht zu Angesicht zu sehen. Aus den Fenstern und von den Dächern der Nachbarhäuser grüßen Hunderte von Madrilenen ihr Idol. Sechs Stockwerke über dem Boden, in der schwindelnden Höhe eines Gerüsts, schwenkt eine Gruppe von Maurern begeistert ein aus Leintüchern genähtes Transparent mit der Aufschrift »Hoch El Cordobés!« Fünf Jahre vorher hat der junge Mann im Fond des Chrysler gemeinsam mit ihnen die Kelle geschwungen; heute werden sie den Triumph ihres ehemaligen Kameraden miterleben, wenn sie auf ihrem Ausguck das Toben der Menge in der Arena hören.

Als der Wagen endlich in die Umfriedung rollt, steigt der Matador aus, drängt sich durch die Horde der Fotografen und entwischt in das Tor der Kapelle, in der am Morgen der Pfarrer von Covadonga den Inhalt seines schwarzen Köfferchens, Öl und Hostien der letzten Sakramente, eingeschlossen hat.

Doch selbst während dieser Augenblicke, in denen El Cordobés sich für sein Auge in Auge mit dem Tod sammelt, droht er durch die Ungeduld und Neugier der Menge gestört zu werden. So deckt der *Banderillero* Paco Ruiz, um die Andacht seines Matadors zu schützen, den Eingang der Kapelle mit seinem Körper. Paco weiß, was während dieser kurzen Minuten in seinem Maestro vorgeht: Wenn der Andalusier im Lichteranzug in aller Eile sein Gebet »an die Jungfrau und unseren Herrn Jesus« murmelt, denkt er im Grund seiner Seele an seine längst verstorbenen Eltern. »Sie sind im Himmel«, hat er Paco eines Tages anvertraut, »und sie wachen über mich.«

Unweit der Kapelle blickt Mariano de Quiros, der Präsident des Kampfes, abwechselnd auf seine Uhr und in den Regen. Es ist 17.55 Uhr. In diesem Land, in dem die Verspätung zu einem geheiligten Brauch geworden ist, gibt es ein Ereignis, das stets pünktlich beginnt: die Corrida. So bleiben dem Präsidenten noch ganze fünf Minuten, um die bedeutendste und schwierigste Entscheidung seiner ganzen Laufbahn zu treffen: Soll er den Kampf absagen und einen Aufstand auf der *Plaza* riskieren oder soll er seine Erlaubnis geben und die moralische Verantwortung für die tödliche Gefahr dreier Männer und ihrer Helfer übernehmen?

Die drei Matadore und der Präsident treten gemeinsam auf den *Ruedo* – den Kampfplatz –, um den Sand zu inspizieren. Bei ihrem Erscheinen erhebt sich die Menge und schwenkt ihre Regenschirme, ihre Hüte und ihre großen weißen Taschentücher. Von den ersten Rängen, wo die Zuschauer bis zu 10000 Peseten für einen Platz im strömenden Regen bezahlt haben, ergießt sich ein Strom von Flüchen und Drohungen. Bald erzittert das ganze Rund in einem Orkan aus Schreien, Piffen und Protesten. Und endlich dringt aus tausenden Kehlen ein Ruf, der den Lärm übertönt und das Publikum in Raserei versetzt: »Los toros, los toros, los toros ...!«

Es ist ein solcher Höllenspektakel, daß die Matadore auf dem *Ruedo* aus voller Lunge brüllen müssen, um sich verständigen zu können. Der Sand ist durchweicht, schwer, glitschig und stellenweise stehen tiefe Pfützen. Aneinandergedrängt wie ein Knäuel von Rugbyspielern tauschen die drei Matadore ihre Meinungen aus.

Vom Warten und vom Gewitter überreizt, trampelt die Menge mit den Füßen und stößt Verwünschungen aus. Hier und dort kommt es zu Auseinandersetzungen. Für den Präsidenten ist kein Zweifel möglich: Er muß die Corrida sofort absagen. Bedrückt stapft er durch den Kot der Arena, auf seinen Schultern »das Gewicht ganz Spaniens«. Später hat er zugegeben: »Meine Pflicht war, die Corrida abzusagen. Aber bei dieser gespannten, hoffnungsvollen, explosiven Atmosphäre? Wir waren Gefangene des Ruhms von El Cordobés.«

El Cordobés wirft einen Blick auf die schreiende Menge und schwört, daß er diesen Ort nicht verlassen werde, ehe er nicht seinen Degen in zwei Stiere versenkt habe.

Und dann überdröhnt eine Stimme dieses Toben und Brüllen und verkündet, daß der Anfang der Corrida um eine halbe Stunde verschoben wird. Der Präsident hofft, daß sich in dieser Zeit der Zorn des Himmels besänftigt, damit nicht der Zorn der Menschen zu einer Katastrophe führe.

Während dieses weiteren Wartens verläßt kein einziger Zuschauer die regentriefenden Tribünen. Um dem Sturm seiner Bewunderer zu entkommen, findet El Cordobés nur einen Zufluchtsort: die *Enfermería.* Hier setzt er sich auf eine Ecke des verchromten Operationstisches, der schon die verwundeten Körper so vieler Vorgänger getragen hat, und plaudert mit Dr. de la Torre und dessen Sanitätern.

Schlag Viertel sieben Uhr dringt plötzlich ein Sonnenstrahl durch die Wolkendecke. Die Sintflut versiegt. Die Hochspannung in der Arena entladet sich in einem Orkan von Freudenschreien. Während ein Trupp von *Areneros* die größten Lachen auf dem *Ruedo* mit trockenem Sand zuschüttet, bitten die *Banderilleros* ihren Matador ein letztes Mal, doch nicht sein Leben – und auch ihres – in diesem glitschigen, gefährlichen Kot aufs Spiel zu setzen. Aber El Cordobés bleibt unbeugsam, ein Sklave seines eigenen Ruhms. Mit ruhigen Schritten verläßt er die *Enfermería* und geht, gefolgt von seinen Männern und den übrigen Toreros, auf das große Tor zu, durch das die *Cuadrillas* – die Mannschaften – in die Arena einziehen und durch das die toten Stiere von aufgeputzten Maultieren hinausgeschleift werden. Hier formieren sich die Männer für den *Paseo*, die Parade, mit der die Corrida beginnt. Der treue Paco Ruiz breitet über die Schulter seines Matadors die prunkvolle Gala-*Capa*, auf der in einem Geglitzer von Goldpailletten das Bild Unseres Herrn Jesus von der Großen Macht erscheint. Ringsum sieht man nur finstere Gesichter. Niemand versucht dieses gekünstelte Grinsen, hinter dem die Toreros gemeinhin ihre Angst zu verbergen suchen. Nur El Cordobés lächelt ruhig und nimmt gelassen seinen Platz in der ersten Reihe ein, neben seinen Kollegen Pedrés und Palmeño. In der zweiten Reihe stehen die *Banderilleros* Pedrés', des rangältesten Matadors, dann die Palmeños und schließlich jene des Cordobés. Dahinter folgen, in der gleichen Reihenfolge, die *Picadores.* Zur gleichen Zeit entfaltet auf der anderen Seite der Arena der Präsident in seiner Ehrenloge in aller Eile die Attribute seiner souveränen Macht: vier verschiedenfarbige Taschentücher, mit denen er in den Gang der Corrida eingreift. Das weiße regelt den Wechsel der *Tercios* – der einzelnen Phasen des Kampfes – sowie die Verleihung der Trophäen an die Matadore; das grüne befiehlt die Entfernung eines unbrauchbaren Stiers aus der Arena; das rote das Setzen von Feuer-*Banderillas*, mit denen ein besonders feiger und lahmer Stier gereizt wird; das blaue schließlich ordnet an, einen außergewöhnlich tapferen Stier erst nach einer Ehrenrunde vom Platz zu schleifen.

Als endlich auf der Balustrade der Präsidentenloge das weiße Taschentuch erscheint, zerschneiden die schmetternden Klänge einer Trompete die feuchte Luft. Auf dieses Zeichen hin öffnen sich kreischend die Flügel des Portals, und die Männer des Zugs straffen sich. Paco Ruiz läßt seinen Blick durch die Arena schweifen und bemerkt, daß die ganze unabsehbare Menge aufgestanden ist. Dies ist, wie er aus seiner langen Erfahrung weiß, ein Zeichen, daß jener Mann, dessen Kampfstil so umstritten ist, in dieser Hochburg der Tauromachie mit Vorschußlorbeeren empfangen wird. Die Toreros bekreuzigen sich. Und dann dreht El Cordobés sich zu seinen Kameraden um und spricht das traditionelle Stoßgebet: »Gott verteile das Glück.« Nach diesen Worten setzt sich die feierliche Parade hinter den beiden berittenen *Alguaciles*, deren einer den Schlüssel zum *Toril* trägt, auf dem feuchten Sand der Arena in Marsch.

Palma del Rio – Die Kriegsjahre

Angelita Benítez erzählt

»Von seinem ersten Lebenstag an gab mein Bruder Manuel mir ständig Grund zu weinen. Und ich weiß, er wird mir auch weiterhin Grund zu weinen geben.

Ich war acht Jahre, als er geboren wurde. An einem heißen Maiabend war es, knapp vor dem Krieg, ich erinnere mich genau. Den ganzen Nachmittag lang hörte ich das Stöhnen meiner Mutter von oben. Und dann die Schreie des Babys. Und da weinte ich mit. Ich mochte dieses Kind nicht. Schließlich waren wir schon vier: Encarna, Pepe, Carmela und ich. Und ich wußte, jetzt war es einer mehr, um den ich mich kümmern mußte, weil ich die Älteste war. Vor allem war es ein Esser mehr.

Damals bestand unser gesamter Besitz aus Arbeit und Hunger. Das einzige, womit ich als Mädchen jemals großzügig bedacht wurde, war Arbeit. Es hieß arbeiten, weil es sonst nichts zu essen gab. Und manchmal gab es trotz allem nichts zu essen. Dann blieb uns nichts als Hunger und Verzweiflung.

Ich erinnere mich an nichts Besonderes aus dieser Zeit, es sei denn an meinen ewig knurrenden Magen. Die Schule besuchte ich kaum je. Von Zeit zu Zeit ging ich zu den Schwestern neben der Kirche. Bei ihnen lernte ich nicht lesen und schreiben, sondern bloß notdürftig nähen. Ich konnte nur zwei Worte schreiben: Angelita Benítez, meinen Namen. An manchen Sonntagen schenkten uns die Schwestern ein Stück Brot oder Speck, ab und zu auch ein bißchen Öl; deswegen mochte ich die Schule bei den Schwestern gern.

Einmal, fällt mir ein, gaben sie mir sogar ein Paar Sandalen. Weder meine Schwestern Carmela und Encarna noch Pepe, mein Bruder, noch ich hatten jemals Sandalen getragen. Wir liefen barfuß. Im Winter, wenn es in Strömen regnete, ging uns der Kot, der überall stand, bis zu den Knöcheln. Wenn wir heimkamen, steckte meine Mutter unsere blaugefrorenen Füße in ein Becken mit warmem Wasser. Mit acht oder neun Jahren gab ich meine Schulbesuche überhaupt auf. Denn von diesem Alter an mußte ich wie eine Erwachsene arbeiten.

Wir wohnten in der Calle Ancha; damals war sie nicht gepflastert. Im Winter verwandelte sie sich in einen richtiggehenden Sumpf, durch den wir mit nackten Füßen wateten. Die Häuser der Straße sahen eins wie das andere aus. Es waren einstöckige Häuser, alle mit Kalk getüncht. Jeden Monat mußte man einen Kübel Wasser und Kalk nehmen und sie neu verputzen. Als Pinsel diente ein Ast, an den man ein Büschel Reiser und Blätter band. Es war in der Calle Ancha sehr wichtig, regelmäßig die Wände seines Hauses zu weißen, sonst kam man in schlechten Ruf bei den Nachbarn.

Diese Arbeit übernahm immer meine Mutter. Und weil wir arm waren, tünchte sie auch die Mauern fremder Häuser in der Calle Ancha und in ganz Palma. Meine Mutter war eine sehr fleißige Frau. Manchmal begleitete ich sie und trug ihr den Kübel.

Die Leute, die bei uns im ersten Stock wohnten, hatten Blumenstöcke auf die Fensterbretter gestellt; das ergab hübsche Farbtupfen. Tür hatte unsere Wohnung in der Calle Ancha keine, bloß einen Vorhang. Durch ihn gelangte man in einen Flur, von dessen Ende eine Treppe in den Hof hinunterführte.

Dort wuchs in einem Winkel ein armseliger kleiner Orangenbaum mit ein paar spärlichen Blättern. All die Jahre hindurch, die ich hier wohnte, habe ich nie eine Orange auf diesem Bäumchen entdeckt. Es stand nahe beim Brunnen. Brunnen hieß bei uns ein simples Loch im Boden, mit glitschigen, moosbewachsenen Steinen ringsherum. Wasser war damals rar in Palma. Am Ende eines Stricks baumelte ein verbeulter Eimer, mit dem wir Wasser vom Grund heraufholten. Dieses Wasser war so schmutzig und so trüb, daß niemand es zu trinken wagte. Und der Brunnen roch so abscheulich, daß mir davor graute, Wasser aus ihm zu schöpfen. Es wurde zum Waschen und in der Küche verwendet. Damals mußten alle Leute das Trinkwasser beim Händler kaufen, der Tag für Tag mit seinem Eselskarren voll mit Krügen durch die Straßen zog. Auch heute noch beziehen manche Leute in Palma ihr Wasser auf diese Art. Es kostete pro Krug eine halbe Peseta. Hin und wieder, wenn mein Vater arbeitslos war, waren wir zu arm, um welches zu kaufen, und mußten das aus dem Brunnen trinken.

In unserem Haus wohnten vier Familien. Der Herd, an dem wir alle abwechselnd kochten, war in einer Hofecke, unter einem ziegelgedeckten Vordach. Er bestand aus einem großen Stein mit zwei Löchern über einem Holzfeuer.

Unsere Wohnung hatte nur einen Raum, dessen einziges Fenster auf die Straße ging. Eine Glühbirne gab es zwar, aber meine Eltern schalteten sie so gut wie nie ein; der Strom kam zu teuer. Die Einrichtung bestand aus einem Tisch, einer Kommode und vier Sesseln; das waren die Möbel, die meine Mutter als Mitgift in die Ehe gebracht hatte. Auf dem Tisch lag ein Tischtuch, vielfarbig wie die bekannten Stoffe aus Toledo. Meine Mutter, die leidenschaftlich gern nähte, hatte es selbst gestickt. Es war, glaube ich, das einzige Besitzstück, das ihr wirklich am Herzen lag.

Mein Vater und meine Mutter schliefen im einzigen Bett. Carmela und der Jüngste, den meine Mutter stillte, lagen bei den Eltern. Meine Mutter entwöhnte ihre Kinder immer erst, wenn das nächste kam. Mein Bruder Pepe und ich schliefen auf einem Strohsack, den wir jeden Abend auf den Fußboden breiteten.

Über dem Bett hing ein Kreuz, ein hölzernes Kruzifix, das uns meine Großmutter gegeben hatte. Mein Vater, der nicht sonderlich religiös war, hatte es nur meiner Mutter zuliebe an die Wand gehängt. Nach seiner Meinung hielten es die Geistlichen mit den Reichen und nicht mit uns Armen.

Mein Vater war ein sehr ernsthafter Mann. Er lächelte fast nie. Er trank nicht und spielte nicht Gitarre. Er arbeitete jeden Tag, den Gott werden ließ, und war der tüchtigste Arbeiter in ganz Palma.

Wie alle anderen arbeitete er auf den Feldern. Im Winter pflückte er Oliven. Später ging er ackern. Damals gab es nicht immer genug Pferde oder Maultiere, und so mußten die Männer manchmal selbst den Pflug durch die Furchen ziehen. Wenn es auf den Feldern nicht genug Arbeit gab, ging er auf die Straßen welche suchen. Die Leute suchten zu jener Zeit an allen nur möglichen Orten Arbeit. Vor allem gingen sie auf die Plaza de los Trabajadores – den ›Platz der Arbeiter‹. Dorthin kamen jeden Morgen schon sehr zeitig die Verwalter der großen Güter, um die benötigten Arbeitskräfte aufzunehmen: manchmal bloß für einen Tag, manchmal für zwei oder drei Tage. Hin und wieder gingen die Männer selbst auf die Güter, um nach Arbeit zu fragen.

Wenn ein Mann ein tüchtiger Arbeiter war wie mein Vater, hatte er es nicht nötig, auf die Plaza de los Trabajadores zu gehen. Die Gutsverwalter kamen von selbst zu uns, mitunter noch vor Tagesanbruch. Ab und zu hörte ich sie an das Haustor klopfen und meinen Vater rufen. Die Dauer, für die sie Arbeit anboten, war von Mal zu Mal verschieden: ein Tag, eine Woche, sogar ein Monat konnte es sein. Von Geld sprach man nicht. Jeder kannte den Tageslohn, wußte, wieviel Peseten er bekommen würde. Also gab es keine Diskussionen. Mehr als 6 oder 7 Peseten bekam man kaum. Wurde einem Arbeit angeboten, so ging man hin und damit basta.

Die Männer folgten dem Verwalter; zu Fuß marschierten sie hinter seinem Pferd her. Die Arbeit begann mit dem Sonnenaufgang und endete beim Einbruch der Nacht. Das einzige Fortbewegungsmittel der Arbeiter waren ihre eigenen Beine. Fahrräder waren unbekannt. Zuzeiten lag der Arbeitsplatz gleich bei der Stadt, zuzeiten viel weiter weg. Mein Vater wurde auf allen großen Gütern beschäftigt, bei Felix Moreno, bei den Martínez und bei den anderen. Es waren oft mehr als 25 Kilometer bis hin. Don Felix Moreno war der größte Grundbesitzer von Palma. Manche Leute behaupteten, daß er der maßgeblichste Mann in ganz Andalusien war. Auf jeden Fall war er der reichste Mann, den wir jemals gesehen hatten, aber er hätte eher einen seiner Arbeiter umgebracht, als ihm eine einzige Peseta mehr zu geben. Er ist mittlerweile gestorben, und es ist besser, die Toten ruhen zu lassen. Jedenfalls verwünschten wir alle Don Felix. Zu Hause wagten wir kaum seinen Namen zu nennen und wenn wir in einer Straße Palmas zufällig seinen Pferdewagen oder sein Auto sahen, brachten wir uns schnell in Sicherheit, als ob der Teufel drinnen säße. Wir hatten alle Angst vor Don Felix. Er war ein sehr böswilliger Mensch.

Damals hatten wir nicht viele *Fiestas.* Der Sonntag war ein Tag wie jeder andere: ein Arbeitstag.

Wenn die Oliven reif waren, gingen wir alle auf die Felder. Jede Familie suchte sich einen Baum aus und begann mit der Ernte. Mein Vater und meine Mutter stiegen in die Zweige und ich sammelte die Oliven ein, die auf den Boden fielen. Für gewöhnlich füllte ich einen Korb am Tag und mein Vater war sehr stolz auf mich, denn je mehr Körbe wir füllten, desto mehr Geld bekamen wir. Es war sehr kalt und um den schneidenden Wind zu vergessen, sangen wir. Welche Lieder es waren, weiß ich nicht mehr, sondern bloß, daß wir so laut wie möglich sangen, um nicht allzusehr zu frieren. Mein Vater hatte keine besonders schöne Stimme, aber er sang mit.

Manchmal machten die Bauern ein Feuer, an das wir uns wärmen gehen konnten. Doch währenddessen blieben unsere Körbe leer und so hörte ich bald die Stimme meines Vaters rufen: ›Angelita! Angelita!‹ Das einzige, was mein Vater während dieser langen Erntetage zu mir sagte, war, daß ich schneller gehen solle.

Wir arbeiteten vom ersten Tagesschimmer an bis zum Einbruch der Dunkelheit. Wir schliefen alle an Ort und Stelle, auf dem Boden einer Scheune oder eines Stalles. Jede Familie hatte ihren Winkel und der Aufenthalt fern von Palma konnte zwei oder drei Wochen dauern.

Am Morgen schlangen wir eine Schale *migas* hinunter, eine Art Suppe, in der Brotwürfel – manchmal in Öl getränkt – schwammen. Hin und wieder tranken wir am Vormittag, um uns aufzuwärmen, ein Glas *aguardiente*, einen sehr scharfen Anisschnaps. Die reichen Leute aßen Wurst zum Gabelfrühstück. Wir waren schon froh, wenn wir Brot hatten.

Zur Mittagszeit setzten wir uns unter unseren Baum und meine Mutter gab uns jedem einen Ranken Brot mit einem winzigen Stück Speck. Kaum waren wir damit fertig, da stand mein Vater auch schon wieder auf und stieß ein *Vámanos* hervor. Das hieß, daß wir wieder an das Füllen unserer Körbe gehen sollten. Am Abend aßen wir eine Art Kichererbsenragout oder oft auch bloß ein bißchen Brot und Speck wie zu Mittag. So verlief unser Leben im Wechsel der Jahreszeiten. Im November war die Zeit der grünen Oliven, im Februar die der schwarzen. Im Frühling wurde gepflückt und gesät, zum Sommeranfang geerntet. Und während der langen Monate, die zwischen den Feldarbeiten verstrichen, gab es keine Arbeit, und wenn es keine Arbeit gab, gab es nichts zu essen.

Dann ging mein Vater als Kellner in das Café von Nino Vallés. Das war ein kleines Café im Zentrum von Palma, das vor allem von Arbeitern besucht wurde. Wenn mein Vater spät in der Nacht nach Hause kam, war seine erste Bewegung, die eingenommenen Trinkgelder aus den Taschen zu leeren. Die Leute hatten meinen Vater gern und gaben ihm, wenn sie dazu in der Lage waren, einen Céntimo oder zwei. Meine Mutter arbeitete ebenfalls. Sie war eine starke Frau und verbrachte ganze Tage mit dem Tünchen von Häusern oder mit Wäschewaschen. Oft nähte sie noch am Abend. Mein Vater schaltete das elektrische Licht nur in Nächten ein, in denen es meine Mutter zum Nähen brauchte.

Meine Eltern waren zu dieser Zeit noch jung, aber sie rackerten sich dermaßen ab, um uns ernähren zu können, daß man sie für älter gehalten hätte. Vor allem mein Vater sah aus wie ein alter Mann.

Bei uns daheim wurde nie von Stieren gesprochen. Mein Vater hatte nicht viel übrig dafür, hatte nicht viel *afición* für die *Fiesta Brava*. Außerdem gab es in Palma keine Arena. An den Wänden sah man wohl hin und wieder Plakate für Kämpfe in Ecija oder Córdoba, aber nur die reichen Leute fuhren dorthin. Die einzigen Stiere, die *wir* zu Gesicht bekamen, waren die auf den Weiden von Don Felix Moreno.

Der größte Feiertag des Jahres war der Tag der *Patrona*, das Fest der Jungfrau von Bethlehem, der Patronin von Palma: der 8. September. Das ist immer ein großes Fest. Am Morgen gingen die Leute in die Kirche und am Abend war Prozession. Die Statue der Jungfrau wurde auf den Schultern der Männer aus der Kirche getragen. Sie war über und über mit Feldblumen, Geranien, Margeriten und sogar mit Lilien geschmückt. Don Juan, der Pfarrer, schritt an der Spitze der Prozession, umgeben von Ministranten, die ihre Weihrauchfässer schwangen. Die Gläubigen trugen Fackeln und sangen Lieder zu Ehren der Patrona. Die Prozession durchquerte Palma und alle sahen von den Gehsteigen, den Balkons und Fenstern aus zu. In der Stadtmitte, wo die reichen Leute wohnten, war es, um dem Vorbeizug der Marienstatue Ehre zu erweisen, Brauch, die Balkons mit gestickten Leintüchern zu schmücken. Sie sahen wundervoll aus mit ihren Blumenmustern und feinen Stickereien. Sie wurden nur zu dieser Gelegenheit benützt, zum Tag der Prozession, und außerdem für die Hochzeitsnacht eines Familienmitglieds.

In der Calle Ancha besaß natürlich niemand solchen Schmuck. Balkons und Fenster waren kahl, ausgenommen das Fenster unserer Wohnung. Jedes Jahr hängte meine Mutter ihr selbstgesticktes Tischtuch, das so sehr einem Toledostoff glich, hinaus. Es war ihr ganzer Stolz, unser Fenster mit einer so schönen Tischdecke geschmückt zu sehen.

Aber das Fest der *Patrona* fand nur einmal im Jahr statt. Der Rest der Zeit bestand für uns aus Arbeit. Manchmal, wenn mein Vater fort, auf den Feldern, und kein Geld mehr im Haus war, hörte ich nachts meine Mutter weinen und die *Patrona* anrufen. Aber wir beklagten uns nie. An wen hätten wir uns wenden sollen mit unseren Klagen? Mit acht Jahren hatte ich das Lachen verlernt, war ich ebenso hart geworden, wie es im Sommer die Erde unseres Andalusien ist.

Zweifellos war das der Grund für den unfreundlichen Empfang, den ich meinem Bruder Manuel am Tag seiner Geburt bereitete. Ich wußte, daß er kommen würde. Aber für mich war er nur ein Eindringling, um den ich, als die Älteste, mich würde kümmern müssen. Gegen Mittag hatte mich mein Vater um Doña Coza, die Hebamme, geschickt. Wie jeder von uns wurde Manuel oben, im Bett meiner Eltern, geboren. Verzweifelt bemühte ich mich, das Schreien und Stöhnen meiner Mutter zu überhören. Als Manuel den Leib meiner Mutter verlassen hatte, kam mein Vater auf den Gang gestürzt und schrie: ›Angelita, komm schnell, es ist ein Bub!‹

Ich reagierte nicht auf seinen Anruf. Ich grub meine Nägel in den Stamm des Orangenbäumchens und begann zu weinen. Mein Vater lief herunter und zerrte mich die Stiegen hoch. Er war sehr stolz, daß es ein Sohn war. Er mußte mich mit Gewalt zum Bett meiner Mutter stoßen, um mich Manuel anschauen zu lassen. Aber durch einen Tränenschleier hindurch sah ich nur meine Mutter. Auch sie weinte. ›Otro más en el mundo a dar a comer‹, murmelte sie – noch einer, der essen will.«

Señora Vallés erzählt

»Ich erinnere mich an diese Nacht. Er kam zu spät zur Arbeit. Ich sehe ihn noch vor mir, wie er mit einem breiten Lächeln ins Café trat. Dieses Lächeln fiel mir sofort auf. Er war ein eher schwerblütiger Mann und es war eine Seltenheit, ihn lächeln zu sehen.

Er ging hinter die Theke, griff sich die *aguardiente*-Flasche und schenkte meinem Mann und mir ein Glas ein. ›Ich habe einen Sohn bekommen‹, verkündete er, ›gerade eben, einen kleinen Buben.‹

Er hatte schon vier Kinder und ich kann Ihnen versichern, damals war in Palma ein Esser mehr nicht gerade ein Grund zum Feiern. Er aber, er war glücklich. Seine Freude war so groß, daß man hätte glauben können, in der Calle Ancha sei soeben ein Wunder geschehen.

Er war ein ehrlicher Mann, ehrlich und aufrecht. Und genauso seine Familie. Nie beklagten sie sich. Seine Frau stillte meine Tochter, als meine Milch versiegte. Wir lernten ihn kennen, als er auf ein Glas Weißwein ins Café kam, um sich bei der Feldarbeit nicht so schwach im Magen zu fühlen. Damals brachen die Männer vor Sonnenaufgang zu den Gütern auf, gegen 3 oder 4 Uhr morgens. Manche mußten 20 Kilometer durch die Nacht marschieren, um an ihren Arbeitsplatz zu gelangen. Unser Café lag in der Mitte des *Pueblo* und sperrte nie. Wir servierten den Arbeitern ein Glas Wein am Morgen, bevor sie loszogen, und eines, wenn sie abends zurückkamen.

Er sah aus wie alle anderen. Ich erinnere mich deutlich, wie er still für sich sein Glas trank, bevor er sich auf den Weg machte, bekleidet mit einem alten Baumwollhemd und einer Leinenhose, die Füße in ausgetretenen *Espadrillas.* Er sah geradeso aus wie heute sein Sohn, bloß wirkte er alt und verbraucht mit seinem zerfurchten Gesicht und dem gebeugten Rücken: Es war, als ob das ganze Elend Andalusiens auf seinen Schultern läge. Wie jeder Andalusier hatte der Vater des Cordobés einen Beinamen: ›El Renco‹ – der Hinkende.

Diesen Beinamen hatte er von seinem Vater geerbt, einem armen Mann, den die Zivilgarde eines Tages dermaßen zugerichtet hatte, daß er für den Rest seines Lebens humpelte. Die Gardisten hatten ihn für seine Teilnahme an einem Streik geprügelt. Es war gegen 1900 gewesen. Manuel selbst wurde auch El Renco genannt, bevor er sich El Cordobés taufte, denn in Andalusien geht der Beiname vom Vater auf den Sohn über. So schien es, als hätten die Knüppel der Zivilgarde die Knochen der Familie Benítez bis ans Ende der Zeiten zeichnen wollen.

Später arbeitete El Cordobés' Vater als Kellner in unserem Café, wenn es auf den Feldern keine Arbeit gab. Wir zahlten ihm zwei Peseten pro Tag und die Kost. Mit den Trinkgeldern verdiente er sich ein bißchen dazu, nicht viel allerdings, denn unsere Gäste waren selbst auch nur Arbeiter. Er kam um 10 Uhr morgens und blieb bis Mitternacht. ›Der Hinkende‹ war ein fleißiger Arbeiter. Sein bester Freund war ein Kellner aus dem Café gegenüber; Charneca hieß er und hatte ihm die Anfangsgründe unseres Berufs beigebracht.

Damals gab es nur wenige Cafés in Palma. Unseres war ein großer Saal mit einer Theke und einigen Tischen. Die Spezialität des Hauses waren *bistellos de lomo*, kleine Stückchen Schweinefleisch, die ich persönlich briet. Das Glas Wein kostete bei uns 10 Céntimos. An unserer Bar verkehrten alle möglichen Leute, ausgenommen die Gutsbesitzer. Diese hatten ihre eigenen Cafés wie das *Círculo de Amistad.* Von uns aus sah man sie nur zu Pferd oder im Wagen vorüberkommen.

Aber alle anderen Bevölkerungsschichten, Handwerker und auch kleinere Kaufleute, verkehrten bei uns. Die meisten Gäste tranken an der Schank. Manche setzten sich nieder und spielten Domino oder *tute*, ein Kartenspiel. Aber im allgemeinen besuchten besonders Arbeiter wie der Vater des Cordobés unser Lokal. Deshalb hat man es uns auch nach dem Krieg weggenommen. Denn die Arbeiter waren Sozialisten und in gewissem Sinn war bei uns ihr bevorzugter Treffpunkt. Auch Anarchisten kamen, doch davon gab es in Palma nicht sonderlich viele.

Wir waren auf den ›Socialista‹ und auf ›La Tierra‹ abonniert, die republikanischen Zeitungen, und die Arbeiter kamen jeden Abend, um sie zu lesen. Für gewöhnlich las sie mein Mann laut vor, denn der Großteil der Arbeiter konnte nicht lesen.

Das alles hat 1931 begonnen, mit der Ablösung der Monarchie durch die Republik. Wir haben nie so viel Wein ausgeschenkt wie in der Wahlnacht. Wir setzten unsere größten Hoffnungen auf die Republik. In jener Nacht habe ich Leute gesehen, die sich auf offener Straße umarmten. Sie glaubten zweifellos, daß nun alles anders würde, daß Schluß sei mit dem Elend, mit dem Hunger, mit den reichen Gutsherren, die sie wie Mohrensklaven behandelten. Seither haben sie sich eines Besseren belehren lassen müssen und ihre Ansprüche niedriger geschraubt.

Ich entsinne mich, daß in dieser Nacht der Bürgermeister eine telegrafische Anfrage an den Gouverneur von Córdoba richtete, was mit dem Pfarrer geschehen solle. Eine verrückte Nacht!

Was die Leute in erster Linie von der Republik erwarteten, war eine Bodenreform. Hier in Andalusien gehörte alles gute Land einigen wenigen Familien. Es hieß, daß die Hälfte der Provinz Córdoba in den Händen einer Minderheit von fünf Prozent sei. Das war ein Skandal, der leider noch immer nicht aus der Welt geschafft ist. Es gab in Palma drei große Familien, die praktisch alles besaßen: die Martínez, die Gamero Civico und die Moreno. Sie waren die Herren. Alle Welt arbeitete in ihren Diensten, Arbeiter, Kaufleute, Handwerker, ja sogar der Pfarrer und die Bank. Gegen sie kam keiner auf.

Der Schlimmste von allen war Don Felix. Seinen Namen verwünschten die Leute in unserem Café bei weitem öfter als den des Teufels selbst. Er war ein sehr kleingewachsener Mann, aber die Arbeiter, die sein Verwalter auf der Plaza de los Trabajadores dingte, behandelte er hart und rücksichtslos. Man hatte ihn ›Bismarck‹ getauft, zweifellos, weil dieser Deutsche für uns den Inbegriff aller Unmenschlichkeit darstellte. Das erste Auto in Palma gehörte Don Felix, ein weißer Hispano-Suiza, den er 1917 kaufte. Die Einwohner von Palma nannten diesen Wagen ›Burro blanco‹ – weißen Esel. Aber Don Felix benützte ihn nur selten. Er ritt lieber oder ließ sich in seinem von zwei Schimmeln gezogenen Coupé fahren. Kein Mensch wußte, wieviel Hektar er eigentlich besaß. Sicherlich Tausende. Alles Land von Palma bis Peñaflor zwischen der Landstraße und der Sierra gehörte ihm. Und hinter Peñaflor waren mindestens 30 Kilometer weit alle Felder an den Ufern des Guadalquivir in seiner Hand. Der Vater des Cordobés arbeitete wie alle, die in unserem Café verkehrten, auf seinen Äckern. Und wofür? Um sich für einen Hungerlohn die Seele aus dem Leib zu schinden, für 6 oder 7 Peseten täglich, und manchmal für noch weniger. Davon konnte eine Familie bestenfalls verhungern. Und wenn Gott bewahre ein Arbeiter es wagte, um eine Lohnerhöhung zu bitten oder sich gar zu beschweren, war er so gut wie tot. Als Aufwiegler gebrandmarkt, konnte er nirgends mehr Arbeit finden. Auf der Plaza de los Trabajadores gingen die Gutsverwalter kalt an ihm vorüber, als sei er überhaupt nicht vorhanden.

Um sich zu wehren, versuchten die Arbeiter gemeinsame Aktionen. Sie arbeiteten so langsam wie möglich, um die Dauer der Arbeit auszudehnen und die Verwalter zu zwingen, auch die auf der Plaza Verbliebenen einzustellen. Aber es war klar, daß sie schließlich und endlich revoltieren würden, wenn die Republik nicht ihre Forderungen erfüllte. Vier Monate nach der Ausrufung der Republik, Juli 1931, war es dann soweit. Eines Nachts setzten unterstandslose Arbeiter die *Plaza de Toros* in Brand, um sich aus ihren Steinen Häuser bauen zu können. Seit langem hatte in dieser Arena kein Stierkampf stattgefunden und sie hatte bloß durch ein Ereignis aus dem Jahre 1917 traurige Berühmtheit erlangt: Antonio Canero, der zu jener Zeit bekannteste Stierkämpfer zu Pferde, war dort schwer verletzt worden. Die *Plaza* gehörte Julio Muñoz, einem Großgrundbesitzer aus Córdoba. Übrigens bekämpften die Anarchisten und ein Großteil der Sozialisten – nicht nur in Palma, sondern in ganz Spanien – die *Fiesta Brava*, und so wurde der Brand der *Plaza de Toros* zu einem richtigen Volksfest. Denn viele Leute fanden es skandalös, daß so viel Land für die Stierzucht vergeudet wurde, statt daß man auf ihm Getreide oder Mais für die Bedürfnisse der Armen anbaute.

Nach diesen ersten Unruhen verschärfte sich die Lage. An der Spitze der Bewegung standen die Sozialisten, denen es gelungen war, sich mit den wenigen Anarchisten und Kommunisten, die es hier gab, zu verbünden. Sie organisierten Streiks, um den Arbeitern ein besseres Leben zu verschaffen. Sie forderten Lohnerhöhungen und ein allgemeines Recht auf Arbeit und auch eine Reform des Auslesesystems auf der Plaza de los Trabajadores. Denn hier gab es viele Ungerechtigkeiten. Die Verwalter stellten die Arbeiter ein, welche ihnen paßten, und nicht die zuerst gekommenen oder jene, die am dringendsten Arbeit brauchten. Wenn ein Arbeiter nicht wählte, wie sie es befohlen hatten, gingen sie an ihm vorüber, ohne ihn zu nehmen. Wenn ein Arbeiter alt und krank wurde, berücksichtigten sie ihn gleichfalls nicht, auch wenn seine Familie deshalb verhungerte.

Die Arbeiter von Palma wollten diese Zustände ändern. Sie wollten eine gerechte Verteilung der Arbeit erreichen. Die Sozialisten wollten die Herren dazu bringen, daß sie sagten: ›Wir brauchen 50 Männer. Sucht sie aus.‹

Streiks brachen aus. Die Arbeiter weigerten sich zu ernten und ließen ihre Herden im Stich. Es kam zu Auseinandersetzungen zwischen den Arbeitern von der Plaza und den fix auf den Gütern Beschäftigten. Die Arbeiter von der Plaza machten mehrere Vorstöße, um die fest Eingestellten zu bewegen, ebenfalls zu streiken. Die Gutsherren begannen bewaffnete Miliz aufzustellen, um den Zugang zu ihren Gütern abzuriegeln. All das machte viel böses Blut.

In einer Dezembernacht des Jahres 1931 gingen die Arbeiter direkt zum Haus von Don Felix demonstrieren. Wissen Sie, welche Antwort sie von ›Bismarck‹ erhielten? Blei. Besinnungslos vor Zorn, weil die Arbeiter es wagten, seinen Grund und Boden zu betreten und unter seinen Fenstern zu protestieren, hatte er zum Gewehr gegriffen und blindlings in die Menge abgedrückt. Er traf einen armen Mann tödlich, einen Arbeiter, der seit Jahren auf seinen Feldern beschäftigt war.

Es gab einen riesigen Skandal. Aber Don Felix regelte die Affäre, wie es die Gutsherren immer noch konnten. Er erklärte, in berechtigter Notwehr gehandelt zu haben, und wurde vom Schwurgericht in Córdoba freigesprochen. Immerhin hatte diese Angelegenheit eine Folge: Don Felix verbrachte von da an einen Teil des Jahres in seinem Palast in Sevilla.

Die Ausschreitungen wurden immer ernster. 1934 zündeten die Arbeiter die Kirchen an. Der Generalstreik brach Mai 1936 aus, knapp nach der Geburt Manuel Benítez, des kräftigen El Cordobés. Wir wußten nun, daß uns schreckliche Zeiten bevorstanden.

El Cordobés' Vater mischte sich kaum in diese Unruhen. Er war bloß ein aufrechter Arbeiter. Aber als die Zusammenstöße heftiger wurden, mußte auch er mitmachen. Es war immer schon so. Man mußte sich für eine Seite entscheiden. Nun, er stand auf der Seite der Armen. Wenn man in Andalusien arm geboren wird, bleibt man ein Armer bis an sein Lebensende. Also mußte er wohl oder übel die Partei der Armen ergreifen und mit ihnen ausharren, was immer auch kommen mochte.

Er war nicht der einzige, der derart gegen seinen Willen in die Sache hineingezogen wurde. In jenem Sommer wurde ganz Spanien auf die gleiche Weise mitgefangen, mitgehangen.«

Alonso Moreno erzählt

»Mein Vater, Don Felix, war aus dem gleichen Holz geschnitzt wie die jahrhundertealten Olivenbäume, die auf seinem Land wuchsen; hart zu denen, die für ihn arbeiteten, aber noch härter zu sich selbst. Vom Morgengrauen an war er auf den Beinen; nie ging er vor der allabendlichen Besprechung zu Bett, die er nach Mitternacht in seiner Bibliothek mit dem Verwalter und den Partieführern abhielt. Um sein Land zum Blühen und Gedeihen zu bringen, arbeitete er achtzehn Stunden am Tag mit der gleichen Energie wie ein Konquistador bei der Eroberung Amerikas. Noch mit siebzig Jahren verschmähte er es, in seinen Autos zu fahren, und ritt täglich drei Pferde zuschanden. Bei seinem Tod besaß er 20000 Hektar, die auf sieben Güter verteilt waren. Er war der größte Grundbesitzer zwischen Sevilla und Córdoba, der zweitgrößte in ganz Andalusien.

Mein Vater war, was man einen großen Herrn nennt. Bei den meisten Leuten war er beliebt, bei einigen wenigen verhaßt. Alle aber fürchteten und bewunderten ihn. Seine Ahnen stammten aus Santander und hatten sich Anfang des 19. Jahrhunderts, während der Invasion Spaniens durch Napoleon, in Sevilla niedergelassen. Der Name unserer Hauptbesitzung, ›La Vega‹, das heißt Gute Erde, geht auf die Zeit der Maurenkriege zurück; das Vierte Kastilische Bataillon, das Sevilla zurückerobert hat, ist im *Palacio*, unserem Wohnsitz in Palma del Río, gelegen. Ein anderer Wohnsitz unserer Familie ist ehedem ein Franziskanerkloster gewesen, von dem aus die ersten Mönche zur Erforschung Kaliforniens ausgezogen sind. Sie haben Kerne von den Orangenbäumen in unserem Innenhof mitgenommen und aus diesen Kernen haben sich die Orangenplantagen Kaliforniens entwickelt.

Unsere Familie und ihre Güter waren stets auf die eine oder andere Weise eng mit der Geschichte Palmas und ganz Andalusiens verbunden. Und niemand kann leugnen, daß dieser Teil Spaniens meinem Vater großen Dank schuldet. Denn er war einer der Männer, die die hiesige Landwirtschaft aus ihrem seit Jahrhunderten währenden Dornröschenschlaf gerissen haben.

Mein Vater hatte einen außerordentlichen Hang zum Studieren. Mit

21 Jahren sprach er fließend Deutsch, Französisch und Italienisch. Aber seit 1915, von dem Tag an, als er, ein nagelneues Diplom in der Hand, aus dem Sevillaexpreß gestiegen war, galt seine ganze Vorliebe der Landwirtschaft. Dieses Diplom, für das er 2000 Kilometer zurückgelegt hatte, stammte vom Institut français d'agriculture in Grignon, einer Hochschule, die für die Bodenkultur das gleiche bedeutete wie die Sorbonne für die Geisteswissenschaften. Damals besaß er nur 2000 Hektar, die er von seinem Vater geerbt hatte, aber er war fest entschlossen, diese 2000 Hektar zu den ertragreichsten Andalusiens zu machen. 1916 kaufte er den ersten Traktor, der jemals eine Furche durch die Erde unserer Provinz gezogen hat, einen Hanno, den er zwanzig Jahre lang behielt. Die Methoden, die mein Vater zur Intensivierung der Landwirtschaft anwandte, zeitigten große Erfolge, und so konnte er weitere Ländereien rund um Palma hinzukaufen. 1928 ging eine der berühmtesten *Ganaderías* unserer *Fiesta Brava* in seine Hände über, die Zucht der Saltillo-Stiere, die den Erben des Marquis von Saltillo gehört hatte. Diese Kampfstiere wurden der Stolz meines Vaters.

Trotz aller Erfolge blieb seine Lebensweise puritanisch einfach. In jedem der Gutshöfe, die er auf seinen verschiedenen Besitzungen hatte bauen lassen, richtete er sich ein Büro ein, in dem sein Tagesablauf begann und endete. In ein kleines, schwarzes, ledergebundenes Buch notierte er mit seiner gleichmäßigen Schrift alles, was das Gedeihen seiner Güter betraf, die Löhne der Arbeiter, den Ertrag des Bodens, die Vermehrung der Herden, die von seinen Traktoren zurückgelegten Strecken. Sein Leben lang trug er ein solches Buch bei sich. Jedes Jahr im September, zu Sankt Michael, wurde es gegen ein neues vertauscht.

Den Sommer über wohnten wir für gewöhnlich in La Vega, unserem Wohnsitz in Peñaflor, 5 Kilometer von Palma. La Vega war ein großer alter Bau mit ockergelber Fassade und grünen Fensterläden, umgeben von einem Gitter, das die Devise unserer Stierzucht trug. Im Herbst zogen wir in den *Palacio*, den alten maurischen Palast im Zentrum von Palma. Im Innern dieses prächtigen Bauwerks lag ein Patio mit einem Springbrunnen und mehreren Palmen, von wo aus man den Turm unserer Pfarrkirche, der Mariä-Himmelfahrts-Kirche, sehen konnte. Dieser Hof ist immer einer der Lieblingsplätze meines Vaters gewesen. Hier, in der Nähe des Springbrunnens, erholte er sich von seinen Geschäften.

Wir waren neun Kinder. Sowohl in La Vega als auch im *Palacio* verlangte mein Vater, daß wir, auch wenn es noch so heiß war, bei

Tisch mit Rock und Krawatte erschienen. Zu Beginn jeder Mahlzeit sprach er das Benedicite, und wir hatten zu warten, bis unsere Eltern Platz genommen hatten, ehe wir uns selbst setzten. Im Wesen meines Vaters lag etwas, das einem Furcht und Achtung abnötigte. So wagten es zum Beispiel meine Brüder und ich bis zu seinem Tod niemals, in seiner Gegenwart zu rauchen.

Vor dem Krieg gab es keinen elektrischen Strom in La Vega, obwohl der Ort an das Verbundnetz angeschlossen war. Wir hatten weder Radio noch Kühlschrank; das Eis kauften wir in Palma. Unser gesellschaftlicher Verkehr beschränkte sich auf Onkel, Tanten und Cousins. Und hin und wieder kam ein Freund meines Vaters zu Gast. Besonders gut erinnere ich mich an einen von ihnen, dem wir begeistert zuhörten, wenn er am Abend nach dem Essen endlose Geschichten erzählte. Er hieß Federico García Lorca.* Wenn Männer wie Lorca uns mit ihrem Besuch beehrten, veranstaltete mein Vater eine kleine *Fiesta* für sie. Bauern sangen und tanzten Flamenco, es wurden Melonen und Serrano-Schinken gereicht und zum Trinken Montilla-Wein.

Am Sonntag ging die Familie geschlossen zur Messe; im Sommer nach Peñaflor, im Winter in die Himmelfahrtskirche von Palma. An hohen Feiertagen fuhren meine Eltern in einer Karosse hin, die von vier gleichfarbigen Pferden gezogen und von zwei livrierten Kutschern gelenkt wurde; die Sitze waren mit rotem Samt überzogen. Wenn meine Eltern so durch die Straßen fuhren, grüßten die Bauern für gewöhnlich und klatschten Beifall.

An Sonn- und Feiertagen nach der Messe empfing mein Vater, wenn wir in Palma weilten, meine Verwandten und bekannte Gutsherren im *Palacio* und bewirtete sie mit Kaffee und Sherry. Aber nach dem Mittagessen schlüpfte er wieder in seine Arbeitskleidung und fuhr auf die Felder.

Unser eigentliches Gesellschaftsleben wickelte sich in Sevilla ab. Wie die meisten andalusischen Gutsherren besaß mein Vater dort ein Palais, wo wir wohnten und Empfänge geben konnten. Als Kinder hatten wir in La Vega und Palma Hauslehrer. Später besuchten wir die Schule in Sevilla; täglich fuhren wir mit dem Frühzug um 8 Uhr, dem ›Carretera‹, hin und abends mit dem 7-Uhr-Zug heim.

Die größte Festlichkeit im ganzen Jahr war die *Feria* von Sevilla.

*Der berühmte spanische Dichter, der vermutlich 1936 von Falangisten erschossen wurde. Anm. d. Übers.

Jeden Morgen, zur Stunde der Promenade, führte mein Vater die ganze Familie in vier prachtvollen Equipagen durch die Stadt. Darein setzte er seinen größten Stolz. Jede Karosse wurde von einem Viergespann gleichfarbiger Pferde gezogen: vier Schimmel, vier Graue, vier Rappen und vier Braune. Wagen und Zaumzeug waren ebenfalls in vier verschiedenen Farben gehalten: ein Symbol für die vier Güter, auf denen mein Vater Stiere züchtete. Keine andere Familie Andalusiens konnte einen derartigen Luxus zur Schau tragen. Schon der Transport unserer Gespanne nach Sevilla nahm eineinhalb Tage in Anspruch.

Mein Vater interessierte sich nicht sonderlich für Politik; dazu war er zu sehr mit seinen Ländereien beschäftigt. Im Grunde seines Herzens war er Republikaner, ein konservativer Republikaner zwar, das versteht sich, aber er hatte wie alle anderen die Ausrufung der Republik freudig begrüßt. Vor allen Dingen glaubte er an Zucht und Ordnung. Und über allem stand ihm das geheiligte Recht eines Mannes, auf seinem Grund und Boden unumschränkter Herr zu sein. Er hatte sein Leben lang hart für seinen Besitz gearbeitet; so konnte er es nicht dulden, daß irgend jemand sich in seine Angelegenheiten mischte. Aber immer schon zogen sich Unglück und Unfrieden wie ein roter Faden durch die Geschichte Andalusiens. Es begann vor dem Ersten Weltkrieg, als die Anarchisten versuchten, in Spanien Zwietracht zu säen. Unsere Bauern sind rückständige, indolente Leute und letzten Endes ziemlich faul. Also hämmerten ihnen die Anarchisten simple Thesen ein, die sie zu begreifen vermochten. Sie erklärten ihnen, daß sie bloß deshalb arm seien, weil es reiche Leute auf der Welt gebe. Und daß die Menschen von Natur aus gut wären, wenn nicht die Gesetze sie verdorben hätten. Also, sagten sie, genüge es, die Reichen zu töten, um alle Probleme der Armen zu lösen. Von den Anarchisten ermutigt, stemmten sich die Arbeiter nun dem Fortschritt entgegen. Sie versuchten, meinen Vater durch Sabotage am Einsatz von Traktoren auf seinen Feldern zu hindern, weil sie dachten, sie würden dadurch ihre Arbeitsplätze verlieren.

In der ersten Zeit der Republik waren die Streiks noch zurückhaltend und begrenzt. Bald aber wurden sie heftiger, ihre Forderungen umfassender. Es geschah, was schon einmal in Spanien geschehen war. Die Linke und die Intellektuellen sicherten sich die Unterstützung des Volks, indem sie es in seinen Ansprüchen bestärkten. Und dann wurden die Politiker der Linken und die Intellektuellen von den Gewalten, die sie selbst in Bewegung gesetzt hatten, überrannt. Zahllose Exzesse waren die Folge und die besitzenden Klassen mußten sich wohl oder übel wehren. Der Zivilgarde waren von den sozialistischen Bürgermeistern und von der Madrider Führung die Hände gebunden. Die Ordnung brach zusammen.

Wie überall wurden auch in Andalusien die Streikenden immer kühner und drangen schließlich in die Güter ein, um die fest eingestellten Arbeiter und die Bedienten zu zwingen, sich ihnen anzuschließen. Manchmal kamen sie mit Gewehren, um ihren Drohungen Nachdruck zu verleihen. Das erste Mal, als die Streikenden nach La Vega zogen, stellte sich mein Vater ihnen entgegen und schlug eine Pistole auf sie an. Er schrie, daß er den ersten, der den Fuß auf sein Land zu setzen wage, über den Haufen schießen werde. Fürs erste getrauten sich die Streikenden nicht, auf ihren Wünschen zu beharren. Aber später kamen sie wieder. Eine Delegation wollte meinem Vater eine Liste ihrer Forderungen überreichen. Plötzlich zog ein Mann ein Messer hervor. Mein Vater erschoß ihn.

Die Grundbesitzer konnten es nicht dulden, daß ihr Grund und Boden auf diese Weise terrorisiert wurde. So sahen sie sich gezwungen, die ihnen ergebenen Arbeiter zu bewaffnen und eine Miliz zum Schutz ihres Landes aufzustellen. Das gleiche machten die Sozialisten in den Dörfern: sie verteilten Waffen unter das Volk.

Die Lage verschlimmerte sich von Tag zu Tag. Die Zivilgarde hatte Order erhalten, Zusammenstöße mit dem Volk unter allen Umständen zu vermeiden. Das war der Grund, warum die Organe der öffentlichen Ordnung teilnahmslos zusahen, als die Roten 1934 eine Unzahl von Kirchen – allein in Palma ein halbes Dutzend – anzündeten. Manche Brandstifter schlugen das Kreuz, bevor sie eintraten, was sie aber keineswegs hinderte, ihre brennenden Fackeln auf die Altäre zu werfen.

Binnen kurzem war das totale Chaos ausgebrochen. Die Monate verliefen als eine einzige endlose Kette von Demonstrationen. Überall hörte man das Grölen des Pöbels und ununterbrochen zogen aufgeputschte Massen durch die Straßen von Palma, um zu demonstrieren – wogegen, war nicht so wichtig, wenn sie nur demonstrieren konnten. Schließlich verschärfte sich die Lage derart, daß mein Vater es für das klügste hielt, uns nach Sevilla zu schicken. Die anderen Grundbesitzer brachten gleichfalls ihre Familien in Sicherheit.

Die Republikaner drückten, als sie ans Ruder gekommen waren, eine Unzahl von Agrargesetzen durch. Die Löhne der Arbeiter wurden gewaltig hinaufgesetzt. Die Grundbesitzer wurden verpflichtet, weit mehr Arbeiter einzustellen, als sie benötigten. Wenn auf der Plaza Männer verblieben waren, wurden sie in einen Lastwagen verfrachtet und auf die Güter hinausgefahren; die Gutsherren wurden angehalten, sie einzustellen, wenn sie vermeiden wollten, daß die übrigen die Arbeit niederlegten.

Und all das geschah in einem Augenblick, da die Preise landwirtschaftlicher Produkte infolge der weltweiten Depression ins Bodenlose gefallen waren. Unsere Zahlungskraft war erschöpft. Für einen Mann wie meinen Vater war die legale Einmischung des Staates in seine Angelegenheiten ein rotes Tuch, ärger noch als die Morddrohungen, die er jeden Tag erhielt.

Er zog scharfe Konsequenzen. Über Nacht entließ er alle seine Arbeiter und kündigte an, er werde so lange weder pflügen noch säen, als der Staat sich in seine Angelegenheiten menge. Schließlich stieg er in den Zug nach Córdoba, um dem Gouverneur mitzuteilen, lieber lasse er sich erschießen, als nicht mehr Herr auf seinem eigenen Land zu sein. Mein Vater versuchte mit dieser Handlungsweise einen Skandal zu provozieren, in den auch die anderen Grundbesitzer hineingezogen würden. Der Gouverneur griff zu einem Trick. Er schickte einen Techniker des landwirtschaftlichen Laboratoriums von Córdoba nach Palma, den er feststellen ließ, auf unserem Land seien Heuschrecken gefunden worden. Und da sich Heuschrecken auf brachliegenden Feldern äußerst rapide vermehren, wurden die Äcker meines Vaters auf Befehl des Gouverneurs zwangsweise, unter dem Schutz der Zivilgarde, gepflügt. Mein Vater mußte sich fügen. Aber es sollte noch schlimmer kommen: Wenig später wurden seine Besitzungen kurzerhand beschlagnahmt und gegen ihn selbst ein Haftbefehl erlassen. Das war der härteste Schlag, der den bedauernswerten Mann je getroffen hat.

Er mußte sich in Sevilla verbergen. Niemand, nicht einmal meine Mutter, wußte, wo er sich aufhielt. Aber keine Macht der Welt konnte meinen Vater lang von seinen Gütern fernhalten. Nachts kam er in aller Stille zurück, zu Pferd oder zu Fuß, einmal als Landarbeiter, dann wieder als Chauffeur oder Straßenwärter verkleidet, und setzte seine Arbeit gemeinsam mit den loyalen Verwaltern fort. Es wurde in Palma bekannt, daß er heimlich auf seinen Besitzungen weilte. So legte die Miliz sich entlang der Zufahrtswege in den Hinterhalt, um seiner habhaft zu werden.

Das Schicksal meines Vaters war keineswegs außergewöhnlich. Gleiches ereignete sich allerorten. Wir schlitterten dem Abgrund zu. Im Februar 1936 erhielt die Volksfront 70 Prozent aller Stimmen. Von da an war es klar, daß eine entscheidende Auseinandersetzung bevorstand. Im Volk hatte sich eine revolutionäre Stimmung ausgebreitet.

Allgemein herrschte die Überzeugung, daß der Sturm bald losbrechen werde. Es bedurfte nur noch eines Funkens, um das Pulverfaß explodieren zu lassen.«

Und dennoch und trotz allem: Noch nie war der Frühling so schön gewesen. Rings um das Städtchen Palma del Río, hinter den verfallenen Mauern der alten Araberfestung, wogte das grüne Meer der sprießenden Saat bis fernhin an den Horizont in einer warmen Brise aus Afrika. Im Norden, jenseits der Straße Córdoba-Sevilla, erstreckten sich die ersten Ausläufer der Sierra Morena, deren Gebirgskämme in der Ferne die Grenze zwischen Andalusien und den verwitterten Plateaus der Mancha bezeichneten. Im Osten schienen die mittelalterlichen Türme des Schlosses Almodovar, hingeduckt auf ihren felsigen Hügel, den Eingang des Tals nach Palma zu bewachen. Am Grund dieses Tals, zwischen den ausgewaschenen Wänden eines breiten Betts, floß der Guadalquivir, dieser Nil Spaniens, der im Gefolge seiner schlammigen, kakaobraunen Fluten »eine fruchtbare, von Gottes Hand ins dürre Herz Andalusiens gelegte Oase« hinterließ. Gleich riesenhaften seltsamen Grashalmen zeichneten sich an seinen Ufern die grazilen Schatten der Weiden ab. Im Westen flimmerte in den trägen Windungen des Flusses, der sich wie unwillig nach Sevilla wälzte, das unübersehbare silberne Gekräusel der Olivenhaine.

Der Großteil der 12000 Einwohner Palmas stammte von Bauern ab, die ehedem vor der Unsicherheit der arabisch-christlichen Grenze geflohen waren, die ihr Stückchen Land aufgegeben hatten, um hinter den Mauern der Festung Schutz zu suchen. Die Armut der heutigen Bewohner rührt aus jener Zeit. Im Kielwasser der christlichen Armeen hatten Kirche und wendige Edelleute die verlassenen Ländereien an sich gerissen. Die Bauern Palmas konnten das Land ihrer Ahnen nie wieder zurückbekommen, nicht einmal in der Mitte des vorigen Jahrhunderts, als Gemeinde- und Kirchengüter zum Verkauf gelangten. Eine Reihe Zuwanderer aus Kastilien und Galicien erwarb um einen Pappenstiel die riesigen Güter, aus denen das heutige Andalusien besteht.

Auf diese Weise hatte die Geschichte die krassen Gegensätze geschaffen, die nun in Palma del Río herrschten: Eine gesellschaftliche Oberschicht von drei Großgrundbesitzerfamilien und eine kaum nennenswerte Mittelklasse standen den anonymen Heerscharen gegenüber, die sich jeden Morgen auf die großen Güter jenseits der Stadtmauern ergossen. Diese Leute – unter ihnen José Benítez, der Vater des Cordobés – besaßen nicht einmal ein Stückchen Land für einen Küchengarten; von Staat und Kirche hatten sie keine Hilfe zu erwarten; die Eckpfeiler ihres armseligen Lebens waren Hunger, Furcht und schließlich Verzweiflung.

1936 bestand die ganze Mittelklasse Palmas aus einem Notar, einem Apotheker, vier Ärzten, einer Hebamme, zwei Tierärzten, sechs Cafetiers, fünf Gemeindeangestellten, ein paar Geschäftsleuten, acht Zivilgardisten sowie aus dem »Linken« und dem »Kleinen Tauben«, zwei Taxichauffeuren. Weiters gab es einen Pfarrer in der Stadt, Don Juan Navas, und einige Mönche und Nonnen, die Schule und Spital betreuten. Und schließlich teilten sich drei Prostituierte in die Gunst der Palmeños, deren berühmteste einer Entstellung wegen »la Vaca Tuerta«, »die schielende Kuh«, genannt wurde.

Die Autos in Palma – Eigentum der Grundherren – konnte man an den Fingern einer Hand aufzählen; desgleichen die Motorräder. Die Ärzte fuhren mit dem Fahrrad zu ihren Visiten. Der Preis für die 40 Kilometer Eisenbahnfahrt nach Sevilla blieb für die meisten Palmenen Zeit ihres Lebens unerschwinglich; dabei handelte es sich bloß um 10 Peseten. In ganz Palma gab es nur an die zehn Telefonanschlüsse und kaum mehr Radioapparate. Mitten im zwanzigsten Jahrhundert schien die kleine andalusische Stadt abseits von der Zeit zu leben, erstarrt in ihrer Vergangenheit wie, seit den geologischen Umschichtungen der Vorzeit, die Gipfel der Sierra Morena.

Doch Palma del Río war nicht ganz so abgeschnitten von der Umwelt, wie es den Eindruck machte. Gleich Hunderten anderer spanischer Städte und Dörfer bewies es kurz darauf seine tiefe Solidarität mit der übrigen Menschheit. Aufgerüttelt von den Ideen über Freiheit und Gerechtigkeit, die über die Pyrenäen ins Land gedrungen waren, versuchten Spanien und auch Palma, ihre politischen und sozialen Probleme ein für allemal zu lösen. Und da sie sich nicht in der Lage sahen, dies mit geistigen Mitteln zu erreichen, griffen sie zur Gewalt und entfesselten die Schrecken eines Bürgerkriegs, der dem furchtbarsten Konflikt in der menschlichen Geschichte als Generalprobe diente.

Zu den ersten Zusammenstößen in Palma kam es während der Wirren, die vom Wahlsieg der Volksfront, Februar 1936, ausgelöst wurden. Diese letzte freie Entscheidung des spanischen Volks setzte den Schlußpunkt hinter fünf turbulente Jahre republikanischer Herrschaft. Wohl hatten die Parteien der Volksfront die absolute Mehrheit nicht im ganzen Land errungen, aber in den armen Orten Andalusiens übernahmen die Sozialisten und Anarchisten mit einem Stimmenanteil von 60 bis 70 Prozent die Macht. Um diesen Erfolg des Proletariats zu feiern, stürzten die Arbeiter Palmas, wie fünf Jahre vorher bei der Ausrufung der Republik, auf die Straßen; das Café Vallés, in dem der Vater des Cordobés arbeitete, wurde von einer freudeschreienden Menge überschwemmt, die wie 1931 vor Begeisterung außer Rand und Band war. Sozialisten, Anarchisten und Kommunisten ertränkten ihren Zwist in Strömen von Wein und begossen lärmend ihren Sieg. Aber diesmal glomm unter der allgemeinen Freude heftiger Zorn. In der Wahlnacht zog eine Gruppe von Arbeitern zu dem alten Gebäude, das den *Círculo Republicano*, den Treffpunkt Don Felix Morenos und seiner Freunde, beherbergte. Unter dem Beifall ihrer Frauen und Kinder schlugen die Aufrührer Türen und Fenster ein und steckten das Symbol ihrer Unterdrückung in Brand.

Nacht für Nacht wälzte sich nun die entfesselte Menge durch die Straßen und Gassen der Kleinstadt, sang die Internationale und die »Rote Fahne«, brüllte in Sprechchören Parolen und Drohungen. Und Nacht für Nacht verbrachte Don Juan Navas am Altar der Himmelfahrtskirche im Gebet; näher und näher drang der Lärm der Volkswut. Der alte Geistliche kannte die Gebräuche, mit denen das Volk Rache übte. Er wußte, die Aufständischen würden zu ihm kommen. Und er hatte nicht lange zu warten.

Am 20. Februar stürmte die tobende Menge unter den gleichmütigen Blicken der Zivilgardisten nacheinander die Himmelfahrtskirche, Santo Domingo, San Francisco, Santa Ana und die Klöster Santa Clara und La Coronada. Überall wüteten und plünderten die Aufrührer auf die gleiche Weise, jagten die Priester und Nonnen aus den Kapellen, in denen sie Zuflucht gesucht hatten, zerhackten Statuen, zerfetzten Bilder, zertrümmerten die Möbel und steckten schließlich in einer wahren Orgie von Haß und Rache alles in Brand.

Ähnliche Ausschreitungen waren in ganz Spanien an der Tagesordnung. Streiks, Aufstände, Kirchenbrände, politische Morde häuften sich, verschärften die Lage immer mehr und vertieften die Kluft zwischen der Linken und der Rechten. Die neuen Führer der Volksfront, die ihre eigenen Leute nicht mehr unter Kontrolle hatten und ihre Kräfte in fruchtlosen Streitigkeiten verzettelten, zeigten sich außerstande, die Gefahr des Bürgerkriegs abzuwenden.

In Estremadura stürmten die Bauern die großen Güter und teilten sie mit dem Ruf »Es lebe die Republik!« unter sich auf. Die Besitzer flohen in panischer Angst in die Städte und beschleunigten dadurch eine Reform, die sie verzweifelt bekämpft hatten. Die Wirtschaft des Landes wurde von Streiks und allgemeiner Anarchie gelähmt, und ein Unternehmen nach dem anderen stellte seinen Betrieb ein. In Madrid brach jeden Tag ein neuer Streik aus: Autobusschaffnerstreik, Straßenkehrerstreik, Kellnerstreik, Bauarbeiterstreik, ja sogar die Bediensteten der Arenen streikten. Allein im April 1936 zählte man in Sevilla 175 Streiks. In zahlreichen Städten errichteten Anarchistenbanden Straßensperren und verlangten von jedem Fahrzeug eine Maut von 25 Peseten. An vielen Orten weigerten sich die Arbeiter, ihre Eisenbahn- und Autobusfahrscheine zu bezahlen.

Am 4. Mai 1936, dem Tag, da in der Calle Ancha El Cordobés geboren wurde, brach in Palma del Río der Generalstreik aus. Wie in vielen anderen Städten Spaniens hatten die Führer der Volksfront die Macht an junge Extremisten abgeben müssen, die sofort so scharf vorgingen, daß jede Hoffnung auf eine friedliche Lösung endgültig zunichte wurde. In Palma hatte ein vierundzwanzigjähriger Seegrasverkäufer die Zügel an sich gerissen. Sein Name war ebenso hochfahrend wie seine Abstammung gering: Er nannte sich Juan de España. Indem er den Haß und den Rachedurst seiner Mitbürger schürte, gab er dem revolutionären Fieber in der Stadt Nahrung. Die erste Tat, die er setzte, war, Rollkommandos in die umliegenden Güter zu schicken, die die letzten verbliebenen Arbeiter und Bediensteten verjagen sollten. Später ließ er sämtliche Lebensmittel aus den Speichern der Landgüter und aus den städtischen Magazinen heranschaffen.

Die acht Mann der Zivilgarde, die keine Befehle mehr erhielten und von den Ereignissen überrannt worden waren, sahen dem Umsichgreifen der Anarchie ohnmächtig zu. In La Vega versammelte Don Felix Moreno, der, als Schäfer verkleidet, im Schutz der Nacht zurückgekehrt war, seine letzten Getreuen zu einem abschließenden Kriegsrat. Er verteilte Gewehre und befahl, seine Güter, um jeden Preis aber seine tausendköpfige Zuchtstierherde, zu schützen. Dann verschwand der Mann, der als Feudalherr über dieses Land geherrscht hatte, wie ein gehetzter Sträfling in der Nacht und floh von seinen Gütern.

Vom Räderwerk des Hasses und der Gewalt erfaßt, schlitterten Palma und ganz Spanien in den Abgrund. Ein glühender Sommer, der den Frühling mit grausamer Plötzlichkeit verdrängt hatte, lastete schwer über den Feldern Andalusiens. Vor der Stadt röstete der sengende Hauch des Winds aus Afrika den prallen Weizen, dörrte die von Mohnblumen rot getupften Äcker. Und aus der gleichen Richtung sollte bald ein anderer sengender Hauch in die von der Sommersonne versteinerte Kleinstadt dringen und Menschen würden zwischen die Mohnblumen und das reife Getreide weitere rote Tupfen hinzufügen: rote Flecken ihres vergossenen Bluts.

Die Stunde des Zusammenstoßes hatte geschlagen. Die spanischen Militärs waren, angetrieben von den Kräften der Rechten und ermutigt von der Kirche, bereit, sich gegen die Republik zu erheben. Aber sie stießen bei der Regierung, die sie in voller Auflösung geglaubt hatten, auf unerwartet heftigen Widerstand. Sie sahen sich gezwungen, Nazi-Deutschland und das faschistische Italien um militärische Hilfe zu bitten, während die Republik selbst sich um Beistand an Frankreich, England und die UdSSR wandte. Innerhalb weniger Monate wurde Spanien, von Kastilien bis zu den Ebenen von Navarra, von den andalusischen Sierras bis zu den malerischen Dörfern der Basken, ein einziges riesiges Manöverfeld, auf dem Hitler und Mussolini in aller Ruhe die Waffen und Techniken für den europäischen Krieg, den sie vorbereiteten, studieren konnten. Mehr als eine halbe Million Spanier fand hier den Tod; weitere drei Millionen trugen an ihren verstümmelten Körpern die Male dieser blutigen Probe, die ihre Heimat verwüstete.

Jede Stadt, jedes Dorf Spaniens war zu einem Pulverfaß geworden, das jeden Augenblick hochgehen konnte; es fehlte nur noch ein Funke, um die allgemeine Explosion auszulösen.

In der schwülen Nacht vom 12. auf den 13. Juli war es schließlich soweit. In Madrid fuhr um 3 Uhr morgens ein mit *Asaltos*, den Polizisten der Regierung, besetzter Wagen vor dem eleganten Heim des Abgeordneten und ehemaligen Ministers Calvo Sotelo vor, einer der prominentesten Politiker der Rechten. Die Uniformierten wiesen sich aus, holten Sotelo aus dem Bett und befahlen ihm mitzukommen. Dann jagte der Wagen mit heulenden Reifen vor die Stadt, wo Sotelo mit zwei Genickschüssen getötet wurde. Die Leiche warfen die Mörder auf den Gemeindefriedhof. Dort wurde sie am nächsten Tag gefunden.

Die Ermordung des Monarchistenführers erregte solches Aufsehen, daß die Regierung aus Furcht vor einem Aufstand der Rechten den Notstand verhängte und mehrere hundert Falangisten verhaften ließ.

Um ihren Freund zu rächen und um aus der Empörung, die sein Tod in breitesten Bevölkerungskreisen ausgelöst hatte, Nutzen zu ziehen, entschlossen sich die Militärverschwörer, ohne Verzug loszuschlagen.

Die Revolte wurde für den 17. Juli 1936 festgesetzt, auf die traditionelle Beginnzeit der spanischsten aller Schauspiele, auf 5 Uhr, die schicksalhafte Stunde, da die Stiere in die Arenen galoppieren.

Ein Telefon schrillte ungeduldig in die schwüle Nacht. Durch das Dunkel langte eine Hand nach dem alten Kurbelapparat, der direkt unter dem Bild von Manuel Azaña, dem Präsidenten der spanischen Republik, an der Wand hing. In weißen Lettern war die Zahl 49 auf das Gehäuse gemalt. Unter dieser Nummer fand man im Telefonbuch der Provinz Córdoba die Station der Zivilgarde in Palma del Río, Calle Pacheco 1.

Sergeant Emilio Patón, der Vorgesetzte der acht Mann des Postens, preßte den Hörer ans Ohr. Am anderen Ende der Leitung meldete sich der Leutnant, dem seine Station und alle anderen im Tal unterstanden. Der Leutnant rief aus dem Nachbarstädtchen Posadas, am anderen Ufer des Guadalquivir, an.

Die Armee, sagte er, habe sich gegen die Regierung erhoben. Die Revolte habe, von Marokko ausgehend, auf die Garnisonen der Hauptstadt übergegriffen. Ihr Ziel sei es, in Spanien Zucht und Ordnung wiederherzustellen. Der Sergeant und seine Leute müßten also in ihrem Machtbereich die Sache der Rebellen unterstützen.

Kein anderer Befehl hätte den Sergeanten mehr aus der Ruhe bringen können. Mit seinen 59 Jahren wartete der altgediente Ordnungshüter nur noch auf seine Pensionierung. Nicht einmal mehr ein Jahr trennte ihn von dem Tag, da er in sein Geburtsland Galicien zurückkehren und dort seinen Lebensabend in wohlverdienter Ruhe verbringen würde. Aber in dieser Nacht geriet Sergeant Emilio Patón, wie so viele Spanier, in das Räderwerk des Bürgerkriegs.

Die Mitglieder seiner Brigade, die die Bedeutung dieses nächtlichen

Anrufs erraten hatten, beobachteten beunruhigt ihren Chef. Plötzlich hörten sie ihn ins Telefon rufen: »Arriba España« – hoch Spanien!

Mit diesen Worten, dem Schlachtruf der Falange, traten knapp vor Mitternacht des 17. Juli 1936 die acht Mann der Zivilgarde des andalusischen Städtchens Palma del Río in den Aufstand gegen die spanische Republik ein.

Im ganzen Tal des Guadalquivir, in ganz Andalusien, in allen Provinzen Spaniens rissen ähnliche Anrufe die Soldaten und Zivilgarden aus dem Schlaf und zwangen sie, in dem Konflikt Partei zu ergreifen. Der Aufstand war am vorhergehenden Nachmittag in der marokkanischen Kaserne Melilla losgebrochen, drei Stunden früher als vorgesehen; im Laufe des Abends hatte er auf die beiden wichtigsten Städte Marokkos, Tetuán und Ceuta, übergegriffen. Unmittelbar darauf war in allen Garnisonen der Hauptstadt das Signal zum allgemeinen Losschlagen gegeben worden. Der Deckname der Aktion war zweifellos das unromantischste Schlagwort, das jemals eine Nation zu den Waffen gerufen hat: »Sin novedad« – nichts Neues.

In Madrid durchzogen die Arbeiter, von Meldungen über eine Rebellion alarmiert, zu Tausenden die nächtlichen Straßen und forderten Waffen und Nachrichten. Aber immer noch weigerte sich die Regierung, das Volk zu bewaffnen, und Radio Madrid versicherte, daß »in der Hauptstadt niemand an dieser absurden Verschwörung teilgenommen« habe.

Auch Palma del Río stand in Aufruhr. Die Arbeiter hatten noch nicht erfahren, daß die Zivilgarde in der Calle Pacheco zu den Rebellen übergelaufen war, und warteten vor der *Casa del Pueblo* fieberhaft auf Informationen von Radio Madrid. Im Morgengrauen marschierte die Menge, gereizt durch die durchwachte Nacht und die unaufhörlich kursierenden widerspruchsvollen Gerüchte, noch einmal zum Bürgermeister, um Waffen zu verlangen. Und wieder weigerte sich dieser; genau wie die Führung in Madrid fürchtete er die Folgen. Das Zögern der Republik, ihre Verteidiger in diesen Stunden der Ungewißheit und der Gefahr zu bewaffnen, sollte sie teuer zu stehen kommen. Denn jene Männer, die sich geschworen hatten, sie zu stürzen, zögerten keine Sekunde. Am Bug eines Fischkutters, der tausend Kilometer von Palma del Río entfernt durch den Wellengang des Atlantik schlingerte, stand im perlmutternen Morgengrauen des 18. Juli einer dieser Männer; durch den Sprühregen, der sein Gesicht peitschte, blickte er unbeweglich auf das näher kommende Land, wo in der Sonne das Flugzeug funkelte, das ihn an den Ort seines Wirkens bringen sollte.

Vom Cockpit seiner Maschine, der Rapid Dragon, aus beobachtete Captain Bebb das einlaufende Boot. Die Reise, die das Flugzeug auf die Kanarischen Inseln gebracht hatte, war ebenso dramatisch wie sonderbar gewesen. Der rothaarige englische Pilot Bebb war engagiert worden, einen britischen Reserveoffizier, zwei attraktive Blondinen und einen eleganten spanischen Journalisten namens Luis Bolín von London nach Casablanca zu fliegen. Der Zweck dieses Flugs schien völlig klar zu sein: ein kleiner Seitensprung zweier Roués, weit weg von den Augen ihrer Frauen und ihrer neugierigen Freunde.

In Casablanca hatte Bolín die Gesellschaft plötzlich verlassen und das Flugzeug und seine Begleiter auf die Kanarischen Inseln nach Las Palmas geschickt. Dort hatte Bebb zwei elegante, geheimnisvolle Männer abgeholt und in einer Villa in den Bergen bei Las Palmas versteckt. Hier wurde Bebb endlich über den Zweck des seltsamen Abenteuers aufgeklärt: In einigen Stunden solle er an Bord seiner Maschine eine bedeutende Persönlichkeit nach Casablanca fliegen. Bis diese reisefertig sei, müsse er in der Villa verborgen bleiben.

Am nächsten Morgen wurde Bebb um 4 Uhr geweckt und in aller Eile zum Flugplatz von Las Palmas gefahren. Dort brachte ihn ein gepanzerter Wagen auf die Landebahn, wo am Ufer des Ozeans von zwölf Soldaten bewacht, die Rapid Dragon stand.

Fast zwei Stunden lang wartete Bebb in der Maschine. In der Ferne, aus Richtung der Innenstadt von Las Palmas, hörte er das Stakkato feuernder Gewehre. Als am Horizont die ersten Umrisse des Fischerboots auftauchten, erhielt er Befehl, die Motoren anzuwerfen.

Der Kutter lief wenige Meter neben dem Flugzeug an Land; Bebb sah einen kleingewachsenen Mann mit Bauch und Glatze über das Deck kommen und vorsichtig ins Wasser steigen. Er trug eine Khakiuniform und eine schwarzlederne Aktentasche gab ihm, wie Bebb sich erinnert, »das Aussehen eines Handelsvertreters mit seinem Musterkoffer«. Gemessenen Schrittes watete der Reisende durch das Wasser, das ihm bis zu den Knien ging, auf das Flugzeug zu. Der Engländer fragte sich, ob er wirklich dieses unscheinbaren linkischen Mannes wegen fast 3000 Kilometer zurückgelegt hatte. Zwei jüngere Männer, einer mit einem Koffer in der Hand, begleiteten den Unbekannten. Auf der Piste angekommen, kletterte das Trio in die Maschine, und einer der drei befahl mit höflichem Tonfall: »Nach Casablanca, bitte.«

Als das Flugzeug die nötige Höhe erreicht hatte, stand der Passagier hinter dem Piloten auf; die erste Etappe seiner historischen Reise war beendet. Er streifte seine triefende Uniform ab und schlüpfte in einen grauen Flanellanzug, den er in seiner Tasche mitgebracht hatte. Dann leerte er alle persönlichen Papiere aus seinen Taschen und warf Paß, Soldbuch und Offizierskarte aus der Kabinenluke. Und während die Dokumente wie welke Blätter 2000 Meter tief ins Meer fielen, beugte sich der kleine Mann zu dem Engländer, streckte ihm die Hand hin und trat jäh aus seiner Anonymität. »How do you do«, sagte er in stockendem Englisch. »Ich bin General Francisco Franco.«

In Spanien griff die Revolte rasend schnell um sich. Seit Mittag waren in Sevilla das Zentrum, die öffentlichen Gebäude, die Kasernen der Armee und der Zivilgarde sowie die Rundfunkstation in der Gewalt der Rebellen.

Am Abend desselben Tages fielen Córdoba, Algeciras und Jerez de la Frontera in die Hände der Aufständischen. Ein einundvierzigjähriger Major, Manuel Baturone, der später als »Befreier Andalusiens« bekannt werden sollte, gewann den großen Hafen Cádiz für die Revolte. In Granada war die Lage noch unklar. Málaga, dessen Garnison von der Flotte unterstützt wurde, blieb auf der Seite der Republik. In Marokko waren die letzten Widerstände bei Sonnenuntergang gebrochen.

Die Rebellion hatte in den meisten andalusischen Städten leichtes Spiel gehabt; das flache Land aber blieb der Republik treu. Die drängenden Aufrufe zum Widerstand, die Radio Sevilla vor seiner Einnahme durch die Aufständischen gesendet hatte, waren auf fruchtbaren Boden gefallen. Die Anarchisten und Sozialisten kontrollierten die Kleinstädte und Dörfer im Tal des Guadalquivir. Zum drittenmal in zwei Tagen belagerten die Arbeiter von der *Casa del Pueblo*, unter ihnen José Benítez und alle Stammgäste des Café Vallés, das Rathaus von Palma und forderten Waffen. Und wieder weigerte sich der Bürgermeister, gemäß seinen Instruktionen aus Córdoba, ihr Verlangen zu erfüllen. Diesmal jedoch konnte nichts mehr die Demonstranten zurückhalten. Juan de España, der junge Seegrasverkäufer, ließ seine Leute das Rathaus stürmen; er jagte den Bürgermeister aus seinem Büro und trat auf den Balkon, von wo er der Menge verkündete, daß Palma del Río von nun an einem Revolutionsrat unterstehe, zu dessen Führer er sich ausrief. Als Stellvertreter wählte er seinen Schwager und einen einundzwanzigjährigen Maurer namens Rafael Limones.

Der erste Erlaß des neuen Herrn von Palma ordnete die Requirierung sämtlicher Waffen an. Milizstreifen durchkämmten die Stadt auf der Suche nach Gewehren oder Pistolen, die die Adeligen oder die Angehörigen der Mittelklasse versteckt haben könnten; sie schauten unter die Matratzen, rissen verdächtige Bodenplatten in den Patios auf, durchwühlten die Häuser vom Keller bis zum Dachboden, kehrten in jedem Geschäft, in jeder Werkstatt das unterste zuoberst. Die gefundenen Waffen wurden beim Bürgermeisteramt abgeliefert. Bald lag auf dem Platz ein Haufen von Jagdgewehren und alten Flinten. Währenddessen ließ Juan de España die Panzerschränke der Hispano-Amerikanischen Bank und der Spanischen Creditanstalt ausräumen. Unter dem Schutz einer Eskorte zerlumpter Gestalten wurden die Reichtümer der Banken von Palma del Río ins Bürgermeisteramt gebracht und in einem Raum neben dem Büro Juan de Españas kunterbunt auf einen alten wackligen Tisch geworfen. Während zwei Milizionäre vor der Tür Wache hielten, defilierten nun die Arbeiter Palmas an diesem märchenhaften Schatz vorbei, dessen Größe alles übertraf, was sie sich je hatten träumen lassen.

Danach begab sich Juan de España an der Spitze eines Kommandos zu Pepe Martínez, dessen Güter Palma am nächsten lagen. Wie alle Grundbesitzer war Martínez nach Sevilla geflohen, hatte jedoch seinen schwarzen Achtzylinder-Packard zurückgelassen, den der Chef der Revolutionäre auf der Stelle für seinen persönlichen Gebrauch beschlagnahmte. Dann, offenbar von der Schönheit der Gegend überwältigt, erklärte Juan de España das Gut Martínez' zu seiner neuen Residenz.

Nach Palma zurückgekehrt, ließ er die nachmittags angeschleppten Waffen unter seine Parteigänger verteilen. Eine davon erhielt José Benítez; das erste Mal in seinem Leben hielt der friedliche Kellner des Café Vallés eine Feuerwaffe in der Hand. Wie die meisten seiner Kameraden hatte er keine Ahnung, wie man mit einem Gewehr umgeht. Glücklich wie Kinder, die ein Spielzeug bekommen haben, überschwemmten die Arbeiter Palmas den Platz vor der *Casa del Pueblo* und schwangen ihre vorsintflutlichen Flinten. »Sie trugen«, sagt Señora Vallés, »eine so stolze Miene zur Schau, als hätte es ihnen genügt, ein Gewehr zu schwingen, um Jahrhunderte der Erniedrigung zu vergessen.«

Doch die Waffen, die Benítez und seine Kameraden trugen, waren beileibe kein Spielzeug. In der Dämmerung befahl Juan de España, die Station der Zivilgarde anzugreifen, in der Hoffnung, dabei moderne Gewehre und Munition in Hülle und Fülle zu erbeuten.

Der Sergeant Emilio Patón und seine acht Männer mit den schwarzen Zweispitzen hatten im Morgengrauen Verstärkung durch eine Handvoll Zivilisten erhalten, die so bekannt für ihre rechtsgerichteten Ansichten waren, daß ihre Namen an der Spitze der schwarzen Listen prangten. Unter ihnen befanden sich ein Gemeindeangestellter, ein Tischler und die drei Brüder Romero, denen der renommierteste Frisiersalon Palmas gehörte.

Während die Arbeiter auf Dächer stiegen und die umliegenden Gassen besetzten, um das Gebäude zu umzingeln, verwandelten es die Gardisten und ihre Helfer in eine uneinnehmbare Festung. Gegen Abend hatten sich Emilio Patón und seine Männer an den Fenstern hinter Sandsäcken verschanzt und warteten auf den ersten Schuß, der den Sturm in dem rachetrunkenen Städtchen auslösen würde.

Er fiel. Vom Glockenturm der halbverkohlten Himmelfahrtskirche herab – diesem Mahnmal der Volkswut des vergangenen Februars – feuerte ein Milizionär, der sich hinter einem Storchennest versteckt hatte, in den Hof des belagerten Postens. Ein Gardist taumelte und brach zusammen, mitten durch den Kopf geschossen. Seinen Namen, den Namen des ersten Opfers von Palma del Río im Bürgerkrieg, überliefert kein Geschichtsbuch.

Voller Wut über den Verlust ihres Kameraden antworteten die Gardisten mit einem Geschoßhagel, der die Belagerer zurücktrieb. Die Eroberung des Postens schien für diesen Abend unmöglich. Ein bescheidenes Gebäude mit gekalkten Wänden, das noch tagelang dem Ansturm des Volkes widerstand, sollte für Palma del Río zu dem gleichen Symbol werden wie der Alcázar für Toledo.*

Am Abend überschwemmte eine erregte Menge das Café Vallés. Die Theke wurde von einer Neuerwerbung gekrönt, an der der Kellner José Benítez Wache hielt: Es war einer der seltenen Radioapparate von Palma, den der Tierarzt Miguel Prieto erst vor kurzem gekauft hatte

* Im Alcazar von Toledo, in einer über der Stadt aufragenden Festung, trotzten 1300 Anhänger Francos 66 Tage lang der Belagerung durch die Republikaner, abgeschnitten von der Welt, ohne Wasser und gezwungen, ihre eigenen Pferde zu essen: eines der ruhmvollsten Kapitel in der Geschichte der Falangisten.

und der diesen Nachmittag beschlagnahmt worden war. Dank diesem Apparat konnte die Bevölkerung Palmas nun Tag für Tag den Fortgang des Bürgerkriegs verfolgen; und aus dem kleinen Lautsprecher drang der Widerhall eines weiteren Kriegs, des unnachgiebigen und sonderbaren Kriegs der elektromagnetischen Wellen, den die Gegner drei Jahre lang, bis in die letzten Stunden ihres gnadenlosen Konflikts, aufrechterhielten. Er begann am 18. Juli 1936 um 8 Uhr abends, als, auf einer Wellenlänge dicht neben der von Radio Madrid, eine vom Sherry und vom roten Valdepeñas-Wein heiser gewordene Stimme wütend schrie: »Spanien ist gerettet und die Kanaillen, die sich gegen die Soldaten der Ordnung auflehnen, werden niedergeknallt werden wie räudige Hunde!« Diese Worte des Generals Queipo de Llano bildeten den Auftakt einer ganzen Reihe blutrünstiger Ansprachen von Radio Sevilla.

Zwei Stunden später brachte Radio Madrid eine andere Stimme in das Café Vallés, eine erregte, eine leidenschaftliche Stimme, die bis zur letzten Minute die Begeisterung der Verteidiger anfachen sollte: ein Symbol des Widerstands und der Hoffnung. Die Aufrufe der jungen Kommunistin Dolores Ibarruri wurden überall gehört und brachten ihr den Namen »La Pasionaria« ein – die Leidenschaftliche. An diesem Abend wandte sie sich an die Frauen Spaniens: »Wehrt euch!« rief sie. »Stoßt mit dem Messer zu! Übergießt sie mit siedendem Öl! Besser ein aufrechter Tod als ein Leben in Knechtschaft!« Und unter dem begeisterten Beifall der im Café Vallés versammelten Arbeiter schloß sie mit der Herausforderung, die zu ihrem Schlachtruf werden sollte und zum Schlachtruf der todgeweihten spanischen Republik: »No pasarán!« – sie werden es nicht schaffen!

Nur das gleichförmige Rauschen der Wellen, die den Strand hinaufliefen, unterbrach die Stille des obskuren Hotelzimmers.

Luis Bolín gegenüber saß mit lässig aufgekrempelten Ärmeln, die Krawatte auf halbmast, der General, für den er diese schwierige Expedition ausgeklügelt, für den er so viel riskiert hatte, und verzehrte ungerührt ein Käsesandwich.

Der Journalist saß wie auf glühenden Kohlen, wenn er an die Gefahr dachte, der der General in diesem drittrangigen Hotel, 10 Kilometer von Casablanca, ausgesetzt war. Immer noch wußte Bolín nicht, wohin er den Mann führen sollte, der dazu ausersehen worden war, an der

Spitze des Aufstands Spanien zu erobern. Die ganze Welt hatte mittlerweile erfahren, daß Franco von den Kanarischen Inseln entwichen war. Bolín war überzeugt, daß die Republikaner die Führer der in Frankreich regierenden Volksfront bitten würden, sie bei der Suche nach dem Flüchtling zu unterstützen; und zweifellos würde Frankreich diese Hilfe ohne Verzug gewähren. Spätestens in ein paar Stunden mußte der Verdacht der französischen Polizei von Casablanca auf den mysteriösen Geschäftsmann fallen, der am vergangenen Abend mit einer Privatmaschine gelandet war. Um die Verfolger abzuschütteln und Franco den nötigen Aufenthalt zu ermöglichen, hatte Bolín das Hotel Carlton verlassen und verbarg den General nun in dieser lichtscheuen Absteige am Meer.

Jetzt wartete er nur noch auf einen Anruf aus Tanger, der ihm in einer verschlüsselten Nachricht den endgültigen Bestimmungsort Francos melden sollte: »Zitrone« würde Tanger, »Tee« Tetuán bedeuten.

Um die Zeit totzuschlagen, die sie unter dem fahlen Licht einer einzigen Glühbirne allein hinbringen mußten, in der afrikanischen Nachthitze schwitzend, begannen die beiden Männer eine Unterhaltung. Der Journalist fand Franco »äußerst undurchsichtig und reserviert«. Lange und blutige Kämpfe stünden bevor, prophezeite der General. »Wir haben, wenigstens zu Beginn, weder Madrid noch Barcelona noch Valencia noch Bilbao«, sagte er. »Und zweifellos auch nicht Málaga und Granada. Vielleicht wird Sevilla auf unserer Seite stehen.« Er seufzte: »Die Städte Spaniens werden uns nicht in den Schoß fallen; wir werden sie eine nach der anderen pflücken müssen wie Oliven.« Aber angesichts der entmutigten Miene seines Gegenübers fügte er mit einer Stimme, die keinen Widerspruch duldete, hinzu: »Natürlich werden wir zu guter Letzt siegen. Denn wir haben einen Glauben, ein Ideal, eine Disziplin. Unsere Gegner haben nichts von alledem.«

Kurz vor Morgengrauen klingelte endlich das Telefon. Eine Stimme meldete Bolín: »Unsere Ladung Zitronen ist leider verdorben, aber kommen Sie möglichst bald zum Tee.«

Auf halbem Weg nach Tetuán verlangte Franco, der sich bisher beharrlich in Schweigen gehüllt hatte, nach seinem Koffer. Er vertauschte seinen grauen Flanellanzug mit der Uniform, deren Hosenbeine noch die salzigen Spuren ihres kurzen Bades im Atlantik trugen. Dann setzte er sich wieder und starrte mürrisch aus dem Kabinenfenster.

Um 7 Uhr morgens erreichte die Rapid Dragon das Ziel ihrer langen Reise. Die Maschine blieb vor dem Flughafengebäude von Tetuán stehen, dessen Fassaden von den erst Stunden zuvor beendeten Kämpfen zerschossen waren. Franco wechselte nur einige rasche Worte mit den Offizieren, die ihn erwarteten, und fuhr eilig in die Stadt, um sich an die Spitze des Aufstands zu stellen.

Kurz darauf nahm er im Büro des spanischen Hochkommissars für Marokko die ersten Berichte über die Entwicklung der Lage entgegen. Aber schon bald unterbrach ihn das Läuten des Telefons. Ein Anruf kam aus dem Marinestützpunkt Ceuta. Eine verstörte Stimme meldete, daß spanische Schiffe den Hafen anliefen und die Signale der revolutionären Behörden ignorierten. Das war, wie Bolín wußte, eine Hiobsbotschaft für Franco, der für den Transport seiner Armee zum Festland auf diese Schiffe gezählt hatte.

Der General schien nachzudenken. Dann gab er den Streitkräften der Rebellen seinen ersten direkten Befehl: »Signalisiert noch einmal! Und wenn sie wieder nicht reagieren, eröffnet das Feuer!«

Fast zur gleichen Zeit gab auch Luis Castello, der neue Kriegsminister der bedrohten Republik, seinen ersten Befehl. Er wies alle regierungstreuen Provinzgouverneure an, Waffen unter das Volk zu verteilen.

Es war am 19. Juli 1936, einem Sonntag, dem traditionellen Tag der Corrida. Und die beiden Befehle, die 800 Kilometer voneinander entfernt erlassen wurden, eröffneten dem spanischen Volk eine Arena, die das ganze Land umfaßte, für eine lange und blutige Corrida: den Bürgerkrieg.

Für die Armen Palmas begann dieser Krieg mit einem Festmahl, mit dem wunderbarsten Mahl ihres Lebens. Niemand hätte ihnen diesen plötzlichen Überfluß vorauszusagen gewagt; nicht einmal die kühnsten Prophezeiungen der Anarchisten hatten sich so hoch verstiegen. Viele von ihnen sollten sich an diese Tage des »roten Terrors« als an die einzigen ihres Lebens erinnern, an denen sie am Abend mit gefülltem Magen einschliefen.

Diese Wohltaten verdankte Palma Juan de España, der mit einer seiner ersten Entscheidungen verfügt hatte, alle Lebensmittel aus den Speichern der großen Güter heranzuschaffen. In langen Kolonnen zogen die Männer über die Felder, zu den Besitzungen hinaus, auf denen sie bisher nur Plackerei und Elend kennengelernt hatten; mit einer märchenhaften Beute beladen kehrten sie zurück. Bald türmte sich in der halbverbrannten Kapelle des Klosters Santo Domingo, die als Magazin diente – nach dem Bericht eines Augenzeugen –, »genug Getreide und Öl, um alle Hungrigen Spaniens zu sättigen«.

Vor allem aber eine Erinnerung an diese festlichen Tage sollte sich dem Gedächtnis der Palmenen unauslöschlich einprägen, die Erinnerung an einen Leckerbissen, den die meisten von ihnen noch nie gekostet hatten und nie wieder kosten würden: frisches Fleisch. Da sich Don Felix Moreno ihrem Zugriff entzogen hatte, rächten sich die Revolutionäre an seinem kostbarsten Besitztum: an seinen Kampfstieren.

Jeden Morgen bei Sonnenaufgang begab sich eine Schar von Milizionären auf die Weiden Morenos und tötete die tägliche Ration an Stieren. Der Degen dieser Matadore war ein alter Karabiner, den ein anarchistischer Arbeiter namens Manolo el Ecijano umgehängt hatte. Dieser ging mit so viel Eifer an seine Aufgabe, daß ihn seine Kameraden bald mit einem anderen Namen belegten, mit dem Namen, den im vergangenen Frühling ein junger Matador in den Arenen der Provinz Córdoba getragen hatte: »Manolete«.

»Manolete« tötete Tag für Tag so viele Stiere, daß die vom langen Hungern eingeschrumpften Mägen der Palmeños zu klein wurden für diese Berge von Fleisch. So verzehrten die Revolutionäre nur die besten Stücke der berühmten Stiere Don Felix Morenos und warfen den Rest in den Guadalquivir. Ein so saftiges Fleisch konnte weder das *Maxim* noch das *Tour d'Argent* noch irgendein anderes Feinschmeckerparadies dieser Erde seiner reichen Kundschaft vorsetzen. Nur in einigen wenigen Restaurants in der Nähe der großen Arenen Spaniens zierte es an Abenden nach Corridas die Speisekarte, doch war das Angebot so beschränkt, daß bloß ein paar bevorzugte Gäste Steaks genießen konnten, wie sie nun die Teller der Habenichtse von Palma füllten. Jeder Bissen enthielt ein unschätzbares Erbe: drei Jahrhunderte einer peinlich genauen Zuchtwahl, die Don Felix Morenos *Ganadería* zu einer der berühmtesten Spaniens gemacht hatte. Und wenn »Manolete« das letzte Tier niedergestreckt haben würde, würde eine uralte Linie edler Stiere, die so viele Abende der *Fiesta Brava* berühmt gemacht hatte, für immer zu bestehen aufgehört haben.

Die Bevölkerung Palmas verspeiste die kleine Herde mit so viel Freude, daß sie darüber für kurze Zeit den Krieg vergaß. Der Geruch des Pulvers in den Gassen und Straßen war dem des ölbestrichenen Fleischs gewichen, das Tag und Nacht auf improvisierten Rosten brutzelte. Noch jahrelang sollte die Erinnerung an diese glücklichen Tage Angelita Benítez und all die anderen Palmeños heimsuchen, für die dieses Schlemmen nur ein kurzes Zwischenspiel in einem Leben des Hungers und Elends war.

Das Massaker der Tiere Don Felix Morenos hatte die Mägen der Palmenen gefüllt; aber es hatte ihren Rachedurst nicht stillen können. Nun sperrten die Männer Juan de Españas alle Notablen des Ortes, deren sie habhaft werden konnten, in den Keller des Bürgermeisteramtes, der in ein Gefängnis verwandelt worden war. Allen voran natürlich Don Juan Navas, den alten Pfarrer. Zu ihm gesellten sich bald zwei Ärzte, zwei Tierärzte, ein Advokat, ein bescheidener Grundbesitzer namens Rodrigo Diaz und die Präsidentin der Katholischen Aktion von Palma, Blanca Lucía Ortiz, die Frau des Apothekers.

Verschanzt in ihrem Posten in der Calle Pacheco, leisteten der Sergeant Emilio Patón und seine Männer immer noch Widerstand. Während die Belagerer sich mit Fleisch vollstopften, mußten sie ihre Pferde schlachten, um das rohe Fleisch zu essen und mit dem Blut ihre von der gnadenlosen Sommerhitze ausgedörrten Kehlen zu befeuchten.

Nach sechs Tagen war ihre Munition erschöpft; halb verrückt vor Durst beschlossen sie, sich zu ergeben. Patón, der Sergeant, dem nur noch ein Dienstjahr gefehlt hätte, um sich auf die geliebten Küsten seines heimatlichen Galicien zurückziehen zu können, erfüllte seine letzte Aufgabe als Zivilgardist. Zum erstenmal in seinem Leben hißte er die weiße Fahne.

Durch einen Hagel von Beschimpfungen, von der Bevölkerung angespuckt, wurden die Besiegten, die ihre Toten und Verwundeten schleppten, zum Bürgermeisteramt getrieben und zu den anderen Gefangenen gesperrt.

Während Palma schmauste, beendeten Queipo de Llanos Nationaltruppen die Eroberung Sevillas. Nun konnte sich der General gänzlich der Aufgabe widmen, die er sich gestellt hatte: der Befreiung Andalusiens.

Täglich bei Sonnenaufgang versammelten sich seine Truppen vor der Kathedrale von Sevilla, in der in einem Marmorsarkophag Christoph Columbus ruht. Diese bunt zusammengewürfelte Mannschaft von regulären Soldaten, Falangisten, Zivilgardisten, jungen Monarchisten und enteigneten Grundbesitzern stürzte sich jeden Tag wie ein Geierschwarm über ein anderes Dorf, vertrieb dessen republikanische Verteidiger in die Berge und brachte um, wer in ihre Hände fiel. War das Dorf »befreit«, kehrte sie vor Einbruch der Nacht nach Sevilla zurück und betrank sich zur Feier des Sieges gemeinsam mit ihrem General.

Im Troß einer dieser Kolonnen zog der kleine Mann mit, dessen Stiere gerade auf den Straßen Palmas schmorten. Don Felix Moreno sollte bald das ganze Ausmaß seines eigenen Unglücks abschätzen können. Die Abteilung, der er folgte, näherte sich entlang des Guadalquivir Palma. Am 16. August nahmen die Frankisten Peñaflor, das letzte Dorf vor Palma. Zwei Tage später fiel auch die kleine Stadt Ecija im Süden der Straße Córdoba-Sevilla. Mit diesen beiden Orten kontrollierten die Aufständischen zwei der drei Straßen, die nach Palma del Río führten.

Jedes weitere Vorrücken der Frankisten löste eine neue Woge von Flüchtlingen aus. Aus Furcht vor dem Terror der Soldaten und vor den von Queipo de Llano angekündigten Maßnahmen flohen die regierungstreuen Bewohner zu Tausenden. Vom 1. August an zogen sie in einem unabsehbaren Strom durch die Calle Portada, die Hauptstraße Palmas. Ein mitleiderregendes Schauspiel: vor Hunger und Müdigkeit taumelnde Kinder zogen Karren, auf denen Greise kauerten; Säuglinge preßten sich an ihre verstörten, erschöpften Mütter, Verletzte vermischten ihr Blut mit dem Straßenstaub; Kranke mummten sich in ihre Lumpen; es schien, als habe alles Elend der Welt plötzlich Einzug in diese Stadt gehalten, in der noch der Nachhall fröhlichen Schmausens hing. Einige Glückliche kamen auf Fahrrädern, aber die meisten waren zum Fliehen auf ihre Füße in den zerlöcherten *Espadrillas* angewiesen.

Sie schliefen auf den Straßen, die Arme um die jämmerlichen Schätze geklammert, die sie bei der Flucht gerettet hatten; und jeden Morgen blieb das Pflaster Palmas von Leibern übersät, die sich nie wieder erheben würden.

Kurz darauf ließ der Flüchtlingsstrom nach und versiegte schließlich ganz. Für die Palmeños war dies das Zeichen, daß die Angreifer die Zugänge der Stadt besetzt hatten, das Zeichen zum Kampf um Palma.

Unter der Führung Juan de Españas, des unermüdlichen Chefs des Revolutionsrates, wurde die Stadt in aller Eile befestigt. Auf den stehengebliebenen Türmen der verbrannten Kirchen wurden Beobachter postiert. Häuser an den Ortseingängen verwandelten sich in Forts. Um Barrikaden zu errichten, fällten die Verteidiger ehrwürdige, jahrhundertealte Olivenbäume. Der maurische Wall, der dem Ansturm der christlichen Ritter getrotzt hatte, wurde mit Sandsäcken verstärkt, um einem neuen Geschlecht von Angreifern standhalten zu können. Und von Mund zu Mund, weitergetragen vom sengenden Sommerwind, ging derselbe Schlachtruf des Widerstands: »No pasarán!«

Bald erreichten aus dem Süden und Westen die ersten Ausläufer des Schlachtlärms die Stadt. Für die 42 Gefangenen im Keller des Bürgermeisteramtes bedeutete dies die Verkündung ihres Todesurteils. Zu viert aneinandergefesselt wurden sie mit Lastwagen auf den Friedhof – eine große, zypressenumsäumte Einfriedung vor der Stadt – gebracht. Dort nahmen ihnen die Milizionäre ihre Ketten ab, verteilten Spaten und Schaufeln und befahlen, eine große Grube auszuheben.

Als der erste Schimmer des Morgenrots hinter den Graten der Sierra aufleuchtete, erscholl ein Befehl, und die Exekution begann. Als erster starb Sergeant Emilio Patón. Seine Kameraden folgten ihm einer nach dem anderen. Dann kam die Reihe an Angel Romero, den Friseur Palmas, und an seine beiden Brüder. Vor jeder Salve hob Don Juan Navas, der alte Pfarrer, seine Hand zu dem Mann am Rand der Grube und murmelte die Worte der Absolution. Bald ruhten vierzig Leiber auf dem Grund des Massengrabs. Der alte Geistliche blieb allein zurück. Da schloß er sein Brevier, ging auf das Loch zu und gab, den Blick fest auf seine Henker gerichtet, das Zeichen, daß er bereit sei. Seine aufrechte und stolze Gestalt zeichnete sich gegen die Helle des Horizonts ab. Eine Stimme erhob sich aus dem Hinrichtungspeloton: »Dich«, sagte sie, »töten wir nicht für das, was du getan hast. Du warst immer gut für den Ort, Don Juan. Aber du mußt für das sterben, was du vertrittst.«

Der Priester seufzte. »Meine armen Kinder«, erwiderte er, »Blut schreit nach Blut und in ein paar Tagen werdet ihr selbst hier eure Verbrechen mit dem Leben bezahlen.« Und er gab den Männern, die gekommen waren, ihn zu töten, einen letzten Segen; und einige schienen den Zweck, der sie auf den Friedhof geführt hatte, zu vergessen und machten flüchtig das Zeichen des Kreuzes. Dann erscholl ein Kommando und der Priester stürzte als letzter in die Grube.

Der Major faltete seine Generalstabskarte zusammen und stieg auf die Motorhaube seines blauen Hillman, um die Kolonne zu überblicken, die sich vor den Arkaden der Plaza Mayor von Ecija, 32 Kilometer südlich von Palma del Río, formierte. In der Tasche seines Umhangs steckte ein Stück blauen Papiers, ein Befehl von der Hand des Generals Queipo de Llano. Dieser Befehl sollte schon bald die letzte Prophezeiung des Don Juan Navas wahr machen; er gab dem siebenundvierzigjährigen Major Manuel Baturone, dem »Befreier Andalusiens«, Order, seinen Siegen einen weiteren hinzuzufügen: die Eroberung der letzten republikanischen Bastion zwischen Sevilla und Córdoba, der Kleinstadt Palma del Río.

Mit den ersten Sonnenstrahlen setzte sich die seltsame Streitmacht hinter dem Wagen ihres Führers in Marsch. Eine uneinheitlichere Truppe hätte man sich kaum vorstellen können. Die Spitze bildeten reguläre Einheiten aus Cádiz, gefolgt von Legionären, marokkanischen *Tabors* (Infantristen) und Zivilgardisten. Hinter diesen Militärs kam ein ungeordneter Haufen von Zivilisten, deren Ausstaffierungen ebensowenig zusammenpaßten wie ihre politischen Meinungen. In alte Chevrolet, vorsintflutliche Ford oder wie Lokomotiven pfauchende Laster gezwängt, auf hochrädrigen Karren hockend, zu Pferd, auf Fahrrädern, Eseln oder einfach zu Fuß durchzogen Falangisten mit Schakos, militante Katholiken im Khakihemd, Kavalleristen mit scharlachroten Baretten und monarchistische Soldaten mit blauen Hosen singend die Straßen der kleinen Stadt. Und den Zurufen, den Kußhänden, den Blumen, die die Frauen ihnen zuwarfen, antworteten die leidenschaftlichen Klänge der Falangistenhymne »Cara al sol«:

> Den Blick in die Sonne ... findet der Tod mich ...
> Spanien, erwache ...

Hinter diesem Durcheinander von Truppen ratterten der städtische Leichenwagen, der als Ambulanz herhalten mußte, und ein Tankwagen, dessen Bauch jene Flüssigkeit barg, die beim Marsch durch diese Gluthölle am kostbarsten war: 5000 Liter Wasser.

Drei Großgrundbesitzer Palmas, die ihre Pferde wie auf dem Korso der *Feria* von Sevilla tummelten – die Brüder Martínez und Don Felix Moreno höchstpersönlich –, beschlossen die Kolonne. Hochaufgerichtet, eine überdimensionale Pistole im Gürtel, zog Don Felix aus, seine wilden Stiere zu rächen. Fünf Jahrhunderte nach dem Cid begab sich der Feudalherr von Palma del Río an die Rückeroberung jenes Teils Spaniens, der ihm gehörte.

Die Finger des Wachtpostens krampften sich um das Fernglas, mit dem er nach Süden, den Genil entlang, Ausschau hielt. Von seinem Beobachtungspunkt im Turm der rußgeschwärzten Himmelfahrtskirche bemerkte der Tischler Adolfo Santaflor die ersten Wagen des Zugs aus Ecija, die sich Palma in einer Staubwolke näherten. Er setzte sein Fernglas ab und griff nach dem Strick, der über ihm baumelte. Und mit seinem ganzen Gewicht brachte er die Glocke zum Schwingen, die Jahrhunderte hindurch die Gläubigen Palmas zur Messe gerufen oder den Tod eines von ihnen beklagt hatte. Diesmal läutete die Sturmglocke das Ende einer Epoche ein, das Ende des allzu vergänglichen Proletarierparadieses, das Juan de España errichtet hatte.

Kurz darauf sprang Major Baturone auf, als er die Stadt vor sich entdeckte. An der ganzen Länge der arabischen Mauer von Palma waren Bündel gelbroter Flammen aufgetaucht. In seinem Fernglas sah der Major die Bewohner laufen und brennende Fackeln schwingen. Juan de España hatte, um die Annäherung an die Stadt zu verhindern, ein waghalsiges Manöver befohlen: Er ließ seine Männer die Getreidefelder anzünden, hinter denen die Belagerer erschienen waren. Innerhalb weniger Minuten hatten sich die Brände zu einer Flammenmauer verdichtet, die in rasender Schnelligkeit die Ernte eines Jahres verschlang. Erschrocken wichen die Zivilisten der angreifenden Gruppe zurück.

Der Major begriff, daß er Palma nur mit kampferprobten Soldaten nehmen konnte. Aus dem Westen kommend war eine zweite Gruppe von Angreifern zu ihm gestoßen. Nun beschloß er, Palma systematisch einzuschließen; er befahl seinen Truppen, an drei Seiten der Stadt aufzumarschieren, und ließ den Belagerten einen einzigen Fluchtweg offen: die alte römische Brücke über den Guadalquivir. Der entscheidende Angriff sollte noch diese Nacht stattfinden.

Angelita Benítez erzählt

»Am besten aus dem ganzen Krieg erinnere ich mich an die Nacht, in der die Männer geflohen sind, die Nacht, in der mein Vater uns verlassen hat. Den ganzen Tag über hatten rings um Palma die Kämpfe getobt. Gegen Abend glaubten wir sogar, daß die Stadt bombardiert wird. Aber es war nur der Donner eines dieser Hitzegewitter, die manchmal im Sommer über Andalusien losbrechen. Ich entsinne mich, daß meine Mutter uns wegen der Schießerei, die wir draußen hörten, verboten hatte, das Haus zu verlassen. Mein kleiner Bruder Manuel und Carmela weinten die ganze Zeit. Am Abend ging meine Mutter meinen Vater suchen. Als sie zurückkam, begann auch sie zu weinen, und ich fragte mich, ob meinem Vater etwas zugestoßen sei. Aber meine Mutter weinte nur, weil sie nicht wußte, was sie tun sollte.

Viele Leute verließen Palma, weil die Flüchtlinge aus anderen Orten behaupteten, die Soldaten töteten jeden, der auf der Seite der Sozialisten gestanden sei; die *Regulares* und die arabischen Soldaten massakrierten die Leute mit dem Messer. Ana Horillo erzählte meiner Mutter sogar, daß die Soldaten in Lora del Río ein Baby mit dem Bajonett an eine Tür gespießt hätten. Das hatte sie vom Kohlenhändler nebenan erfahren, der in der *Casa del Pueblo* Radio Madrid hörte. Ich weiß nicht, ob es wahr war, aber damals erzählte man solche Dinge. Ana Horillo flüchtete ebenfalls. Meine Mutter wäre sicher auch gern fortgegangen. Aber wie? Manuel war noch keine vier Monate alt und Carmela war zu klein zum Marschieren. Meine Mutter konnte nicht mit zwei Kindern auf dem Arm Palma verlassen. Vielleicht war das der Grund, daß sie in jener Nacht weinte.

Auf der Straße war ein ständiges Kommen und Gehen und Schreien. Niemand wußte genau, was eigentlich los war. Der Strom war ausgefallen.

Mitten in der Nacht wurde ich von Schritten und Stimmen aufgeweckt. Mein Vater war von den Barrikaden heimgekommen. Er zündete eine Kerze an. Draußen schrien die Leute: ›Sie kommen! Schnell fort!‹ Ich hörte Stimmen, die meinen Vater riefen. Jemand schaute in unser Zimmer und drängte: ›Renco, schnell, komm!‹

Dann zog mein Vater seine Lederjacke an und die Schuhe, die er sonst auf dem Feld trug. Er küßte uns zum Abschied und Manuel nahm er auf den Arm und drückte ihn lange an sich. Beim Fortgehen sagte er nur: ›Volveré‹ – ich komme wieder.

Ich erinnere mich, daß ich noch lange hörte, wie seine Schritte sich entfernten. Und dann unterbrach nur noch das Schluchzen meiner Mutter die Stille der Nacht.«

Die Schritte der letzten Verteidiger Palmas verhallen in der Nacht. Im fahlen Mondschein ähnelt die ausgestorbene Kleinstadt einer surrealistischen Landschaft von Salvador Dalí. Die Häuser mit ihren verrammelten Fensterläden, von Licht und Schatten gespenstisch gestreift, ragten in die Einsamkeit wie leblose Klötze. Dem gleichen Schicksal wie so viele andere spanische Städte überlassen, erwartete Palma del Río in dieser Augustnacht 1936 den Einzug seiner neuen Herren.

Von den 12000 Einwohnern des Städtchens würde das nahende Morgengrauen nur noch einige hundert finden. In der Calle Ancha durchbrach ein einziges Geräusch die Stille. Man hörte eine Frau Spaniens stöhnen, rauh und endlos wie die Klage eines *Cante flamenco*. Ihre fünf Kinder um sich versammelt, als wolle sie sie vor der Feindseligkeit dieser Nacht schützen, weinte Angela Benítez. Sie hatte schließlich die feindliche Besatzung der Ungewißheit einer Flucht vorgezogen und war geblieben. Alle ihre Nachbarinnen, darunter Ana Horillo, waren fortgezogen, ein mageres Bündel mit ein paar Kleidungsstücken und einem Stück Brot auf dem Rücken. Sie überquerten gerade die alte römische Brücke über den Guadalquivir und flohen auf die Dörfer der Sierra Morena zu, die noch in der Hand der republikanischen Soldaten waren.

Die würdevolle schweigende Kolonne der Armen Palmas verlor sich in der Nacht, ein Schauspiel, wie es die Straßen Spaniens in diesem Sommer des Unheils gewohnt waren. An die Röcke der Frauen, die ihre Letztgeborenen auf den Armen trugen, klammerten sich Scharen von Kindern. Greise, auf Stöcke gestützt, schleppten sich mit automatenhaften Schritten dahin, ohne Unterlaß von der Menge überholt. In der Mitte des Zugs rumpelten Eselskarren, unter dem Gewicht von Menschentrauben ächzend. Einige Glückliche schoben Fahrräder oder Handwagen, auf die sie ihre kostbarsten Besitztümer geladen hatten: eine Matratze, einen Tisch, ein Schwein, ein paar Hühner...

Plötzlich zerschnitt das ungeduldige Hupen eines Autos die Stille. Der Wagen fuhr vor und zwang die Flüchtlinge, die über die Brücke strömten, sich an das Geländer zu drücken; und während seine dunkle Silhouette in der Dunkelheit verschwand, stieg ein Raunen aus der Menge. Die Palmeños hatten den schwarzen Packard des Großgrundbesitzers Pepe Martínez erkannt. Darin war, bequem in die Polster gelehnt, der junge Chef der Revolutionäre gesessen, der ihn beschlagnahmt hatte. Juan de España verließ die Stadt, deren Geschicke er 39 Tage lang gelenkt hatte, und floh gleichfalls.

Wie Schatten schlichen die Eroberer an den weißen Fassaden der Calle Ancha entlang und drangen vorsichtig in die ausgestorbene Stadt ein; sie mißtrauten dieser Stille und dem Mangel an Widerstand. So rückten sie bis zum Rathaus vor, dessen Wände noch die Parolen der kurzen Herrschaft Juan de Españas trugen. Als sie sahen, daß die Stadt von ihren Verteidigern im Stich gelassen worden war, stimmten sie ein Freudengeheul an. Von diesem Geschrei der Vorhut beruhigt, marschierte nun der Rest des Bataillons unter Major Baturone in Palma ein. Im Gefolge der Soldaten kam die Kolonne der Zivilisten, die vor ein paar Stunden aus dem Nachbarort Ecija aufgebrochen war. Unter Triumphgesängen und Racheschwüren ergoß sich die Flut der Anhänger Francos in die Straßen und Gassen. Da und dort kamen, scheu und bleich wie Gespenster, einige Bürger Palmas, die der Volkswut unter Juan de España entgangen waren, aus ihren Schlupfwinkeln hervor und jubelten den Männern zu, die ihrer Angst ein Ende gesetzt hatten. Die anderen Palmeños, die auf die Flucht verzichtet hatten, erwarteten hinter ihren geschlossenen Fensterläden die Rache ihrer »Befreier«. Sie sollten nicht lange zu warten haben.

Hinter den lärmenden Scharen der bewaffneten Zivilisten fuhr ein staubiger schwarzer Cadillac ein. Diesen Wagen kannten alle Palmeños. Er war den Plünderungen der großen Güter durch die Männer Juan de Españas entgangen. Nun kam, in seine weichen Polster gelehnt, mit vor Müdigkeit geröteten Augen, sein Besitzer, der Mann, der die von so vielen Palmeños befürchteten Vergeltungsmaßnahmen leiten sollte. Sechzig Tage lang hatte er im Exil gelebt, durch die »revolutionäre Kanaille«, die er so sehr verachtete, von seinem eigenen Land vertrieben. Während die Truppen des Majors Baturone Palma eingeschlossen hatten, war er auf seine Güter zurückgekehrt, um mit eigenen Augen die Schäden abzuschätzen, die sie während seiner Abwesenheit erlitten hatten.

Jetzt blieb der Cadillac vor dem Eingang zum Rathaus stehen und sein Passagier stieg eilig aus. Major Baturone hörte von dem Büro aus, das er im zweiten Stock dieses Gebäudes eingenommen hatte, den Widerhall eines Stroms von Flüchen und Drohungen, der sich auf die Straße ergoß. Dreißig Jahre später sollte sich der Offizier immer noch daran erinnern.

»Meine Stiere!« heulte eine vor Wut überschnappende Stimme. »Sie haben meine Saltillos geschlachtet! Ich werde für jedes tote Tier zehn von ihnen umbringen!«

Mit diesem Schwur hielt Don Felix Moreno Einzug in Palma, entschlossen, seine Stiere zu rächen, die einem Volk, das er so lange am Rand der Hungersnot gehalten hatte, zum Opfer gefallen waren.

Mit einem Fußtritt stießen zwei junge Zivilgardisten die Holztür auf. »Dein Mann«, schrie einer der beiden Angela Benítez an, »wo ist dein Mann?« Erschrocken riß die bedauernswerte Frau ihre Kinder zurück und ging auf die Besucher zu. In einer Gebärde der Verzweiflung hob sie die Arme zum Himmel und antwortete: »Er ist fort.«

Während der folgenden Stunden hörte die verstörte Familie Benítez aus der ganzen Calle Ancha das trockene Krachen der Türen, die die Zivilgardisten auf der Suche nach den Männern der Stadt eintraten. Kurz nach der Rückkunft Don Felix Morenos hatten Baturone und seine Soldaten die Stadt den örtlichen Falangisten übergeben, um Juan de España und seine Anhänger zu verfolgen.

Vor dem Abrücken hatte der Offizier befohlen, alle Männer Palmas auf dem Rathausplatz zu versammeln. Diejenigen, denen nichts vorgeworfen werden konnte, sollten Armbinden und Passierscheine erhalten. Auf die anderen wartete das Gefängnis. Weiterhin hatte Baturone verfügt, daß die Türen aller Häuser Tag und Nacht offenzubleiben hätten. Nun führten Gruppen von Zivilgardisten und Falangisten diese Befehle methodisch durch und durchkämmten Straße um Straße, Haus um Haus.

In der Calle Portada, nahe bei der Wohnung der Familie Benítez, stießen der seit Sommeranfang beurlaubte zwanzigjährige Rekrut José Sánchez und sein Kamerad Juan Olivero, ein Schneidergeselle, zu der Menge, die zum Rathaus marschierte. Im Lauf des Vormittags sammelten sich auf dem Platz und in den angrenzenden Straßen mehr als 600 Männer. Die Zivilgardisten ließen sie in der Reihenfolge ihres Eintreffens zu einer Kolonne antreten, die bald bis zu den letzten Häusern des Orts reichte. Sánchez und Olivero kamen nebeneinander zu stehen und besprachen mit ihren Nachbarn die Ereignisse der letzten Stunden. Die meisten dieser Männer hatten sich nichts Besonderes zuschulden kommen lassen. Wie alle anderen Palmeños auch hatten sie ihren Anteil an dem gebratenen Fleisch der Stiere Don Felix Morenos mit großem Vergnügen verzehrt; befriedigt oder zumindest ohne Bedauern hatten sie die Kirchen Palmas niederbrennen gesehen. Aber keiner von ihnen hatte der Miliz Juan de Españas angehört oder hatte aus dessen Herrschaft irgendeinen persönlichen Vorteil geschlagen. Die wahren Schuldigen waren schon über alle Berge.

Die sorglose Unterhaltung von Olivero und Sánchez wurde durch ein Schauspiel unterbrochen, das die Kolonne in Bestürzung versetzte. Zwei Soldaten gingen an den Männern vorbei auf die Himmelfahrtskirche zu; sie trugen ein Maschinengewehr. Kurz darauf erkannten Olivero und Sánchez am Ende der Reihe unter einem Strohhut das rote, wutverzerrte Gesicht Don Felix Morenos.

Eine Reitgerte in der Rechten, das Hemd über seiner zornbebenden Brust weit offen, ging der kleine Mann langsam weiter. Vor jedem Mann blieb er ein paar Sekunden stehen und betrachtete die verängstigten Gesichter jener, die alle irgendeinmal in ihrem Leben den Rücken unter den Befehlen seiner Partieführer gebeugt hatten. Manchmal verweilte er länger. Mit einem Schlag seiner Gerte befahl er einem Arbeiter, aus den Reihen auszutreten und sich einer kürzeren Kolonne anzuschließen, die sich hinter ihm formierte. Ihm folgten in einigen Schritten Abstand die Brüder Martínez, andere Großgrundbesitzer Palmas, und trafen gleichfalls ihre Wahl. Während Don Felix immer näher kam, konnten Sánchez und Olivero die Augen nicht von ihren Kameraden abwenden, die die furchtbare Gerte aus den Reihen geholt hatte. Und bald, mit von der Angst ausgedörrten Kehlen, fühlten sie den Blick des Züchters auf sich verharren. Die Gerte streifte ihren Nacken und fiel auf zwei ihrer Nachbarn nieder. Olivero stieß einen langen Seufzer der Erleichterung aus, während sein Gefährte ein Dankgebet an die Madonna richtete, deren Statue einen Monat vorher unter seinen gleichmütigen Blicken verbrannt war.

Ein paar Minuten später war die gespenstische Musterung vorbei. Don Felix bellte einen Befehl und die Zivilgardisten führten die von ihm ausgesuchten Männer ab. Trotz der Freude, selbst verschont worden zu sein, sahen Olivero und Sánchez sie schweren Herzens verschwinden. Olivero wandte sich zu seinem Gefährten und flüsterte ihm zu: »Jetzt werden sie uns auch solche schönen Armbinden, wie sie sie tragen, verpassen.«

Er irrte. Olivero und Sánchez hatten die blutige Arithmetik, die die Rache des Großgrundbesitzers bestimmte, falsch ausgelegt. Die kleine Gruppe der ausgesonderten Männer wurde in ein Büro des Rathauses geführt. Dort erhielt jeder, nachdem seine Identität überprüft worden war, eine Armbinde und einen Geleitbrief und wurde gebeten, sich nach Hause zu begeben und sich nicht wegzurühren.

Die anderen sollten nicht lange über ihr Schicksal im unklaren bleiben. Don Felix schritt an den Reihen vorbei und zählte fünfzig Mann ab. Mit einem Schlag seiner Gerte trennte er diese vom Rest der Kolonne und schrie den Zivilgardisten zu: »Al coralón!«

Von Gardisten eingekreist wurden die fünfzig Männer in die schmale Gasse gestoßen, die zur Himmelfahrtskirche führte. Olivero und Sánchez, hinter sich drei Zivilgardisten, beschlossen den Zug; die Gerte Don Felix' hatte gerade hinter ihnen ihren Strich gezogen. Sánchez wußte, was der *coralón* war: der große, von hohen Mauern begrenzte Hof, der zwischen der Kirche und dem *Palacio*, der Winterresidenz des Züchters, lag. Der junge Arbeiter fühlte sich von der Aussicht bedrückt, dort mehrere Stunden unter der glühenden Sonne ausharren zu müssen, bis die Identität aller überprüft wäre.

Die Gardisten stießen die Gefangenen auf eine kleine Treppe, die in einen Vorhof führte; über eine weitere Stiege ging es in den *coralón*. Vor sich sahen die Männer den roten Backsteinturm aufragen, auf dem ein einsamer Storch nistete. Am Fuß der Kirche erstreckten sich die ockergelben, stellenweise von Moos überwucherten Ruinen der alten arabischen Stadtmauer. Der *coralón* selbst war leer; und in einer seiner Ecken entdeckten die Männer den Gegenstand, der gerade vorhin Sánchez und Olivero einen Schauder über den Rücken gejagt hatte. Zwischen zwei gleichgültigen Soldaten stand das Maschinengewehr, auf die hohe erdfarbene Mauer auf der anderen Seite des Platzes gerichtet.

»Die ersten fünfundzwanzig!« schrie Don Felix. Auf diesen Befehl hin stürzten sich die Gardisten auf die Gefangenen, zählten flüchtig fünfundzwanzig ab und trieben sie mit Kolbenschlägen zu der Mauer. Während dieser Sekunden des Tumults und der Verwirrung begriffen die Männer, die zu einer harmlosen Identitätskontrolle aus ihren Häusern geholt worden waren, endlich, was sie erwartete. Manche begannen zu schreien. Andere rissen sich von ihren Bewachern los und warfen sich vor Don Felix auf die Knie und flehten um Barmherzigkeit. Ein alter Arbeiter mit zerfurchtem Gesicht fiel in Ohnmacht und zwei Gardisten mußten ihn zur Mauer schleppen, wo sie ihn auf den Boden setzten. Mit schreckgeweiteten Augen betrachteten Olivero und Sánchez, die zur zweiten Hälfte gehörten, reglos die Szene, die sich vor ihnen abspielte. Sánchez hörte einen Mann schreien: »Don Felix, Don Felix, ich nicht! Um der Liebe Gottes willen, ich habe nichts Böses getan!« Der Züchter trat zu diesem Mann und fixierte ihn. »Dein Vater war ein braver Kerl«, zischte er, »aber du bist bloß eine Kanaille! Du stirbst!«

Eine andere Stimme rief: »Pate, rette mich! Pate! Laß mich von hier weg!« Don Felix blieb vor diesem Mann stehen. Es war tatsächlich eines seiner zahlreichen Taufkinder, wie sie in Andalusien üblich sind, der Sohn eines seiner Landarbeiter. Mit seinen haßerfüllten, blutunterlaufenen Augen starrte Don Felix den Burschen an, den er an einem lang zurückliegenden Tag auf den Armen getragen hatte und fauchte: »Kanaille, du warst bei den Anarchisten! Du wirst auch sterben!« Dann trat er einige Schritte zurück und wandte sich an die Maschinengewehrschützen. »Fuego!« kommandierte er.

Langsam schwenkte der Lauf, auf Brusthöhe gerichtet, von links nach rechts, und eine Salve durchsiebte die Männer. In kleinen Staubwölkchen splitterten Steine aus der Mauer. Sánchez sah seine Kameraden unter den Kugeln zusammenzucken und fallen; und bald lagen die Leiber derer, mit denen er Elend und Plackerei auf den Feldern von Don Felix Moreno geteilt hatte, blutig, in grotesken Verrenkungen, im Staub. Über den bemoosten Ziegeldächern schien der Widerhall des Maschinengewehrs einen langen Augenblick innezuhalten. Als die Staubwolken am Fuß der Mauer sich verzogen hatten, bemerkte Sánchez einen Wirrwarr von Armen und Beinen in einem letzten Aufbäumen durch die Luft schlagen; er hörte das Röcheln und Stöhnen der Sterbenden; und ein seltsamer Gedanke durchkreuzte sein Gehirn: Er dachte an »die Zuckungen von Enten, wenn man ihnen den Kopf abschlägt«. Dann sah er einen Offizier mit der Pistole in der Hand auf die zerfetzten Leiber zugehen. Mehrere Schüsse erschollen, bis sich kein Körper mehr rührte. Als der Offizier sich zurückzog, drehte sich der Züchter zu den wartenden Gefangenen um und schrie:

»Die nächsten!«

Sánchez ließ sich widerstandslos zur Mauer stoßen. Resigniert stiegen der junge Rekrut und sein Gefährte über die Leichen und stellten sich vor den zerschossenen Ziegeln auf. Plötzlich erhob sich eine Stimme. Es war Olivero. »Don Felix«, flehte er, »ich bin dein Vetter! Verschone mich!« Der Schneidergeselle Olivero war tatsächlich ein entfernter Verwandter des Großgrundbesitzers. Und in einer unerwarteten Geste der Großmut ließ Don Felix den jungen Mann aus der Reihe der Verurteilten treten und befahl den anderen aufzuschließen. Sánchez, vom Weggang seines Freundes in größeren Schrecken versetzt als durch das Maschinengewehr selbst, stürzte auf den Offizier zu, dessen Pistole noch von den Gnadenschüssen rauchte. Er schwenkte seinen Urlaubsschein und schrie: »Ich bin ein Soldat, retten Sie mich!« Der Offizier prüfte das Dokument. Dann gab er einen Befehl. Von zwei Zivilgardisten eskortiert schritt Sánchez wie in einem Traum über die Stufen, die aus dem *coralón* führten. Als er die Gasse, durch die man zum Rathaus kam, erreicht hatte, fühlte er seine Kräfte wiederkehren. Mit einem Satz entwischte er seinen Bewachern. Er sprang über eine Mauer und lief querfeldein. Einige Sekunden später blieb er hinter einem Eukalyptusbaum stehen und lauschte dem Geknatter des Maschinengewehrs.

Aber nur wenige konnten der Rache Don Felix Morenos entkommen. Während er zur Mauer getrieben wurde, erkannte Angel Gómez, ein Landarbeiter mit vier Kindern, überrascht einen der MG-Schützen. Es war sein leiblicher Bruder. »Pablo, hilf mir!« rief er. Und dank der allgemeinen Verwirrung konnte Pablo seinen Bruder der Vergeltung entziehen. Ein anderer Landarbeiter, Manuel Diaz, wurde durch den Verwalter des Guts gerettet, auf dem er gearbeitet hatte; dieser entdeckte, daß Diaz an Stelle seines anarchistischen Bruders verurteilt worden war, und konnte ihn retten. Kaum nach Hause zurückgekehrt, wurde Diaz neuerlich von den Falangisten verhaftet, die seinen Bruder suchten, und wieder in das Grauen des *coralón* geführt. An diesem einzigen Nachmittag sah sich der Landarbeiter dreimal dem Hinrichtungspeloton Don Felix Morenos gegenüber; und dreimal gelang es seinem Verwalter, ihn zu befreien.

Solche Wunder waren allerdings Ausnahmen. Der Leichenberg vor der Mauer war so hoch geworden, daß das Massaker aus Platzmangel unterbrochen werden mußte. Die Gefangenen, die ihre eigene Erschießung erwarteten, erhielten Befehl, den Hof zu räumen, indem sie die Leiber ihrer Kameraden auf Lastautos verluden. Die Wagen fuhren durch die Calle Ancha, an den Fenstern der Benítez vorbei, und erreichten über die lange Eukalyptusallee die weißen Mauern des Sankt-Johannes-Friedhofs beim Eingang der Stadt. Entlang des Wegs dieses entsetzlichen Konvois bekreuzigten sich die Frauen. Henriqueta Moro, die Gemischtwarenhändlerin aus der Calle Duro, wird niemals vergessen, »wie ein dünner Blutstrahl aus einem Lastwagen sickerte und einen roten Strich auf dem Pflaster hinterließ«. Andere bewahren in ihrem Gedächtnis das Bild eines Gatten oder eines Sohns, den sie inmitten der durchsiebten Leiber entdeckt hatten.

Von dem Geknatter des Maschinengewehrs und dem Hin- und

Herfahren der Lastwagen alarmiert, liefen Frauen auf den Rathausplatz, um für das Leben der Ihren zu bitten. Zivilgardisten drängten sie zurück. Diejenigen, die zu protestieren wagten, wurden verhaftet und ins Bürgermeisteramt geführt, wo man sie kahl schor. Andere wurden für das Verbrechen, mit einem Anarchisten oder einem Mann, der gestreikt hatte, verheiratet zu sein, auf eine neue, noch nicht dagewesene Methode gezüchtigt. Man zwang sie, in Rizinusöl getunkte Brotstücke zu essen, »um ihnen ihren Republikanismus abzuführen«.

Nachdem die Leichen der ersten Gruppen auf den kleinen Friedhof abtransportiert waren, ging die Füsilierung auf dem blutgetränkten Boden weiter. Diesmal war ein Priester zugegen. Da er sich nicht jedem einzelnen widmen konnte, erteilte er den Gruppen, die von den Zivilgardisten zur Mauer gestoßen wurden, eine kollektive Absolution. Die Szenen der Verzweiflung, die den Exekutionsbefehlen vorangingen, waren so erschütternd, daß die spanische MG-Mannschaft von marokkanischen Soldaten abgelöst werden mußte. Manche Verurteilten sträubten sich wild, andere flehten um Gnade, wieder andere starben still und resigniert. Die sich am heftigsten wehrten, wurden von ihren Bewachern zusammengeschlagen und dann zur Mauer gezerrt. Halbtot erwarteten sie dann, auf den Leichen ihrer Kameraden zusammengekauert, den Gnadenschuß. Die Hinrichtungen dauerten den ganzen Nachmittag an, bis der Boden des *coralón* sich in einen blutigen Schlamm verwandelt hatte: ein Symbol der Sühne für die vom Blut der Saltillo-Stiere geröteten Weiden.

Bei Sonnenuntergang war das Massaker beendet. Ein schweres, angstvolles Schweigen breitete sich über Palma, als der letzte Schuß verklungen war. Die ganze kleine Stadt war von Entsetzen gelähmt; ihre Bewohner konnten nicht einmal mehr weinen. In ihren finsteren Wohnungen zitterten die Armen vor Furcht. Als die Nacht anbrach, drang in die Gassen und bis in die hintersten Patios ein unerträglicher Gestank: der beklemmende-süßliche Geruch des Todes.

Auf dem Friedhof setzten die Gefangenen beim Schein von Laternen ihre makabre Aufgabe fort. Sie schütteten das Massengrab zu, in das die Leichen geworfen worden waren. Die Leiber waren kreuz und quer übereinandergeschichtet worden. Erst vier Tage waren seit der düsteren Prophezeiung des alten Priesters Don Juan Navas vergangen, der am Rand einer ähnlichen Grube, bevor er unter den Kugeln der Männer Juan de Españas gefallen war, vorausgesagt hatte, daß »Blut nach Blut schreit«.

Einige Meter von dem Massengrab entfernt, am Ende einer sorgfältig gestutzten Zypressenallee, glänzte am gespenstischen Schein der Laternen die marmorne Pracht einer Familiengruft. Drei Generationen von Morenos waren unter ihren prunkvollen Säulen beerdigt. Siebzehn Jahre später sollte Don Felix selbst seinen Platz darin einnehmen, um für die Ewigkeit an der Seite der Opfer seines Zorns zu ruhen. Niemand wird jemals genau deren Zahl kennen. Die MG-Schützen des *coralón* hatten keine Zeit gehabt, ihre Ziele zu zählen. Geheime Statistiken schätzen die Gefallenen dieses Massakers auf 200 bis 300. Eines jedoch ist sicher: Die wenigsten von ihnen waren wirklich Revolutionäre. In ihrer überwiegenden Mehrheit waren sie bloß von Arbeit und Elend abgestumpfte arme Teufel, deren einziges Verbrechen darin bestanden hatte, den roten Fahnen Juan de Españas gefolgt zu sein und seinen Verheißungen eines besseren Lebens geglaubt zu haben, und deren einzige Verrücktheit es gewesen war, von ihrer Unschuld überzeugt, in Palma geblieben zu sein. Die wütende Rache Don Felix' war also unvollständig: Nach der Terminologie der *Fiesta Brava* selbst, deren Stiere er sühnen wollte, hatte er nur die *mansos* getötet – die Feigen und Untüchtigen.

Auf diese Art wurde die andalusische Kleinstadt Palma del Río »befreit«. Eine ganze Generation lang sollte Palma die Spuren dieses Blutbads tragen. Doch die Brutalität, die die friedliche Ortschaft während dieses August 1936 erschüttert hatte, war nicht auf sie beschränkt. Nur wenigen Städten und Dörfern blieben in diesem grauenhaften Sommer, in dem Spanien den Verstand verloren hatte, ähnliche Leiden erspart.

In Palma del Río beruhigten sich die Leidenschaften, die in dem Gemetzel des *coralón* ihren Höhepunkt gefunden hatten, mit den ersten kühlen Brisen des Herbstes. Die Front hatte sich ungefähr 100 Kilometer im Norden und Osten stabilisiert und in der Stadt nahm das Leben wieder einen fast normalen Verlauf.

Der Blutzoll, den die andalusische Kleinstadt in den ersten Kriegswochen gezahlt hatte – 350 von 10000 Einwohnern –, entsprach dem Tribut, den ganz Spanien entrichten mußte. An die 75000 Menschen, darunter 8000 Priester, Mönche und Nonnen, waren zwischen dem 18. Juli und dem Septemberanfang von den Republikanern getötet worden. Die genaue Zahl der Opfer der Frankisten ist beträchtlich schwieriger abzuschützen; sie dürfte vermutlich zwischen 75 000 und 100 000 liegen.*

Für die Familien Palmas, deren Oberhaupt im *coralón* gefallen oder mit den Milizen Juan de Españas geflohen war, wurde das Leben äußerst hart. Arbeitslosigkeit herrschte – und wenn es Arbeit auf den Feldern gab, so hatte eine Frau wie Angela Benítez, die Gattin eines Republikaners, kein Recht darauf. Im September stand die ganze Familie am Rande des Verhungerns. Wäschewaschen und Häusertünchen waren die einzigen Beschäftigungen, die die Mutter des künftigen El Cordobés finden konnte. Die bedauernswerte Frau hatte immer noch keine Nachricht von ihrem Mann, ja sie wußte nicht einmal, ob er noch lebte. An einem Septemberabend schien die Vorsehung die Familie völlig verlassen zu haben. An diesem Abend teilten sich die fünf ausgehungerten Kinder das letzte Stück Brot.

Ungefähr 30 Kilometer nördlich von Palma del Río, zwischen den fruchtbaren Oasen Andalusiens und den belebten Gebieten der Mancha und Estremaduras, erstrecken sich die granitenen Höhenzüge der Sierra Morena. Die Landschaft besteht hier nur aus weiten, felsigen, gestrüppumwucherten Steppen. Und doch waren diese ausgestorbenen Höhenzüge einer der reichsten Landstriche Europas. Quecksilber, Blei, Eisen, Kupfer, Silber, Kohle: Diese Reichtümer bildeten für die Gegner des Sommers 1936 einen unschätzbaren Einsatz. Drei Jahre lang kämpften die Legionen Francos und die Brigaden der Republik auf den wilden Felsen im Norden Palmas um die Kontrolle über die Minen, die Materialbahnen, die durch die Täler ratterten, und die Bergwerkssiedlungen, die sich an die Abhänge des Gebirges klammerten.

Eine dieser Siedlungen trug einen merkwürdigen Namen. Ein Jahrhundert vor dem Bürgerkrieg war der Ort, an dem sie sich nun erhob, noch eine öde, wildreiche Buschsteppe voller Sanddornsträucher und Steineichen gewesen. Eines Tages gelangte ein Jagdhund bei der Verfolgung eines Hasen zufällig an den Eingang eines Fuchsbaus. Das Tier hieß Terrible – der Schreckliche. Es begann wütend im Boden zu

* Die genaue Zahl der Gefangenen, die in der Arena von Badajoz hingerichtet wurden, wird wahrscheinlich niemals genau festgestellt werden können. Die Angaben schwanken zwischen 200, die das Frankistische Regime heute zugibt, und 2000, die der amerikanische Journalist Jay Allen verficht, der die Stadt einige Stunden nach ihrer Einnahme betrat.

scharren und seine Pfoten legten eine Schicht spröden, schwarzen Gesteins frei. Es war eine Kohleader. Bald entstand hier ein Dorf und aus den Stollen rund um den Fuchsbau wurde die Steinkohle gefördert, die die ersten Fabriken Andalusiens antrieb und ein halbes Jahrhundert lang die Dampfschiffe versorgte, die Sevilla, Cádiz und Málaga anliefen. Zu Ehren des Hundes, dessen Entdeckung sie ihren Wohlstand verdankten, nannten die ersten Einwohner ihre Siedlung Pueblo Nuevo del Terrible – Neudorf des Schrecklichen.

Ende September 1936 verlief die Frontlinie am Rande dieses Dorfes. Die kleine, von den frankistischen Streitkräften eingenommene Bergwerksstadt bildete mit dem Vorwerk ihrer Felsen, die ein maurischer Turm krönte, einen Einbruch in die republikanischen Linien. Sie wurde von Bomben und Granaten verwüstet. Und dennoch zogen mehrere Familien aus Palma, darunter die Benítez, Anfang Oktober an diesen Ort des Schreckens, in der Hoffnung, bei den Soldaten Arbeit zu finden.

Die Kinder der Benítez bewahren an diesen Aufenthalt in Pueblo Nuevo del Terrible kaum eine Erinnerung. Sie entsinnen sich nur, daß ihre Mutter eine Stelle als Köchin bei dem frankistischen Artillerieregiment fand, das die Stadt verteidigte. Die Familie bewohnte eine verlassene Baracke, deren Fenster von den Bombenangriffen eingedrückt worden waren. Einzig der kleine Manuel besaß dort ein Bett: eine mit Hobelspänen gepolsterte Kiste. Die anderen schliefen auf dem nackten Boden.

Die ersten Wochen, die Angela Benítez im Dienst der frankistischen Artilleristen verbrachte, waren eine harte Prüfung. Ganze Nächte hindurch weinte die Mutter des künftigen El Cordobés. In dieser fremden Stadt stand sie allein mit ihren fünf Kindern da; mit ihrem elenden Lohn konnte sie den Ihren nicht einmal eine einzige Mahlzeit am Tag bieten. So wurden Angelita und Encarna, die beiden Ältesten, bald angehalten, gleichfalls zu arbeiten. Für die zehnjährige Angelita waren diese endlosen Tage, in denen sie immer wieder Geschosse in nächster Nähe einschlagen hörte, ein weiterer Abschnitt eines freudlosen Lebens. Für Encarna bedeuteten sie das Ende ihrer Kindheit; das Mädchen war sechs Jahre alt und in wenigen Monaten sollten seine Finger wie die seiner Mutter von Schrunden und Schwielen bedeckt sein.

Jeden Abend servierten die beiden Mädchen den Offizieren das Essen, das ihre Mutter gekocht hatte. Während ihres Dienstes schnappten ihre unschuldigen Ohren Brocken von Gesprächen auf, in denen die Soldaten mit ihren Heldentaten prahlten. Manchmal schlich sich Angela Benítez schüchtern vor die Tür der Messe, um ebenfalls zuzuhören. Die Erzählungen drehten sich in diesem Sommer 1936 vor allem um den Beschuß der gegnerischen Linien; diese wurden von der 141. Brigade der Republikaner gebildet, in der – ein tragischer Zufall, wie er in diesem zerrissenen Land an der Tagesordnung war – der Mann Angelas, der Vater des kleinen Manuel, diente.

Während die Familie Benítez sich in Pueblo Nuevo einlebte, trat auch der Krieg in ein neues Stadium. Madrid wurde zum Hauptangriffsziel der mit Franco verbündeten deutschen Flieger.

Zu Herbstbeginn wurde die Stadt, als die Schlüsselstellung des Kriegs, von den Falangisten eingeschlossen. Der Sturm auf die Stadt begann im Morgengrauen des 7. November. 20000 gutbewaffnete Soldaten, die zudem über deutsche und italienische Kanonen und Lastwagen geboten, griffen eine schlechtausgerüstete Arbeitermasse an, die sich jedoch geschworen hatte, keinen Fußbreit zu weichen. 24 Stunden lang verbissen sich die Gegner in einen wütenden Nahkampf. Und endlich, am Abend des 8. November, erhielt das Volk von Madrid Unterstützung. Die ersten Einheiten der internationalen Brigaden nahmen ihren Platz an der Seite der Verteidiger ein. Bald hörte man zwischen den Ruinen des Universitätsviertels, dem Schauplatz der erbittertsten Gefechte, französische, deutsche, polnische, amerikanische und englische Stimmen gleichfalls schreien: »No pasarán!« – sie werden es nicht schaffen.

Sie schafften es nicht. General Franco bat schließlich seine natürlichen Verbündeten, Deutschland und Italien, um eine Ausweitung der Hilfe, die sich in den ersten Kriegsmonaten als so wertvoll erwiesen hatte. Die Republik, die sich an England und Frankreich gewendet hatte, stieß auf die Nichteinmischungspolitik der beiden großen Demokratien. Enttäuscht appellierte sie an die UdSSR – und der spanische Bürgerkrieg wurde zu einem internationalen Konflikt. Soldaten und Material strömten in beide Lager. Doch auch diese bedeutenden Verstärkungen gestatteten es keinem der beiden Gegner, einen entscheidenden Sieg zu erringern. Und der Krieg blieb weiterhin ein Stellungs- und Aufreibungskrieg.

Trotz des Bombardements, trotz der Nähe der Front und trotz der

Unsicherheit des Lebens waren diese langen schweren Wochen für die Benítez fast erträglich. Ihr Dasein hatte eine unerwartete Bereicherung erfahren: Zum erstenmal konnten sie ihren Hunger stillen. Die Reste, die Angela und ihre beiden Töchter in der Kantine sammelten, verhalfen ihnen zu Mahlzeiten, die Palma del Río ihnen niemals hätte bieten können.

Jede Nacht vollführte Angela Benítez, bevor sie die Kantine verließ, eine beinahe zeremonielle Handlung. In eine alte Zeitung wickelte sie die Überbleibsel, die die von den Jahren des Hungers eingeschrumpften Mägen ihrer Kinder sättigen würden: einige altbackene, in Olivenöl getunkte Stücke Brot, zwei oder drei Kartoffeln, eine Schnitte Speck und manchmal einen Wurstzipfel. In ihrer Baracke am Ende des Dorfes erwarteten die Kinder wie hungrige Vögel in einem Nest die Rückkehr der Mutter. Hin und wieder schenkte ein gutmütiger Kanonier des Regiments der armen Frau eine Tafel Schokolade, die sie triumphierend ihren Kleinen brachte, als könne diese bescheidene Gabe mit einem Schlag das ganze Elend ihres jungen Lebens vergessen machen.

Obgleich nur ein einfacher Soldat, war dieser Wohltäter eine Persönlichkeit von beträchtlicher Bedeutung für das Regiment. Er kümmerte sich um die Verproviantierung der Kantine. Sein Name war Rafael Sánchez »El Pipo«. Für El Pipo war der Krieg ein gutes Geschäft.

Rafael Sánchez »El Pipo« erzählt

»Im Krieg gibt es zwei Arten von Burschen: die Helden und die, denen ihre Haut das Wichtigste ist. Ich für meinen Teil gehöre eher zur zweiten Kategorie. Heldentum war nie meine Sache. Patriotismus und ähnliche Angelegenheiten sind mir immer irgendwie lächerlich vorgekommen. Nicht daß ich mein Land nicht liebte; ich möchte in keinem anderen leben. Aber sich deswegen mir nichts dir nichts, eine Blume am Gewehr, ein Liedlein auf den Lippen, abknallen zu lassen, ist denn doch etwas stark. Nun, als ich plötzlich Kanonier bei der Dritten Batterie des Ersten Artillerieregiments wurde, sagte ich mir gleich: ›Rafael, dieser Krieg ist nichts für dich.‹ Mir drehte sich schon der Magen um, wenn ich diese blödsinnigen italienischen Kanonen nur anschaute. Also ging ich eines schönen Tages zum Major und schlug ihm ein Abkommen vor. Ich sagte zu ihm: ›Herr Major, das Kriegführen treffen andere besser. Aber wenn man anständig kämpfen will, muß man etwas im Magen haben. Kämpfen Sie mit Ihren Soldaten und lassen Sie mich für Ihre Mägen sorgen. Ich bitte Sie, mich mit der Verproviantierung zu betrauen.‹ Der Major dachte ein paar Sekunden nach und antwortete: ›Bueno. Aber wenn die Sache nicht klappt, lasse ich dich erschießen.‹ Und dabei machte er eine Geste, die recht deutlich bewies, daß er nicht spaßte. Ich sagte: ›Keine Sorge, Herr Major!‹

Mein Vorschlag war etwas gewagt. Aber wie man bei uns in Andalusien sagt, ›meine Schultern waren breiter als mein Rock‹. Ich kannte das Geschäft seit langem, denn mein Vater war der größte Krabbenhändler in Andalusien. Er hatte 1920 ein kleines Geschäft in der Calle de la Plata in Córdoba gekauft. Der Laden war berühmt für seine Meeresfrüchte. Mein Vater hatte als Eisverkäufer angefangen. Dann hatte er in kleinen Körben Krabben feilgeboten. Eines Tages kam er auf die Idee, seine Krabben vor dem Verkauf zu kochen. Mit dieser Idee machte er sein Glück und konnte sich das Geschäft kaufen.

Schon in meiner Kindheit brachte er mir die Anfangsgründe des Handels bei. Das war weiter keine Schwierigkeit: ich hatte den Handel im Blut. Ich konnte kaum zählen, da verließ ich schon die Schulbank und postierte mich hinter dem Verkaufstisch aus falschem Marmor in unserem Laden. Bald eröffneten wir ein zweites Geschäft in Belmez, einer kleinen Bergwerksstadt in der Sierra Morena, an die zehn Kilometer von Pueblo Nuevo del Terrible. Wir nannten es, genau wie das in Córdoba, ›El Puerto‹. Außer Meeresfrüchten verkauften wir Wein, Schnäpse und Limonade. Wir hatten solchen Erfolg, daß wir bald in allen möglichen Städten der Sierra weitere Läden aufmachen konnten, in Penaroya, in Monterubio, in Cabeza de Buey und in Pueblo Nuevo del Terrible.

Ich hielt die ganze Organisation in Schuß. Mit einem alten Lieferwagen klapperte ich Tag für Tag die Gegend ab, um auf die Geschäfte aufzupassen und sie zu beliefern. Ich hatte in jedem Laden einen Verwandten als Chef eingesetzt. Und bald wurden die Brüder, Schwestern, Cousins, Onkel und Tanten zuwenig.

Als der Krieg ausbrach, stand ich an der Spitze eines respektablen kommerziellen Reichs, das in einem großen Teil Andalusiens Filialen betrieb. Die Wahlen, die Revolution, die Regierungswechsel und all die Scherereien, die Spanien hatte, hinderten die Leute schließlich nicht am Essen und noch weniger am Trinken. Der Krieg war freilich etwas anderes. Im Krieg, da gab es Bomben, Plünderungen, Zerstörungen und ein gehöriges Risiko, Kopf und Kragen zu verlieren. Aber ich hatte schon damit Glück, daß ich auf der richtigen Seite stand. Während ihres Vormarschs im Sommer 1936 besetzte die frankistische Armee, zu der ich gehörte, alle Ortschaften, wo meine Geschäfte waren. Ich konnte mich frei bewegen und also für ihr Blühen und Gedeihen sorgen.

Sie können mir glauben, das Erste Artillerieregiment war stolz auf den Kanonier Rafael Sánchez ›El Pipo‹. Zwei Jahre lang gab es keine Batterie, keine Kantine, keine Messe, in der es an *vino tinto*, an Sherry oder an *aguardiente* gefehlt hätte. Wieder kutschierte ich am Steuer meines alten Lieferwagens, den ich zur Tarnung grün gestrichen hatte, über die Straßen. Ich zog von Dorf zu Dorf und brachte überallhin Lebensmittel, die die Kampfmoral aufrechterhielten. Versteht sich, daß meine Läden ein enormes Geschäft machten. Ich hatte sie zum Teil in Wirtshäuser umgewandelt, wo die Offiziere und Soldaten ihren Sold vertrinken und sich amüsieren konnten. In den Kellern hatte ich alle möglichen Waren aufgestapelt, die man sonst nirgends mehr finden konnte. Wie Sie sehen, behielt El Pipo inmitten des ganzen Spektakels seinen kühlen Kopf. Von mir aus konnte der Krieg zehn Jahre dauern. Ich hatte für alles vorgesorgt.

Das heißt, für alles bis auf eins. Am 15. Dezember 1938 – dieses Datum werde ich nicht so schnell vergessen – brachte ein Ereignis unser ganzes wohlgeordnetes Leben durcheinander. Ich schlief in dieser Nacht in Pueblo Nuevo. Kurz vor Morgengrauen riß mich eine Reihe von fürchterlichen Explosionen aus dem Bett. Ich tastete nach meinen Kleidern, aber plötzlich schien sich der Boden unter meinen Füßen zu öffnen. Stimmen schrien durch die Dunkelheit, andere bellten Befehle. Aufgeregt rannten die Männer in der Gegend umher wie aufgescheuchte Hühner. Ich fragte mich, was denn eigentlich los sei, als ich die Stimme des Majors Carmona aus dem Tohuwabohu heraushörte. Er brüllte: ›Sie greifen an!‹

›Sie‹, das waren die Roten.

Diese Neuigkeit traf mich wie ein Tiefschlag. Es war wie das Aufwachen aus einem Traum. Seit einem Jahr hatten die Roten keinen Angriff mehr gewagt. Und nun sollte ihre wütende Flut über die Städte und Dörfer hinwegfegen, in denen ich so geduldig mein Netz von Kneipen errichtet hatte. Vorräte im Wert von mehreren Millionen Peseten würden zu nichts werden. Das wäre mein Ruin.

Aber El Pipo wäre nicht El Pipo gewesen, wenn er mit solchen Gefahren nicht fertig geworden wäre. Ich sagte mir: ›Rafael, du mußt deine Ware in Sicherheit bringen, bevor sie die Roten erwischen.‹ Ich scherte mich nicht um den eisigen Wind, der über die Sierra pfiff, und sprang noch halbnackt in meinen Lieferwagen; mit Vollgas raste ich über die Straße nach Penaroya, wo eines meiner größten Gasthäuser stand. Als ich aus Pueblo Nuevo hinausfuhr, sah ich am Straßenrand Soldaten, die Telefonkabel verlegten. Einer war ein alter Kumpan von mir. Er war ein magerer, knochiger Bursche. Wenn Sie ihn angeschaut hätten, wären Sie nie daraufgekommen, was er im zivilen Leben trieb. Er war Matador. Er hatte erst vor kurzem damit angefangen und war noch nicht sonderlich bekannt. Aber ich war überzeugt, daß er eine große Zukunft vor sich hatte. Er hieß Manolete.

›He, Rafael! Wohin?‹ schrie er mir zu.

›Nach Penaroya!‹ sagte ich.

›Bist du übergeschnappt? Dort ist kein Mensch mehr. Wir haben uns zurückgezogen. Der Major ist gefallen. Du wirst in Stücke geschossen!‹

Aber um mich zu hindern, meine Ware zu holen, hätte es ganz anderer Dinge bedurft. ›Komm doch mit‹, rief ich Manolete zu, ›komm mit, statt hier blödsinnige Drähte zu verlegen, die kein Mensch braucht!‹ Ich erklärte ihm, warum ich nach Penaroya wollte. Ich sehe noch die ungläubige Miene vor mir, mit der er mich anstarrte. Er war dürrer als je und sah ein bißchen komisch aus in der schlotternden Uniform mit den zu langen Ärmeln. Er ließ seine Drahtspule fallen und stieg zu mir ins Auto.

Zwanzig Minuten später waren wir in Penaroya. Die Stadt sah ausgestorben aus, als wir vor meinem Gasthaus ›El Puerto‹ anlangten. Alles war unberührt. Pech für sie. Im Keller lagerten Sherry, Kognak, Anisschnaps und Bier für eine halbe Million Peseten. Am Abend schafften wir diese kostbare Ware in meine Keller in Córdoba. Manolete half mir, diese Operation zu wiederholen, und schließlich und endlich gelang es mir, fast alle Vorräte aus meinen gefährdeten Wirtshäusern abzutransportieren. Das war eines der größten Wunder in dem ganzen Krieg. Als wir mit der Räumung meiner Keller fertig waren, war der rote Vormarsch zum Stillstand gekommen. Dann wurden die Roten in die Sierra zurückgetrieben. Sie waren schon am Ende ihrer Kräfte, und es war klar, daß die Republik in voller Auflösung begriffen war. Bald würde sie gänzlich zusammenbrechen und der Krieg würde aus sein. ›Warum‹, fragte ich also, ›warum soll ich an die Front zurückkehren, wenn doch alles schon zu Ende ist?‹

Ich bedachte mich nicht lange. Die Armee sollte Manolete und mich nie wiedersehen. Sechs Monate später, am 2. Juli 1939, erlebte ich auf einem *Barrera*-Sitz in der *Maestranza* von Sevilla die feierliche *Alternativa* meines Freundes Manolete. An diesem Tag übergab ihm der berühmte Matador Chicuelo den Degen eines *Matadors de Toros*. Das war der Beginn eines wunderbaren Sommers. Am Steuer meines Studebaker ›President‹ fuhr ich mit Manolete von Arena zu Arena, dem Ruhm entgegen. Ich war reich. Für mich begann das schöne Leben.«

Aber leider sind die Freuden vergänglich wie die Jahreszeiten. Das »schöne Leben« des ehemaligen Kanoniers sollte nur einen Sommer dauern, in dem er sich in den Strudel, der Manoletes Weg bezeichnete, stürzte und schließlich sein in den Wirren des Bürgerkriegs angehäuftes Vermögen verlor. Aber El Pipo sollte neuerlich reich werden, um noch einmal alles zu verlieren. Und stets sollte es ihm gelingen, aus den Abgründen seines Ruins wiederaufzutauchen, um irgend etwas Neues zu versuchen. Sein letztes und bedeutendstes Abenteuer sollte ihm zwanzig Jahre später eine Popularität einbringen, die einem Krabbenhändler sonst nie beschieden ist. El Pipo tat sich mit einem großen schlaksigen Burschen zusammen, dem jüngsten Sohn einer armen Frau, der er im Krieg manchmal eine Tafel Schokolade geschenkt hatte, und wurde so nicht nur reich, sondern auch berühmt.

Nur wenigen Spaniern bot das Ende des Kriegs ähnlich ermutigende Aussichten wie ihm. Wie es El Pipo vorausgesehen hatte, begann die spanische Republik, von Frankreich, England, Amerika und schließlich auch von der UdSSR im Stich gelassen, zu zerfallen. Am 15. November 1938 schifften sich die Freiwilligen der internationalen Brigaden in Barcelona ein und ließen die letzten Verteidiger des todgeweihten Regimes allein gegen die Frankisten zurück. Blumen und Tränen begleiteten ihren Abschied, und die Pasionaria rief ihnen einen letzten Gruß zu: »Ihr könnt stolz sein! Ihr seid eine Legende geworden! Ihr seid die Geschichte! Wir werden euch niemals vergessen!« Und 10000 Mann der Brigaden, ein Viertel aller, die gekommen waren, um ihre Auffassung von Freiheit zu verteidigen, blieben für ewig auf den Schlachtfeldern Spaniens.

Die Republik kostete nun nur noch den bitteren Geschmack der Niederlagen. Am Tag nach dem Abzug der internationalen Brigaden vertrieben die Falangisten die letzten republikanischen Soldaten aus dem Ebrotal und beendeten so eine der blutigsten Schlachten des Bürgerkriegs. Zwei Tage vor Weihnachten starteten sie entlang des

Flusses eine großangelegte Offensive in Richtung Barcelona. Einen Monat später, am 16. Januar 1939, fiel die katalanische Großstadt, und 200000 ihrer Einwohner flohen ins Exil.

Am 28. März 1939, zu Mittag, nach zwei Jahren, vier Monaten und einundzwanzig Tagen eines erbitterten Widerstands, fiel Madrid. Während die ersten frankistischen Soldaten durch die breiten Avenuen zogen, kamen ihre Anhänger aus ihren Schlupfwinkeln hervor und sammelten sich auf den Gehsteigen und Balkons.

Und in einer Umkehrung der triumphierenden Parole, deren Widerhall sie so oft in ihren Verstecken gehört hatten, schrien sie begeistert:

»Han pasado!« – sie haben es geschafft!

Nach der Einnahme von Madrid war der endgültige Sieg der Frankisten nur noch eine Frage von Stunden. Die letzte republikanische Regierung war aus Valencia geflohen. Überall warfen die Republikaner ihre Waffen weg und zogen in kleinen Gruppen wieder in die Dörfer, die sie drei Jahre vorher Hals über Kopf verlassen hatten. Bald gab es keine Front mehr. Am 31. März 1939 fand das große Abenteuer, das an Bord einer Rapid Dragon begonnen hatte, seinen Abschluß. Almería, Murcia und Cartagena, die letzten drei Stützpunkte der Republikaner, waren gefallen. Wie Franco es in dem kleinen feuchten Hotelzimmer in Marokko vorausgesagt hatte, waren »die letzten Oliven gepflückt«. An diesem Abend trat eine Ordonnanz leise in das Büro des Generals, um ihm den vollständigen Sieg seiner Armee zu melden.

»Sehr gut«, erwiderte der kleine Mann ruhig, ohne seinen Blick von den über den Schreibtisch gebreiteten Papieren zu heben, »danke sehr.«

Der spanische Bürgerkrieg war beendet.

Der Preis für diesen Sieg war ungeheuer. Ungefähr 600000 Spanier waren tot und mehr als 2 Millionen verwundet oder invalid. Eine halbe Million Häuser war zerstört oder beschädigt, 183 Städte verwüstet, 2000 Kirchen niedergebrannt, ein Drittel des Viehbestands vernichtet und fast die Hälfte des Eisenbahnnetzes unbrauchbar. Noch schlimmer aber war der moralische und geistige Tribut, den Spanien entrichten mußte. Jahrzehnte würden nötig sein, um den Haß auszumerzen, den dieser Kampf in die Herzen der Spanier gesät hatte, und um die sichtbaren und unsichtbaren Wunden dieses Kriegs zu heilen, dessen brudermörderischer Blutdurst die Heftigkeit der meisten internationalen Konflikte weit übertroffen hatte. Auch wurde die Versöhnung durch den Mangel an Großherzigkeit verhindert, den die Sieger den

Besiegten gegenüber zeigten. 100000 Spanier wurden hingerichtet und mehr als 2 Millionen auf Jahre eingekerkert.

Für Millionen anderer, die der Krieg von ihren Familien gerissen hatte, begann ein langer, mühseliger Rückmarsch über die Straßen, auf denen sie vor drei Jahren geflohen waren. Und oft endete dieser beschwerliche Weg vor den Ruinen eines Hauses oder vor dem Grab eines Angehörigen, eines Freundes.

Auch Angela Benítez kehrte nach Palma del Río zurück. Von der Ladefläche eines Lastwagens herab sah sie die zerschossenen Dächer der kleinen Stadt verschwinden, in der sie fast drei Jahre verbracht hatte. Im eisigen Fahrtwind fröstelnd, drückte sie ein blondes Kind an ihre Brust. Manuel, ihr Jüngster, kannte bereits die ganze Härte des Daseins; seine Schwestern erinnern sich, »daß er mit drei Jahren nicht einmal mehr weinen konnte«.

In einem alten Geldtäschchen, das von ihrem Gürtel baumelte, verwahrte die arme Frau die paar Peseten, die sie hatte erübrigen können. Diese mageren Ersparnisse waren das ganze Vermögen, von dem sie ihre Kinder ernähren mußte, bis sie in Palma del Río Arbeit gefunden hätte oder ihr Mann zurückgekehrt wäre – falls er jemals zurückkehren sollte.

Verstört, zerlumpt, hungrig, elend zogen die Verteidiger der Republik heimwärts. Krücken, leere Ärmel, die im Wind flatterten, klaffende Augenhöhlen bezeugten, daß viele Palmeños irgendwo – in Madrid, im Ebrotal, in der Sierra Morena – ein Stück von sich selbst gelassen hatten. Sie kamen auf Lastwagen, zu Fuß oder mit einem der seltenen Züge, die Palma erreichten. Mit bösen Vorahnungen sahen diese erschöpften, besiegten Überlebenden der Miliz Juan de Españas in der Ferne die Ziegeldächer ihrer Stadt auftauchen. Und für viele von ihnen blieben diese Dächer eine unerreichbare Fata Morgana.

Die Zivilgarde verhaftete alle, die »aus der anderen Zone« kamen. Diejenigen, die auf der von den neuen Machthabern aufgestellten Liste der »Staatsfeinde« erschienen, wurden sogleich nach Córdoba gebracht, wo ein Militärgericht summarisch über ihr Schicksal entschied. Die Männer, deren Name mit einem Kreuz bezeichnet war, wurden zum Tod verurteilt und noch in derselben Nacht an der Mauer des Miraflores-Gefängnisses füsiliert. Die anderen steckte man in Arbeitslager, die das frankistische Spanien errichtet hatte, um seine Feinde zu bestrafen und umzuerziehen.

José Benítez hatte zuerst Glück: Sein Name stand nicht auf der Liste der Zivilgarde. Er durfte seine Familie wiedersehen. Zwei Tage lang herrschte Freude in dem kleinen wackligen Haus in der Calle Ancha. Aber dieses Glück war nur von kurzer Dauer. Eine heimtückische Denunziation brachte José Benítez in ein Arbeitslager; er sollte Palma del Río nie wiedersehen.

Vielen Familien war nicht einmal eine so vergängliche Freude wie den Benítez vergönnt. Die Zahl der schwarzgekleideten Frauen in Palma nahm jeden Tag in dem Maß zu, als die Gefallenenliste an der Mauer des Rathauses länger wurde. Doch diesen Frauen blieb wenigstens die Qual der Ungewißheit erspart; andere hofften und bangten Monate, Jahre lang, ehe sie etwas Sicheres über den Verbleib der Ihren erfuhren.

Nach den Schrecken des Kriegs brach eine neue Prüfung über das unglückliche spanische Volk herein: die grausamste Hungersnot seiner Geschichte. Durch den Ausbruch des Weltkriegs von der Welt abgeschnitten, gezwungen, mit dem mageren Ertrag seines Bodens seine Schulden an Deutschland und Italien zu bezahlen, und zwei Jahre hintereinander von einer furchtbaren Dürre heimgesucht, erlitt Spanien nun eine geradezu alttestamentarische Züchtigung: es verhungerte.

Wie im ganzen Land traf diese neuerliche Tragödie auch in Palma del Río vor allem die Kinder und die Alten. Aber in dieser kleinen Stadt fiel ein Hoffnungsschimmer in das Dunkel. Die magere Gestalt eines Priesters erschien als ein Apostel der Nächstenliebe in dieser Welt der Verzweiflung und verrichtete ein Werk der Barmherzigkeit, das in den Augen der Armen Palmas viele Ungerechtigkeiten des Klerus gutmachte. Der Geistliche war der Nachfolger des von den Roten erschossenen Pfarrers. Er hieß Don Carlos Sánchez. Er hatte die erdrückendste aller Bürden auf seine gebeugten Schultern genommen: die Horden verwaister Kinder zu retten, die wie herrenlose Hunde durch die Straßen Palmas streunten.

Don Carlos Sánchez erzählt

»Jeden Morgen füllte ich meine Soutanentaschen mit Bonbons. Dann zog ich, in der Hand ein Meßglöckchen, mit dem ich bimmelte wie ein Eisverkäufer, durch die Straßen Palmas. Auf mein Geläute hin kamen die Kinder aus ihren Schlupfwinkeln, teils mißtrauisch, teils mit dem

Schwung junger Stiere. Ich verteilte Bonbons und redete mit ihnen. Das war nicht so einfach, denn die meisten von ihnen waren die Kinder von Roten, denen man so viele Schauermärchen über die Kirche und ihre Priester erzählt hatte, daß sie anfangs schon vor dem bloßen Anblick meiner Soutane davonliefen.

Am schwierigsten war es mit solchen Kindern, deren Eltern verschwunden waren oder die während des Exodus von 1936 den Anschluß verloren hatten. Ein paar Dutzend wußten weder wer sie waren, noch woher sie kamen. Während des Kriegs hatten sie sich mit Betteln, Stehlen und einem Nachtlager auf freiem Feld oder in einem verlassenen Haus über Wasser gehalten.

Als ich nach Palma kam, war ich vom Ausmaß ihrer Not entsetzt. Man durfte sie nicht länger auf den Straßen und Feldern umherlaufen lassen! Es war höchste Zeit, ihnen ein Heim zu geben, sie zu erziehen und zu unterrichten. Aber zuallererst mußte man sie zähmen. Und deshalb wanderte ich jeden Morgen mit dem Glöckchen in der Hand und die Taschen voller Süßigkeiten durch die Straßen.

Als Feldkurat während des Kriegs habe ich Elend genug gesehen. Aber nichts hat mich je so erschüttert wie der Anblick dieser Kinder, die mein Glöckchen anlockte. Das waren schon fast wilde Tiere. Manchmal waren ihre Gesichter und Körper so entstellt von Hunger und Entbehrungen, daß sie kaum mehr menschlich aussahen.

Als ich das Vertrauen einiger von ihnen gewonnen hatte, mußte ich mich nach einem Platz für mein Waisenhaus umsehen. Ich entschied mich für das alte Kloster Santa Clara in der Nähe der Himmelfahrtskirche. Hier, im Schatten der arabischen Mauer, konnten die Kinder auf einer Wiese spielen, die sich bis hinunter an das Ufer des Genil erstreckte.

Die Roten hatten das Kloster 1936 angezündet. Aber die alten Mauern und Decken hatten dem Feuer widerstanden. Gemeinsam mit den größeren Kindern begann ich das Haus instand zu setzen. Zuerst stützten wir die beschädigten Balken ab, dann tünchten wir die Wände. Die Kleinen suchten Äste und Bretter zusammen, aus denen man Bänke und Tische zimmern konnte. Als wir fertig waren, war meine Kinderschar so zahlreich geworden, daß ich bis auf die Gänge hinaus Bänke und Tische aufstellen mußte.

Ich baute einen Ofen, um jedesmal, wenn wir ein bißchen Mehl bekamen, Brot backen zu können. Dann besuchte ich den Provinzgouverneur von Córdoba und bat ihn um eine Unterstützung von 50 Céntimos pro Kind und Tag. Der Bischof schickte mir fünf Nonnen als Hilfe für Küche und Unterricht. So begannen wir unser Werk.

Das schwierigste Problem war damals die Verpflegung. Für die 50 Céntimos pro Kind, über die ich damals verfügte, hätte man nicht einmal für einen Spatzen genug zu essen bekommen. Wir waren ständig vom Verhungern bedroht. Die Grundlage unserer Ernährung waren Kichererbsen und Brot – und das war kaum aufzutreiben. Für eine Handvoll Mehl nahm ich stundenlange Märsche auf mich. Tag und Nacht war ich von dem einzigen Gedanken besessen, wie ich die Mägen unserer kleinen Schutzbefohlenen füllen könnte.

Wenn ich ein bißchen Geld hatte, wandte ich mich an die Schwarzhändler. Aber selbst auf dem schwarzen Markt war das Angebot so gering, daß man für die kleinste Kleinigkeit tief in die Tasche greifen mußte. Wenn unser Brotkorb leer war, schulterte ich meinen Sack und ging in die Dörfer für meine Kinder betteln.

Auf meinem Weg bat ich die Müller, mich den Boden ihrer Mühlen kehren zu lassen, und ich schüttete in meinen Sack, was immer ich dabei fand. Während der Erntezeit belagerte ich die Bauernhöfe und manchmal erlaubte man mir, ein bißchen Spreu zusammenzuscharren.

Oft nahm ich zwei oder drei Kinder mit, die mir halfen, meinen Sack zu tragen. Wenn ich ein paar Peseten in der Tasche hatte, zogen wir mit einem Karren von Bauernhof zu Bauernhof.

So konnten wir mit knapper Not unser Leben fristen. Ich setzte Himmel und Hölle in Bewegung, um meinen Kleinen jeden Morgen ihre Tasse *café con leche* und ein Stück Brot dazu zu verschaffen. Zu Mittag bemühte ich mich, ihnen einen Teller Erbsenpüree vorzusetzen oder auch Bohnensuppe, die ich mit Mehl einbrannte, wenn ich welches hatte. Am Abend gab ich ihnen die Reste. Und wenn nichts übriggeblieben war, war ein gemeinsames Gebet das einzige, was ich ihnen bieten konnte.

Damit sie in diesen strengen Wintern nicht erfroren, ging ich in den Geschäften von Córdoba und Sevilla um ein Stück Stoff oder ein bißchen Hanf betteln. Daraus schneiderten die Nonnen für jedes Kind Kleider und *Espadrillas*, die wir am Heiligen Abend verteilten. Von einem Kind an das andere weitergeben konnten wir diese Sachen freilich nicht: Weihnachten darauf waren sie nur noch Lumpen, aus denen man kaum noch Putzlappen machen konnte.

Alles in allem hatte ich für 600 Kinder zu sorgen. Ungefähr hundert davon waren Waisen, die bei uns wohnten. Die anderen kamen am

Morgen und gingen am Nachmittag wieder heim. Die Nonnen und ich unterrichteten sie, so gut wir konnten. Das war nicht viel.

Eines Tages kam eine Frau aus der Calle Ancha zu mir. Sie hieß Angela Benítez. Ihr Mann war im Gefängnis und eine ihrer Töchter, die kleine Carmela, besuchte schon mein Waisenhaus; die anderen beiden Mädchen arbeiteten. An diesem Tag zerrte Frau Benítez einen verdrießlichen, mageren kleinen Buben hinter sich her, der die Füße nachschleifen ließ.

›Don Carlos!‹ rief sie. ›Er will nichts essen! Er wird sterben. Helfen Sie mir!‹ Verzweifelt bat sie mich, ihn ins Waisenhaus aufzunehmen. So lernte ich den armen Kleinen mit der schmutzigen Nase und den großen traurigen Augen kennen, der einst El Cordobés werden sollte. Bald erfreute sich Manuel großer Beliebtheit bei den anderen Kindern. Am Morgen beim Wecken hörte ich sie begeistert seinen Namen krähen. In der langen Reihe kleiner Gesichter vor mir fiel er mir mit seinem ewigen Tropfen an der Nase und seinem strahlenden Lächeln auf.

Ich habe oft Gott dafür gedankt, daß er es diesen Kindern in seiner unendlichen Güte erlaubte zu lächeln. Es gab zu dieser Zeit nicht viel Grund zu lächeln. Ich kam bald darauf, warum der kleine Manuel jede Nahrung verweigerte: Sein Magen war vom Hungern so eingeschrumpft, daß ihm jeder Bissen arge Schmerzen bereitete. Er war kein Einzelfall. Unser Volk hat immer Hunger gelitten. Aber, mein Gott, so schlimm wie in diesen Jahren ist es wirklich noch nie gewesen!«

Die Überlebenden nannten später die Jahre, von denen der Priester sprach, »los años del hambre« – die Jahre des Hungers. Natur und Menschen schienen sich zu dieser Hungersnot verschworen zu haben, die die andalusischen Dörfer 1940 und 1941 heimsuchte. Tag für Tag versengte die gnadenlose Glut der Sonne die Erde des Südens und entzog ihr die letzten Spuren von Feuchtigkeit. Der Krieg hatte die primitiven Bewässerungssysteme des Landes vernichtet. Zornig und verzweifelt sahen die Bauern die Bäche aus der Sierra ungehindert in den Guadalquivir fließen, ohne daß ein einziger Tropfen ihren Ernten zugute kam. Die Rache der Roten hatte im Juli 1936 all die schüchternen Ansätze der Modernisierung auf den großen Gütern ringsum Palma hinweggefegt. Traktoren, Mähdrescher, all dies war von Männern blindwütig zerstört worden, die in der Mechanisierung eine der Hauptursachen ihres Unglücks sahen. Die wenigen Maschinen, die der allgemeinen Verwüstung entronnen waren, konnten aus Treibstoffmangel nicht eingesetzt werden. Auch gab es keine Maultiere und keine Zugpferde mehr; sie waren während des Kriegs zu Tausenden geschlachtet worden, um die Soldaten zu verpflegen.

Wie Ochsen an primitive Pflüge gespannt, versuchten die Bauern, die ausgedörrte Erde zu bearbeiten. Aber nach dem furchtbaren Aderlaß, den Spanien erlitten hatte, zu einer Zeit, da die Überlebenden zu Zehntausenden hinter Stacheldraht schmachteten, fehlte es sogar an Menschen. Ohne Maschinen, Düngemittel und Arbeitskräfte versank die andalusische Landwirtschaft, nach dem Ausspruch eines Großgrundbesitzers, »in der Finsternis des Mittelalters«.

Einzig die an Jahrhunderte der Dürre gewohnten Olivenbäume trugen weiterhin Früchte. Aber ihr Ertrag, gepflückt unter den wachsamen Blicken bewaffneter Zivilgardisten, wanderte in die staatlich kontrollierten Ölpressen, und den Einwohnern Palmas wurde nur selten eine Ration zugeteilt. Auf dem schwarzen Markt war das Öl so teuer, daß es löffelweise gehandelt wurde. In Palma kostete der Löffelvoll zwei Peseten, fast den halben Tageslohn eines Arbeiters. Ein grausamer Scherz umriß die Situation; er berichtete von dem Erlebnis eines Burschen, der auf dem schwarzen Markt »für eine Peseta Öl« kaufen wollte und vom Händler die Antwort erhielt: »Wofür? Willst du dir einen Fettfleck aufs Hemd machen?« Das Kilo Brot kostete den vierzehnfachen offiziellen Preis, und für einen Löffelvoll Zucker mußte ein Arbeiter einen ganzen Tageslohn opfern. Der Tauschhandel war Trumpf. Angelita Benítez erinnert sich, daß man für ein Paar Schuhe drei Liter Öl geben mußte.

In ihrer Not konnte sich die Bevölkerung Palmas nur ein einziges Nahrungsmittel verschaffen. Man bekam es auf der Plaza de Abastos, dem kleinen gedeckten Markt der Stadt. Es war Gras, gewöhnliches Gras, das die Händler nachts auf den Ufern des Guadalquivir schnitten. Die Frauen kochten es. Einige Glückliche würzten die grünliche Brühe mit ein paar Tropfen Olivenöl oder mit einer Hunde- oder Katzenpfote. Bald verschwanden auch Hunde und Katzen von den Straßen der andalusischen Orte. Der Grasverbrauch nahm ein solches Ausmaß an, daß es, nach einem Polizeibericht, 1941 auf dem Marktplatz von Córdoba 357 Grasverkäufer gab. Die Dürre war so groß, daß sogar das Gras knapp wurde. Die *tangadina*, ein karfiolähnliches Kraut, das die Esel und Maultiere bevorzugen, und der *cardo*, eine Art Distel, wurden zu begehrten Nahrungsmitteln. Aus zerschroteten Eicheln wurde ein

Kaffee-Ersatz gebrannt. Und als Tabak dienten Blätter und getrocknete Kartoffelschalen.

Jeden Tag läutete die Totenglocke der Himmelfahrtskirche. Auf den Straßen der Stadt war Don Carlos Sánchez, der an das Lager eines Sterbenden eilte, eine vertraute Erscheinung geworden. Die Sterblichkeit erreichte ihren Höhepunkt während des Winters und Frühlings 1940 bis 1941. In dieser Zeit forderte die Hungersnot so viele Opfer, daß die Standesbeamten Befehl erhielten, den Ernst der Lage zu verschleiern. In die Rubrik »Todesursache« ihrer Register trugen sie bei allen, die verhungert waren, »Lungenentzündung« ein.

Angelita Benítez erzählt

»Sie können das alles nicht verstehen, wenn Sie nie gehungert haben. Noch heute kommen mir die Tränen, wenn ich an diese Hungersnot denke. Weinen war damals das einzige, was einem übrigblieb. Am Abend beim Schlafengehen weinten wir, weil wir nichts gegessen hatten, und in der Früh beim Aufstehen, weil wir noch immer nichts zu essen hatten. Wir weinten, weil unser Magen so schmerzte, daß wir nicht aufrecht stehen konnten. Und wir weinten, weil das schließlich das einzige war, was wir in diesen Jahren tun konnten. Es gab nichts zu essen. Nirgends. Die Leute fielen einfach mitten auf der Straße um und starben wie die Fliegen. Da lagen sie dann mit ihren aufgeblähten Leibern. Sie starben, weil sie nichts gegessen hatten, aber sie hatten so große Bäuche, als hätten sie zuviel gegessen. Wir haben in unserem Leben viel mitgemacht, aber diese Zeit der Hungersnot war das schlimmste.

Sie verhafteten meinen Vater bei seiner Rückkunft und brachten ihn zusammen mit anderen Männern aus Palma nach Córdoba. Jetzt mußten meine Mutter und ich für die Familie sorgen. Encarna paßte auf die Kleinen auf, wenn wir arbeiten gingen. Meine Mutter fand in der Calle Belén eine neue Wohnung für uns, gleich in der Nähe der Calle Ancha, wo wir gewohnt hatten, bevor wir nach Pueblo Nuevo gegangen waren. Sie war billiger als die andere, weil es keinen Brunnen gab. Wir mußten das Wasser mit einem Krug aus dem Fluß holen.

Meine Mutter arbeitete ebenso viele Stunden am Tag wie mein Vater vor dem Krieg. Sie nahm jede Arbeit an. Sie ging auf die Felder um Arbeit betteln. Wenn die Oliven reif waren, pflückte sie Oliven. Wenn jemand Schmutzwäsche hatte, wusch sie sie. Manchmal wusch sie ohne Unterbrechung 14 Stunden, auf die Steine am Flußufer hingekniet. Wenn sie heimkam, waren ihre Hände rot und geschwollen und aufgerissen, und ihre Knie bluteten wegen der Kieselsteine.

Meine Mutter war eine schöne Frau. Sie war klein und besaß eine natürliche Grazie. Sie war eine kräftige Frau und war nie krank. Aber sie hat sich zu Tode gerackert, als sie uns nach dem Krieg ernähren mußte. Ich erinnere mich, daß sie zu dieser Zeit sehr mager war. Die Knochen standen ihr heraus und ihre Haare wurden schon grau. Sogar ihre Haut schien grau zu werden. Sie kannte nichts als Elend und Hunger.

Schließlich war es soweit: Es gab keine Arbeit mehr in ganz Palma. Wir hatten keinen Céntimo im Haus und natürlich auch nichts zu essen, abgesehen vom Gras. Da beschloß meine Mutter, uns auf ein Gut in der Nähe von Palma zu bringen, wo mein Großvater Feldhüter war. Wir gingen zu Fuß hin. Es waren 15 Kilometer. Wir brauchten den ganzen Vormittag, denn die Kleinen konnten noch nicht schnell gehen. Dort kochte und wusch meine Mutter für ihren Vater. Wir pflückten Gras und *cardo* in der Umgebung, und meine Mutter kochte alles in einem großen Topf. Wir stürzten uns über diesen Topf wie ausgehungerte Geier. Manchmal rauften wir uns, um den Boden mit dem Löffel auskratzen zu können. Meiner Mutter traten die Tränen in die Augen, wenn sie uns so raufen sah. Sie hätte sich in Stücke reißen lassen, um uns etwas zu essen zu beschaffen.

Eines Tages – wir waren immer noch bei meinem Großvater – wurde meine Mutter krank. Sie fühlte sich elend und konnte sich nicht rühren. Sie, die immer so stark gewesen war, konnte an diesem Morgen nicht aufstehen: Als sie sich hochgerappelt hatte, brach sie zusammen. Sie verlor das Bewußtsein. Mein Großvater legte sie auf ein Bett, und diesmal konnte sie sich nicht wieder erheben; jedesmal wenn sie es versuchte, fiel sie sofort wieder hin.

Mein Großvater beschloß, sie nach Palma zurückzubringen. Wir polsterten einen Ochsenwagen des Guts mit Stroh, und darauf streckte sie sich aus. Neben ihr verstauten wir alles, was wir besaßen, und so kehrten wir nach Palma zurück. Wir marschierten hinter dem Wagen. Alle Leute, denen wir begegneten, bekreuzigten sich, weil sie glaubten, meine Mutter sei tot.

Am nächsten Tag ging es ihr noch schlechter, und ich lief zu Don Rafael, dem Fürsorgearzt, dem man nichts zahlen mußte. Aber in diesen Tagen gab es so viele Kranke in Palma, daß Don Rafael nicht kommen konnte. Er sagte, er werde am nächsten Tag kommen, wenn meine Mutter dann immer noch krank wäre. Aber tags darauf kam er auch nicht.

Erst am sechsten Tag kam er. Der Zustand meiner Mutter hatte sich verschlimmert. Sie hatte hohes Fieber und war so schwach, daß sie nicht einmal die Arme heben konnte. Heute weiß ich, daß sie sich einfach überanstrengt hatte, um uns ernähren zu können. Sie war ausgebrannt. Ihre Lebenskraft war erschöpft. Aber damals glaubte ich, daß sie bloß krank sei.

Don Rafael betrachtete sie eine Zeitlang. Dann seufzte er. Er stellte ihr einige Fragen und dann reichte er mir einen Zettel, den ich aufs Rathaus bringen sollte. Ein Angestellter gab mir dort gratis ein Medikament. Es war Aspirin. Das war alles, was damals vorhanden war. Es gab kein Penicillin und nichts dergleichen. Nichts gab es, nichts, nichts, nichts, nicht einmal in den Großstädten, nicht einmal in Madrid.

Am Abend gegen 5 Uhr verschlimmerte sich der Zustand meiner Mutter weiter. Das Fieber verzehrte sie und das Atmen fiel ihr immer schwerer. Wir standen alle um ihr Bett, wir Kinder, Tante Carmen und Tante Antonia. Im Zimmer roch es nach Verwesung und Krankheit. Es war an diesem Tag sehr heiß. Wirklich, es roch nach Verwesung im Zimmer.

Wir zündeten Kerzen an, die ich in der Kirche aufgetrieben hatte, und beteten gemeinsam den Rosenkranz. Alle weinten. Meine Mutter wußte, daß sie im Sterben lag. Auch sie weinte, aber nicht viel, dazu war sie zu schwach. Sie konnte kaum noch sprechen. Ununterbrochen murmelte sie: ›Was soll aus meinen Kindern werden? Was soll aus meinen Kindern werden?‹

Sie sah uns alle voller Angst an. Manuel war noch so klein, daß er kaum bis zum Bett reichte. Auch er weinte, aber er wußte nicht, daß seine Mutter starb. Meine Mutter schaute mich an und begann zu weinen. Ich glaubte nicht, daß sie in diesem Augenblick litt, aber sie war so entkräftet, daß sie kaum noch da war. Sie war völlig verbraucht. Sie legte die Hand auf die Decke und ergriff die meine. Es war keine Kraft mehr in dieser Hand, die so viel gearbeitet hatte. Ich mußte sie halten, sonst wäre sie hinuntergefallen.

Dann flüsterte meine Mutter: ›Angelita, Angelita, ich vertraue dir deine Geschwister an. Jetzt mußt du ihre Mutter sein.‹ Ein paar

Minuten später war sie tot und zurück blieb nur dieser Ausdruck von Müdigkeit auf ihrem Gesicht. Sie war 36 Jahre alt gewesen.

Am Vormittag brachte der Tischler den Sarg. Es war eine einfache Kiste aus lichtem Holz, einer von den Särgen, wie sie die Armen bekommen. Ich legte ihn mit dem schönen Tischtuch in den Toledofarben aus, das meine Mutter so gern bei den Prozessionen der *Patrona* aus dem Fenster gehängt hatte. Wir legten sie in den Sarg, und ich schlug die Zipfel der Tischdecke über ihr zusammen. Später kamen meine beiden Onkel, um sie auf den Friedhof zu geleiten. Bei uns dürfen die Frauen nicht auf den Friedhof. Meine Onkel schlossen die Kiste. Dann luden sie sie auf den Eselskarren, mit dem sie gekommen waren, und brachten meine Mutter auf den Friedhof.«

Am selben Nachmittag tünchte Angelita, wie es die starren Vorschriften des andalusischen Brauchtums verlangen, die Wände des Sterbehauses ihrer Mutter. Dann ging sie zu ihrer Großmutter und holte ihre Geschwister: Encarna, Pepe, Carmela und den kleinen Manuel, der drei Tage vorher fünf Jahre alt geworden war. Mit sechzehn mußte Angelita die ganze Last dieser Familie auf ihre Schultern nehmen. Sie mußte ihre Brüder und Schwestern erziehen. Sie mußte ihnen eine neue Mutter sein. In dieser Welt aus Elend, Einsamkeit und Hunger war dies eine erdrückende Bürde.

Während Angelita ihre letzten Tränen trocknete, begaben sich ihre Onkel auf das Standesamt im Rathaus von Palma del Río. Wie es das Gesetz befahl, meldeten sie den Tod der Angela Clara Benítez, 36 Jahre, verschieden am 7. Mai 1941 um 6 Uhr abends. Und sie fügten drei Worte hinzu, die symbolische Grabschrift eines Lebens voller Elend: »No tiene testamento« – kein Testament vorhanden.

Der tapfere Stier
Madrid, an einem Maiabend, 18.20 Uhr

Sie nennen es Tor der Angst. Zwanzig Millionen Blicke heften sich auf seinen einzigen hölzernen Flügel mit den verrosteten Beschlägen. Von den höchsten Tribünen bis herab zum Kampfplatz starrt alles dorthin. Die Fernsehkamera überträgt das unbewegte Bild dieses seltsamen Theatervorhangs in das ganze ungeduldige Spanien. Das aus soliden Bohlen gezimmerte Tor mit seinem verwaschenen Rot geht direkt auf den Kampfplatz; ein riesiger Riegel sichert es. In einigen Sekunden wird ein *Arenero* den Riegel beiseite schieben und das Tor wird sich öffnen. Aus dem schwarzen Schlund, den es freigibt, wird der erste Gegner des Cordobés stürmen.

Auf dem durchweichten Sand ist mittlerweile der *Paseo* zu Ende gegangen. Ein schwarzgekleideter *Alguacil* hat im Galopp den symbolischen Schlüssel des *Toril* gebracht. Dann hat er mit den *Picadores* den Kampfplatz verlassen. Die Männer der *Cuadrillas* haben Aufstellung genommen und ihre Kampf-*Capas* entfaltet. Im *Callejón* , dem Gang rings um die Arena, haben sich Journalisten, Polizisten, Tierärzte und Offizielle in ihre reservierten Holzverschläge zurückgezogen. Musik ertönt. Die Corrida hat begonnen.

Hinter seinem *Burladero* umklammert El Cordobés mit beiden Händen seine *Capa*, die durch den immer noch fallenden Regen von Minute zu Minute schwerer wird, und wartet, daß das Tor der Angst sich öffnet. Hinter ihm durchbrechen einzelne Schreie das gespannte Schweigen der Menge. »Na, Clown, jetzt zeig, was du kannst!« erhebt sich eine Stimme. Manuel ist solche Zurufe gewohnt; sie beweisen, daß nichts, nicht einmal die Bereitschaft, in diesem Schlamm zu kämpfen, die Feindseligkeit zahlreicher Madrilenen brechen kann. Ärgerlich dreht er sich um, läßt seinen Blick über das anonyme Meer von triefenden Gesichtern schweifen und antwortet der Beschimpfung mit seinem berühmten unbekümmerten, entwaffnenden Lächeln. Aber gleich darauf erbleicht er, als hätte ihn ein Faustschlag in die Magengrube getroffen. Eine Frau ruft ihm aus der Menge zu: »Viel Glück, Manolo! Du wirst die Ohren und den Schwanz kriegen!« Weder der Anblick einer *Montera* auf seinem Bett noch die Begegnung mit einem Leichenwagen auf dem Weg zur *Plaza* noch die Erwähnung des Todes in seiner Gegenwart noch irgendein anderer traditioneller Stierkämpferaberglauben kann El Cordobés aus der Fassung bringen. Aber er haßt es, vor der Corrida etwas von den Trophäen zu hören, die er erringen wird. Wütend wendet er sich wieder dem *Ruedo* zu, entschlossen, die Augen nicht mehr von dem Tor abzuwenden, aus dem der Stier stürzen wird. Endlose Sekunden verrinnen. Es sind Augenblicke der Erregung und der Einsamkeit, während deren kein Mann die Furcht gänzlich abweisen kann.

In der reglosen Erwartung des Handelns wird der Körper von Gedanken zermürbt. Jeder Matador, auch der tapferste, fühlt in diesen Sekunden der Untätigkeit und der Besinnung Angst in sich aufsteigen. Manche sehen in ihrem Geist die wichtigsten Stationen ihres Lebens vorbeiziehen; andere beten. El Cordobés versucht, sich durch die Leere zu schützen, er macht »alle Anstrengungen, an gar nichts zu denken«. In dieser drückenden Stille vor dem Sturm durchdringt die Furcht den Panzer des härtesten Willens; sie hat schon zahlreiche Matadore zu einer schmachvollen, aufsehenerregenden Flucht aus der Arena bewogen. Aber letztlich ist sie eine normale physiologische Reaktion, die gemeinhin mit dem Erscheinen des Stiers verschwiNdet.

Es ist kein Zufall, daß die meisten Matadore nur Haut und Knochen sind. In zehn Minuten der Gefahr und Anspannung – der Zeit vom Auftauchen bis zum Tod eines Gegners – vergießt ein Torero einen Liter Schweiß in den Sand. Keine Erfahrung, keinerlei professionelle Routine kann dies verhindern. Auf dem Gipfel ihrer Karriere und nach Tausenden getöteter Stiere empfinden auch die mutigsten und abgebrühtesten Matadore noch Angst. El Cordobés selbst hat an diesem feierlichen Madrider Nachmittag bereits mehr als sechshundert Stiere hinter sich. Und dennoch fühlt er wie der jüngste Anfänger diese ewige Unruhe: Die Götter der Arena bleiben trotz ihrer Tollkühnheit immer nur sterbliche Menschen.

Das wilde Tier, das aus dem Tor der Angst stürmen wird, unterscheidet sich durch seine Fehler, seine Eigenheiten, seine Vorlieben, durch seine plötzlichen Antriebe und seine plötzlichen Hemmungen ebensosehr von seinen sechshundert Vorgängern wie ein Mensch vom anderen. El Cordobés hat es noch nie gesehen; er weiß nur, daß es

»schön und stark« ist, daß es, nach der Kreideaufschrift über dem *Toril*, mehr als eine halbe Tonne, genau 525 Kilo, wiegt und daß es die Nummer 25 trägt. In den kurzen Minuten eines einzigen Zusammentreffens unter den Augen fast ganz Spaniens muß er es einschätzen, seine Fehler ausgleichen, es in seine Gewalt zwingen und es schließlich töten, ehe es die Spielregeln begriffen hat.

El Cordobés strafft sich. Das Tor der Angst hat sich geöffnet. »In diesem Augenblick«, erzählt der Matador, »war es ganz still, und ich fühlte meine Unruhe verfliegen. Ich stützte das Kinn auf die Planke des *Burladeros* und strengte meine Augen an, um die Schwärze des Tunnels, der sich aufgetan hatte, zu durchdringen.«

Er braucht nur eine Sekunde zu warten. In einem Orkan von Wildheit fegt der Stier aus dem *Toril.* Von der jähen Helle geblendet, rast er durch den *Ruedo.* Blaue und weiße Bänder flattern von der in seinen Widerrist gebohrten Kokarde – die Farben des Züchters. Er glänzt in einem prächtigen Ebenholzschwarz und sein hocherhobener stolzer Kopf auf dem gewaltigen Nacken vermittelt einen solchen Eindruck von Kraft, daß von den Rängen ein respektvolles Raunen der Bewunderung aufsteigt. Seine langen scharfen Hörner in der Form eines großen U mit leicht einwärts gebogenen Enden durchschneiden die Luft wie Dolche. Sie können einen Reiter samt seinem Pferd ebenso leicht aufheben wie einen Strohhalm, sie können einen Baum entwurzeln und einen Mann an eine Wand spießen. Und genauso können sie, wenn der Stier sie behutsam verwendet, eine Olive durchstechen oder eine Fliege zerquetschen. Vor allem aber sind sie die Werkzeuge eines Kampfinstinkts, der durch Jahrhunderte der Zuchtwahl erhalten und fortentwickelt worden ist, und sind, wie die Fäuste eines Boxers, geschaffen, um zuzustoßen. Ein wilder Stier – einem gewöhnlichen Stier ebenso ähnlich wie ein Tiger einer Hauskatze – ist eine mörderische Bestie, die von der Natur dazu bestimmt ist, bis zum letzten Atemzug gegen jedes feindliche Lebewesen zu kämpfen. Er ist über eine kurze Strecke schneller als ein Rennpferd, ist geschmeidiger und beweglicher als eine Katze, mutiger als ein Löwe und mit einer so lebhaften Intelligenz begabt, daß eine spanische Redensart behauptet, er lerne »in zwanzig Minuten mehr als ein Mensch in seinem ganzen Leben«. Sein letzter Kampf ist alles andere als unausgeglichen. Die Liste der Männer, die von Tieren seiner Rasse getötet oder verstümmelt worden sind, umfaßt Tausende von Namen. Sechs der fähigsten Matadore Spaniens und drei der größten Meister des 20. Jahrhunderts sind unter den Hörnern von Bestien gestorben, die sie zu beherrschen glaubten.

Der Stier ist in der Mitte des *Ruedos* stehengeblieben und sucht nach einem Ziel, auf das er sich stürzen kann. Herausfordernd hebt er den Kopf: So gleicht er den kultischen Darstellungen seiner Ahnen. Er ist, denken Millionen Spanier, »ein Stier, geschaffen, um schön zu sterben«.

Für einen alten Mann in Halbstiefeln, der auf der Plattform über dem *Toril* steht, trägt diese prachtvolle, kraftstrotzende Gestalt im Herzen der Arena eine ganz besondere persönliche Bedeutung. Francisco Galindo ist der *Mayoral* – der Vorreiter der Viehtreiber – in der Sevillaner *Ganadería* des Don Benítez y Cubero, aus der die Stiere der heutigen Corrida kommen. Als gerade eben ein achtungsvolles Murmeln das Erscheinen des Tiers begrüßt hat, hat ihn eine Welle des Stolzes überflutet.

Vierzig Jahre seines Lebens hat er den Stieren gewidmet, die die Farben von Don Benítez y Cubero tragen. Eigenhändig hat er mit seiner sorgfältigen Schrift Geburt und wichtige Ereignisse im Leben jedes einzelnen Tiers in die Register der *Ganadería* eingetragen. Er ist Zeuge ihrer *Tientas* gewesen, der Auslesezeremonien, die über die Bestimmung für Arena oder Schlachthaus entscheiden. Er hat sie von den Weiden, auf denen sie geboren wurden, bis zur abschließenden Corrida begleitet. Und dafür haben ihm die Stiere auch die größten Freuden seines Lebens beschert. Nie wird er die überschwenglichen Ovationen vergessen, die er an einem Juniabend 1950 in Valencia geerntet hat, als Julio Aparicio und Litri dank seinen Stieren zwölf Ohren, sechs Schwänze und vier Hufe errungen haben. Den Höhepunkt seines Lebens aber hat Francisco Galindo an einem Sommerabend 1958 in Jerez de la Frontera erlebt; damals hat er vor Rührung geweint. Compuesto, einer seiner Stiere, hatte sich als derart tapfer erwiesen, daß etwas ganz und gar Unmögliches geschehen war: Man hatte ihn begnadigt. Und der *Mayoral* war wie ein Matador auf den Schultern der Menge im Triumph von der *Plaza* getragen worden.

Heute wird Galindo den Kampf und den Tod eines anderen von ihm aufgezogenen Tieres erleben; er empfindet keinerlei Traurigkeit bei dieser Aussicht. Er hofft nur von ganzem Herzen, daß Impulsivo, der Stier, der soeben den *Toril* verlassen hat, sich der Tradition der *Ganadería* würdig erweist und sein ganz auf diese letzten

Augenblicke ausgerichtetes Leben mit einem edlen, wilden Kampf beschließt.

Galindo ist der einzige in der Arena, der dieses Leben kennt, dieses Leben, das ein neues Kapital in das große Dschungelbuch fügt: Eine wunderbare Tiergeschichte, die vor fünf Jahren in einer Winternacht unter einem »Himmelsbaum« begonnen hat.

Ein symbolischer Zufall: Nur einige sanft abgerundete Kuppen, zwei Windungen des Guadalquivir, 15 Kilometer einer staubigen Straße trennen die Weide, auf der Impulsivo geboren wurde, von der Heimatstadt des Cordobés. Dort, zwischen Sevilla und Palma, unweit des großen Fleckens Lora del Río, lebt auf 4000 Hektar Hügelland die wilde Herde des Don Benítez y Cubero, eines der berühmtesten Züchter Spaniens.

Ein Dezembervollmond überflutete mit seinem fahlen Licht die unabsehbaren Weiden. Der eisige Wind aus der Sierra Morena kräuselte das schon hoch stehende Gras. Die vom Frost erstarrte Herde hatte sich zusammengedrängt und bildete im Mondschein einen großen schwarzen Fleck. Mitten in der Nacht verließ eine Kuh mit langen, weit auseinanderstehenden Hörnern die Herde und suchte mit schweren Schritten einen einsamen Platz. Unter den Zweigen eines Baums, den die Andalusier wegen der an Engelsflügel gemahnenden Form seiner Blätter Himmelsbaum nennen, legte sie sich hin. Ihr Name war, ihres undurchsichtigen Charakters wegen, Impulsiva.

In dieser kalten Dezembernacht erfüllte sie unter den Zweigen eines Himmelsbaums ihre geheiligte Bestimmung: Sie schenkte einem Sproß ihres Blutes das Leben. Die Geburt dauerte nur wenige Minuten. Dann biß die Kuh die Nabelschnur durch und leckte mit ihrer rauhen Zunge sorgfältig ihr zitterndes Kind ab.

Als im Morgengrauen der *Mayoral* Francisco Galindo die Mutter mit ihrem Jungen auf dem Hügel entdeckte, hatte sich der Kleine schon auf seine Beine aufgerichtet. Da der Reiter die außergewöhnliche Gefährlichkeit von Kühen, die gerade geworfen haben, kannte, näherte er sich nur so weit, um von der Flanke der Mutter die Nummer ablesen und das Geschlecht des Neugeborenen bestimmen zu können.

Im Galopp kehrte der *Mayoral* zurück, um das Ereignis in die Bücher der *Ganadería* einzutragen. Das war am 17. Dezember 1959. Bevor der *Mayoral* sein schwarzes Buch zuklappte, setzte er den ersten offiziellen Akt im Leben des kleinen Stiers. Er gab ihm einen Namen. Er taufte ihn Impulsivo.

Die wilden, kämpferischen Instinkte des jungen Stiers offenbarten sich schon in den ersten Tagen seines Daseins. Kaum trugen ihn seine Beine, da griff er schon alles an, was sich rings um ihn bewegte. Mit anderen Tieren der Herde, unter der wachsamen Führung des Stiers, der ihn gezeugt hatte, weidete Impulsivo beinahe ein Jahr lang in dem hohen Gras von Don Josés 10000 Morgen großer Ranch, durch den Frühling seines kurzen Lebens stampfend, auf derselben Art von grün wuchernden Wiesen, auf denen auch El Cordobés seine Jugend verbrachte.

Zu Beginn des Herbstes machte der junge Stier seine erste Bekanntschaft mit dem Willen des Menschen. Das geschah bei einer traditionellen Zeremonie. Mit einem glühenden Eisen wurden jedem Tier das Zeichen der *Ganadería* und eine Nummer in die Flanke gebrannt: der Adelsbrief, mit dem die neue Generation offiziell ihren Platz in der langen Ahnenreihe einnahm, deren Produkt sie war.

Als die Brandzeichen deutlich vernarbt waren, hielt der Züchter die Zeit für gekommen, die Tiere der Prüfung zu unterziehen, die endgültig über ihr Schicksal entscheiden sollte. Die *Tienta* der Stiere stellte einen richtiggehenden Test der animalischen Intelligenz dar. Sie fand auf freiem Feld statt, nach sechs Tagen wohlüberlegter Vorbereitungen.

Unter den ersten Sonnenstrahlen eines Maimorgens sprengten zwölf Reiter von einer Anhöhe herab auf die Weide, auf der die Stiere grasten. Die Absicht der Reiter war, die Herde von ihrer Weide zu verjagen und sie auf eine andere, jenseits des Hügels, zehn Kilometer im Süden, zu treiben. Dieses Vorhaben war allerdings weitaus schwieriger, als es den Anschein haben konnte. Die jungen Stiere waren an diesen Ort gewöhnt, sie hingen an ihm wie einst an ihren Müttern: vor allem aber fühlten sie sich hier sicher. Hier legten sie sich friedlich nieder und suchten den Tag über ihr Futter zwischen unsichtbaren Grenzen, die ihr Instinkt gezogen hatte und die sie niemals überschritten. Später, gezwungen, die Stätten ihrer Jugend zu verlassen, würden sie andere bevorzugte Orte finden. Ein unabänderliches Gesetz der Selbsterhaltung zieht um jedes Tier einen imaginären Sicherheitskreis. Dieses Gesetz hat schon vielen Männern das Leben gekostet. Sobald ein wilder Stier die Arena betritt, errichtet er sofort um sich den Sicherheitskreis seiner Jugend, und dieser Teil des Sandes, den die Spanier *querencia* nennen, wird zur gefährlichsten Stelle des *Ruedos*, denn es genügt, ihre fiktiven Grenzen zu überschreiten, um einen plötzlichen Angriff des

Tiers zu provozieren. Zahlreiche Matadore, die sich mit dieser Geographie des Todes zu wenig vertraut gemacht und es unterlassen haben, ihren Gegner zuerst aus seinem Zufluchtsort zu locken, sind Stieren zum Opfer gefallen, die sie für harmlos gehalten hatten.

Paradoxerweise bedienten sich die Cowboys des *Mayorals* dieser animalischen Vorliebe für einen bestimmten Ort, um die notwendigen psychologischen Bedingungen für die Prüfung der Tapferkeit zu schaffen. Vier Tage lang wurden die Stiere auf einem von ihrem gewohnten Weideplatz entfernten Feld festgehalten, dann wurde die Herde wieder auf die heimische Weide zurückgeführt. Diese vorübergehende unfreiwillige Entfernung verstärkte die natürliche *querencia*, die Abneigung, den Ort ihrer Wahl zu verlassen. Die Stärke dieser Abneigung würde es nun den Züchtern gestatten, die tatsächliche Tapferkeit der Stiere zu messen.

Abermals wurden sie aus ihrer vertrauten Umgebung herausgetrieben. Diesmal aber war jedes Tier auf sich allein gestellt; die Reiter trieben die Herde so, daß ein einzelner Stier sich von ihr löste. Sofort verfolgten ihn zwei Männer mit ihren Pferden, schnitten ihm den Rückweg ab und zwangen ihn, nach Süden zu fliehen. Verstört und zornig galoppierte der Stier hin und her, stieß mit den Hörnern nach den Pferden, die ihn verfolgten, drehte sich plötzlich um seine Achse, griff an und versuchte die Umzingelung zu sprengen, um zurück in seine *querencia* zu gelangen. Es war eine wilde, gefährliche Jagd, die den Boden mehrere Kilometer in der Runde erdröhnen ließ.

Als der junge Stier endlich keuchend und schweißtriefend, mit wut- und haßsprühenden Blicken, voller Rachedurst und Mordlust dort stehenblieb, wohin ihn die Männer geführt hatten, konnte die eigentliche *Tienta* beginnen. Ein Reiter mit einer langen Lanze stellte sich mit seinem gepanzerten Pferd ein paar Dutzend Meter vor dem Tier auf, genau in der entgegengesetzten Richtung seiner *querencia.* Die Cowboys zogen sich zurück und ließen Impulsivo mit seinem Gegner allein.

Es war ein spannender Augenblick. Vom Rücken ihrer Pferde aus betrachteten der Züchter und seine Gäste die Szene von ferne und fragten sich, welche Richtung der Stier wählen würde. Würde er seinem Selbsterhaltungstrieb nachgeben und zu der nahen Herde zurückkehren, deren laue Ausdünstungen zu ihm herüberwehten? Oder würde er dem Adel seines Blutes folgen und sich auf das Pferd stürzen?

Ein Schrei unterbrach die Stille. »Toro! Toro!« rief der Reiter und hob seine *Garrocha.* Als Impulsivo diese Stimme hörte, schien er zu zögern. Und dann stürmte er mit einem gewaltigen Satz los und warf seine 250 Kilo gegen den Mann, der ihn herausgefordert hatte.

In einem großen Heft, das er auf seinen Sattelknauf stützte, verzeichnete Don Benítez y Cubero eigenhändig die Taten jedes einzelnen Tiers. Impulsivo hatte, ohne sich um die schmerzhafte Lanzenwunde zu kümmern, noch zweimal angegriffen und den Reiter und sein Pferd so heftig getroffen, daß es einen Augenblick geschienen hatte, als gelinge es ihm, sie umzuwerfen. Das trug ihm die Bezeichnung als »toro muy bravo« – sehr tapferer Stier – im Heft des Züchters ein. Von den 48 Stieren, die an diesem Tag die Prüfung der Lanze über sich ergehen lassen mußten, erhielten dreißig den Titel »sehr tapfer«, zwölf die Erwähnung »tapfer« und sechs, wegen des jämmerlichen Schauspiels, das sie geboten hatten, den schmachvollen Namen »manso« – Feigling. Diesen winkte kein ruhmvolles Ende in einer Arena, sondern der sofortige Tod im Schlachthaus.

In den folgenden fünfzehn Monaten wuchsen die Auserwählten der *Tienta* zu ihrer vollen Kraft und Schönheit heran. Mit drei Jahren wog Impulsivo fast 400 Kilogramm, seine Hörner waren gefährliche und treffsichere Waffen geworden, und die Treiber wagten sich nur mit der äußersten Vorsicht auf die Weiden der Herde.

Am Ende des dritten Sommers, als die ersten kühlen Winde des Herbstes die Gluten des Himmels und der Erde besänftigt hatten, bestieg der Züchter Neguir seinen arabischen Vollbluthengst und ritt gemeinsam mit dem *Mayoral* die Weiten seiner Besitzung ab. Diese Erkundung war die erste der zahlreichen Formalitäten, die Impulsivo und seine Kameraden auf dem Weg zum Schauplatz ihres letzten Kampfes und ihres Todes begleiteten. Don José wußte, daß infolge des Rufs seiner *Ganadería* in der Welt der *Fiesta Brava* bei jeder *Feria* von einiger Bedeutung wenigstens eine Gruppe seiner Stiere zum Einsatz kommen würde.

Er ritt so dicht wie möglich an die Herden und studierte, wenn er nicht nahe genug herankam, jedes einzelne Tier lange durch einen Feldstecher. So wählte Don José die Stiere für die *Fallas* von Valencia, für die *Feria* von Sevilla, für San Isidro von Madrid und für San Firmín von Pamplona. Er taxierte den Bau, das Gewicht, das Gehörn, die Schönheit und den augenscheinlichen Charakter der Tiere und versuchte, sie in möglichst gleichwertige Gruppen zu teilen. Für die bedeutendste *Feria*, San Isidro von Madrid, reservierte er die prächtigsten Exemplare des Jahrgangs 1959. Und an die Spitze dieser Liste schrieb er die Nummer 25, den Stier Impulsivo.

Im Oktober wurden die einzelnen Gruppen gesondert in Einfriedungen gesperrt, die um vieles kleiner waren als die Weiden, an die sie gewohnt waren. Aber auf dem einzigen Hektar, der von nun an ihre Welt bildete, fanden sie drei- oder viermal mehr Futter als in den freien Weiten ihrer Jugend. Während der letzten sechs Monate ihres Lebens wurden die Stiere nun gehätschelt, gepäppelt und geschoppt wie Kapaune. Jeden Morgen schütteten die Knechte zehn Kilo Kraftnahrung und mehrere Ballen Heu in ihre Raufen, eine Mast, die Impulsivo und seine Gefährten 120 Kilo zunehmen ließ. Das Kraftfutter, zuerst vor allem aus Eiweißen zusammengesetzt, bestand gegen Schluß größtenteils aus Kohlenhydraten, damit das Fell der Tiere am Tag ihres Tods seinen schönsten Glanz zeige.

Acht Tage vor der Corrida war ein Lastwagen in das Gut eingefahren; auf seinen Türen stand der berühmte Name Porrita. Die gelbroten Autos von Porrita zogen in jeder Stadt und in jedem Dorf, durch die sie kamen, wegen der Ware, die sie transportierten, die Neugier der Menge auf sich: Sie brachten in großen, festverankerten Holzverschlägen die Kampfstiere zu den Arenen.

Von dem treuen *Mayoral* Galindo begleitet, begaben sich die Tiere nun auf ihre letzte Reise, deren erste Kilometer durch die sanften Kuppen führten, in denen sie ihre Jugend verlebt hatten. In dunkle Käfige eingesperrt, vor Furcht und Hitze schwitzend, ohne Wasser und Futter, büßten die Stiere auf diesem Leidensweg mindestens 40 Kilo und einen Gutteil ihrer Kraft ein. Die erste Station war der *Corral* in der Venta del Batán, einem Weidegrund vor Madrid. Hier wurden Impulsivo und seine Gefährten wie alle für die *Feria* von San Isidro bestimmten Stiere sechs Tage lang vor dem sachverständigen Publikum ausgestellt. Diese Ruhepause und die sorgfältige Pflege durch den *Mayoral* halfen den Stieren, ihr Gewicht und ihre verlorenen Kräfte wiederzugewinnen. Für den alten Galindo bedeuteten die letzten Tage vor einer Corrida Tage verschärfter Wachsamkeit. Verschiedenste Gefahren bedrohten stets die für einen großen Kampf ausersehenen Stiere. Die einfache Vertauschung eines zu gefährlichen Tiers, das heimliche Abfeilen seiner Hörner, die Untergrabung seiner Kraft durch ins Futter gemischte Drogen, das waren nur einige der Kniffe, zu denen jene greifen konnten, die die festgesetzten Spielregeln zu ihrem eigenen Nutzen umgehen wollten. Wegen des Schadens, den solche Praktiken der Corrida selbst zufügten, waren sie gesetzlich verboten, und die Züchter bekämpften sie wegen des schlechten Rufs, in den sie die Farben einer *Ganadería* bringen konnten, und sandten ihren *Mayoral*, der die Tiere bis zu dem Augenblick überwachen mußte, da das letzte von ihnen in den Sand der Arena gestreckt lag.

Am Vorabend der Corrida, um 6 Uhr, fand die offizielle Begutachtung der Stiere durch den Präsidenten des Kampfes, den Kommissar de Quiros, und zwei Tierärzte statt. Dann wurden Impulsivo und seine fünf Schicksalsgefährten auf die *Plaza de Toros*, das Ziel ihrer letzten Reise, gebracht.

26000 Zuschauer halten den Atem an. Zum erstenmal in seinem jungen Leben sieht das prächtige Tier in der Mitte der Arena einen Mann zu Fuß auf sich zukommen. Die beiden Gegner scheinen so offensichtlich ungleichwertig zu sein, daß dieser Augenblick immer etwas Pathetisches hat. Eine halbe Tonne waagrechter Wut gegen eine siebenmal leichtere aufrechte Gestalt!

Gemäß dem *Reglamento* ist der Mann, der dem Stier den Beginn des Kampfes anzeigt, der bevorzugte *Banderillero* des Matadors. Paco Ruiz hat diese Pflicht schon Hunderte Male erfüllt, ohne Furcht zu empfinden. Es ist eine Routinearbeit, die darin besteht, das Tier in den weitausgebreiteten Stoff der *Capa* zu locken und es so dazu zu bringen, seinen Charakter und seine Eigenschaften zu enthüllen. Dies erfordert große Geschicklichkeit, bietet aber keine nennenswerte Gefahr. Heute abend aber sieht man, daß der *Banderillero*, des Kotes unter seinen Füßen wegen, Angst hat. Eine Sekunde des Zögerns, ein falscher Schritt – und er liegt wehrlos auf dem Boden. Paco verflucht die Tücke des Wetters und die Tollheit seines Matadors, die ihn zwingen, »vor den Hörnern eines Stiers auf den Wassern zu schreiten wie Jesus Christus«. Doch der *Banderillero* wird diese Prüfung nur kurze Zeit über sich ergehen lassen müssen. In dem Augenblick, da er seinen *Burladero* verlassen hat, hat El Cordobés ihm zugeflüstert: »Gib ihm zwei- oder dreimal die Capa, und dann zieh dich schnell zurück. Hoy es todo mío!« – heute ist alles für mich.

Paco Ruiz bleibt stehen und beobachtet Impulsivo, dessen »wilde Augen sich in sein Fleisch bohren«. Er entfaltet die *Capa* in ihrer ganzen Größe, streckt den linken Arm weit aus und zitiert das Tier. Mit einem kraftvollen Satz, der den Kot hochspritzen läßt, stürmt Impulsivo los und rast gesenkten Kopfs unter dem lockenden Tuch durch. Er dreht sich auf der Stelle um wie ein Kreisel, kommt zurück – und diesmal reißen seine Hörner dem *Banderillero* die *Capa* aus den verkrampften Händen. Während von den Tribünen ein angstvoller Schrei aufsteigt, stürzen aus allen *Burladeros* Toreros hervor und laufen ihrem entwaffneten Kameraden zu Hilfe. Nach einigen Augenblicken der Verwirrung ist der Zwischenfall behoben. El Cordobés, das Kinn auf die Brüstung gestützt, betrachtet ruhig und gespannt seinen Gegner. Mit einem solchen Stier kann er überzeugt sein, die Corrida entweder unter den Händen der Chirurgen oder auf den Schultern der überschwenglichen Menge zu beenden. Die ersten Angriffe des Tiers zeigen seine außerordentliche Tapferkeit und Kraft, aber ebenso seine immense Gefährlichkeit. Wie in einem Zeitlupenfilm haben die aufmerksamen Augen des Matadors bemerkt, wie das linke Horn allein zugestoßen und in einer schraubenförmigen Bewegung den Körper der *Banderilleros* gesucht hat. Daß das linke Horn das bevorzugte ist, macht den Kampf besonders riskant, denn eine der schönsten Figuren der Corrida, der *Natural*, schreibt vor, daß der Stier mit seiner linken Seite an den Körper des Menschen streift. Der Matador muß das Ausmaß dieses Fehlers herausfinden; um mit ihm fertig zu werden – oder seinetwegen zu sterben –, bleiben ihm 15 Minuten.

Es ist eine alltägliche Geste. Und dennoch: Daß ein Mann in einem solchen Augenblick genug Speichel hat, um sich in die Hände zu spucken, beweist eine solche Furchtlosigkeit, daß die Fernsehkamera sich lange auf dieses einmalige Detail konzentriert. Dann folgt sie dem Idol des Tages auf seinem langen Weg zum Stier.

Wieder lastet Schweigen über der Arena. Die *Capa* in seine Arme gepreßt, als wolle er dem Angriff des Tiers nicht diesen Stoff, sondern den eigenen Körper darbieten, tänzelt El Cordobés mit kleinen Schritten über den durchnäßten *Ruedo.* Keine Herausforderung ist gefährlicher als die, den Stier direkt in seiner *querencia* anzugehen, in der Mitte der Arena, an dem von jeder eventuellen Hilfe am weitesten entfernten Punkt. Aber sie ist auch, wie die *Aficionados* wissen, ein Mittel, mit einem Schlag das Wohlwollen und die Bewunderung der 26000 Zuschauer und der 20 Millionen Spanier vor den Fernsehapparaten zu gewinnen.

Fünf Meter vor dem Tier bleibt der Matador stehen, breitet seine Arme aus und entfaltet die *Capa* in ihrer ganzen Weite vor sich; und es scheint, als sei plötzlich vor ihm aus dem grauen Boden der schlammigen Arena eine Blumenwand gesprossen. Dann geht er weiter, bis die beiden Gegner nur noch eine Stierlänge voneinander entfernt sind. In diesem Augenblick schwingt El Cordobés die *Capa* vorwärts und stößt einen rauhen Schrei aus. Die Figur, die er durchführt, dauert nur eine Sekunde; ihr Name ist eine symbolische Erinnerung an eine Szene, die sich vor zweitausend Jahren auf Golgatha abgespielt hat. Wegen der Ähnlichkeit zwischen der Geste der heiligen Veronika, die mit ihrem Schweißtuch das Gesicht Jesu abtrocknete, und der des Matadors, der seine *Capa* dem geifernden Maul eines Stiers darbietet, nennt man diese *Pase* eine *Verónica.* Der Matador dreht sich um seine eigene Achse und zieht den Stier in eine zweite *Verónica*, dann in eine noch ruhigere dritte. Nach einem Augenblick des Erstaunens hat die Menge zu jubeln begonnen, und bald ergießt sich eine Flut von »olé!« im Rhythmus der *Pases* auf den Kampfplatz. Als das wilde Ballett einen Augenblick innehält und die beiden Gegner sich trennen, erschüttert donnernder Applaus die dichtgedrängten Zuschauer. Unter dem Schmettern der Trompeten schließt El Cordobés eine Reihe so tollkühner *Pases* an, daß Stier und Mensch inmitten des Wirbels der *Capa* zu einem einzigen Körper verschmolzen scheinen. Manchmal versucht Impulsivo, von diesem höllischen Tanz entsetzt, den Kampf abzubrechen, doch ein ungeduldiges Aufstampfen und ein Schrei rufen ihn sofort wieder zurück. Und der Mann, den seine Feinde den »Clown der Tauromachie« nennen, beweist den Kennern die Größe seines Muts, die Vollkommenheit seiner Kunst, den Umfang seines Repertoires: Mit einer jähen Handbewegung reißt er die *Capa* hoch und schwingt sie über seinem Kopf; er läßt sie mit einer tänzerischen Gebärde um sich kreisen; er hält sie, eine Hand im Rücken, hinter seiner Hüfte. Vor dem mitreißenden Schauspiel, das dieser Besessene bietet, vergißt das Publikum den Regen, den Kot, das zermürbende Warten. Wie aus einem Mund steigen die »olé!« wie der Dank eines von der Begeisterung verwandelten Volks in den finsteren Himmel.

Nach einigen Minuten kündigt die Musikkappelle den nächsten *Tercio*, die nächste Phase der Corrida an: den Akt der *Picadores.* Auf dieses Signal hin läßt der Matador den Stier dort stehen, wo er ihn angegriffen hat, in der Mitte des schlammigen Runds, und schreitet ruhig und befriedigt, mit in die Augen hängenden Haaren, den Anzug von Kot und Geifer bespritzt, durch die große, beifallerfüllte Arena. Lässig schleift er die *Capa* hinter sich her und lächelt wie ein

Kind. Als er seinen *Burladero* erreicht hat, flüstert er Paco ein paar Worte zu, eine Warnung, die so schwerwiegend ist, daß einer der größten Matadore des Landes sein Leben lassen mußte, weil er sie nicht beachtete. »Cuidado, Paco«, sagt er, »este cabrón no ve de la izquierda« – Vorsicht, Paco, dieses Vieh sieht links nichts!

Palma del Rio – Hungerjahre

Angelita Benítez erzählt

»Nach dem Tod meiner Mutter mußte ich meinen Vater im Gefängnis von Córdoba besuchen, um ihm die schreckliche Neuigkeit mitzuteilen. Diese traurige Pflicht fiel mir zu, weil ich die Älteste war.

Ich nahm mit, was ich finden konnte, ein Stück Schwarzbrot und eine Orange. Wegen meiner Mutter ging ich ganz in Schwarz. Es war nur einmal im Monat Besuchstag, und an diesem Tag erwartete mein Vater meine Mutter. Als ein Schließer meinen Namen rief und mein Vater mich in meinem schwarzen Kleid sah, begriff er sofort. Er sagte nur: ›Oh!‹ weiter nichts. Dann saßen wir uns schweigend gegenüber und schauten uns durch das Gitter an. Wir waren uns fremd geworden. In den letzten drei Jahren hatten wir den Vater so gut wie nie gesehen. Und jetzt war ich für ihn nur die Überbringerin einer Todesnachricht, eine Fremde, die ihm das Ableben seiner Frau meldete.

Ich sah Tränen über sein Gesicht laufen. Er schluchzte lautlos. Ich weinte auch. Mein Vater weinte um seine tote Frau, aber ich weinte seinetwegen. Ich erinnerte mich, wie er vor dem Krieg gewesen war. Er war ganz anders gewesen, stark und jung. An diesem Tag im Gefängnis merkte ich, was der Krieg aus ihm gemacht hatte. Sein Gesicht war grau und alt geworden. Er ging gebeugt, und ich konnte die Knochen unter seinem Hemd hervorstehen sehen. Er hustete viel, und sein Blick war müde und verzweifelt.

Man erlaubte mir, ihn jede Woche zu besuchen. Ich brachte ihm mit, was ich konnte, eine Orange, ein paar Oliven, eine Kartoffel. Wir sprachen nur wenig miteinander. Es gab nicht viel zu erzählen. Er fragte mich über Palma aus und über die Kinder. Vor allem erkundigte er sich nach Manuel, weil er der Jüngste war und weil er ihn kaum kannte. Den Krieg oder das Leben im Gefängnis erwähnte er nie. Er wollte von diesen Dingen nicht reden. Die meiste Zeit saßen wir uns schweigend gegenüber. Eines Tages sagte er mir, daß er anderswohin geschickt werde, zweifellos zu Straßenarbeiten in die Gegend von Málaga. Málaga liegt am Meer, ziemlich weit von hier. Wir waren beide traurig, weil Málaga so weit weg war, zu weit, um hinfahren zu können. Wenn er versetzt würde, könnte ich ihn nicht mehr besuchen. Wir sahen uns eine Zeitlang stumm an. Schließlich läutete die Glocke und ich mußte fortgehen. Ich küßte meinen Vater durch das Gitter hindurch. Er sagte: ›Adios, Angelita‹, wie immer. Das war alles. Als ich eine Woche später wiederkam, war er schon fort.

Zwei Monate vergingen. Und eines Tages brachte uns der Briefträger einen Brief. Es waren nur ein paar Zeilen. Da ich nicht lesen konnte, lief ich damit zu Ana Horillo. Es war ein Brief von meinem Vater. ›Liebe Angelita‹, stand darin, ›ich glaube, daß ich sterben muß. Ich bin seit einiger Zeit so krank, daß ich nicht mehr arbeiten kann. Ich liege im Spital, und man hat mir gesagt, daß ich nach Hause darf. Hol mich ab, Angelita, und bring mich heim. Ich möchte in Palma, bei meinen Kindern sterben und neben meiner Frau begraben werden.‹«

Angelita konnte ihre Geschwister nicht allein lassen. So mußte ihre fünfzehnjährige Schwester nach Málaga fahren.

Nach einer langen Nacht in der Eisenbahn kam sie schließlich zum Provinzspital. Eine Nonne führte das Mädchen zu seinem Vater.

José Benítez schlug die Augen auf und Tränen begannen über seine ausgehöhlten Wangen zu laufen.

»Encarna, Encarna«, flüsterte er mühsam, »du bist gekommen, um mich nach Hause zu bringen ...«

Die Rückkehr war eine harte Prüfung für José Benítez und seine Tochter. Sie kamen bis Córdoba. Aber der Kranke hatte nicht mehr die Kraft, bis zum anderen Bahnhof zu gehen, um seinen letzten Traum zu verwirklichen: in den Autobus nach Palma zu steigen. Er brach auf offener Straße zusammen. Mitleidige Passanten halfen dem Mädchen, den Unglücklichen bis zum nächsten Spital zu bringen. Nie würde Encarna den verzweifelten Aufschrei vergessen, den ihr Vater ausstieß, als er begriff, »daß er nie mehr nach Hause kommen würde«.

»Als die Leute im Spital meinen Vater sahen, wollten sie ihn zuerst nicht nehmen. ›Für Tote gibt es keine Betten‹, sagten sie. Ich flehte sie an, und endlich ließen sie sich erweichen. Sie legten ihn in einen ganz finsteren Saal. Im Krankenhaus hieß dieser Raum das ›Vorzimmer‹.

Jeden Tag, wenn die Familie, bei der ich als Mädchen für alles arbeitete, ihre Siesta machte, lief ich quer durch die ganze Stadt ins Krankenhaus. Wir sprachen bei diesen Besuchen kaum miteinander. Eines Nachmittags, am 12. Oktober, dem Fest der Virgen del Pilar, ging es ihm sehr schlecht. Er war so schwach, daß er sich nicht mehr bewegen, sich nicht mehr im Bett aufsetzen konnte. Nicht einmal zum Husten hatte er mehr Kraft. Das Blut in seinen Lungen, das er nicht mehr ausspucken konnte, erstickte ihn. Als er endlich ein paar Worte hervorbrachte, klang seine Stimme wegen des Bluts in seiner Kehle ganz verändert. ›Encarna, es ist zu Ende‹, flüsterte er, ›jetzt werde ich sterben.‹

Ich begann zu weinen und rannte aus dem Saal, um einen Arzt zu holen. Aber keiner wollte kommen. Sie sagten, daß es hoffnungslos sei.

Allein, tränenüberströmt, kehrte ich zurück.

›Encarna‹, bat mein Vater, ›wein nicht, wein bitte nicht.‹

Aber ich konnte nicht aufhören. Ich blieb am Kopfende des Bettes stehen, damit er mich nicht weinen sehe. Schließlich schlummerte er ein, und ich weinte und hielt seine Hand.

So verharrte ich lange, lange Zeit. Und dann mußte ich wieder arbeiten gehen. Ich küßte meinen Vater, und er ließ es geschehen. Vorher hatte er mir immer verboten, ihn zu küssen; ich bekäme sonst die Tuberkulose. Ich sagte: ›Adios, papá!‹ und lief, ohne mich ein einziges Mal umzudrehen, aus dem Saal.

Kaum war ich wieder bei der Arbeit, klingelte das Telefon. Mein Chef hob ab. Gleich darauf kam seine Frau in die Küche. Sie umarmte mich heftig. ›Meine Kleine‹, sagte sie, ›dein Vater ist gestorben.‹«

Der Friedhof von Córdoba liegt am Eingang der Stadt, an der Straße nach Sevilla, über den Befestigungen der Kalifen. Wie die meisten andalusischen Friedhöfe wird er von einer weißen Mauer umschlossen; drinnen, zwischen den Gräbern, wachsen Jasmin und Zypressen.

Er heißt »Cementerio de Nuestra Señora de la Salud« – Friedhof

Unserer Lieben Frau vom Heil. Aber für die Einwohner von Córdoba hat er einen anderen Namen. Gläubige wie Ungläubige nennen ihn den »Friedhof der Toreros«. Drei der größten Matadore aller Zeiten liegen hier begraben: Lagartijo, Guerrita und Manolete. Gleich arabischen Emiren ruhen sie in prächtigen Marmorgrüften und erheben sich so noch im Tod über das arme, verzweifelte Volk, aus dem sie selbst hervorgegangen waren.

Die kleine Encarna wischte sich mit einem Zipfel ihres schwarzen Umhängtuchs die Tränen ab und ging an den Grabstätten dieser Großen vorbei an das andere Ende des Friedhofs. Dort gab es kein Denkmal, das einen Besucher angelockt hätte. Nur einige verrostete Eisenkreuze staken im unkrautüberwucherten Boden. Encarna blieb vor einer frischen Grube stehen, die man in der roten, staubigen Erde ausgehoben hatte. Es war das Gemeinschaftsgrab Nummer 4. Hier sollte ihr Vater ruhen. Um ihm dieses bescheidene Grab zu bieten, hatte das Mädchen fast einen halben Jahreslohn von ihren Dienstgebern leihen müssen, 375 Peseten, die sie sorgsam unter ihrer Jacke hütete.

Encarna starrte lange in die Grube; hier sollte ihr armer Vater im Schoß der andalusischen Erde bestattet werden, die er so lange mit seinem Schweiß begossen hatte. Dann schloß sie die Augen und betete. Bald hörte sie Schritte hinter sich. Es war der Angestellte, der für einen Platz im Grab Nummer 4, dem billigsten auf dem Friedhof von Córdoba, die Gebühren für zehn Jahre im voraus verlangt hatte. Das Mädchen reichte ihm die Banknoten und lief weg.

Von vier *sepulteros* getragen, war der Leichnam des bescheidenen, fünfundvierzigjährig an Tuberkulose verstorbenen Kaffeehauskellners von Palma del Río bereits auf dem Weg zu seiner letzten Ruhestätte. Hinter einem Priester verließ er das Spital und durchquerte langsam die Stadt, von der er nur die feuchten Zellen des Gefängnisses kennengelernt hatte. Ohne Verwandte, ohne Freunde, ja ohne irgendeinen flüchtigen Bekannten, der ein paar Tränen für ihn vergossen hätte, zog er dahin wie der einsamste der Menschen.

Encarna entdeckte die düstere Prozession, die in der Mittagssonne ihren Schatten auf die roten Steine des Festungswalls warf: der Priester an der Spitze und hinter ihm die lange schwarze Kiste auf den Schultern der *sepulteros*.

Verzweifelt lief sie auf den Sarg zu. Ohne sich um das strenge andalusische Brauchtum zu kümmern, folgte sie ihm, »um ihren Vater auf seinem letzten Weg nicht so allein zu lassen«.

Die Einsamkeit der fünf Kinder der Familie Benítez war nun vollständig. Sie hatten keine Eltern mehr. Aber im Spanien der Nachkriegsjahre war das eine so alltägliche Sache, daß niemand davon Notiz nahm. In jeder Stadt, in jedem Dorf gab es eine Heerschar von Waisen, die zu ernähren das Land außerstande war.

Als Encarna den Preis für das Begräbnis bei ihren Arbeitgebern abgedient hatte, kehrte sie nach Palma del Río zurück. Nacheinander verkaufte Angelita die spärlichen Möbel ihrer Wohnung in der Calle Belén. Als nicht einmal mehr genug Geld da war, um das Gras für die tägliche Suppe kaufen zu können, nahmen Angelita und Encarna eine letzte Demütigung auf sich. Sie gingen auf den Straßen und Plätzen der Stadt betteln. Tage und Monate vergingen in Elend, Kummer, Verzweiflung und diesem unaufhörlichen Hunger, der Leib und Seele zermürbte. Nur manchmal tauchte in der Calle Belén die Gestalt des einzigen Freundes in dieser unfreundlichen Welt auf. Es war Don Carlos Sánchez, der Geistliche des Waisenhauses; er brachte ein wenig Freude, ein Stück Brot und ein paar Oliven in das Heim »der ärmsten Familie Palmas, einer Familie, die noch weniger ihr eigen nannte als die Scharen der Zigeuner, die die Umgebung durchstreiften«.

Angelita wird niemals die traurigen Weihnachten vergessen, die auf den Tod ihres Vaters folgten. In diesem Jahr brachen neuerliche Schicksalsschläge über die Waisen der Familie Benítez und über alle Arbeiter Palmas herein. Infolge einer Baumkrankheit gab es keine Olivenernte. Und dann überzog ein ungewöhnlicher Frost Andalusien. Durch die Fugen der Wohnungstür in der Calle Belén pfiff ein eisiger Wind von der Sierra. Von den Entbehrungen entkräftet, ohne warme Kleider, ohne Ofen oder *brasero* (Kohlenbecken), lernten die Kinder der Familie Benítez neue Qualen kennen. »Wir verkrochen uns wie Schnecken in ihren Häusern«, entsinnt sich Angelita. »Wir versteckten uns vor der Welt, versteckten uns und unser Elend.«

Das Mädchen hatte wohl davon geträumt, zur Feier dieser Weihnachten ihren Geschwistern das einzige Geschenk zu machen, das sich ihre schmerzenden Mägen wünschten konnten: einen Bissen jenes roten Fleischs, an das sie sich mit Entzücken erinnerte. Aber in diesem nun wieder feudalen Spanien hätte niemand gewagt, Hand an die geheiligten Tiere zu legen, die wieder die Weiden Don Felix Morenos und der anderen Stierzüchter bevölkerten. Für die Benítez wie für all die anderen Spanier in ihrer Lage war dieses Fest der Hoffnung nur ein neuer Tag voll Kälte, Hunger und Angst.

Kurz nach diesen traurigen Weihnachten zerstreute sich die Familie Benítez in alle Winde, und viele Jahre sollten vergehen, ehe sie wieder vereint sein würde. Pepe, der ältere der beiden Buben, lebte von nun an bei seinen Großeltern. Encarna, die in Palma keine Arbeit finden konnte, beschloß, ihr Glück in Madrid zu versuchen. Und während sie durch die Fenster eines alten Autobusses die Dächer Palmas verschwinden sah, gab sie sich ein Versprechen, das sie nie brechen sollte. Sie schwor sich, nie wieder in diese Stadt zurückzukehren, in der sie und die Ihren so viel gelitten hatten.

Die Abreise der beiden Ältesten war eine Erleichterung für Angelita. Sie hatte jetzt nur mehr für die beiden Jüngsten, Carmela und Manuel, zu sorgen. Manuel war zehn Jahre alt. Don Carlos Sánchez, der Geistliche des Waisenhauses, hat ihn als einen »großen, schmutzigen, schlaksigen Burschen mit einer ewigen Rotznase« im Gedächtnis. Auf seinen zerrauften Haaren prangte das einzige Abzeichen seiner Persönlichkeit, eine alte Mütze, die er irgendwo aus einem Abfallkübel gefischt hatte. »Manuel war in diese Mütze so vernarrt«, entsinnt sich Angelita, »daß er sie nie ablegte, nicht einmal in der Nacht.« Sie war so groß, daß sie ihm bis über die Augen ging, was ihm ein groteskes Aussehen verlieh. Aber für ihn hatte dieses Ding irgendeinen mystischen Sinn, als hätte sein zerschlissener Stoff diesem Kind des Elends einen Panzer gegen die Feindseligkeit der Welt geboten.

Er nahm nun den Platz seiner Schwester Encarna im gemeinschaftlichen Bett ein. Es war das erste Mal, daß er in einem Bett schlief; bisher hatte er immer mit einer lumpengepolsterten Kiste vorliebnehmen müssen und später mit einem Brett zwischen zwei Sesseln, die Angelita in dem Maß auseinanderrückte, als er wuchs. Trotz der Entbehrungen, die er in seinem kurzen Leben schon erduldet hatte, war er gelenkig, muskulös und eher groß für sein Alter. Er hatte den Beinamen seines Vaters und Großvaters geerbt. Man nannte ihn »El Renco«, den Hinkenden. Schon mit zehn Jahren war er schweigsam, verschlossen und im Unglück hart geworden, jeder Zoll ein echter Andalusier mit seinem Fatalismus, seinem Stolz und seiner Tapferkeit. Manchmal erhellte sich sein mageres Gesicht ohne Anlaß, aus irgendwelchen stillen Überlegungen heraus, und er brach in ein schallendes Gelächter aus. Dies war bereits ein Ausdruck jener ununterdrückbaren Lebensfreude, die zu einem der Grundzüge im Charakter Manuels werden sollte. Angelita dachte oft an die Zukunft ihres Bruders. Aber sie sah diese Zukunft in den engen Grenzen ihrer eigenen armseligen Welt.

»Ich wollte«, erzählte sie, »daß er wird, was mein Vater gewesen ist: ein tüchtiger, ehrlicher Landarbeiter.«

Manuel sollte den Weg, den seine Schwester ihm in ihrer mütterlichen Sorge zugedacht hatte, nie beschreiten. Mit zehn Jahren entwischte er Tag für Tag der Aufsicht Angelitas und der Nonnen des Waisenhauses und suchte in den schmutzigen Gassen der Vororte die wüste, unbarmherzige Gesellschaft einiger Straßenjungen. Jahre hindurch empfing er seine einzige Erziehung in dieser Welt des Hungers und der Gewalt, der Freundschaft und des Hasses. Eines Abends – er war ungefähr elf Jahre alt – fand er beim Nachhausekommen Angelita »auf dem Bett ausgestreckt, das Gesicht in die Hände vergraben, wie sie, von Schluchzen geschüttelt, Gott um Gnade und Hilfe in der ausweglosen Not anflehte, in die wir geraten waren«. Heute, als El Cordobés, erinnert sich Manuel, was für ein moralischer Schock für seine kindlichen Augen dieses Schauspiel der Verzweiflung war, das seine Schwester bot, diese Schwester, deren Energie und Lebenskraft in all den Prüfungen, die sie durchgemacht hatte, nie erlahmt war.

An diesem Tag beschloß der Gassenbub aus Palma, seinen Verpflichtungen als Mann nachzukommen. Die Tränen seiner Schwester hatten ihm den Weg gewiesen, den er einschlagen mußte. Mit elf Jahren begriff er, daß er ab nun zum Lebensunterhalt seiner Familie beitragen mußte.

An einem Sommernachmittag sprang Manuel in den Guadalquivir und durchschwamm ihn mit kräftigen Stößen. Um die Taille hatte er sich einen alten Jutesack gebunden. Am anderen Ufer angekommen, schlich er in die Orangenhaine Don Felix Morenos. Er suchte sich einen vor indiskreten Blicken geschützten Baum und begann seinen Sack zu füllen. An diesem Abend konnte sich die Familie Benítez mit den von ihrem neuen Oberhaupt gestohlenen Orangen vollstopfen. Bald fand Manuel einen Helfer und Komplicen: Juan Horillo, den Sohn der früheren Nachbarin, der gleichfalls im Elend auf den Straßen Palmas aufgewachsen war. An seinem schmächtigen Körper konnte man alle Rippen zählen, aber seine schwarzen, glühenden Augen bewiesen, daß seine Verschlagenheit seinen kleinen Wuchs ausglich. Manuel und Juan besiegelten ihre Freundschaft auf ihren abenteuerlichen Expeditionen ans andere Flußufer. Sie wurden ein unzertrennliches Gespann. Und eines Tages sollten sie gemeinsam über die Straßen ganz Spaniens vagabundieren.

Die neue Tätigkeit Manuels entsprach nicht ganz den bescheidenen Absichten, die Angelita für ihren Bruder hegte. Doch die Gewißheit, von nun an in der Calle Belén jeden Tag etwas zu essen zu haben, war für die junge Frau eine solche Erleichterung, daß ihr Gewissen verstummte. Jedenfalls waren die Zukunftsaussichten der Orangendiebe die gleichen wie die der braven Schüler, die das Waisenhaus von Don Carlos Sánchez besuchten. In dem feudalen, von der Welt abgeschnittenen Spanien dieser Jahre war der Weg der einen wie der anderen unverrückbar vorgezeichnet: Sie würden sich genau wie ihre Väter auf den Feldern der Großgrundbesitzer abrackern.

Vor nunmehr 400 Jahren waren viele ihrer Ahnen diesem Schicksal entflohen, indem sie sich auf die Fregatten retteten, die zur Eroberung der Neuen Welt auszogen. Ein Jahrhundert später waren andere Spanier in die reichen Ebenen Flanderns und der Niederlande emigriert. Und seit sich Spanien vor weniger als einem Jahrhundert von der Welt abgekapselt hatte, beschritten die ehrgeizigsten seiner in Armut geborenen Söhne andere Bahnen, um nicht unter das Joch der Grundherren gebeugt zu werden: Sie wurden Banditen, Priester und Toreros.

Heute waren sogar diese Möglichkeiten kaum mehr gangbar. Eine schlagkräftige Polizei machte das Leben der Banditen noch mühseliger als das der Landarbeiter. Was die Soutane betrifft, so mußte man einen Gönner finden, der die Studien bezahlte. Blieb die Torerolaufbahn. Von allen Wegen, die ein besseres Leben verhießen, war dies der einzige, der für einen armen andalusischen Knaben möglich schien, der einzige, der ihm gestattete »sich zu offenbaren«. Aber er war auch der härteste und unsicherste.

Für den Kleinen, der am Ufer des Guadalquivir Orangen stahl, war die Zukunft noch ein undeutlicher Schemen. Die Auflehnung, die in ihm brodelte, würde ihn, wie er dachte, gewiß aus dem elenden Leben reißen, in das sich die Benítez so viele Generationen lang gefügt hatten. Manuel träumte davon, »jemand« zu werden. In seinen kindlichen Vorstellungen war dieser Jemand ein »reicher Herr mit Zigarre, Auto und einem Panamahut« – der darüber hinaus so weit als möglich von Palma del Río entfernt wohnte.

Das *Cine Jerez*, das einzige Kino Palmas, befindet sich im Stadtzentrum auf dem Hauptplatz. Es teilt diese Ehre mit zwei Banken, dem größten Warenhaus und dem einzigen Restaurant des Orts. Seine Lage ist kein Zufall. 31 Jahre lang, von seiner feierlichen Einweihung bis zum Aufkommen des Fernsehens, bildete dieses Kino die einzige Zerstreuung der Bewohner Palmas.

Diese Einrichtung mit ihren Sperrholzsitzen, ihren 2-Peseten-Bänken und ihren roh beworfenen Wänden war eine Stätte der Wunder. Auf der schäbigen, streifigen Leinwand kamen Mary Pickford und Douglas Fairbanks, Ginger Rogers und Fred Astaire, Doris Day und Cary Grant jede Woche nach Palma. Vor den hingerissenen Blicken der Zuschauer erschienen der Eiffelturm und das Moulin Rouge, die japanischen Reisfelder, der Buckinghampalast und die Wolkenkratzer eines Kontinents, zu dessen Entdeckung die Vorfahren der Palmeños beigetragen hatten. Für die kleine, abgeschiedene Stadt im Herzen Andalusiens bedeutete das *Cine Jerez* mehr als ein Kino: Es war ein Tor in das Unbekannte, es gestattete den einzigen Blick, den die meisten Einwohner zeit ihres Lebens in die Außenwelt werfen konnten.

An einem Winterabend 1950 war der kleine Saal gestopft voll. Alles, was in Palma Rang und Namen hatte, war da, vom Bürgermeister über Don Rafael, den Arzt, den Sergeanten Mauleón, den Notar, den Tierarzt und sogar Don Carlos Sánchez bis zum dicken Charneca, dem Besitzer eines sehr populären Cafés, der ehedem der beste Freund des Vaters von Manuel Benítez gewesen war. Auch die meisten Stierzüchter der Umgebung mit ihren großen grauen Filzsombreros waren gekommen. Zwischen ihnen, bequem in einen Fauteuil gelehnt, sah man Don Felix Moreno persönlich; und diese ungewohnte Ehre verlieh der Vorstellung dieses Abends eine ganz besondere Bedeutung. Im Hintergrund des Saals drängte sich auf Stehplätzen oder Bänken zu zwei Peseten pro Sitz das Volk von Palma. Unter diesen bescheidenen Zuschauern saßen zwei abgerissene Halbwüchsige und wollten sich vor Lachen ausschütten, während sie mit den Fingern auf Don Felix zeigten. Manuel Benítez und Juan Horillo hatten guten Grund für ihre Heiterkeit. Nur dank dem Züchter hatten sie sich den Luxus leisten können, heute abend hier zu sein: Sie hatten den Eintritt mit dem Erlös der Orangen bezahlt, die sie am Nachmittag bei ihm gestohlen hatten.

Als die von Fliegenschissen gesprenkelten Glühbirnen erloschen, ging ein freudiges Raunen durch den Saal; dies zeigte, mit welcher Ungeduld man den Film erwartete, den der ratternde alte Projektor des *Cine Jerez* vorführen sollte. Und doch belebten weder die großen Stars von Hollywood noch irgendwelche Sensationen den verregneten spanischen Film; sein Held und dessen Darsteller waren unbekannt, seine Ausstattung armselig und seine Regie unbeholfen. Einzig sein Thema rechtfertigte das leidenschaftliche Interesse des Publikums. Eineinhalb Stunden hindurch sollte durch den abgedunkelten Saal dieser andalusischen Kleinstadt der heroische Atem der spanischen Geschichte wehen. Freilich war Currito de la Cruz, dieser Sohn eines Vororts von Sevilla, der den Gipfel des Ruhms erreicht hatte, kein Cid und kein Don Quijote, kein Pizarro und kein Cortez. Aber er zählte wie diese zur Legende. Er verkörperte mit seinen Lumpen und seinem Bündel, mit seiner Schirmmütze und seinen von Hunger und Hoffnung brennenden Augen den edelsten Ausdruck der spanischen Seele. Er war *der Mut*.

Das Erscheinen dieser einzigartigen Gestalt, die den spanischsten, den geheiligtsten aller Wege beschritten hatte, den Weg, der an den Hörnern wilder Stiere vorbeiführt, ließ im *Cine Jerez* mit einem Schlag die jahrhundertealte Mauer fallen, die die Reichen von den Armen, die Herren von den Sklaven trennt. Vereint in ihrer Bewunderung für die einzige Eigenschaft, die es einem Armen Spaniens gestattete, sich mit den Reichsten und Adeligsten auf eine Stufe zu stellen, *den Mut*, erlebten alle Zuschauer mit der gleichen Hingabe den Leidensweg des jungen Currito, seinen Aufstieg und endlich sein Glück in Ruhm und Reichtum. Freilich, zu einer Zeit, da anderswo andere Männer das Abenteuer der Atomforschung erlebten und die Eroberung des Weltraums vorbereiteten, mochte die Odyssee Curritos auf den Wegen der *Fiesta Brava* banal und ein wenig lächerlich erscheinen; aber für die Palmeños blieb sie auch mitten im 20. Jahrhundert das vollkommenste Beispiel menschlicher Größe. Sie war der einzige Schlüssel, der die Tore einer im Feudalismus erstarrten Gesellschaft öffnen konnte, und seltsamerweise war es gerade der unzugänglichste Teil dieser Gesellschaft, die Grundbesitzeraristokratie, die den Film mit dem gespanntesten Interesse verfolgte. Bei der letzten Szene, als Currito ein berühmter, mit Ehren überhäufter Matador wurde, applaudierte das ganze *Cine Jerez* – und Don Felix Moreno an der Spitze. In diesem Augenblick durchlief die Reihen der Plätze zu zwei Peseten und die durch eine soziale Kluft von ihnen getrennten vorderen Sitze die gleiche Welle des Stolzes. Es gab nur noch ein einziges einiges Spanien, das Spanien der Liebe zu diesem geheiligten, jahrhundertealten Ritus, dem Kampf eines Mannes mit einem wilden Stier.

Kein Blick hätte aufmerksamer an der Leinwand hängen können als der zweier junger Zuschauer im Hintergrund des Saals. Manuel Benítez und Juan Horillo waren fasziniert. Auf dem Weg Curritos entdeckten sie eine Welt, von der sie nichts geahnt hatten. Sie hatten noch nie eine Corrida gesehen, da die Männer in den Lichteranzügen und die Stiere nicht nach Palma gekommen waren, seit die Anarchisten an jenem Sommerabend 1936 die kleine Arena der Stadt angezündet hatten. Für sie war, wie für die meisten Spanier ihres Alters, die *Fiesta Brava* nur eine abstrakte, weit entfernte Wirklichkeit – ein Fetzen eines Plakats an einer Wand, die majestätische Silhouette eines schwarzen Stiers irgendwo auf einer Weide, der Klang eines Paso doble, der aus einem Fenster drang... Und nun enthüllten ihnen die Wunder des Films eine neue Welt. Freilich war nichts verfälschter, nichts trügerischer als diese Märchen über den Aufstieg Curritos; aber alle Zuschauer glaubten sie, weil sie den alten Mythen in der Phantasie des Volks entsprachen. Zusammengekrümmt, die Hände um die Knie verkampft, fühlte Manuel Benítez in seinen Eingeweiden den gleichen nagenden Hunger, der Currito de la Cruz aus seiner Vaterstadt getrieben hatte. Er stellte sich vor, wie er gleich diesem von Arena zu Arena zöge, wie er in mondhellen Nächten auf den Weiden junge Stiere herausfordern würde, wie er auf dem nackten Boden oder auf dem feuchten Beton einer Gefängniszelle schliefe.

Mit offenem Mund und weit aufgerissenen Augen hörte er den Beifall, der den Aufstieg Curritos begleitete. Er sah, wie dieser Sohn des Elends, der so viel Ähnlichkeit mit ihm selbst hatte, sich in einer Welt des Luxus, des Lichts und Lärms bewegte, die er durch seinen Mut erobert hatte. Von all den Szenen, die den Glanz des jungen Matadors beschrieben, waren es allerdings keineswegs jene auf dem Sand einer Arena, die die Phantasie Manuels am tiefsten aufwühlten. Dem Überschwang der Menge, dem Blumenmeer, das sich von den Tribünen ergoß, den Triumphen auf den Schultern der *Aficionados* zog der Halbwüchsige aus dem Loch in der Calle Belén einige schlichte, aber wundervolle Bilder vor: »Ein großes Bett mit Polstern, weich wie das Gras des Frühlings«; »eine Badewanne, so groß wie der Guadalquivir, gefüllt mit heißem Wasser«; »ein Tisch, der immer gedeckt ist wie bei Don Felix an Feiertagen«. Für Manuel Benítez bewiesen Symbole, daß der »große Herr mit dem Panama« nicht bloß ein Traum war; er zeigte sich an diesem Abend in Fleisch und Blut auf der Leinwand des *Cine Jerez*, als ein junger Mann im roten und goldenen Lichteranzug, als ein schmächtiger schüchterner Bursche, dem das Schicksal ein höchstes Privileg zugestanden hatte. Für die unwissende naive Seele des kleinen Orangendiebs besaß dieses Privileg eine außergewöhnliche

Bedeutung; es legte die Grenze zwischen arm und reich fest. Currito de la Cruz besaß ein Automobil! »Es war«, erinnert sich der spätere El Cordobés, »ein riesiger schwarzer Chrysler mit einem Kühlergrill wie ein Haifischmaul; es blitzte und funkelte in der Sonne und flitzte wie der Wind auf Städte mit geheimnisvollen Namen zu. Als der Film zu Ende war und das Licht im *Cine Jerez* wieder anging, blieb ich eine Zeitlang reglos sitzen, ebenso unfähig, mich zu bewegen wie ein Fels in der Sierra.«

In dieser Nacht nahmen Manuel Benítez und Juan Horillo in ihren Herzen die Bilder einer Welt mit nach Hause, die von nun an durch all ihre Träume spuken sollte. Als die beiden sich in der Calle Belén trennten, hörte Juan seinen Freund murmeln: »Eines Tages werde ich auch so satt sein wie Currito.«

Manuel sollte noch viele Jahre an die Erfüllung dieses Gelöbnisses wenden müssen. Aber schon am nächsten Tag beschritt er die Spuren Curritos durch eine erste Tat, die sein Schicksal entscheiden sollte. Er nützte einen Augenblick, da seine Schwester fort war, und riß die einzige Bettdecke der Familie entzwei. Dieser Fetzen sollte seine erste *Muleta* werden.

Trotz eines langen Bades in einem Kübel voll *punia* – einer billigen ziegelroten Farbe – erlangte das Stück Stoff nur eine sehr entfernte Ähnlichkeit mit dem scharlachroten Tuch, wie es die Arenen kannten. An das andere Attribut des Matadors, den Degen, knüpfte sich eine traurige Erinnerung: Manuel Benítez fand seine erste Waffe während eines seiner Raubzüge in die Gärten von Don Felix am Ufer des Guadalquivir. Es war ein altes Bajonett, ein rostiges Überbleibsel aus den ersten Kämpfen um Palma.

Derart ausgerüstet fühlten sich die beiden Halbwüchsigen bereit, mit einem Schlag in die Welt des jungen Gottes vorzustoßen, die sie von einer Bank im *Cine Jerez* aus entdeckt hatten. Wenigstens glaubten sie dies in ihrem naiven Ehrgeiz. Gleich den Kindern aus den Negervierteln, die davon träumen, dank ihren Fäusten von den Weißen anerkannt zu werden, gleich den Söhnen der Bergarbeiter in den Anden, die sich in der Hoffnung wiegen, eines Tages vor vollen Rängen Fußball zu spielen, waren die beiden Andalusier »verrückt nach Beifall«. Aber Manuel und Juan sollten feststellen, daß in der harten Welt der Corrida kein Traum schwieriger zu verwirklichen ist.

»Um Torero zu sein, muß man zuerst einmal Stier sein« – diese Grundregel der Tauromachie wird seit vier Jahrhunderten auf den

Straßen und Gassen Spaniens in die Tat umgesetzt. Kein Vorort, kein Dorf, in dem nicht zu bestimmten Stunden eine Horde abgerissener Halbwüchsiger auftaucht, deren Gebärden und Schreie die Atmosphäre der Arena heraufbeschwören. So wie andere sich dem Fußball oder dem *Pelota* – einer Art Schlagball – hingeben, spielen Tausende junger Spanier in unaufhörlichen Angriffen Mensch und Stier. Belmonte und Joselito, Manolete und Ordóñez, fast alle Großen der Corrida sind durch die improvisierten Schulen des *toreo de salón* gegangen, wo man seine Kenntnisse in der Reinheit und Begeisterung eines kindlichen Glaubens erwirbt.

In Palma del Río beherbergten die gekalkten Mauern der Kirche Santo Domingo eine solche Schule. Jeden Abend fanden sich hier einige vom Bazillus der *Fiesta Brava* infizierte Burschen ein. Der Hohepriester dieser Zusammenkünfte war ein schmächtiger Jüngling mit einem steifen Knie. Er war 19 Jahre alt und hieß Luis Rodríguez. Er genoß bei den jungen Neulingen, die den Unterricht besuchten, großes Ansehen. Denn auch er war dem Ruf der Corrida gefolgt. Er hatte sogar einen Lichteranzug getragen und in den provisorischen Arenen rund um Palma mit wirklichen Stieren gekämpft. Allerdings beschränkten sich seine Erfahrungen auf den Kampf mit drei alten Tieren. Das vierte hatte ihn fast getötet. Dieser Stier, der die *Muleta* nicht kannte, aber »mit allen Wassern gewaschen war«, hatte schnell den Körper des unglücklichen Matadors hinter dem lockenden Tuch gefunden. Mit seinem vom Horn durchbohrten Knie hatte Luis Rodríguez all seine Träume auf immer zerstieben gesehen. Seither humpelte er bettelnd durch die Straßen Palmas – bis zu der Stunde, da in den Ruinen von Santo Domingo der Widerhall der glänzenden Nachmittage erscholl, die er nie wieder erleben sollte.

Manuel Benítez und Juan Horillo verließen endgültig die Schulbank des Waisenhauses von Don Carlos Sánchez, um die Grundbegriffe ihrer neuen Berufung zu erlernen.

Mit gesenktem Kopf, beide Zeigefinger wie Hörner ausgestreckt, oder aber ein Stück Stoff in der Hand, markierten sie abwechselnd Stier und Matador. Mit seiner salbungsvollen Stimme unterwies Luis Rodríguez den Träger der *Muleta*, den Stier auf sich zukommen zu lassen, seine Geschwindigkeit abzuschätzen, ihn an seinem Körper vorbeistreichen zu lassen und ihn zu »entlassen«. Freilich war dies alles nackte Theorie, da der wesentlichste Faktor der Corrida fehlte: die Angst. Aber es gestattete immerhin, sich mit der Handhabung dieses gewöhnlichen Stücks Stoff vertraut zu machen, mit dem ein regloser Mensch den Ansturm eines halbtonnenschweren Tiers steuern kann, das mit 80 Kilometer pro Stunde auf ihn zurast. Trotz seiner geringen Erfahrung verstand der Dozent der Tauromachie in den Ruinen von Santo Domingo doch genug von seinem Handwerk, um seinen Schülern alles zeigen zu können, was man mit der *Muleta* einem Stier gegenüber tun kann.

Manuel Benítez verzehrte sich vor Sehnsucht, den Atem dieser Stiere in seiner alten, rotgefärbten Decke zu spüren. Er, der für die Tat begabter war als für die Theorie, zog eine wirkliche Gegenüberstellung einer fingierten vor.

Der übliche Weg, diesen Ehrgeiz zu befriedigen, führt über die kleinen Arenen der großen Güter. Dort veranstalten die Züchter mehrmals im Jahr *Tientas*, die rituellen Zeremonien, in denen die Tapferkeit der zur Fortpflanzung bestimmten Kühe erprobt wird. Aber um daran teilnehmen zu dürfen, muß man eine geeignete Empfehlung vorweisen, ein paar Zeilen von einem anderen Züchter oder sonst einer Persönlichkeit. Für alle, die einen solchen wundertätigen Zettel bekommen können, bietet sich hier Gelegenheit zu einer einzigartigen Erfahrung. In einigen unbeholfenen *Pases* entdecken die Begabteren neue Gesetze des Gleichgewichts und der Bewegung und lernen in wenigen Sekunden mehr als an allen Nachmittagen des *toreo de salón.* Und vor allem können die Stierkämpferlehrlinge hier echte Hörner an ihren Körpern vorbeisausen fühlen. Dieses Erlebnis ist so erschreckend, daß bei den *Tientas* letztlich mehr Menschen als Tiere aus Mangel an Mut scheitern.

Manuel Benítez und Juan Horillo begannen also das Land zu durchstreifen, um an einer *Tienta* teilzunehmen. Aber die Tore der *Ganaderías* blieben vor ihrem glühenden Ehrgeiz hartnäckig verschlossen.

Die Szenen im *Cine Jerez* hatten ihnen aber gezeigt, daß es noch einen anderen Weg gab, ihren Traum zu erfüllen, den Weg, den Currito de la Cruz in seiner Besessenheit eingeschlagen hatte; dieser Weg hatte seine Helden und seine Märtyrer, denn nirgends ist die Gefahr größer als bei den heimlichen nächtlichen Kämpfen mitten auf den Weiden. Von den Gewehren der Feldhüter bedroht, von berittenen Patrouillen der Zivilgarde verfolgt, allein inmitten ungeschwächter Tiere und ohne jegliche Hilfe im Fall eines Unglücks, riskieren die Stierkämpferlehrlinge, in diesen Weiten den anonymen Tod eines Straßenräubers zu finden. Und ihr Verbrechen ist in den Augen der *Aficionados* so schwer, daß dieser Tod als eine gerechte Sühne gilt. Indem die Burschen die Tiere vor dem Tag der Corrida herausfordern, verletzen sie eine Grundregel der Tauromachie, das geheiligte Prinzip, daß ein Stier in der Arena zum ersten- und zum letztenmal einem Mann zu Fuß gegenübersteht. Gleich einer Jungfrau kann ein Stier seine Unschuld nur einmal verlieren. Wenn er auch nur ein einziges Mal einen Menschen kennengelernt hat, wird er noch Monate und Jahre danach dem Stoff der *Muleta* mißtrauen und mit seinen Hörnern den Körper seines Gegners suchen: ein abstoßendes, mörderisches Schauspiel, für das die Verantwortung in einer Flut von Pfiffen und Beschimpfungen dem Züchter angelastet wird. Um sich vor dieser Schande zu schützen, postieren die Züchter eine rücksichtslose Wachmannschaft um ihre Herden. In allen mondklaren Nächten und vor allem im Dezember, Januar und Februar, wenn es am hellsten ist, durchstreifen diese Wächter das Land. Aber die Weiden sind so riesig, daß eine vollkommene Abschirmung letztlich unmöglich ist.

Einige Monate nach dem denkwürdigen Abend im *Cine Jerez*, in einer frostklaren Dezembernacht, tauchten am Ufer des Guadalquivir zwei Schatten auf. Manuel Benítez und Juan Horillo hatten lange gezögert, bevor sie sich zu dieser nächtlichen Expedition entschlossen hatten. Den Fallstricken der Nacht zu trotzen und halbtonnenschwere Ungetüme auf ihrem eigenen Gebiet herauszufordern, war doch nicht ganz so unbedenklich, wie es die Geschichte Curritos mutmaßen ließ. Doch nun konnten die beiden nicht mehr zurück. Auf der anderen Seite des Flusses, jenseits eines großen Orangenhains, begann die *dehesa*, die endlose Weide der wilden Stiere. Mehrere Kilometer weit, bis zu den ersten Hängen der Sierra, gehörte dieses Land dem Mann, der das Blut seiner Stiere am Blut seiner Mitbürger gerächt hatte. Don Felix Moreno hatte sich wieder eine Herde angeschafft, die nun auf diesem Land graste.

Manuel und Juan machten aus ihren Sachen ein Bündel und schlichen die Böschung hinunter. In der Ferne zeichnete sich das Metallgerippe der einzigen Brücke ab, die in dieser Gegend den Guadalquivir überquerte. Zwei Zivilgardisten, in ihre Umhänge gehüllt, standen dort Wache. Die Nacht war klar, doch der Mond war noch nicht aufgegangen, als die beiden Freunde ins Wasser stiegen. Mit ihren nackten Füßen tasteten Manuel und Juan im Schlamm nach Steinen, auf die sie treten konnten; bald ging ihnen das eisige Wasser bis zur Brust, so daß sie ihre Bündel über den Kopf halten mußten; mit aller Kraft kämpften sie gegen die starke Strömung an, in der sie nur langsam vorwärts kamen. Endlich am anderen Ufer angelangt, ließen sie sich erschöpft unter einen Orangenbaum fallen und erwarteten, vor Angst und Kälte zitternd, den Mondaufgang. Als endlich ein fahler Schein die zackigen Grate der Sierra erleuchtete, machten sie sich auf den Weg. Geduckt wie Verschwörer, mit angespannten Sinnen, glitten sie durch das feuchte Gras. Beim geringsten Geräusch – dem Zirpen einer Grille, der fernen Klage eines Käuzchens, dem Quaken einer Kröte – warfen sie sich auf den Bauch, als wäre eine ganze Eskadron der Zivilgarde hinter ihnen her. Und während sie in einer dieser Pausen den Atem anhielten, vernahmen sie plötzlich in der Ferne das schwache Bimmeln einer Glocke. Wie eine Boje eine Untiefe ankündigt, so verriet dieses Geräusch die *cabestros*, die zahmen Ochsen, die die wilden Stiere zusammenhalten. Langsam, unendlich vorsichtig schlichen die beiden Burschen vorwärts. Das Läuten kam immer näher, und Manuel fühlte sein Herz wild klopfen. Von Furcht und Erregung gepackt vergaß er sogar seinen Hunger.

Als die beiden eine Anhöhe erreichten, entdeckten sie vor sich im gespenstischen Licht die schwarzen Silhouetten eines Dutzends aneinandergedrängter Stiere. Sie erstarrten und betrachteten in andächtigem Schweigen den zugleich furchteinflößenden und erhebenden Anblick, der sich ihnen bot. In einer plötzlichen Laune, einem plötzlichen Appetit löste sich eines der Tiere von der Gruppe und trottete mit majestätischen, ruhigen Schritten zu den hohen Kräutern einer kleinen Senke. Manuel gab Juan ein Zeichen, und die beiden Freunde näherten sich dem vereinzelten Tier. Es war ein prächtiges dreijähriges Exemplar mit weit auseinanderstehenden Hörnern. Noch nie hatte Manuel einen Stier von so nahe gesehen; unter dem perlmutternen Licht des Mondes, das seine Konturen verwischte, wirkte seine Gestalt so riesenhaft, daß der Torerolehrling wie gelähmt stehenblieb. Weniger als zehn Meter entfernt graste das Tier immer noch friedlich, als hätten es die Einsamkeit dieser Weide und die Nähe der Herde unverwundbar gemacht. Es hatte, kurzsichtig wie alle seine Artgenossen, die beiden Schatten noch nicht einmal bemerkt, die sich vor ihm gegen den hellen Himmel abzeichneten.

Für Manuel war der entscheidende Augenblick gekommen. In einer ungeheuren Willensanstrengung bemeisterte er seine Furcht, entfaltete seine alte Decke und steckte den Weidenstab, den ihm der Tischler Adolfo Santaflor überlassen hatte, wie eine Fahnenstange in den Saum.

Das Bajonett in der Linken, die improvisierte *Muleta* in der Rechten, beobachtete er den Stier. Er wußte, daß dieser ihn mit einem einzigen Stoß töten konnte, ohne daß er Zeit finden würde, die geringste Geste der Verteidigung zu machen. Aber die Schönheit dieses Augenblicks riß ihn mit. Was ihm alle Züchter Palmas verweigert hatten, konnte er nun verwirklichen, und noch dazu mitten auf dem Land des verhaßtesten von ihnen. Trunken von der plötzlichen, unbezähmbaren Freude, allein einem wilden Stier gegenüberzustehen, versuchte Manuel sich trotz seiner Erregung an die Lehren von Luis Rodríguez zu erinnern. Er straffte sich, drückte das Kreuz durch, hielt die *Muleta* so weit wie möglich von sich ab und tänzelte mit ganz kleinen Schritten auf die schwarze Gestalt zu. Als er nur noch ein paar Meter von dem immer noch friedlich grasenden Tier entfernt war, schüttelte er nervös sein Tuch, und Juan hörte ihn schreien: »Hey, toro!« Bei diesem Ruf hob der Stier seinen Kopf und starrte ihn an. Mit eingezogenem Bauch, die Knie aneinandergepreßt, um nicht zu zittern, wiederholte Manuel seinen Schlachtruf. Horillo hatte sich, von der Tollkühnheit seines Kameraden entsetzt, unter eine Eiche geflüchtet, bereit, bei der geringsten Gefahr hinaufzuklettern. Stolz und herausfordernd erwartete Manuel, Currito de la Cruz gleich, das Wunder des Angriffs. Aber in dieser Nacht sollte ein anderes Wunder geschehen.

Beim zweiten Anruf wich der Stier zurück und floh Hals über Kopf zu der nahen Herde.

Verblüfft blieb Manuel stehen, wie zur Salzsäule erstarrt. Was sich vor seinen Augen abgespielt hatte, warf all seine bescheidenen Kenntnisse über den Haufen. Er hatte einen lächerlichen ziegelroten Fetzen vor einem Zuchtstier geschwungen – und der Zuchtstier war geflohen! Daß ein so tapferes Tier vor einem zitternden Halbwüchsigen Angst haben konnte, bedeutete einen solchen Auftrieb, daß Manuel plötzlich die tolle Freude eines Eroberers empfand. Noch viele Jahre später, als Idol der Arena, sollte er sich an das Wunder dieses verfehlten Kampfes erinnern, das ihn im milchigen Frost einer Dezembernacht von aller Furcht befreit hatte.

Tatsächlich hatte der überstürzte Rückzug des Stiers andere Gründe, von denen der Torerolehrling nichts ahnte. Er wußte nicht, daß der Angriff eines wilden Tiers stets ein Akt der Verteidigung gegen eine eindeutige unmittelbare Gefahr ist. Manuels Gegner in jener Nacht aber hatte sich wegen der beruhigenden Nähe der Herde nicht wirklich bedroht gefühlt. Nur wenn ein Tier in der Einsamkeit von einer Gefahr überrascht wird, werden seine aggressiven Instinkte ausgelöst. Manuel Benítez und Juan Horillo hatten einfach vergessen, für diese Grundbedingungen Sorge zu tragen.

Von den Anstrengungen dieses ersten Abenteuers erschöpft, schliefen sie unter dem silbrigen Laub eines Olivenbaums ein. Als sie erwachten, war es schon heller Tag, und die Stiere waren hinter einem Hügel verschwunden. Im Mondschein würden sie sie wiederfinden. Und mit der ganzen Kraft ihrer Jugend und ihrer Unbekümmertheit würden sie versuchen, einen Stier weit, weit von der Herde wegzulokken, um ihn zu dem zu zwingen, was seinen Lebenszweck ausmachte: zum Kampf mit dem Menschen.

Nur das schrille Zirpen der Zikaden unterbrach die Stille der Nacht, in der inmitten eines schillernden Hofs ein fahler Mond stand. Manuel und Juan fanden die Stiere in einer Senke wieder, in der große Büschel jener *cardos* wuchsen, von denen sie sich selbst so oft genährt hatten. Die Herde war über eine weite Fläche verstreut. Vorsichtig pirschten sich die beiden Freunde an und suchten das am weitesten von den anderen entfernte Tier aus. Ihre Wahl fiel auf einen Stier, der sich im Gras niedergelegt hatte und mit der abgeklärten Miene eines asiatischen Büffels wiederkäute.

Manuel musterte sein Opfer. Durch das Erlebnis der vorhergehenden Nacht kühn geworden, dachte er weder an die scharfen Hörner noch an die Feldhüter, die zweifellos irgendwo lauerten. Schon vernahm er die imaginären »olé« einer begeisterten Menge. Seit 24 Stunden lebte er in der ungeduldigen Übererregung eines Knaben, dem man ein Spielzeug versprochen hat. Und hier lag dieses Spielzeug vor seinen Augen, ein geheimnisumwobenes, tödliches, zutiefst spanisches Spielzeug. Horillo, dessen Leidenschaft weniger heftig war, zerbrach sich den Kopf vor allem über die Art, wie man den Stier hindern könnte, zur Herde zurückzukehren, da ihr Vorhaben sonst zum Scheitern verurteilt wäre. Aber er konnte nicht lange nachdenken. Schon lief Manuel auf das Tier zu, das sich überrascht erhob; er stieß heisere Schreie aus und fuchtelte mit den Händen, um es von seinen Gefährten wegzuscheuchen. Und eine wilde Jagd begann. Anfangs floh das zornige Tier geradeaus, dann drehte es sich jäh um und warf sich seinen Verfolgern entgegen. In Sekundenschnelle mußten sich Manuel und Juan, nun ihrerseits überrascht, auf einen Baum schwingen, um dem Ungeheuer zu entschlüpfen, dessen Hufe auf dem gefrorenen Boden erdröhnten. Kaum war die Gefahr vorüber, bemächtigte sich Manuel wieder des Schlachtfelds. Die Verfolgung dauerte mehrere Stunden. Schon begann der Mond am Horizont zu verschwinden, als der Stier endlich außer Atem stehenblieb.

Wie ein von der Hundemeute gestellter Hirsch floh er nicht länger. Allein in dieser feindlichen Umgebung stellte er sich zum Kampf: Er scharrte mit seinen Hufen den Boden und wiegte den Kopf wie eine Schlange, als wolle er mit seinen Hörnern einen Stern vom Himmel reißen. Zorn und Furcht röteten seine kleinen Augen und sein trockener, stoßweiser Atem durchbrach die Stille der Nacht. Die Dunkelheit verlieh ihm eine entsetzenerregende Größe. Reglos starrte ihn Manuel an und wiederholte hingerissen: »Er gehört mir ... er gehört mir ... er gehört mir ...« Mit einer bedächtigen Bewegung entfaltete er sein Tuch und breitete es so weit wie möglich aus. Dann ließ er den Stoff mit einem unmerklichen Schütteln aus dem Handgelenk erzittern und ging vorwärts. Als er nicht einmal mehr zehn Meter von seinem Gegner entfernt war, blieb er stehen und stellte sich im Profil auf. Die Füße geschlossen, den Oberkörper vorgeneigt, den Kopf zum Stier gewendet, in der eindrucksvollen Pose des herausfordernden Kämpfers erstarrt, ließ er seine *Muleta* hin und her pendeln und fesselte so die Aufmerksamkeit des Tiers. Trotz der Dunkelheit, die mit dem Monduntergang immer dichter wurde, konnte Manuel die Augen des Stiers der Bewegung des Stoffs folgen sehen. Und mit einem wilden Satz stürzte sich das Tier in die Falten der *Muleta*, genau wie es im Film über Currito de la Cruz gewesen war, genau wie es Luis Rodríguez seinen Schülern erklärt hatte. In einem heftigen Luftwirbel raste der Stier vorbei. Mit aller Kraft umklammerte Manuel den Weidenstab, der die *Muleta* hielt, und machte eine weitausholende Armbewegung, um den Stier zu »entlassen«. Dann drehte er sich im gleichen Augenblick um wie sein Gegner, um sich ihm neuerlich zu stellen. Einmal, zweimal, dreimal tauchte das Tier aus dem Schatten, um sich mit gesenktem Kopf in die lockende Bewegung des Tuchs zu stürzen. Toll vor Freude schrie Manuel so laut auf, daß man es bis Palma hätte hören können. Doch in dieser Nacht ließen ihn die Götter der *Fiesta Brava* allein mit seinem Glück; niemand störte das seltsame Ballett im taufeuchten Gras, das die Geburt eines neuen Matadors besiegelte.

Erschöpft von der Anstrengung und der Erregung brach Manuel endlich den Kampf ab. Er ließ das Tier stehen und warf sich an der Seite

Juans auf den Boden. Schweißüberströmt, vor Freude zitternd, barg er seinen Kopf am Stamm einer alten Eiche und seufzte tief auf. Und dann hörte Horillo nach einem langen Schweigen, das er nicht zu brechen gewagt hatte, seinen Freund immer wieder triumphierend murmeln: »Fenomenal ... fenomenal ... fenomenal ...«

Von da an gehörte Manuel Benítez mit Leib und Seele den endlosen Weiten, durch die die Stiere Don Felix Morenos und der anderen Züchter streiften. Aber auf den wunderbaren ersten Kampf sollten Tage und Nächte der Grausamkeit, des Leidens und manchmal der Verzweiflung folgen. Da Manuel sich mit seinem ganzen Wesen dem geheiligten Weg der *Fiesta Brava* verschrieben hatte, war er es sich schuldig, zuerst deren Hauptregel zu respektieren. So verzichtete er auf die Stiere, denen ein Mensch nur bei der Corrida gegenübertreten darf, und setzte seine nächtlichen Kämpfe mit wilden Kühen fort. Diese Tiere – Mütter und Schwestern von Kampfstieren – besaßen alle Tugenden ihrer Rasse. Aber bei ihnen kam zu Adel und Tapferkeit eine außerordentliche Intelligenz, die ihre Gefährlichkeit noch erhöhte. Die meisten von ihnen hatten in den *Tientas* oder in den Mondnächten das Spiel mit der *Muleta* bereits kennengelernt, und diese Erfahrung kam die beiden Torerolehrlinge teuer zu stehen.

Am härtesten waren die Winternächte. Oft entkamen sie, vom eisigen Wasser des Guadalquivir gelähmt, nur mit knapper Not dem Ertrinken. Mit lappenumwickelten oder meist sogar nackten Füßen liefen sie in der Dunkelheit durch dorniges Gestrüpp, über Disteln und scharfe Steine. Zerkratzt und zerschunden, das Hemd in Fetzen, gelangten sie nach einem mehrstündigen Gewaltmarsch auf die Weiden, wo sie, in ein Dickicht gekauert, bis zum Mondaufgang schliefen. Dann erhoben sie sich, klamm vom Frost, und gingen an ihr Werk. Sie sonderten ein Tier von der Herde ab und verfolgten es, bis es nicht mehr weiterkonnte und sich stellte. Es waren wilde, grausame, gefährliche Zweikämpfe. Manuel und Horillo wurden in die Luft geworfen, niedergestoßen, zertrampelt und bezahlten ihren Wagemut mit furchtbaren Verletzungen. Die Hörner trafen sie in Bauch, Brust, Schenkel, Hoden. Unter manchen Stößen brachen sie schreiend zusammen, wanden sich vor Schmerzen und erbrachen, nach Atem ringend. Manuel Benítez entsinnt sich an das Entsetzen mancher Nächte, da tückische Tiere sie zwangen, Reißaus zu nehmen, nachdem sie sie fast getötet hatten. »In diesen Nächten«, erinnert er sich, »waren unsere Körper eine einzige brennende Wunde.«

Eines Nachts fühlte Manuel ein jähes Feuer durch seinen Schenkel zucken. Ein Windstoß hatte die *Muleta* gegen seinen Körper gepreßt und so den Angriff einer riesigen Kuh mit nadelspitzen Hörnern auf ihn gelenkt. Horillo lockte das Tier von seiner Beute weg und schleppte seinen Freund unter einen Baum. Das Blut floß in Strömen. Gezwungen, die Rolle eines Wundarztes zu übernehmen, löste Juan den Strick, der ihm als Gürtel diente, und band das verletzte Bein ab. Dann leerte er über die Wunde das einzige Antiseptikum, das er besaß und das er bei diesen nächtlichen Eskapaden stets bei sich trug: ein Fläschchen Essig. Manuel schrie auf. Und zum erstenmal in seinem Leben wurde dieser so abgehärtete Bursche ohnmächtig.

Monat für Monat, im Zyklus des Mondes, empfingen die wilden Herden Don Felix Morenos den Besuch der beiden Torerolehrlinge. Durch die Hartnäckigkeit, die sie aus einer verzehrenden Leidenschaft schöpften, durch die Inspiration, die sie in Tränen und Leiden fanden, durch den Blutzoll, den sie an die andalusische Erde entrichteten, drangen Manuel Benítez und Juan Horillo nach und nach in das Geheimnis Curritos ein. Die aufgehende Sonne fand sie auf der Straße nach Palma. Zerschunden, zerschlagen, zerlumpt, von Kot und Blut bedeckt, kehrten sie heim und fielen erschöpft auf ihre Strohsäcke, um eine neue Nacht, einen neuen Mond, einen neuen Hornstoß zu erwarten.

Angelita Benítez erzählt

»Ich wollte, daß mein Bruder etwas wird. Ich wollte, daß er bei Don Carlos bleibt und lesen und schreiben lernt, damit er es einmal besser hat als wir. Ich wollte, daß er ein tüchtiger Arbeiter wird wie mein Vater, ernsthaft und geachtet. Ich wollte nicht, daß er auch ein armer *peón* wird, der auf der Plaza de los Trabajadores beim Verwalter von Don Felix Moreno um Arbeit betteln muß.

Aber nein, er konnte seine Stiere nicht lassen. Ich weiß nicht, wer ihm diesen Floh ins Ohr gesetzt hatte. Jedenfalls niemand von uns. Bei uns wurde nie von Stieren gesprochen. Mein Vater war sein Leben lang zu keinem Stierkampf gegangen. Aber Manuel war nicht wie die anderen. Er mußte seine Stiere haben.

Ich glaube, das alles hat damals begonnen, als ich merkte, daß er ein Stück unserer Bettdecke gestohlen hatte. Von da an ging er überhaupt nicht mehr in die Schule. Am Morgen kam er von oben bis unten voll Schmutz zurück, und die Gassenbuben schrien, daß er wieder bei den Stieren gewesen sei.

Ich schlug ihn. Ich verbleute ihn, was meine Arme hergaben. Aber das machte keinen Eindruck auf ihn. Er war viel stärker als ich. Er weinte nie. Er bat nie um Entschuldigung. Er verkroch sich einfach in einen Schmollwinkel, wie ein geprügelter Hund. Ich glaube, meine Verzweiflung ging ihm doch ein bißchen zu Herzen, denn er versprach mir, nicht mehr zu den Stieren zu gehen. Drei oder vier Tage lang hielt er Wort. Und dann fing es wieder an. Es war immer das gleiche. Sein Gewand war zerfetzt und stank nach Kuhmist, und ich mußte es flicken und waschen. Ich schlug ihn wieder, aber das hatte keine Wirkung.

Er sagte: ›Laß mich nur machen, Angelita. Ich werde ein Torero und dann kaufe ich dir ein Auto.‹ Oder: ›Ich werde sehr reich sein, und ihr werdet alle genug zu essen haben‹, oder auch: ›Reg dich nicht auf, wenn ich ein Torero bin, bin ich jemand, und deine Tochter kann einen Grafen heiraten.‹ Er erzählte mir eine ganze Menge Dinge von der Sorte.

Nichts konnte ihn ändern. Er beteuerte jedesmal, daß es das letzte Mal gewesen sei und daß er wieder in die Schule gehen werde, um mir eine Freude zu machen. Ich wünschte mir nichts sehnlicher. Endlich jemanden in der Familie zu haben, der ein bißchen lesen und schreiben kann! Wie meine Eltern stolz gewesen wären! All diese Schinderei, die ich auf mich nahm, damit wir etwas zu essen hatten, dieses Häusertünchen, dieses Wäschewaschen, diese Feldarbeit, all das hätte einen Sinn gehabt, wenn er bloß bei Don Carlos geblieben wäre. Aber immer ging alles schief. Ich glaubte schon, daß man keine einzige Träne mehr aus mir pressen könnte, aber mein Bruder schaffte es mit seinen Stieren. Ich glaubte nie an seine Versprechungen. Ich glaubte nie an seine Stiere. Ich betete jeden Abend zur Heiligen Jungfrau, daß sie ihn vor den Hörnern schützt, daß sie ihn zu mir zurückführt und daß sie einen anständigen Mann wie meinen Vater aus ihm macht und nicht einen Taugenichts.

Als ich schließlich begriff, daß er nie wieder in die Schule gehen würde, sagte ich ihm, daß er wenigstens arbeiten müsse wie alle anderen auch, um die Familie ernähren zu helfen. Aber es war, als ob ich zu einer Wand redete. Er wollte Torero werden, er wollte jemand von Bedeutung werden. Mir wäre es tausendmal lieber gewesen, er wäre heute weniger berühmt und hätte dafür damals gearbeitet. Es wurde immer ärger. Er schlich in der Nacht heimlich weg, kehrte erst am Morgen zurück und verschlief den ganzen Tag. Wenn ich abends heimkam, sah ich manchmal Blut auf dem Strohsack, auf dem er gelegen war.

Eines Tages fand ich ihn mit einem schrecklichen Loch in seinem Bein. Alles war voll Blut. Ich nahm, was ich hatte, ein Fläschchen Alkohol und schüttete es über seine Wunde. Das muß ihm furchtbar weh getan haben, aber er gab keinen Ton von sich. Wer weinte, war ich. Ich weinte, weil ich es nicht ertragen konnte, meinen kleinen Bruder so zugerichtet zu sehen. Hätte ihm der Alkohol nur so weh getan, daß er nie wieder zu den Stieren gegangen wäre!

Damals haßte ich die Stiere Don Felix' wie sonst nichts und niemanden in meinem ganzen Leben. Mein Vater und all die anderen hatten wie Sklaven geschuftet, damit Don Felix reich wurde und sich Stiere halten konnte. Alles, was wir während des Kriegs mitgemacht hatten, war Don Felix' wegen gewesen, weil wir seine Stiere gegessen hatten. Er hatte für diese verfluchten Bestien den halben Ort massakriert. Und jetzt versuchten seine Tiere meinen Bruder umzubringen.

Da lag Manuel, und die Tiere Don Felix' waren schuld, daß er blutete. Es war, als hätte uns Don Felix selbst mit Hilfe der Hörner seiner Stiere bis in dieses elende Loch verfolgt, in dem wir hausten.

Herrgott, ich konnte das nicht begreifen! Ich konnte nicht verstehen, warum mein Bruder die Stiere nicht lassen konnte!«

Das Café lag an der Plaza de los Martirios, am Ende der staubigen Straße, auf der Manuel und Juan von den Weiden zurückkamen. Es war so klein, daß nicht einmal ein Dutzend Gäste zugleich Platz finden konnte. In der Luft hing ein solcher Gestank von ranzigem Fett, kaltem Tabakrauch und billigem Wein, daß man zweifellos einen gewichtigen Grund haben mußte, um hineinzugehen. Und diesen Grund gab es, denn das Café war immer voll. Die Ursache der Vorliebe der Palmeños für dieses Lokal thronte wie ein Buddha hinter der Theke. Es war der Chef des Hauses, Pedro Charneca, der jeden Gast mit dem gleichen verstohlenen Zwinkern begrüßte. Mit seinen riesigen, behaarten Pranken, seinem gewaltigen Bauch, über dem das abgewetzte Hemd fast aus den Nähten platzte, und seinem ewigen Zigarettenstummel im Mundwinkel war Charneca einer der malerischsten und bekanntesten

Erscheinungen in Palma. Als einziger unter den Armen der Stadt hatte er die Gunst des Schicksals genossen. Er hatte sein Leben als Kaffeehauskellner begonnen. Im Bürgerkrieg hatte er, wegen seiner Fettleibigkeit vom Wehrdienst befreit, ohne Unterschied die roten Milizen Juan de Españas und ihre frankistischen Nachfolger bedient. Später hatte er wie alle Palmeños das Grauen der Hungersnot kennengelernt. Aber dann, an einem schönen Sommermorgen des Jahres 1940, hatte ein kleines Stück Papier das Leben Charnecas mit einem Schlag verändert. Es trug eine Nummer, die Nummer 84667. Es war ein Los der nationalen Lotterie. An jenem Tag gewann das Los Nummer 84667 den Haupttreffer von 90000 Peseten. Das war zu jener Zeit eine so ungeheure Summe, daß einzig ein Mann wie Don Felix Moreno ihren ganzen Umfang begreifen konnte.

Auf der Stelle hängte Charneca seinen Beruf an den Nagel und wechselte an die andere Seite der Theke. Er war sein Leben lang arm wie eine Kirchenmaus gewesen, aber er war dennoch klug genug zu bedenken, wie einsam ein reicher Mann oft ist. Um dieser Gefahr zu begegnen, postierte er sich jeden Morgen am Ausgang der Stadt, an der Straße, über die die Arbeiter auf die Felder zogen. Hier hielt er alle seine Freunde an. »Wohin gehst du?« fragte er. »Arbeiten? Und wieviel verdienst du dabei? Zehn Peseten? Da hast du die zehn Peseten. Komm mit mir auf ein Glas!« Wenn er auf diese Weise ein Dutzend Kumpane gefunden hatte, watschelte er mit seinem Nilpferdgang vor ihnen her ins nächste Café, wo sie den Tag mit Saufen und Kartenspielen hinbrachten.

Dieses Leben dauerte fast ein Jahr. Dann beschloß Charneca, die Tapeten zu wechseln – ein Entschluß, den die Gutsverwalter mit Wohlgefallen aufnahmen. Er nahm den Zug nach Sevilla. Dort schlug der ehemalige Kaffeehauskellner sein Hauptquartier im berühmtesten Bordell der Stadt auf. Mehr als ein Jahr lang lebte er in Saus und Braus und brachte sein Vermögen mit den Freudenmädchen von Sevilla durch. Als seine Börse nur noch 3000 Peseten enthielt, hatte er einen Anfall von Weisheit. Er fuhr nach Palma zurück und kaufte das kleine Café, wo er zu einem von allen *Aficionados* des Orts anerkannten und respektierten Orakel wurde. Denn außer dem Weißwein hatte der dicke Charneca noch eine andere große Leidenschaft. Jeden Abend versammelte sich an der abgescheuerten Theke seines Cafés die Welt der *Fiesta Brava* von Palma.

Hinter dem Cafetier, über der staubigen Schiefertafel, die als Rechnungsbuch fungierte, prangte der Stolz des Hauses: der ausgestopfte Kopf des ersten Stiers, der, 1874, in der Arena von Madrid getötet worden war. Unter dem tückischen Blick dieses Fetischs, ein ständig nachgefülltes Glas *vino seco* zwischen den fleischigen Fingern, gab Charneca mit der Majestät eines orientalischen Patriarchen seine Audienzen. Wegen der Schwere seiner Hängebacken brachte er nur ein undeutliches Nuscheln hervor, aber jedes Wort, das aus seinem Mund kam, wurde von den Palmeños respektiert. Zugleich Autorität, Statistiker und Orakel für alles, was mit der Corrida zusammenhing, genoß er so hohes Ansehen, daß er ohne Übertreibung behaupten konnte: »Jedesmal wenn jemand etwas über die Stiere wissen will, kommt er zu mir.«

Seine Leidenschaft für die *Fiesta Brava* war so übermäßig, daß sie dem bescheidenen Cafetier eine zweifelhafte Ehre einbrachte: die höchste Telefonrechnung der Stadt und möglicherweise der ganzen Provinz. Unter großen Kosten hatte sich Charneca in seiner Bar diese Bequemlichkeit installieren lassen, die gemeinhin den Leuten eines viel höheren sozialen Standards vorbehalten war. Jeden Abend während der Stierkampfsaison rief er in allen Städten Spaniens an und schrieb die Ergebnisse der Corridas des Tages auf eine Tafel, die er voller Stolz an der Tür seines Lokals befestigt hatte. Keine spanische Zeitung, versicherte er, brachte so rasche Informationen wie sein improvisiertes Bulletin. Zwölf Fotografien, die Charneca verehrte wie ein Mönch vom Berg Athos seine Ikonen, klebten an den Wänden des Cafés. Sie stammten aus einem Kalender, der die Vorzüge des Manzanilla-Weins »Pagoda San León« anpries, und zeigten Manolete in einigen der schönsten Figuren seiner Kunst.

Selbstverständlich zog ein solches Heiligtum der Tauromachie Manuel Benítez unwiderstehlich an. Pedro Charneca erinnert sich nur dunkel an den Tag, da dieser zum erstenmal sein Lokal betrat. Erst nach einiger Zeit fiel ihm der zerlumpte Bursche auf, der sich diskret abseits hielt, gleichsam als ein Teil der schmutzigen Umgebung, und lange, in Ekstase versunken, vor den Fotos Manoletes stehenblieb. Oft brauchte der Cafetier nur das zerrissene, blutverkrustete Hemd dieses stummen Besuchers anzusehen, um zu wissen, daß er die Nacht bei den Stieren verbracht hatte.

Eines Morgens, als Charneca allein mit dem schüchternen Burschen war, bot er ihm, von Neugier und Mitleid gepackt, einen Teller *tapas* an. Und mehr noch als diese Geste waren es die Worte des übelriechenden Cafetiers, die an jenem Tag ein Band der Freundschaft zwischen den beiden *Aficionados* knüpften, das die Jahre und eine Reihe von Abenteuern unzerreißbar machen sollten. »Paß auf, Kleiner«, nuschelte Pedro Charneca und deutete mit seinem riesigen Daumen auf die Fotografien, »wenn du ein großer Matador werden und viel Geld verdienen willst, mußt du es machen wie er: Wenn der Stier an dir vorbeirast, mußt du unbeweglich bleiben wie eine Statue, die Füße wie aneinandergeschmiedet. Das ist das ganze Geheimnis.«

Fünfzehn Jahre lang hatte sich das Aussehen des weißgetünchten Hauses mit den grünen Fensterläden in der Calle Pacheco nicht geändert. In den Blumenkistchen auf den schmiedeeisernen Balkongittern blühten wie immer die grellroten Dolden der Pelargonien. Drinnen hing das Telefon – Nummer 49 von Palma del Río –, das am 18. Juli 1936 den Sergeanten der Zivilgarde Emilio Patón und seine acht Männer zur Rebellion und zum Sterben gerufen hatte, immer noch am selben Platz und wurde nach wie vor mit der antiquierten Handkurbel bedient. Geblieben war auch die riesige Karte des Gebiets um Palma, auf der Patón die Unruhen lokalisiert hatte, die in dem seiner Obsorge unterstellten Winkel Andalusiens ausgebrochen war.

Was sich verändert hatte, waren die Bilder an den Wänden und natürlich die Besatzung des Postens. An der Stelle, an der ehedem das Foto des Präsidenten der Republik Manuel Azaña, des Mannes mit den Eulenaugen, gehangen war, befand sich nun das offizielle Farbporträt des Generals Francisco Franco. Hinter dem Schreibtisch aus hellem Holz, wo einst Emilio Patón davon geträumt hatte, sich an die Küsten seines heimatlichen Galicien zurückzuziehen, saß nun ein anderer Uniformierter. Er hieß Rafael Mauleón. Er war ein stämmiger Mann mit massigen Schultern und muskulösen Armen. Seine Gesichtshaut war lederartig, rissig wie eine von der Sonne ausgedörrte Pfütze, und ihre scharlachrote Farbe verriet eine ungesunde Spannung, die sie wahrscheinlich den zwei Litern *vino tinto* verdankte, die der Sergeant Mauleón Tag für Tag zu konsumieren pflegte.

Wegen dieser auffallenden Gesichtsfarbe hatten die Einwohner Palmas dem Sergeanten ihrer Zivilgarde einen Spitznamen verliehen: »Tomate«. Darin drückte sich allerdings keinerlei Zuneigung, keinerlei Sympathie aus. Ein Polizist erweckt kaum je solche Gefühle, und ein spanischer Zivilgardist noch viel weniger als andere.

In diesen Nachkriegsjahren sah das spanische Volk in der Zivilgarde ein Instrument der Brutalität, ein Werkzeug, um die Armen zum Nutzen der Bonzen und der Reichen zu unterdrücken. Ein drakonisches Gesetz herrschte in dieser Organisation: Keines ihrer Mitglieder durfte in der Gegend Dienst tun, in welcher seine Familie oder die seiner Frau wohnte. Näherer Umgang oder gar freundschaftliche Kontakte mit der Bevölkerung waren strengstens untersagt. Versetzungen waren an der Tagesordnung, um jede gefühlsmäßige Bindung an eine Stadt oder ein Dorf zu verhindern. Dank diesen Vorkehrungen konnten der spanische Staat und jene, die er schützte, sich auf ihre Zivilgardisten verlassen. Diese Männer führten jeden beliebigen Befehl rasch, zuverlässig und rücksichtslos durch.

Rafael Mauleón, genannt »Tomate«, kam aus einem asturischen Dorf. Dort hatten ihm die Bergleute das Leben sauer gemacht. Sie hatten die Niederlage der Republik nicht zur Kenntnis nehmen wollen. Von Zeit zu Zeit hatte die Bevölkerung der Zivilgarde richtiggehende Schlachten geliefert, und Jahre einer gnadenlosen Brutalität waren nötig gewesen, um in diesen Bergen Ruhe und Ordnung herzustellen. Das wirkungsvolle Durchgreifen des Zivilgardisten Mauleón hatte diesem eine Beförderung und die Versetzung zu diesem geruhsamen Posten in Andalusien eingetragen.

Um Palma und seine Umgebung zu überwachen, verfügte »Tomate« über zwölf Mann, sechs Pferde und zwei Polizeihunde – reichlich genug für die täglichen Angelegenheiten einer kleinen Stadt, in der nur ein Ehezwist, ein Streit zwischen zwei Hitzköpfen und die Bewachung der Straßen sowie der beiden Brücken das Eingreifen der Zivilgarde rechtfertigen konnten. Und Mauleón hatte nicht die Absicht, irgend jemanden dieses beschauliche Dasein stören zu lassen. Seine einzige Sorge war, sich mit den Mächtigen des Orts gutzustellen. Ein Mann wie Don Felix Moreno konnte mit einem einzigen Anruf bei seinem Freund, dem Gouverneur der Provinz Córdoba, die Rückversetzung des Sergeanten nach Asturien erreichen. Deshalb widmete sich die kleine Truppe vor allem der Überwachung der großen Güter. Bisher hatte nichts den Frieden der *Ganaderías* ernstlich beeinträchtigt. An jedem 1. Januar begab sich Sergeant Mauleón, die grüne Uniform frisch gebügelt, den lackierten Papiermachézweispitz glänzend wie Ebenholz, nach La Vega, um mit dem Herrn von Palma einen Toast auf die Ordnung, den Frieden und das Gedeihen des neuen Jahrs auszubringen.

Bis 1950 waren ihre Wünsche vom glücklichsten Erfolg gekrönt. Doch im Frühling jenes Jahres stellte »Tomate« mit wachsender Beunruhigung fest, daß immer häufigere Zwischenfälle die Ruhe der Güter bedrohten. Ununterbrochen klingelte das Telefon bei seinem Schreibtisch. Die Klagen kamen aus allen großen *Ganaderías* des Gebietes, darunter auch aus der Don Felix Morenos. Bald drang die wütende Stimme Don Felix' selbst aus dem Hörer. Regelmäßig, schrie er, drängen junge Taugenichtse in seine Weiden ein und reizten seine Stiere. Er legte Mauleón nahe, diesem Spuk unverzüglich ein Ende zu bereiten.

»Tomate« wußte, welche Bedeutung diesem Befehl zukam.

Er schwor, den Ruhestörern einen unerbittlichen Kampf zu liefern; einen ungleichen Kampf, in dem die Macht des spanischen Staats, vertreten durch einen beleibten Sergeanten und zwölf Männer, gegen zwei stierkampfbesessene Jugendliche zu Felde zog. Und für einen dieser beiden, Manuel Benítez, sollte der Weg zum Ruhm von einem ersten Markstein bezeichnet werden: von der Eintragung seines Namens in die Polizeiregister seines Landes.

Von da an waren das Pfeifen des Windes von der Sierra, das Zirpen der Zikaden und das dumpfe Brüllen der wilden Stiere nicht mehr die einzigen Geräusche in der andalusischen Nacht. Auf den Weiden erscholl das Hufgeklapper der Pferde der Zivilgarde. Sergeant Mauleón, entschlossen, die Ordnung um jeden Preis wiederherzustellen, entfaltete die Betriebsamkeit eines Feldherrn. Nacht für Nacht schickte er seine Männer mit dem Auftrag los, ihm die Halunken tot oder lebendig zu bringen, die die Ruhe der Herden und also auch seine eigene zu stören wagten. Eingehüllt in ihre Umhänge, ritten die Gardisten über das Land, düstere Silhouetten vor dem mondhellen Himmel. Aber der Waisenknabe aus der Calle Belén und sein Kumpan Horillo blieben unauffindbar, und in der Calle Pacheco regnete es weitere Beschwerden. Wütend beschloß der Sergeant, sich persönlich an die Spitze seiner Patrouillen zu stellen. Er teilte seine kleine Streitmacht in drei Gruppen und begann die Weiden systematisch zu durchkämmen. Bis zum Morgengrauen erschollen nun beim geringsten Geräusch die rauhen Befehle: »Alto, Guardia Civil!« – halt, Zivilgarde! In einer Sommernacht entdeckten endlich zwei Reiter das Wild, das sie so lange gehetzt hatten. Auf einer Lichtung bearbeitete Manuel Benítez eine junge Kuh mit der *Muleta.* Die beiden Männer galoppierten vorwärts, doch als der erste die Lichtung erreichte, traf ihn ein Stein am Kopf. Unter dem Anprall taumelte er und fiel von seinem Pferd. Der zweite Reiter, vom Sturz seines Gefährten erschreckt, rief um Hilfe. Und sogleich hörte man von allen Seiten weitere Schreie, und das ganze Land schien sich in Bewegung zu setzen. Die Feldhüter von Don Felix kamen angelaufen. Manuel und Horillo nützten die Verwirrung, verschwanden in der Dunkelheit und ließen ihre Gegner wieder einmal unverrichteter Dinge zurück.

Die beiden Stierkämpferlehrlinge verdoppelten nun ihre Vorsicht, verließen ihr Heim erst nach Anbruch der Nacht und kehrten vor Morgengrauen nach Hause zurück. Manchmal blieben sie drei ganze Tage auf den Weiden, versteckten sich tagsüber im dornigen Gestrüpp und kämpften nachts mit den Rindern. Sie nährten sich von Eicheln, Gras, gestohlenen Orangen und führten ein ebenso wildes Leben wie die Tiere, die sie verfolgten. Aber jeden Tag zogen sich die Schlingen enger um sie zusammen. Don Felix Moreno hatte Garden aufgestellt, die nun die Patrouillen des Sergeanten Mauleón verstärkten. Um ihr Wild zu stellen, griffen die Verfolger zu mannigfaltigen Listen, die sich allerdings manchmal gegen sie selbst wandten. Eines Nachts banden zwei Zivilgardisten ihre Pferde an einen Baum und legten sich an einem nahen Weg in den Hinterhalt. Als sie bei Tagesanbruch ihr Versteck verließen, waren ihre Pferde verschwunden. Um ihren Jägern zu entkommen, hatten Manuel und Horillo sich kurzerhand auf die Reittiere der Polizisten geschwungen.

Doch niemand kann der spanischen Zivilgarde ewig trotzen. In einer Winternacht fielen die beiden Torerolehrlinge schließlich in ihre Hände. Mit vorgehaltenen Revolvern wurden sie in die Calle Pacheco geführt und in den Hof des Pferdegeheges gesperrt, wo »Tomate« sie verhörte. Dieses Verhör war eine denkwürdige Prozedur, deren Spuren die Körper der beiden Burschen noch lange tragen sollten. Der Sergeant hatte sich mit seinen beiden Maskottchen bewaffnet, zwei Stöcken mit silbernem Knauf, denen er die Namen der beiden berühmtesten Rivalen in den Arenen der Nachkriegszeit verliehen hatte: Manolete und Arruza. Er ließ die Gefangenen an einem Pfosten des Pferdestalls anbinden. Dann schwang er abwechselnd »Manolete« und »Arruza«, und ein Hagel von Prügeln prasselte auf die beiden unglückseligen Burschen. Manuel und Horillo schrien, daß es das ganze Viertel hören konnte. Nur noch die Kraft ihrer Fesseln hielt sie an ihrem Pfahl aufrecht. Schließlich befahl der Sergeant einem seiner Männer, sie loszubinden, und die beiden fielen striemenbedeckt, mit zerschlagenen Knochen, in den Pferdemist.

Als Manuel Benítez einige Stunden später mit dröhnendem Kopf, zerschundenem Körper und blutverkrustetem Gesicht wieder zu sich kam, fühlte er einen bohrenden Krampf in seinem Magen: Noch schmerzhafter als die Bastonade des Sergeanten war der Hunger. Diese Heimsuchung war ihm vertraut. In den drei Tagen, seit sie losgezogen waren, hatten Manuel und Juan kaum etwas gegessen. Und nun schien es dem Burschen aus der Calle Belén, »daß das Leben mich verließ wie der Zug der Störche im Frühling«.

In einem letzten Aufflackern des Selbsterhaltungstriebs kroch Manuel – so erinnert er sich – über die feuchte Spreu des Pferdestalls bis zum Futtertrog der Pferde, um dort die einzige Nahrung zu suchen, die es an diesem Ort gab: ein wenig Hafer und Kleie.

Während der folgenden zehn Tage erhielten die Gefangenen täglich eine neue Tracht Prügel, die ihre Wunden wieder öffnete und sie halb bewußtlos zurückließ. Diese Züchtigungen fanden unter freiem Himmel statt, und zahllose Palmeños konnten von ihren Fenstern und Balkons aus zuschauen. Der dicke Cafetier Charneca erschien eines Tages an der Brüstung eines dieser Balkons und überbrachte durch seine Gegenwart die heimliche Unterstützung der *afición.* Auch die Verwalter der großen Güter kamen, um sich öffentlich an der Bestrafung der Übeltäter zu weiden, die den Frieden ihrer Herden gestört hatten. Eines Abends stieß auf einem Balkon eine Frau einen Schrei aus. Angelita Benítez, seit zehn Tagen ohne Nachricht von ihrem Bruder, hatte endlich erfahren, daß er in der Calle Pacheco eingesperrt war. Und nun mußte sie ohnmächtig zusehen, wie er geschlagen wurde.

Die beiden Stierkämpferlehrlinge vegetierten dahin wie Tiere: sie entwendeten den Pferden ihren Hafer, tranken aus ihren verrosteten Eimern, schliefen auf ihrem schmutzigen Stroh. Am Morgen des vierten Tags aber sahen Manuel und Horillo plötzlich zwei kleine, in Zeitungspapier gewickelte Pakete in den Hof fallen. So schnell es ihre geschundenen Glieder erlaubten, stürzten sie sich darauf. In dem einen Päckchen fanden sie eine Schnitte Brot, im anderen ein Stück Wurst. Sie blickten auf, um herauszufinden, woher dieses wunderbare Manna gekommen war. Über dem Hof sahen sie nichts als die halbgeschlossenen Jalousien der Wohnung ihres Henkers, des Sergeanten Mauleón. Und darüber den Himmel.

Morgen für Morgen fiel nun dieses gottgesandte Almosen in den Hof. Eines Tages sah Manuel unter der Jalousie eine Frauenhand erscheinen; in den Fingern hielt sie ein kleines weißes, in der lauen Brise flatterndes Taschentuch. Solche Tücher schwenkt die Menge in den Arenen, um für einen Matador die Trophäen zu fordern. Bei diesem Zeichen der Ermunterung begriff Manuel, daß die Stunde ihrer Befreiung nahe war. Und endlich erkannte er, wer die Wohltäterin war, die sie vor dem Hungertod bewahrt hatte. Es war die Frau des Sergeanten Mauleón.

Unter einem letzten Hagel von Hieben wurden Manuel Benítez und Juan Horillo auf die Straße geworfen, mit der Drohung, daß sie beim ersten Rückfall hinter die Mauern des Gefängnisses von Córdoba wandern würden; mit gesenktem Kopf und bedrückter Miene schlichen sie heim. Sie waren frei, aber im Register der Zivilgarde verblieb eine vier Zeilen lange Notiz, durch die sie ein für allemal in das Räderwerk der Polizei ihres Landes geraten waren. Mit seiner sauberen Kanzleischrift hatte der Sergeant Mauleón unter dem Namen Manuel Benítez vermerkt: »Dringt ständig in fremden Besitz ein, um Obst und Gemüse zu stehlen. Stört das Vieh auf den Weiden. Objekt zahlloser Klagen. Unverbesserlicher Delinquent.«

Für Angelita Benítez und die Mutter von Juan Horillo war dies eine Zeit der Schande und Demütigung. Zu jeder Tages- und Nachtstunde drangen die Zivilgardisten bei ihnen ein, um sich zu überzeugen, ob Manuel und Juan nicht auf die Weiden geschlichen seien. Es gab keinen Diebstahl, keinen Streich, der nicht den beiden Burschen in die Schuhe geschoben wurde: Die Ruhe des Sergeanten Mauleón erforderte, daß alle Missetaten der Welt ihnen aufgebürdet wurden.

Aber nichts, weder der Hunger noch die Polizei noch die Bitten Angelitas noch die Ermahnungen des Pfarrers Don Carlos, konnte Manuel von dem Weg abbringen, den er erwählt hatte. Unterstützt von den Ratschlägen und dem Vertrauen des dicken Charneca, trotzte er allen Hindernissen und überquerte den Guadalquivir wieder, um die Stiere Don Felix Morenos herauszufordern.

In einer Mainacht 1954 – er war gerade 18 Jahre alt geworden – verließ ihn das Glück neuerlich. Er wurde von den Männern des Sergeanten Mauleón überrascht, sofort nach Córdoba geschickt und wegen »Vagabondage auf fremdem Besitz« zu drei Monaten Gefängnis verurteilt. Der Mann, der einmal das umschwärmte Idol der Spanierinnen werden sollte, mußte seine Mannesjahre dort beginnen, wo sein

Vater die seinen beendet hatte: hinter den grauen Mauern von Miraflores, dem Zuchthaus von Córdoba.

Angelita hatte gehofft, daß die Haft in Miraflores Manuel eine Lehre sein und ihn endlich von den Stieren abbringen werde. Sie täuschte sich. Kaum war er in die Calle Belén zurückgekommen, zog er auch schon wieder mit Horillo auf die verbotenen Weiden. Aber diesmal beschlossen die beiden Stierkämpferlehrlinge, um dem Sergeanten Mauleón zu entgehen, die Umgebung der kleinen Stadt zu meiden. Sie begaben sich nach Süden, in Richtung Sevilla, zu den großen *Ganaderías* des unteren Guadalquivirtals. Ihre Expeditionen dauerten fünf Tage, eine Woche und manchmal zwei. Schmutzig, ausgehungert, müde zum Umfallen und oft genug verwundet, kamen sie nachts nach Palma zurück und zogen am Morgen wieder los, ohne einer Menschenseele etwas zu sagen. »Eines Tages«, erzählt Angelita Benítez, »glaubte ich, daß mein Bruder nie wieder zurückkehren werde. Er war wie üblich verschwunden, mit nichts als seinem Hemd und seiner geflickten Hose und der alten Mütze, die er nie ablegte. Eine, zwei, drei Wochen verstrichen, ohne daß ich irgend etwas von ihm hörte. Ich sah ihn schon im Gefängnis oder in einem Spital oder irgendwo auf einem Friedhof. Jeden Abend, wenn ich vom Feld heimkam, lief ich zu Ana Horillo und fragte sie, ob sie irgend etwas wisse. Ana konnte lesen, und tagtäglich knappte sie sich ein paar Céntimos ab, um Zeitungen zu kaufen, in der Hoffnung, darin etwas über ihren Sohn oder Manuel zu erfahren. Sie las nicht die Stierkampfseite, sondern nur die Spalten mit den Unfällen, den Verbrechen und den Notizen über Verhaftungen. Aber sie fand nie irgend etwas in diesen Zeitungen. Eines Tages – fünf Monate waren seit dem Verschwinden Manuels vergangen – sagte mir ein Lastwagenchauffeur, daß er meinen Bruder und Juan Horillo auf einer Straße in der Nähe von Huelva gesehen habe. Weitere zwei Monate verstrichen. Und dann hörte ich eines Nachts ein Geräusch an der Tür. ›Tengo hambre‹, sagte er bloß – ich habe Hunger. Alles, was er mir nach sieben Monaten Abwesenheit nach Hause mitbrachte, waren ein leerer Magen, ein verlauster Kopf und ein blut- und dreckverkrustetes Hemd, das ich waschen mußte.«

»Kein Weg, keine Straße, kein Dorfplatz in ganz Andalusien, über die wir nicht gezogen wären. Monatelang durchstreiften wir auf der Suche nach einer Chance die Ebenen und Täler unseres Landes, bis zum Gebirge und bis zum Meer. Keine andalusische *Ganadería* – nicht einmal die des berühmten Don Eduardo Miura –, die nicht unseren Besuch empfangen hätte. Kein Stier, der nicht vor unseren Schreien geflohen wäre oder sich in unsere *Muletas* gestürzt hätte.

Wir irrten umher, frei wie ein Vogel, einer Laune folgend oder einem Wink, daß irgendwo eine *Tienta* stattfinde. Manchmal, wenn die Entfernungen zu groß waren, machten wir Autostopp. Wir fuhren in Lastwagen voll Getreide, Holz oder sogar Kampfstieren. Oft marschierten wir ganze Tage lang und erbettelten auf den Bauernhöfen ein bißchen Brot oder ein Stück *Chorizo*-Wurst. Wir kauten einmal da, einmal dort ein paar Früchte, ein wenig Gemüse, und wir wurden Meister in der Kunst, ein Huhn mit einem einzigen Steinwurf zu erlegen.

Manchmal benützten wir auch die Bahn. In den Personenzügen verkrochen wir uns unter die Bänke, wenn der Schaffner kam, oder wir kletterten aufs Dach. Wir kannten die Fahrpläne der Güterzüge genausogut wie die bestinformierten Eisenbahner. Wir wußten, in welchem Waggon wir uns verstecken konnten, wann die Transporte vorbeikamen und wohin sie fuhren. Einer unserer Lieblingszüge war der, den man ›El Pescador‹ – den Fischer – nannte, weil er jede Nacht Fische von Cádiz nach Madrid brachte. Kurz, jeder Winkel Andalusiens war uns ebenso vertraut wie die Straßen von Palma del Río.

In der schönen Jahreszeit schliefen wir auf freiem Feld, an einem großen Feuer, das wir uns machten. Hin und wieder fanden wir in einer verlassenen Hütte oder in einer Scheune Unterschlupf. Oft arbeiteten wir als Gegenleistung für etwas zum Essen und einen Schlafplatz im Pferdestall einen oder zwei Tage lang auf einem Bauernhof. Auf den Dorfplätzen entfalteten wir unsere *Muletas* und stellten eine kleine Tafel auf, auf die der Cafetier Charneca zwei Worte geschrieben hatte: ›Hungrige *Aficionados*‹. Ab und zu warfen Passanten etwas in das ausgebreitete Tuch – ein Stück Obst, eine Tomate, ein hartes Ei oder ein paar Céntimos.

Wenn weit und breit kein Dorf und kein bewohntes Haus war, mußten wir von dem leben, was wir auf den Weiden finden konnten.

Wir aßen wilden Spargel, Sauerampfer und das Mark von Disteln, und wir kauten an Pflanzen, die nach Karfiol schmeckten. Manchmal nährten wir uns auch bloß von gewöhnlichem Gras. Von alten Hirten, denen wir auf unseren Streifzügen zufällig begegneten, lernten wir, welche Kräuter blutstillend und heilkräftig wirken, was uns sehr zustatten kam, wenn uns die Stiere oder Kühe erwischt hatten. Wenn wir uns im Winter erkälteten, verbrannten wir Eukalyptusblätter, beugten uns über den Rauch und atmeten ihn ein, und so wurden wir wieder gesund.

Es war eine Zeit der Abenteuer. Manuel lernte das Handwerk des Matadors. Und ich stand ihm als seine Inspiration zur Seite.«

Die Früchte dieser Abenteuer waren bitter. In den Zigeunergassen von Triana und in den fauligen Sümpfen von Huelva, auf den Kais von Cádiz, von denen einst andere ehrgeizige Spanier zu den goldenen Städten der Inkas und zu den Tempeln Montezumas aufgebrochen waren, vor den maurischen Palästen von Granada, in den öden Ebenen Estremaduras und in den Gärten von Jaén: Überall jagten Manuel Benítez und Juan Horillo ihrem Wahn nach, verloren in der unermeßlichen Weite Andalusiens. Wie der Currito de la Cruz im Film, gehörten sie zu der Horde hungriger Burschen, die den direkten Weg zu ihrem Traum gewählt hatten. Doch für die meisten führte dieser Weg in Unglück und Verzweiflung. Die *Maletillas*, wie sie des armseligen Bündels wegen hießen, das sie sich aus ihren *Muletas* machten, repräsentierten in diesem Land der Flamencos und der klappernden Kastagnetten, der Corridas und der Spitzenmantillas die trostlose Kehrseite einer bezaubernden und verzauberten Welt. Ihre abgezehrten Gesichter, ihre brennenden Augen, ihre Lumpen, ihre Todesverachtung drückten ein ewiges Symbol Spaniens aus: die Armut.

Mitten im 20. Jahrhundert schlief Spanien immer noch unter dem Staub von Äonen, während seine nächsten Nachbarländer zu einem nie gekannten Reichtum aufblühten. Zur selben Stunde, da die Zivilgarde einer andalusischen Kleinstadt gegen zwei ruhmbesessene Jünglinge ausrückte, produzierte Spanien noch kein einziges serienmäßiges Automobil. Das Fernsehen war unbekannt. Drei von vier Wohnungen besaßen keine sanitären Einrichtungen, und nicht einmal eine von fünf verfügte über Fließwasser. Mehr als ein Jahrzehnt nach dem Ende des Bürgerkriegs hatte die Landwirtschaft den Stand von 1936 noch nicht wieder erreicht. Aber das war nicht das ärgste. Der Hunger und die Verzweiflung, die Burschen wie Manuel Benítez ihr Heil im Stierkampf suchen ließen, führten in den fünfziger Jahren zu einem neuerlichen Exodus. Fast eine halbe Million Andalusier floh aus einem Land, in dem zwei Prozent der Einwohner über zwei Drittel des landwirtschaftlichen Ertrags geboten.

Diesen Weg hätten auch Manuel Benítez und all die anderen *Maletillas* Spaniens beschreiten können. Freilich war er weniger ehrenvoll als der ihre, aber seine Verheißungen hatten einen ungleich realeren Hintergrund. So trübselig die Umgebung auch sein mochte, in die er führte, die Aussicht auf einen relativen Wohlstand nach Jahren der Hungersnot und Jahrhunderten der Unterernährung hatte für hunderttausende Männer eine stärkere Anziehungskraft als die Sonne und die Heimaterde. Bald ergoß sich der Strom dieser an der Armut Andalusiens Gescheiterten nach Madrid, Barcelona, Bilbao und in die Bergwerke, Werften und Fabriken ganz Europas. Warum schloß sich der elternlose Bursche aus der Calle Belén nicht ihnen an, da er doch so sehr unter Hunger und Elend litt? Der Grund lag in der Hitze seines Bluts. Ohne einen Manuel Benítez, ohne die Handvoll von Tollköpfen, die der Bazillus der *Fiesta Brava* jedes Jahr ansteckt, wäre Spanien nicht Spanien. Über den Hunger hinaus, der in ihren Eingeweiden wühlte, verzehrten sie sich in einem anderen Hunger, dem Hunger nach Ruhm und Glanz, den kein noch so hoher Lohn einer Fabrik oder einer Baustelle jemals stillen könnte. Das Land, in das sie auswandern wollten, war ein verbotenes Land, ein Land, dessen Bewohner »Herren mit Panamas und dicken Zigarren« waren, die »in prächtigen Autos bei Don Felix Moreno und seinesgleichen durch das große Tor einfahren«.

Vier Jahre waren seit jener Winternacht verstrichen, da das Bild von Currito de la Cruz Manuel auf der schäbigen Leinwand des *Cine Jerez* erschienen war. Zwei Jahre lang hatte er ganz Andalusien durchstreift, und sein Ziel war ebenso fern wie am ersten Abend. Seine Finger waren noch nie über die glitzernden Pailletten eines Lichteranzugs gestrichen. Seine Hand hatte noch nie einen Stier getötet. Sein Mut hatte ihm noch keinen Céntimo eingebracht. Geblieben waren aus diesen harten Jahren nur die Narben, die an »Tomate« und seine Männer erinnerten und an die gnadenlosen Lehren, die ihm im Mondschein wilde Rinder erteilt hatten. Manuel Benítez und Juan Horillo hatten den Abgrund der Verzweiflung erreicht. Immer wieder von den *Tientas* verjagt, weil sie keine Empfehlung vorweisen konnten, von den Feldhütern der *Gana-*

derías und den Zivilgardisten verfolgt, von ihren Mitbürgern wegen ihres Landstreicheraussehens verachtet, machten sie resigniert, zerbrochen, hungriger als je kehrt und zogen wieder nach Palma del Río. Nie war eine Rückkehr ins Vaterhaus unrühmlicher gewesen als die dieser beiden verlorenen Söhne. Mit verlausten Köpfen, zerrissenen Kleidern, verstörten Mienen, knurrenden Mägen schlichen sie wie Schatten in die Calle Belén. Am nächsten Tag tat Manuel Benítez, was er sich geschworen hatte niemals zu tun. Gleich seinem Vater und seinem Großvater vor ihm bat er beim *Mayoral* von Don Felix Moreno um Arbeit.

Seine Augen waren von einem so klaren Blau wie der Himmel Andalusiens an manchen Frühlingsmorgen. Mit fünfzig Jahren hatte er noch kein einziges Haar verloren, und lange, gewellte, weiße Strähnen hoben sich von der Bronze seines immer gebräunten Gesichts ab. Sein muskulöser Körper enthielt kein Gramm Fett. Er war ein schöner Mann, dieser José Sánchez, ein stolzer, harter Mann, der sein ganzes Leben im Dienst Don Felix Morenos verbracht hatte. Er war der *Mayoral*, der älteste Angestellte, der Hüter der riesigen Besitzungen.

Seine hohe Stellung flößte zugleich Achtung und Furcht ein. Und auch Neid – denn seine Aufgaben verschafften ihm die seltene Ehre, reisen zu dürfen. José Sánchez begleitete die wilden Stiere Don Felix' bis zum Schauplatz ihres rituellen Todes. Er hatte das gotische Portal der Kathedrale von Burgos, die Schiffe von Barcelona, die Jungfrau von Zaragoza, die Blumen des Retiro von Madrid und zahllose andere Orte gesehen, wo die von ihm aufgezogenen Tiere um 5 Uhr nachmittags im Sand einer Arena starben.

Was an José Sánchez jedoch vor allem auffiel, war seine grenzenlose Ergebenheit und sein blinder Gehorsam seinem Herrn gegenüber.

Der *Mayoral* bewohnte mit seiner Frau und seinen sechs Kindern ein altes, windschiefes, steinernes Gebäude, das er mit den Pferden von Don Felix teilte. Der Fußboden war aus gestampftem Lehm, und es gab weder Wasser noch Strom noch sonst eine Bequemlichkeit. Ein im Sommer von Moskitos umschwirrter Tümpel hinter dem Haus diente als Waschplatz. Hier knieten oft die Töchter von Sánchez auf einigen flachen Steinen bei der Wäsche. Ringsumher erstreckten sich bis an den Horizont die Güter Don Felix', Hunderte Hektar, über die José Sánchez wachen mußte.

Nichts unterschied die Einrichtung der Wohnung von der anderer andalusischer Bauernhäuser. Nichts außer einer vergilbten Fotografie über dem Kamin. Sie war das kostbarste Besitztum, das José Sánchez sein eigen nannte. Sie zeigte König Alphons XIII., umgeben von seinen Ministern. In ihrer rechten unteren Ecke konnte man einige von der Zeit verwischte Worte entziffern. Bei einem Besuch in der *Ganadería* Don Felix Morenos hatte Seine Majestät dem *Mayoral* José Sánchez eine eigenhändige Widmung geschrieben.

Der *Mayoral* kannte den großen Burschen, der sich eines Sommermorgens bei ihm vorstellte. Das letzte Mal hatte er ihn vor zwei Jahren gesehen, von einem Balkon in der Calle Pacheco aus, an dem Tag, da Sergeant Mauleón versucht hatte, ihm die Lust an den Streifzügen auf die Weiden auszutreiben. Und nun wollte dieser Taugenichts auf den Gütern beschäftigt werden, in die er so oft unrechtmäßig eingedrungen war. »Ich glaubte zwar nur die Hälfte seiner Beteuerungen, sich zu bessern«, erzählte José Sánchez, »aber ich sagte mir, daß es besser sei, den Wolf in den Schafstall einzusperren, als ihn frei herumlaufen zu lassen.« Nach kurzem Zögern entschloß er sich also, den jungen Mann in die Dienste Don Felix' aufzunehmen.

Zur Überraschung und Genugtuung des *Mayorals* erwies sich Manuel als vorzüglicher Arbeiter. Aber sehr bald wurde es dem Wolf im Schafstall zu eng. Von den Weiten, auf denen er die Gestalten der Stiere sehen konnte, unwiderstehlich angezogen, vergaß Manuel seine guten Vorsätze. In einer Mondnacht holte er Juan Horillo ab und schlich wieder auf die Weiden.

José Sánchez ahnte bald, wer hinter den nächtlichen Expeditionen steckte, die von neuem Unordnung in den ihm anvertrauten Herden stifteten. Aber Manuel war so vorsichtig und geschickt, daß er stets ein Alibi vorweisen konnte. Mondnacht für Mondnacht wuchs der Zorn des *Mayorals.* Unterstützt vom Sergeanten Mauleón und von dessen Zivilgardisten, legte er sorgfältig geplante Hinterhalte, um des Schuldigen habhaft zu werden. Jeden Abend bei Tisch schwor er, daß »das Phantom des *campo*« diesmal unweigerlich in die Falle gehen werde. Und jeden Morgen kehrte er unverrichteter Dinge zurück.

Viele Monate sollten verstreichen, ehe José Sánchez den Grund herausfand, warum er Manuel Benítez nicht erwischen konnte. Es gab tatsächlich einen »Wolf im Schafstall«, aber dieser Wolf war ein Wesen, das dem Herzen des rauhen *Mayorals* teuer war, ein Wesen, das jeden Abend am Tisch seiner Familie saß. Anita war der Name der hübschen ältesten Tochter von José Sánchez. Sie war eine *morena* – braun wie die Kastanien des Herbstes. Der *Mayoral* vergötterte sie. Sie war der Stolz und der Trost seines Alters.

Und jeden Abend verriet Anita ihren Vater.

Anita Sánchez erzählt

»Ich begegnete ihm am Fest der Heiligen Jungfrau, am 8. September. Er arbeitete seit kurzem unter meinem Vater. Ich fand ihn sehr häßlich und er hatte eine komische Art zu gehen und zu sprechen. Er war schon im Zuchthaus gesessen, weil er auf den Weiden Stiere gequält hatte und auch weil er Obst gestohlen hatte. Er hatte keinen guten Ruf. Die Leute sagten, daß er nur ein Dieb und ein Taugenichts sei und eines Tages wieder ins Gefängnis kommen und sein ganzes Leben lang dort bleiben werde. Aber er strahlte eine gewisse Wärme aus, und er hatte ein sympathisches Lachen. Ich weiß wirklich nicht, warum, aber ich verliebte mich auf den ersten Blick in ihn. Beim Fest sprach ich kaum mit ihm. Meine Brüder waren mit mir, und da Manuel nicht aus unseren Kreisen war, hätten sie mich nicht lange mit ihm reden lassen. Ein paar Tage später entdeckte mein Vater nicht weit von uns einen Fußabdruck auf einem Pfad, der zu den Weiden führte. Mein Vater vermutete, daß Manuel immer noch nachts aufs *campo* schlich, um mit den Stieren zu kämpfen, und da er sicher war, daß die Fußstapfe von Manuel stammte, beschloß er, den Schuldigen zu überführen. Zusammen mit einem seiner Männer holte er Manuel von dem Baumwollfeld, auf dem er arbeitete. Er führte ihn auf den Pfad und zwang ihn, seinen Fuß in den Abdruck zu setzen. Manuel schrie, daß bald jemand so große Füße wie er haben könnte. Und dann verprügelte ihn mein Vater. Ich hörte meinen Vater und den Feldhüter schimpfen und drohen, während sie ihn verbleuten. Manuel schrie auch, aber das war vor Schmerzen, wegen der Hiebe. Schließlich ließen ihn mein Vater und der Wächter halbtot liegen und gingen fort.

Kurz darauf ging ich Wasser an einer Quelle holen, die 300 Meter von unserem Haus an einem ausgetrockneten Bach lag. Das Wasser tröpfelte aus einem in die Böschung eingelassenen Eisenrohr. Dort saß Manuel und wusch sich. Er hatte sein Hemd ausgezogen, und ich sah, daß sein Rücken ganz blutig war. Mein Vater und der Feldhüter hatten ordentlich zugeschlagen. Ich lief nach Hause und holte ein bißchen Alkohol und Watte – das war alles, was wir hatten.

Ich wusch seine Wunden mit Alkohol, und er biß die Zähne zusammen, um nicht zu schreien, denn wenn jemand etwas gehört hätte, hätte mein Vater vielleicht erfahren, daß ich mit Manuel zusammen war, und dann hätte er mich genauso verprügelt wie ihn.

Danach redeten wir eine Zeitlang miteinander. Er war nicht sehr gesprächig. Ich erinnere mich, daß er bloß sagte: ›Voy a ser torero‹ – ich werde ein Torero. Das wiederholte er ein paarmal. Ich schüttelte den Kopf und erwiderte, daß er nie ein Torero werden könnte, wenn er keinen guten *Apoderado* hätte, jemanden, der aus ihm einen Torero machen würde. Er hörte mir schweigend zu. Dann nahm er mit einem breiten Lächeln meine Hand und sagte: ›Ich brauche niemanden, Anita. Ich werde ein großer Torero, du wirst schon sehen. Alles ist möglich.‹

Die Quelle wurde unser geheimer Treffpunkt. Der Bach war unsere Grenze. Mein Vater erlaubte mir nicht, mich weiter vom Haus zu entfernen. Und Manuel konnte nicht näher kommen, ohne zu riskieren, daß man ihn erwischte. Über dem Eisenrohr war ein ganz flacher Felsen. Er war gerade groß genug, daß wir beide darauf Platz fanden. Hier saßen wir in der Sonne, unterhielten uns und aßen Brombeeren, die wir von den Sträuchern am Bach pflückten. Es war immer das gleiche. Er erzählte mir ständig, daß er ein großer Torero werden und eines Tages triumphieren würde.

Damals arbeitete er vor allem bei der Baumwollernte. Jeden Tag schickte ich meine kleine Schwester zu ihm, die ihm ausrichtete, wann ich ihn bei der Quelle erwarten würde. Manchmal hinterließ ich ihm einen Zettel unter einem Stein. Da er nicht lesen konnte, ließ er sich die Nachricht von einem anderen Arbeiter vorlesen, der auch die Antwort für ihn schrieb. Mir klopfte jedesmal das Herz zum Zerspringen, wenn ich einen Stein auf dem Felsen sah. Was wir uns schrieben, waren Belanglosigkeiten. Aber es war immer aufregend, eine Botschaft unter dem Stein auf dem Felsen zu finden.

Ich wußte, was damals das Hauptanliegen meines Vaters war: Er wollte Manuel in flagranti auf dem Weg zu den Stieren ertappen. Immer wenn Vollmond war, erzählte er uns am Abend beim Essen, welche Fallen er für die Nacht gestellt hatte. Sobald mein Vater fortgegangen war, um sich mit seinen Männern in den Hinterhalt zu legen, zog ich mich in mein Zimmer zurück und wartete, bis meine Mutter und meine

Geschwister eingeschlafen waren. Wenn ich kein Geräusch mehr im Haus hörte, wickelte ich irgend etwas Eßbares in ein Stück Zeitung und stieg aus meinem Zimmerfenster. Durch die Dunkelheit lief ich zur Quelle. Ich pfiff dreimal – das war unser Zeichen –, und Manuel kam aus einem Gebüsch hervor. Während er hinunterschlang, was ich ihm mitgebracht hatte – ein Stück Brot, ein paar Scheiben Wurst, einige Oliven, irgendeine Kleinigkeit eben –, berichtete ich ihm die Pläne meines Vaters. Auf diese Weise konnte er alle, die sich geschworen hatten, ihn zu erwischen, an der Nase herumführen. Und er konnte weiterhin seine *Muleta* vor den Tieren schwingen gehen, ohne daß er Gefahr lief, entdeckt zu werden. Abgesehen von der Quelle, war der einzige Ort, wo wir uns treffen konnten, in Palma del Río, und zwar am Sonntag. Ich ging mit meinen Eltern immer zur Mittagsmesse in die Ermita, die Kapelle zur Heiligen Jungfrau auf dem Hügel am Guadalquivir. Das war einer der seltenen Momente, in denen mich meine Eltern nicht überwachten oder zur Arbeit anhielten. Am Sonntagabend ging ganz Palma rund um die Ermita spazieren. Ich richtete es so ein, daß meine Eltern vorausgingen und ich zurückbleiben konnte. Auf die Art konnte sich Manuel für ein paar Minuten an meine Seite schleichen. Er scherzte immer, und wir lachten zusammen.

Eines Maimorgens kam er mit einem merkwürdig ernsten Gesichtsausdruck auf mich zu. Plötzlich fragte er mich etwas ganz Außergewöhnliches. ›Anita‹, sagte er und ergriff meine Hand, ›ich bitte dich, meine Verlobte zu sein.‹

Ich wurde rot. Ich hatte furchtbare Angst, daß irgend jemand seine Worte gehört haben könnte. Ich wußte, wenn meine Eltern erfuhren, daß er sich mit mir verloben wollte, würden sie mir verbieten, ihn jemals wiederzusehen. Aber ich wollte ihn wiedersehen. Ich wollte ihn mein ganzes Leben lang sehen.

Während der Messe, im Augenblick der Wandlung, als alle Gläubigen den Kopf neigten, beugte ich mich vor und nahm heimlich die Medaille Unseres Herrn Jesu der Großen Macht ab, die mir mein Vater zur Erstkommunion geschenkt hatte. Als wir nach der Messe wieder nach Palma gingen, blieb ich zurück, um Manuel noch einmal treffen zu können. Ich drückte ihm die kleine Medaille in die Hand und flüsterte: ›Ich werde deine Verlobte sein‹, und dann lief ich schnell davon und schloß mich wieder meinen Eltern an.«

In diesem Frühling wurde Manuel Benítez zwanzig Jahre alt und Anita Sánchez vierzehn. Plötzlich wehte durch das rauhe Dasein des ehemaligen Häftlings von Miraflores ein Hauch von Zärtlichkeit und Reinheit. Die sanfte Anita erfüllte das schon verhärtete Herz Manuels mit einer ungekannten Wärme. Jahre später, als Filmstars, Mannequins und sogar Damen aus den höchsten Kreisen seine Appartements in Spanien, Frankreich und Südamerika belagerten, gestand El Cordobés melancholisch, daß dieses kleine Mädchen die einzige Frau gewesen sei, die er je wirklich geliebt habe.

Es war unvermeidlich, daß José Sánchez schließlich hinter diese Idylle kam. Nichts hätte den stolzen *Mayoral* in größere Erbitterung versetzen können als die Mitteilung, seine Lieblingstochter verkehre mit einem Taugenichts. Sánchez verbot Anita, Manuel wiederzusehen.

Die beiden trafen sich trotzdem weiterhin an dem ausgetrockneten Bach, der die geographische Grenze ihrer jungen Liebe darstellte. Jede Nacht verließ Manuel die Stiere und trieb sich in der Nähe des abgeschiedenen Gebäudes herum, in der Hoffnung, das Mädchen zu erspähen. Gegen den Stamm eines Lorbeerbaums gestützt, starrte er manchmal stundenlang auf die dunkle Silhouette des Hauses, lauschte auf seine Geräusche und stellte sich vor, daß Anita darin schlief »wie eine Märchenfee«. Oft wurde er unsanft aus diesen Träumereien gerissen. Vom Geruch des Eindringlings angelockt, stürzten sich die Hunde des *Mayorals* auf ihn, und ihre Fänge hinterließen neue Male an seinem schon von den Zivilgardisten und den Stieren gezeichneten Körper.

Nie ließ man ihn in Ruhe: auf den Feldern nicht, bei den Stieren nicht und nun auch in seiner Liebe nicht ... In diesem zutiefst feindlichen Universum blieb dem Burschen aus der Calle Belén eine einzige Freiheit: sich zu rächen.

Aber stärker noch als sein Haß war sein Traum. Wenn er auf den Feldern, auf denen sich schon seine Mutter und sein Vater abgerackert hatten, den Rücken krümmte, hörte er weder die Befehle der Vorarbeiter noch die monotonen, klagenden *Cantes flamencos* seiner Kameraden. Seinen Geist erfüllte unaufhörlich und mit schmerzhafter Deutlichkeit ein anderer Lärm. Geschrei, Trompeten, Paso doble, der Donner der »olé!« – der ganze Zauber der strahlenden Nachmittage in den Arenen pochte in seinen Schläfen und ließ ihm vor Erregung den Schweiß ausbrechen. Würden diese Geräusche eines Tages ihm gelten? Die Tage, die er durchlebte, waren so trübselig und eintönig, daß er langsam den Glauben daran verlor. Und dennoch, als er eines Tages mit seinen schwieligen Händen Bohnen pflückte, um Angelita ein paar Peseten nach Hause bringen zu können, lächelte ihm das Glück. Sein Wohltäter war Don Carlos Sánchez, der Priester, zu dessen Waisenhaus ihn seine Mutter als hungriges Kind gebracht hatte.

Don Carlos Sánchez erzählt

»Wenn man in einer Stadt wie Palma Pfarrer ist, lernt man erfinderisch zu sein. Es bleibt einem gar nichts anderes übrig: Es gibt so viel zu tun und so wenig, womit man es tun kann. Alle Mittel sind gut genug, um Geld für die Pfarre zu beschaffen. Wie jedermann in der Stadt wußte ich, mit welcher Besessenheit dieser Manuel Benítez, den ich im Waisenhaus kennengelernt hatte, versuchte, ein Matador zu werden. Viele Leute verachteten ihn wegen seines üblen Rufs. Aber *ich* glaubte an ihn. Denn einem Burschen, der mutig genug ist, bei den wilden Stieren sein Leben aufs Spiel zu setzen, muß man vieles verzeihen. Eines Tages sagte ich mir: ›Wenn dieser junge Mann wirklich Matador werden will, warum organisiere ich dann nicht selbst eine Corrida, die überdies der Pfarre ein bißchen Geld einbringt?‹ Es hatte in Palma keine Corridas gegeben, seit die Anarchisten vor dem Krieg die *Plaza* niedergebrannt hatten. Aber um diese Idee verwirklichen zu können, mußte ich zuerst Stiere auftreiben. Matadore gibt es immer genug; die Schwierigkeit ist, die Tiere zu beschaffen. Denn so ein Stier kommt teurer als der Mensch, der mit ihm kämpft. Ich besuchte Don Felix und sagte ihm, daß es seine Christenpflicht sei, mir drei seiner Tiere zu einem anständigen Preis zu überlassen. Don Felix ging darauf ein. Und ich konnte verkünden, daß am Tag der *Patrona* ein außergewöhnliches Ereignis stattfinden werde: eine Corrida zugunsten der Armen der Pfarre. Diese Neuigkeit verbreitete sich wie ein Lauffeuer. Tagelang sprachen die Leute in den Cafés, auf den Plätzen und sogar in meiner eigenen Sakristei von nichts anderem als von dieser Corrida. Die Zöglinge des Waisenhauses steckten in einer Einfriedung neben dem *Palacio* Don Felix' eine provisorische Arena ab. Ich ließ rundherum zur Verstärkung ein paar Karren aufstellen und verlautbarte die Preise der Eintrittskarten: fünfzehn Peseten für die Männer, fünf Peseten für Frauen und Kinder.

Sowie Manuel von meinem Vorhaben Wind erhalten hatte, kam er zu mir gestürzt und flehte mich an, bei meiner Corrida kämpfen zu dürfen. Gemeinsam mit Juan Horillo und Alonso Sánchez, dem jüngsten Sohn des *Mayorals* von Don Felix, engagierte ich also Manuel Benítez als Matador. Ich wußte, daß die halbe Stadt kommen würde, um sich über den ehemaligen Prügelknaben der Zivilgarde lustig zu machen. Aber er nahm diese erste Begegnung mit dem Publikum sehr ernst. Drei Tage vor der Corrida besuchte er mich in der Sakristei. Mit ernster, sorgenvoller Miene fragte er mich, welchen *Apodo*, welchen Beinamen er bei seiner ersten Corrida tragen solle. Es ist tatsächlich üblich, daß ein Matador sich einen *Apodo* zulegt. Nun, mir fiel nicht allzuviel ein, was ich ihm vorschlagen konnte, und so fragte ich ihn, was er in diesen Tagen auf den Feldern von Don Felix erntete. ›Bohnen‹, antwortete er. ›Dann‹, sagte ich, ›nenn dich den ›Bohnenmann‹, denn das bist du ja: ein Bohnenpflücker.‹«

Ein solches Durcheinander hatte es wohl noch selten bei einer Corrida gegeben. Die improvisierte Arena, überschwemmt von einer ausgelassenen, lärmenden Menge, glich einem dörflichen Fußballplatz bei einem Match. Die Notablen des Orts, die auf hochrädrigen Karren hockten, schienen mit ihren schönen Anzügen und mit den Spitzenmantillas ihrer Frauen aus einem naiven Gemälde von Henri Rousseau, dem Zöllner, gestiegen zu sein. Auf einem der Karren thronte würdig und hoheitsvoll Don Felix selbst, umgeben von seiner Familie. Der dicke Cafetier Charneca, eine Flasche Kognak in der Hand, blinzelte unter einem weißen Panama in die Sonne. Volle Weinschläuche gingen von Hand zu Hand, während Halbwüchsige, die unter den Karren kauerten, Papiersäcke aufbliesen und sie schallend zerplatzen ließen. Man lachte, schrie, trampelte und trank. Sergeant Mauleón, in seiner dicken Uniform schwitzend, grüßte und lächelte in die Runde, aber die meisten Zuschauer ignorierten seine freundlichen Gesten. Die Männer von den Gütern, die Gesichter von Wein und Schnaps gerötet, auf dem Kopf Schirmmützen oder breitkrempige Sombreros, unterhielten sich grölend und sogen an mörderisch stinkenden Zigarren. Da und dort bildeten Mädchen mit Nelken im Haar bunte Tupfen in der Menge. Wenige Minuten vor 5 Uhr erreichte die Aufregung ihren Höhepunkt, als die Matadore des Fests erschienen. Manuel Benítez, Juan Horillo und Alonso Sánchez trugen zwar keine Lichteranzüge, sondern bloß ihre schäbige Arbeitskleidung, doch ihre starren, hochmütigen Mienen drückten den gleichen Stolz und zweifellos auch die gleiche Angst aus wie jene der großen Matadore von Madrid oder Sevilla.

In dem Wirrwarr, der auf das Auftauchen der Toreros folgte, achtete niemand auf die schwarze Gestalt, die verstohlen in die Himmelfahrtskirche huschte. Don Carlos, hin und her gerissen zwischen seiner *afición* und seinem frommen Beruf, der ihm verbot, sich in ein heidnisches Fest zu mischen, auch wenn er es selbst organisiert hatte, schürzte seine Soutane und kletterte eilig die Wendeltreppe empor, die auf den Glockenturm führte. Nach einigen Worten der Entschuldigung an den einzigen Bewohner dieser luftigen Stätte, einen majestätischen Storch, machte er es sich bequem und richtete sein Fernglas auf das bunte, lärmende Meer, das gegen die Mauern seiner Kirche brandete.

Als der fünfte Schlag der Glocke verhallt war, erschollen die schrillen Klänge einer einsamen Trompete. Die Corrida begann. Unter donnerndem Applaus überquerten die drei Matadore mit würdevollen, langsamen Schritten den Platz und verneigten sich vor dem Karren, der die Präsidentenloge darstellte. Und dann sah Anita Sánchez aus einer großen, mit Stahlbändern verstärkten Kiste den ersten Stier hervorstürzen. Sie schloß die Augen und richtete ein Stoßgebet an die *Patrona*, an die Heilige Jungfrau, der sie am Morgen eine Kerze gestiftet hatte.

Was nun geschah, hatte nur eine entfernte Ähnlichkeit mit dem geheiligten Ritus der Corrida. Die Zuschauer, vor Betrunkenheit torkelnd, schwenkten ihre Mützen und Taschentücher und lenkten so die Stiere auf gefährliche Weise von den *Muletas* der Matadore ab. Zur großen Schande von Don Felix weigerte sich eines der Tiere schlechtweg, zu kämpfen und machte sich unter dem Hohngeschrei der Menge gemächlich daran, einem Rind von Walt Disney gleich, einige Taschentücher zu verspeisen. Die beiden anderen erwiesen sich als so tückisch und schwierig, daß Manuel und seine Kameraden das ehrgeizige Versprechen, das sie sich gegeben hatten, vor der Bevölkerung ihrer Stadt nicht halten konnten. Zu allem Überdruß wurden sie in ihrer Arbeit andauernd von hysterischen Burschen unterbrochen, die in die Arena sprangen und sich mit irgendeinem Fetzen vor die Stiere warfen, in der verrückten Hoffnung, auch ein »olé« der Menge zu ernten. Schließlich war die Verwirrung so groß geworden, daß der Kampf abgebrochen werden mußte. Mit Hilfe von schellenbehängten alten Ochsen wurden die Stiere in ihre Kisten zurückgetrieben und zu einem weniger rühmlichen Sterbeort transportiert: in das städtische Schlachthaus.

Bevor der Priester an diesem Abend den Ertrag des Fests in die

Taschen seiner abgewetzten Soutane stopfte, gab er jedem der drei Matadore einen Hundertpesetenschein. Der Rest – etwas mehr als tausend Peseten – sollte den Bedürftigen der Pfarre zugute kommen.

Dieser zerknitterte Schein war das erste Geld, das Manuel mit seinem Mut verdiente. Freilich, angesichts der Leiden und Gefahren, durch die er hindurchgegangen war, war dieser Lohn lächerlich gering – aber er gewann eine symbolische Bedeutung. Jahre später, als El Cordobés schon Millionen von Peseten gescheffelt hatte, erinnerte er sich immer noch, mit welcher Ekstase er immer und immer wieder dieses Stück Papier befingert hatte. Und er entsann sich auch des Gebrauches, den er davon gemacht hatte.

Bevor er auf die Felder Don Felix' zurückkehrte, um dort Bohnen zu pflücken, gönnte er sich einen Luxus, den er sich bisher nie hatte leisten können. Er führte Anita am Abend aus und besuchte mit ihr das *Cine Jerez*. Und in Anerkennung der Rolle, die Manolo an diesem Nachmittag gespielt hatte, erlaubte ihr ihr Vater zu gehen.

Und bald sollte eintreffen, was er so lange ersehnt hatte: Man sprach von ihm. Aber die Umstände, die ihm diese Ehre eintrugen, waren anders, als er es sich vorgestellt hatte.

Eines Abends, als er, einen Sack gestohlener Orangen auf dem Rücken, gemeinsam mit Juan Horillo die Böschung des Guadalquivir hinaufkletterte, sah er sich plötzlich seinem alten Feind, dem Sergeanten Mauleón, gegenüber. Dieser legte den beiden Burschen Handschellen an und hängte Manuel, als öffentlichen Beweis seiner Schuld, den Sack Orangen um den Hals. Mit groben Kolbenschlägen trieb er sie nach Palma. Nur mit durchnäßten Unterhosen bekleidet, vor Kälte und Scham zitternd, zwei mittelalterlichen Verurteilten, die zum Pranger marschieren, ähnlich, zogen sie in die Stadt ein. An jeder Kreuzung rief Sergeant Mauleón wie ein Straßenhändler die Einwohner zusammen, damit sie diesen Anblick nicht versäumten. Bald drängten sich die Leute auf den Gehsteigen, an den Türen, an Fenstern und auf Balkons. Beschimpfungen und Flüche erschollen: »Diebe! Strolche!« Am Sonntag vorher hatte der »Bohnenmann« davon geträumt, auf den Schultern seiner Bewunderer durch die Straßen getragen zu werden; und nun erlebte er hier die grausamste Demütigung seines Lebens. Er sah eine alte Frau haßerfüllt die Faust gegen ihn ballen; eine andere spuckte vor ihm aus. Eine Herde von lärmenden Kindern begleitete den Spießrutenlauf und wiederholte im Chor die Verwünschungen der Erwachsenen. Das schmerzlichste Erlebnis aber erwartete Manuel auf dem Rathausplatz, dort, wo fast zwanzig Jahre früher die Gefangenen vor ihrem Tod im *coralón* versammelt worden waren. Hier stand, in einen Winkel gedrückt, ein Mädchen und schaute ihm schüchtern entgegen. Es war Anita. Als Manuel sie sah, fühlte er, wie seine Augen sich mit Tränen füllten. Ihre Blicke trafen sich. Plötzlich wendete das Mädchen den Kopf ab und lief weg. Überzeugt, daß dieser schimpfliche Marsch durch die Stadt ihm das einzige Wesen auf der Welt, das er wirklich liebte, entfremdet hatte, straffte sich Manuel. Er wischte sich mit dem Handrücken über die Augen und beschloß, sich mit dem größten Coup seines Lebens zu rächen, den Palma del Río nie mehr vergessen sollte.

Wieder war es eine Vollmondnacht. Von einem Bewohner der Calle Belén hatte Sergeant Mauleón einen Wink erhalten, daß Manuel und Horillo wieder auf die Weiden der Stiere geschlichen seien. In dem Posten in der Calle Pacheco sattelten die Männer in aller Eile ihre Pferde, luden ihre Gewehre und nahmen ihre Hunde an die Leine. Fluchend und schnaufend schwor »Tomate«, diesem Spuk ein für allemal ein Ende zu setzen. »Sofort schießen«, befahl er und galoppierte durch das schlafende Palma.

Zur selben Zeit genossen Manuel und Horillo – mit einer guten Stunde Vorsprung vor ihren Verfolgern – am anderen Ufer des Guadalquivir die unvergeßlichsten Augenblicke, die sie jemals erlebt hatten. Gerade hatten sie ein einsames Tier von außergewöhnlicher Größe entdeckt, eine Art mythologischen Ungeheuers, »so groß«, erinnert sich Horillo, »wie ein amerikanischer Straßenkreuzer«. Es war einer der berühmten Deckstiere der Zucht von Don Felix, ein Gigant, dessen siebenhundert Kilogramm mehr wert waren als ein Ferrari. Ehedem hatte seine außergewöhnliche Tapferkeit bei der *Tienta* ihn vor dem Tod in der Arena bewahrt. Seit zehn Jahren befruchtete dieser feudale Fürst des Tierreichs die wilden Kühe mit den Genen der Kraft und des Muts, für welche seine Rasse berühmt war.

Schon ging Manuel, ehe sein Freund ihn zurückhalten konnte, auf das Tier zu. Mit einem wilden, rauhen Schrei rief er den einsamen Stier an. Juan Horillo sollte die Szene nie vergessen, die sich nun vor seinen Augen vollzog. Es war ein erhabenes Schauspiel, eine vollkommene Demonstration jener Kunst, die Manuel vergeblich in der Arena von

Don Carlos seinen Mitbürgern hatte bieten wollen. Es schien, »als habe Gott plötzlich seine Hand auf Manolo gelegt«, erinnerte Horillo sich später. Im Zwielicht der Mondnacht verschmolzen die Gestalten der Gegner und trennten sich wieder, und das Stampfen der Hufe und die heiseren Schreie des Menschen durchschnitten die Stille. Der Stier stürzte sich mit seinem geifernden Maul in die alte Decke, raste wieder und wieder vorbei, zerfetzte mit seinen Hörnern das schweißnasse Hemd des jungen Toreros.

Plötzlich brach Manuel den Kampf ab und ging auf Horillo zu. Mit verklärtem Gesicht verkündete er: »Ich werde ihn töten!« Er packte das alte Bajonett, das er einst am Ufer des Guadalquivir gefunden hatte. In all den Jahren, da er es mit sich herumschleppte, hatte er die rostige Klinge zu allem möglichen verwendet, nur nicht dazu, wofür sie bestimmt war. Manuel hatte noch nie einen Stier getötet. Und nun wollte er zum erstenmal die »Minute der Wahrheit« erleben, jenen gefährlichsten Augenblick der Corrida, in dem der Mensch seinen Körper den Hörnern ungeschützt darbietet. Heute nacht war der Gegner in diesem letzten Akt des Kampfes ein riesiges Tier im Vollbesitz seiner Kräfte, das den Kopf hoch trug und von keiner Lanze verletzt worden war. Heute nacht hing von der Präzision der Bewegungen, die er so oft geübt hatte, sein eigenes Leben ab.

Manuel stellte sich vor dem Stier auf. Die Füße im taufeuchten Gras geschlossen, hob er den rechten Arm mit dem Bajonett, und mit der Linken schüttelte er behutsam die alte Decke, die die Aufmerksamkeit des Tiers auf sich ziehen und den Angriff ablenken sollte. Er visierte den Punkt an, in den er die Waffe stoßen mußte: eine winzige Fläche zwischen den Schulterblättern, am Ende des Nackens. Er hielt die *Muleta* so tief, daß der Stier den Kopf senken mußte und die Stelle freigelegt wurde, in die die Klinge eindringen sollte. Langsam erhob er sich auf die Zehenspitzen, die Augen halb geschlossen, und schnellte vorwärts. Den Bruchteil einer Sekunde lang fühlte er den Widerstand, den das Fell der Spitze bot; und dann war es, als ob sein Arm und sein ganzer Körper in die Tiefen des Stiers versänken. Das getroffene Tier stürmte vorwärts. Von der *Muleta* getäuscht, verfehlte es Manuel, der das Bajonett losließ und rasch nach links auswich. Mit einem urweltlichen Brüllen drehte sich der Stier um und scharrte mit seinen Hufen zornig im Boden, als wollte er sich noch sein Grab graben, ehe er starb. Schon begann seine riesige Gestalt zu wanken. Und wie vom Blitz getroffen brach er zusammen. In der triumphierenden Gebärde des siegreichen Matadors hob Manuel die Arme zum Himmel. Horillo stieß hingerissen ein einsames »olé« aus, dessen Echo in den Felsen der Sierra verhallte. Und dann tat der treue Gefährte so vieler nächtlicher Abenteuer das einzige, was ihm dieses Augenblicks würdig schien. Er stürzte sich auf den Stier, zog das Bajonett heraus; und mit zwei raschen Hieben trennte er dem toten Tier die Ohren ab und reichte sie seinem Kameraden.

Dieser verbarg die blutigen, noch warmen Trophäen unter seinem Hemd, und die beiden Freunde verließen den Ort ihrer Untat. Bevor sie nach Hause zurückkehrten, bestand Manuel auf einen Umweg zu dem kleinen Bahnhof am Ausgang des Orts. Auf diesem Bahnhof hatte er ein Versprechen zu erfüllen, ein Versprechen, das er sich am Ende des schmählichen Spießrutenlaufs durch die Stadt gegeben hatte.

Er stieg auf die einzige Bank des ärmlichen Warteraums, zog die beiden Ohren des kostbaren Deckstiers von Don Felix aus seinem Hemd hervor und heftete sie auf den meistgelesenen Anschlag von ganz Palma del Río: auf den Fahrplan. Dann sprang er von der Bank und betrachtete sein Werk. Unter schallendem Gelächter flüchteten die beiden Übeltäter, und hinter ihnen rann über den Fahrplan der Züge Palma-Sevilla und Palma-Córdoba Tropfen um Tropfen das Blut aus der provozierenden Trophäe, mit der sie den Hohn und die Flüche ihrer Vaterstadt beantworteten.

Sergeant Mauleón traute seinen Augen nicht, als einer seiner Männer die beiden Ohren, die man soeben entdeckt hatte, auf seinen Schreibtisch legte. Schon verbreitete sich die Kunde von diesem Streich in der Stadt und löste allgemeine Heiterkeit aus. Und was der Sergeant befürchtete, traf auch prompt ein. Verrückt vor Zorn rief Don Felix an und schrie, er werde den Chef der Zivilgarde von heute auf morgen versetzen lassen, wenn der Urheber dieser Untat nicht sofort ausgeforscht würde. »Tomate« konnte das alles nicht begreifen. Die ganze Nacht war er patrouilliert, ohne irgendwo etwas Verdächtiges zu bemerken. Und nun war er in Gefahr, seinen Posten zu verlieren.

Um diese persönliche Tragödie abzuwenden, entschied er sich für ein radikales Mittel. Da er wußte, daß nur Manuel Benítez die Stirn hatte, ein solches Verbrechen zu begehen, stürmte er in die Calle Belén, wo der junge Mann friedlich schlummerte. Er zerrte ihn aus dem Bett und schleppte ihn wieder einmal in die Calle Pacheco. Horillo erlitt das gleiche Los. Weil weder Gefängnis noch Prügel noch die öffentliche Schande diese beiden Taugenichtse ändern könnten, beschloß Mauleón, sie sich ein für allemal vom Hals zu schaffen. Er verwies sie der Stadt. Vor Sonnenaufgang müßten sie Palma verlassen haben, und niemals dürften sie ohne ausdrückliche Erlaubnis zurückkehren.

Es gab nur wenige Leute in Palma, die Manuel noch ein letztes Mal zu sehen wünschten. Er besuchte seinen Freund, den dicken Cafetier Charneca. »Entweder ich werde ein Torero«, erklärte er ihm zum Abschied, »oder ich gehe nach Frankreich arbeiten. Aber jedenfalls: wenn ich jemals wieder hierherkomme, dann im Auto.«

Als Angelita erfuhr, daß ihr kleiner Bruder den Ort verlassen mußte, brach sie in Tränen aus. Für die arme Frau war dies eine endgültige Demütigung, der Beweis, daß sie »nicht imstande gewesen war, ihn zu erziehen«, daß sie das Versprechen nicht gehalten hatte, das sie ihrer Mutter am Totenbett abgelegt hatte. Sie gab Manuel ein paar Peseten, die sie besaß, und die Madrider Adresse seiner Schwester Encarna. Und dann ließ sie ihn mit seiner Mütze in der Hand ganz allein fortgehen, denn sie »schämte sich zu sehr, um ihn zum Bahnhof zu begleiten«.

Sein Stolz hinderte Manuel, Abschied von dem einzigen Menschen zu nehmen, den er wirklich gerne umarmt hätte. Er hatte Anita Sánchez nicht wiedergesehen, seit sie einander auf dem Rathausplatz begegnet waren.

Seine Abreise fiel auf einen Faschingsdienstag. Während die beiden Ausgestoßenen, von zwei Zivilgardisten flankiert, zum Bahnhof gingen, begann auf der Avenida del Generalísimo Franco schon der *paseo*. Burschen und Mädchen, die in getrennten Gruppen marschierten, hatten sich mit ärmlichen Phantasiekostümen verkleidet und wechselten durch ihre Masken schüchterne Blicke.

Unter ihnen befand sich Anita Sánchez. Ihr ganzes Kostüm bestand aus einem alten Leintuch, das sie sich mit einer Schnur um die Taille gebunden hatte, und einer Art Kapuze aus Papier mit zwei Löchern für die Augen. Anita wußte, daß Manuel Palma verließ, und vielleicht für immer. Ihr Vater hatte ihr die Neuigkeit bei Tisch mit offenkundiger Befriedigung mitgeteilt. Um Manuel ein letztes Mal sehen zu können, hatte sie sich in die Menge des Faschingszugs gemischt. Er war bleich und ließ den Kopf hängen. Sie ging auf ihn zu, aber er trottete weiter, ohne sie zu beachten. Er hatte sie unter ihrer Kapuze nicht erkannt. So nahm sie den Papiersack ab und lächelte ihm zu. Sie sprachen ein paar Sätze miteinander. Sie wollte wissen, wohin er fahren werde. Er sagte, er nehme den Zug nach Córdoba. Von dort aus hoffe er per Autostopp nach Madrid zu gelangen. Anita versprach, ihm zu schreiben. Dann zog sie aus ihrem Gürtel das bescheidene Geschenk hervor, das sie ihm mitgebracht hatte, und drückte es ihm in die Hand. Es war das einzige Foto, das sie von sich selbst besaß, ein Erstkommunionsbild. Ein wenig verlegen dankte ihr Manuel. Er fühlte, wie eine Hand die seine ergriff. Mit dieser Geste zeigte Anita öffentlich, daß sie sich immer noch als die Verlobte dessen betrachtete, den man wie einen Aussätzigen aus der Stadt jagte. Hand in Hand gingen die beiden jungen Leute stolz und lächelnd bis zum Bahnhof.

Als der Zug abfuhr, legte das Mädchen einen Finger an die Lippen und warf dem Mann, den sie so gern vor dem Haß der Menschen geschützt hätte, einen Kuß zu. Manuel sah ihre schmächtige Gestalt in dem weißen Leintuch immer kleiner werden. Als der Zug nur noch ein schwarzer Punkt am Horizont war, setzte Anita ihre Papierkapuze wieder auf. Durch einen Tränenschleier hindurch betrachtete sie die eingetrockneten Blutstropfen auf dem Fahrplan, dieses letzte Geschenk ihres Verlobten an seine Heimatstadt. Mit einer jähen Bewegung riß sie den Zettel ab und ließ ihn unter ihrer Bluse verschwinden. Und dann mischte sie sich wieder unter die festliche Menge.

Die Corrida
Madrid, an einem Maiabend, 18.25 Uhr

Aus der letzten Reihe der Tribünen ertönt ein gellender Pfiff, in den die 26000 Zuschauer sogleich einstimmen. Dieser schrille, vom Trampeln der Füße auf dem Beton begleitete Lärm gehört zur Geräuschkulisse der Corrida. Er gilt zwei berittenen Männern, die soeben durch das große Tor der Arena eingezogen sind. Einer der Reiter schwenkt nach rechts, der andere nach links, und beide bewegen sich entlang der Plankenwand, die den Kampfplatz einfaßt. Von zwei *Areneros* mit roten Hemden geführt, stolpern die Pferde vorwärts; die Binde, die ihren halben Kopf verdeckt, und die Matte, mit der sie an ihrer rechten Seite gepanzert sind, verleihen ihnen ein groteskes Aussehen. Auch die Männer, die auf den Pferden sitzen, haben etwas Groteskes an sich. Sie tragen einen runden Hut mit breiter Krempe und einem Sturmband, eine knappe, kurze Weste mit schweren Achselklappen und helle Ziegenlederhosen. In der Hand halten sie das Instrument ihrer Funktion, eine lange, hölzerne Lanze mit einer Stahlspitze. Es sind die *Picadores*, die Parias der Corrida. Sie sind an Pfeifkonzerte gewöhnt; jedesmal wenn sie in eine Arena einreiten, entfesseln sie die Wut der Menge. Ihre Arbeit, grausam, brutal und bar jeder Grazie, bildet einen Einbruch der Häßlichkeit in ein Schauspiel, dessen Endzweck die Schönheit ist; sie ist der am öftesten kritisierte, der verachtetste und vielleicht der am wenigsten verstandene Akt der Corrida. Und dennoch ist sie ein wesentlicher Bestandteil, ohne den der Mann zu Fuß nicht mit einem wilden Stier kämpfen könnte.

Ungerührt von Spott, Flüchen und Pfiffen, die an diesem grauen Mainachmittag aus allen Ecken der Arena auf sie herniederprasseln, haben die *Picadores*, feierlich und stolz auf ihren einäugigen, gepanzerten Gäulen aufgerichtet, rasch ihre Kampfstellungen erreicht. Für einen siebenunddreißigjährigen Mann namens José Siguenza gibt es nichts Berauschenderes als diese Lawine von Verwünschungen. Der bevorzugte *Picador* des Cordobés fühlt in diesem Augenblick einen unbändigen Stolz, »die gesamte Aufmerksamkeit der Arena auf sich vereint zu sehen«. Ihn quälen keine moralischen oder ästhetischen Bedenken. In einem Schauspiel der Beweglichkeit und Geschmeidigkeit verkörpert er die »Gewalt und die Kraft«. Er ist »der Fels, an dem die wilde Kraft des Stiers zerschellt«.

Aufgrund seiner 102 Kilogramm, seiner stählernen Muskeln und seines perfekten Gefühls für das Gleichgewicht zu Pferd gilt José als der beste *Picador* Spaniens. Wenn er im *Patio de caballos*, dem Vorhof der Arena, auftaucht, weichen *Areneros*, Stallburschen, Pferdehändler und die anderen *Picadores* ehrerbietig aus, um ihm Platz zu machen. In den Cafés und Gasthäusern rund um die Arena wird sein Name nie erwähnt, ohne ihm Lob und Achtung zu zollen. Jedermann weiß, daß er 7000 Peseten pro Corrida verdient, die höchste Gage, die einem *Picador* jemals gezahlt wurde. Am Ende einer Saison macht das ein kleines Vermögen aus: an die 700000 Peseten, die José gewissenhaft nach Córdoba bringt, wo ihn seit vier Monaten eine Frau und ein kleiner Sohn erwarten. Dort zieht sich José in das zufriedene Dasein eines Kleinbürgers zurück. Bei ihm zu Hause wird nie von Stieren gesprochen. Die sanfte, schüchterne Señora Siguenza hat noch nie eine Corrida gesehen und wird wahrscheinlich auch nie eine sehen. Mit seinem Mahagonifernseher, seinen künstlichen Blumen, seinem sorgsam in der modernen Vitrine aufgestellten Kristall und seinem glänzenden Parkett, das der gewichtige *Picador* nur in Filzpantoffeln betritt, bietet das Heim der Siguenza ein Bild der Ordnung und Achtbarkeit.

Während der Saison aber führt José Siguenza ein ungeregeltes Nomadenleben, wie es der seltsame Beruf erfordert, der ihn Tag für Tag von Arena zu Arena jagt. In einen der abgewetzten Sitze des alten schaukelnden Chrysler der *Cuadrilla* gezwängt, eingelullt von den monotonen Flamencos aus dem Radio, durchquert José während der glühenden Sommernächte die Plateaus und Ebenen seiner Heimat. Jedes Jahr legt er, während Spanien schläft, ca. 100000 Kilometer zurück, mehr als doppelt so weit wie der Weg um die Erde. Es kommt vor, daß ihn die phantastische Geographie der Kontrakte seines Maestros in einer einzigen Nacht von Algeciras bis Arles und am nächsten Abend wieder von Arles nach Sevilla führt und ihn so in nur zwei Nächten über eine Strecke von 3000 Kilometer hetzt. Während dieser verrückten nächtlichen Gewalttouren, auf denen ihm nur die Kolonnen der Fernlaster begegnen, hat José das Gefühl, daß »sein ganzes Sein mit zwei Scheinwerfern verschmilzt, die über eine scheinbar endlose Straße geistern«.

Der massige *Picador* hat keine Verehrer, nie bittet ihn jemand um sein Foto oder sein Autogramm. Die Menge in den Arenen hat für ihn immer nur Beschimpfungen und Pfiffe übrig. Und dennoch: 18 Jahre vorher ist dieser feindselige Lärm für ihn das betörendste Geräusch gewesen, das er jemals vernommen hatte. An einem Julinachmittag 1946 öffneten sich vor einem neunzehnjährigen *Picador* zum erstenmal die Tore einer Arena. Es war in San Roque, einer Kleinstadt am Fuße des Felsens von Gibraltar. Mit einem geflickten, abgetragenen Mietkostüm und einem verbeulten Hut bekleidet, verwirklichte José an diesem Tag einen Wunsch, den er seit seiner Kindheit hartnäckig verfolgt hatte. Während so viele Spanier von einer glänzenden Laufbahn als Matador träumen, hatte José niemals etwas anderes sein wollen als das, was er in diesem Augenblick war: »Ein majestätischer *Picador* unter den Beschimpfungen der Menge.«

Nichts hatte diesen Mann ursprünglich für dieses seltsame Handwerk bestimmt. Er war als Sohn und Enkel von Hafenarbeitern auf den Kais von Algeciras geboren worden. Seit seinem zehnten Lebensjahr beugte er selbst den Rücken unter dem Gewicht der Kisten und Warenballen. Eines Abends klaubte er eine Zeitung aus den Hafenabfällen und entdeckte darin das Foto einer Persönlichkeit, die sein Vorbild werden sollte. Der Mann hieß Rafael Andrade. Er war der erste *Picador* von Domingo Ortega, dem berühmtesten Matador jener Zeit. Seine Lanzenstöße waren so präzis und wirkungsvoll, daß man ihm den stolzesten Beinamen verliehen hatte, von dem ein *Picador* träumen kann. Man nannte ihn »Artillero« – den Kanonier. Bald schmückten die Fotos von Artillero zu Dutzenden die Wände der elenden Unterkunft, in der José schlief. Der junge Hafenarbeiter begann nun, sich an Sonn- und Feiertagen in der Umgebung der *Plazas* rund um Algeciras herumzutreiben. Er sparte die ganze Woche lang, um die Pferdeknechte, die *Areneros* und die Reserve-*Picadores* auf ein Glas Wein einladen zu können, und hatte so bald überall Zutritt. Stets war er bereit, für einen *Arenero* einzuspringen, glättete und sprengte den Sand des *Ruedo*, hängte die toten Stiere an die Maultiergespanne und führte die Pferde der Männer, von deren Stellung er träumte, in die Arena. Am Morgen der Corridas lauerte José auf eine Gelegenheit, sich auf die Gäule der *Picadores* zu schwingen und auf das unerreichbare Ziel zuzugaloppieren, das er in der doppelten Pforte des Kampfplatzes erblickte.

An jenem Julinachmittag hatte das Glück José endlich gelächelt. Der Impresario der *Plaza* von San Roque bot ihm an, einen kranken *Picador* zu vertreten. Für dieses erste Engagement erhielt er 537 Peseten, nicht ganz soviel wie die Leihgebühr seines Kostüms. Aber als er von seinem Pferd herab die Kapelle den Einzug der *Picadores* ankündigen hörte, fühlte er sich, wie er sagt, »als der reichste Mann der Welt«. Ungeschickt und unerfahren wie er war, erntete er an diesem Nachmittag nicht viel Anerkennung. Bei seinem ersten Zusammenprall mit einem Stier empfand der junge Hafenarbeiter zugleich ein solches Erstaunen und einen solchen Schrecken, daß er sich in der Folge stets fragte, durch welches Wunder ein Mann so tapfer sein könne, diese Bestien zu Fuß anzugehen. Zahlreiche Engagements bei den Dorfcorridas seiner Provinz gaben José dann Gelegenheit, seiner Furcht Herr zu werden und diese ruhige Kraft zu beweisen, die er im Schweiße seines Angesichts auf den Docks von Algeciras erworben hatte.

Eines Frühlingsmorgens wurde er telefonisch aufgefordert, den nächsten Zug nach Barcelona zu nehmen. Der Anruf kam von einem jungen Matador, dessen Stern soeben am Himmel der Tauromachie aufging. Im vergangenen Herbst hatte José ihn in einer Arena in der Nähe von Málaga gesehen. Dieser Bursche ist verrückt, hatte er gedacht. Er kennt die Stiere nicht. Er riskiert zuviel. Er wird sein Leben dabei lassen.

José packte seine Koffer und fuhr an das andere Ende Spaniens, um sich diesem Phänomen anzuschließen. Seit diesem Tag erscheint jedesmal wenn El Cordobés auftritt, hinter ihm die massige Gestalt Josés auf seinem gepanzerten Pferd.

Als erster *Picador* des ersten Matadors Spaniens hat der ehemalige Hafenarbeiter den Gipfelpunkt seiner Laufbahn erreicht. Furchtlos und seiner Kraft bewußt, wird er sich bei der heutigen feierlichen Zeremonie Artilleros würdig erweisen und nach den Regeln seiner Kunst das wilde Tier namens Impulsivo verwunden. Nachdem er einen Viertelkreis um den *Ruedo* beschrieben hat, pariert er sein Pferd so, daß es seine Panzerung und sein verbundenes Auge der Mitte, dem Stier zuwendet. Er hat sich genau an dem Ort postiert, den ihm das *Reglamento* vorschreibt: auf dem Teil des Platzes zwischen der hölzernen Brüstung und dem Kreidekreis, der fünf Meter vor dieser in den Sand gezeichnet ist. José darf diesen Kreis nicht überschreiten, um das Tier herauszufordern; er muß es unbeweglich erwarten.

Das Geschrei der Menge ist abgeklungen, und alle Blicke hängen nun an dem Stier in der Mitte der Arena. Mit einigen raschen *Pases* lockt El Cordobés ihn zu dem Reiter. José hat an diesem Tag genaue Verhaltensmaßregeln von seinem Matador erhalten. Er soll nur vorsichtig zustechen und peinlich darauf achten, das Tier nicht allzusehr zu schwächen. El Cordobés will dem Madrider Publikum seine Kunst an einem Gegner vorführen, der im Vollbesitz seiner Kräfte ist. Eine erdrückende Verantwortung lastet auf dem ehemaligen Hafenarbeiter. Von der Art, wie er seine Aufgabe erfüllt, hängt das gesamte folgende Schauspiel ab. Sticht er zu heftig zu, riskiert er, die Kraft des Stiers zu brechen; sticht er zu schwach zu, verhindert er einen schönen Kampf und bringt das Leben seines Matadors in Gefahr. José ist an dieses Dilemma gewöhnt, das die Bedeutung der *Picadores* für die Corrida beweist und zeigt, wie ungerechtfertigt die Beschimpfungen sind, die ihr Einzug fast immer auslöst.

Die Lanze fest unter die rechte Achsel geklemmt, in der Linken die Zügel, beobachtet José, in seinen schweren stählernen Steigbügeln aufgerichtet, den Stier, den das Spiel der *Capa* auf ihn zulenkt. In dem Augenblick, da das Tier sich auf sein Pferd stürzt, muß er seinen Angriff parieren, indem er ihm die Lanze in den Widerrist stößt. Diese Verletzung hat einen wohlüberlegten Zweck: Sie soll die Nackenmuskulatur des Stiers schwächen, um diesen seinen Kopf senken zu lassen und seine Hörner in die Höhe des Tuchs zu bringen, dessen sich der Matador in der letzten, schönsten Phase der Corrida bedient. Auch wäre ohne die Verwundung durch die Pike der tödliche Degenstich unmöglich, da der Matador den Arm über die Hörner heben müßte, um seine Waffe in den Widerrist zu versenken. Noch eine Reihe anderer Gründe rechtfertigt den Akt der *Picadores.* Indem die Stiere gegen die Pferde anrennen, verbrauchen sie ihre Kraft und fassen Vertrauen, wenn sie am Ende ihrer Hörner einen festen Widerstand vorfinden und nicht ein trügerisches Ziel wie die *Capa.* Und schließlich prüft die Lanze ihre Tapferkeit. Doch die Härte dieser Prüfung läßt zahllose Mißbräuche zu. Zwar stellt der spanische Staat diese unter Strafe, aber die *Picadores* arbeiten nicht für den Staat. Auf den Befehl eines allzu vorsichtigen oder feigen Matadors können sie den Mut und den Schwung jedes beliebigen Tiers brechen und so die Corrida in jenes groteske, langweilige Schauspiel verwandeln, das man nur zu oft zu sehen bekommt. Der verbreitetste dieser Mißbräuche besteht darin, die Lanze in der Wunde zu drehen, um den Blutverlust zu vergrößern und den Stier vorzeitig zu erschöpfen. Diese widerlichen, oft angewandten

Praktiken sind zum großen Teil an dem üblen Ruf schuld, in dem die *Picadores* stehen.

José fühlt die Flanken seines Pferdes beben. Impulsivo, von der *Capa* des Cordobés angelockt, ist nur noch ein paar Meter von ihm entfernt. Der unglückliche Gaul fühlt instinktiv das Nahen der Gefahr und bäumt sich auf. Der Zusammenprall, der ihn in ein paar Sekunden erschüttern wird, war noch vor einem Vierteljahrhundert ein blutiges, abstoßendes Geschehen. Damals gab es den *Peto* noch nicht, die gepanzerte Schabracke, die heute die rechte Seite der Pferde vor den Hörnern des Stiers schützt. Die Annalen der Tauromachie berichten von einer endlosen Reihe von Pferden, die in der Arena verendeten. 1851 fielen dreizehn Pferde unter den Hörnern eines einzigen Stiers namens Centalla. 1873 empfing ein Stier namens Parrillero neununddreißigmal die Lanze und zerfleischte dabei zwölf Pferde. Auch vor den Menschen machte dieses Gemetzel nicht halt. Unter ihren aufgeschlitzten Pferden eingeklemmt, wurden die schwerfälligen *Picadores* eine hilflose Beute der zornigen Bestien. Sechzig von ihnen bezahlten ihren grausamen Beruf mit dem Leben: Im 19. Jahrhundert starben mehr *Picadores* als Matadore in den Arenen. Seit man jedoch 1928 den *Peto* eingeführt hat, haben nur sieben den Tod in der Arena gefunden.*

Mit zusammengebissenen Zähnen und zum Zerreißen gespannten Sehnen richtet José seine Lanze auf die schwarze Masse, die jäh ihre Bahn geändert hat, um sich auf ihn zu stürzen. Genau in dem Augenblick, da die Spitze der Pike den Nacken des Stiers berührt, drückt er seinem Gaul die Sporen in die Weichen und stützt sich mit dem ganzen Gewicht seiner 102 Kilo auf den hölzernen Schaft. Impulsivo läßt sich dadurch nicht aufhalten, brüllt auf, und seine Hörner treffen mit der Wucht eines Geschosses auf die Panzerung. Unter dem Anprall wankt das Pferd, und José fragt sich, ob er nicht wie eine Flaumfeder weggefegt werden wird. Die Lanze ragt nun senkrecht über dem Stier auf, dessen Hörner das Pferd aufzuschlitzen versuchen. Mit jedem Stoß seines Kopfs läßt Impulsivo Pferd und Reiter taumeln. Beim Anblick des Bluts, das stoßweise aus dem Nacken des Stiers dringt, beginnt das Publikum neuerlich zu johlen und zu pfeifen. Mit einer Handbewegung befiehlt El Cordobés dem *Picador*, aufzuhören. Aber die Gegner können sich, wie zwei Boxer im Clinch, nicht voneinander lösen. Trotz

* Eine eiserne Beinschiene im Stierkampfmuseum von Valencia beweist allerdings, daß der Beruf eines *Picadors* auch heute keineswegs ungefährlich ist: Das Horn eines Stiers ist zur Gänze durch sie hindurchgedrungen.

seiner Verletzung stößt Impulsivo weiter zornig gegen den *Peto.* Diesen Beweis seiner Tapferkeit und das Schauspiel des unglücklichen *Picadors*, der samt seinem Pferd »wie ein Boot auf einem Wellenkamm schaukelt«, rufen donnernden Applaus hervor. Endlich gelingt es El Cordobés, die Aufmerksamkeit des entfesselten Tiers auf sich zu lenken; Impulsivo läßt von seinem Opfer ab und stürzt sich in die Falten der *Capa.* Mit einigen raschen *Pases* lockt der Matador das Tier in die Mitte der Arena und läßt es dort verschnaufen. Dann gibt er dem *Picador* ein Zeichen, daß er mit dem ersten Lanzenstoß zufrieden ist und daß der zweite weniger stark sein soll. Und sogleich dirigieren drei schwungvolle *Pases* den Stier wieder zu dem Reiter. Viele Stiere zögern, eingedenk der schmerzhaften ersten Begegnung mit dem *Picador*, sich neuerlich auf das Pferd zu stürzen. Außer sie sind besonders tapfer. Und das ist Impulsivo.

Diesmal ist der Anprall so heftig, daß José verzweifelte Anstrengungen machen muß, um sein Pferd auf den Beinen zu halten. Durch den furchtbaren Angriff verliert der erschöpfte Gaul den Boden unter den Füßen; die Hörner, die gegen seine Brust stoßen, gelangen an das Ende seiner Panzerung. Wenn kein Wunder geschieht, werden sich ihre Spitzen in einer Sekunde in sein Fleisch bohren. Und das aufgeschlitzte Pferd wird samt seinem Reiter in den Kot der Arena stürzen.

El Cordobés ist seinem bedrängten *Picador* zu Hilfe gelaufen. Mit Schwüngen der *Capa* und Zurufen versucht er, Impulsivo wegzulokken. Doch der Stier, der sich in den *Peto* verbohrt hat, läßt sich nicht ablenken und verdoppelt die Wut seiner Angriffe. Aus dem Gleichgewicht gebracht, kann José das Tier nicht richtig treffen. Die Lanze stößt, schwankend wie ein vom Sturm gebrochener Mast, ins Leere, während die Menge die Tapferkeit des Stiers bejubelt. Es ist ein verbissener Kampf, und einen Augenblick scheint es, als würde die rohe Kraft über die Geschicklichkeit des Menschen triumphieren. Als Impulsivo, von seiner Hartnäckigkeit und dem Blutverlust ermattet, endlich von seinem Opfer abläßt, geht ein Seufzer der Erleichterung durch die *Cuadrilla.* Mit gesenktem Kopf stürmt der Stier in die Falten der *Capa* und vollführt einen heftigen Hornstoß nach links, der den Körper seines Widersachers streift. Diesen Stoß nennt man in der Sprache der Tauromachie »den Schwung mit dem Weihrauchfaß«; El Cordobés weiß, wie gefährlich er ist: Er beweist, daß der Stier noch nicht hinlänglich geschwächt ist und enthüllt darüber hinaus durch seine Richtung einen Sehfehler des Tiers. Die *Aficionados* sind überzeugt, daß der Matador angesichts solcher Risiken den Stier noch ein letztes Mal in die Lanze des *Picadors* lenken wird. Sie haben sich getäuscht. Ein Mann hat beschlossen, auf dem durchnäßten Sand der Arena von Madrid das anspruchsvollste Stierkampfpublikum der Welt zu erobern, und sei es auch um den Preis seines eigenen Lebens. Nachdem El Cordobés seinen Gegner zwei Meter von seinem Körper entfernt zum Stehen gebracht hat, dreht er sich um und wirft, den Rücken zum Stier, seine *Montera* in Richtung der Präsidentenloge. Mit dieser Geste bittet der Matador, die *Picadores* wegzuschicken. Unter dem Applaus der Menge und den Klängen der Kapelle stimmt der Präsident durch das Aushängen seines weißen Taschentuchs diesem Verlangen zu, das so tollkühn ist, daß plötzlich ein Angstschrei durch die Arena dringt. »Manolo, Manolo!« ruft der *Banderillero* Paco Ruiz. »Du bist verrückt! Dieser Stier ist noch viel zu stark!«

Es war zu spät. Pacos letzte Worte wurden von einem neuen Laut unterbrochen, dem Blasen der Trompete, das die Picadores aus der Arena rief. Wie hoch auch das Risiko sein mochte, »El Cordobés« war durch seine eigene Geste dazu verurteilt, den Kampf mit einem halbblinden, unzureichend verletzten Tier zu beenden.

Zwei nervöse Männer diskutieren leise im *Callejón* der Arena Las Ventas. Fünf Stunden vorher haben sie eilig die Halle des Hotels Wellington durchquert, um ihrem Matador die beiden Tiere zu beschreiben, denen er vor den Augen von 20 Millionen Zuschauern gegenübertreten muß. Und das erste dieser Tiere wird nun in der letzten Phase vor dem Schlußkampf den *Banderilleros* Paco Ruiz und Pepín Garrido Gelegenheit geben, ihr eigenes Können unter Beweis zu stellen. Reglos erwartet sie Impulsivo, dem Tor des *Torils* zugewandt, durch das er vor kurzem in dieses Rund des Leidens und der Leidenschaft gelaufen ist. Die Prüfung der Lanze hat auf seinem Widerrist ein klaffendes Loch hinterlassen, aus dem sich ein Blutstrom über seine linke Flanke ergießt. In Wirklichkeit ist diese Verletzung eher spektakulär als schwer. Der Stier, von dem ein Journalist behauptet hat, daß er seinen Matador töten werde, bewahrt, da ihn die Tollkühnheit des Cordobés vor einer ernsthafteren Verletzung beschützt hat, seine gesamte oder zumindest fast seine gesamte wilde Kraft. Mißtrauisch und zornig harrte er der neuerlichen rituellen Torturen der Corrida. Der folgende *Tercio* jedoch unterscheidet sich von der brutalen Arbeit der *Picadores* wie Tag und Nacht. Das Setzen der *Banderillas* ist ein Akt, den die Menge freudig begrüßt, ein Akt der Verfeinerung und der Eleganz, der den wilden Kampf des Menschen mit dem Tier zu der Grazie eines klassischen Balletts erhebt.

Für Paco und Pepín ist die kurze Demonstration von Kunst und Schönheit, die sie bieten werden, stets eine demütigende Erinnerung an ihre eigene Niederlage. Sie haben sich darein fügen müssen, nie die Hauptrolle zu spielen. Gleich einem Großteil der *Banderilleros* Spaniens haben sie zuerst gehofft, Matadore zu werden. Aber zwischen einem Mann, der zwei 65 Zentimeter lange Stäbe in den Rücken eines Stiers sticht und dann Hals über Kopf Reißaus nimmt, und einem Mann, der seinen reglosen Körper den Hörnern darbietet und seinen Degen bis zum Heft in den Widerrist seines Gegners versenkt, ist ein himmelweiter Unterschied. Der eine muß geschickt sein. Der andere mutig. Eines Tages, in irgendeiner Arena oder auf irgendeiner nächtlichen Weide, hat es den *Banderilleros* an diesem Mut gefehlt. Um nun weiter der Welt angehören zu dürfen, die sie so sehr lieben, die zu erobern sie jedoch zu schwach sind, sind sie in die Dienste von Männern getreten, die mutiger als sie selbst sind.

Jeder Augenblick ihres Lebens erinnert sie an ihre untergeordnete Stellung. Sogar der Name, mit dem sie die Sprache der Tauromachie bezeichnet, *Peón* – Knecht –, ist ein Symbol dieser Abhängigkeit. In vielen *Cuadrillas* essen die *Banderilleros* nicht am selben Tisch wie ihr Matador. Sie reisen in alten, klapprigen Wagen, während ihre Maestros in den schönsten, modernsten Autos fahren. Ihre Kampfkostüme dürfen nicht mit Gold- oder Silberpailletten, sondern nur mit schwarzen Verzierungen bestickt sein. Dafür ist es ihnen gestattet – ein klägliches Privileg! –, vor dem Stier zu fliehen und sich mit einem Sprung über die *Barrera* in Sicherheit zu bringen, was dem Matador bei Strafe der Ächtung verboten ist. Und während der Ehrenrunden gehen sie einen Schritt hinter ihrem Maestro und lesen unterwürfig die Blumen auf, die die begeisterte Menge in den *Ruedo* wirft – die einzigen Krumen des Ruhms, die sie vom reichen Tisch der Corrida sammeln dürfen.

Dennoch: Wenn sie Talent haben, ist ihre Arbeit äußerst elegant. Doch meist dürfen sie nicht einmal dieses Talent zur Schau stellen. Einem *Banderillero* ist es nicht erlaubt, um die Bewunderung des Publikums zu werben: Diese gebührt allein dem Matador. Schnelligkeit, Zielstrebigkeit, Genauigkeit – das sind die Pflichten dieser »Männer im Schatten«. Für Paco und Pepín zählt an diesem unfreundlichen regnerischen Nachmittag nur die Schnelligkeit.

»Holá, Paco«, schreit El Cordobés, »rasch die *Banderillas*!« Paco ergreift ein Paar rot und gelb verzierter *Banderillas*. Nach der Corrida werden diese Stäbe an Touristen oder Sammler verkauft; bis zu 10000 Peseten pro Stück werden dafür geboten. Paco reibt die Widerhaken an den Spitzen mit Speichel ein, damit sie leichter durch die Haut des Stiers dringen.

Paco zwinkert Pepín freundschaftlich zu; und dann tritt er auf den *Ruedo* hinaus und stellt sich Impulsivo. Erfreut beklatscht das Publikum sein Erscheinen. Von diesem Empfang ermutigt, umklammert er die Stäbe fester und beginnt über den schlüpfrigen Sand zu gehen. Er muß die *Banderillas* nebeneinander in den Wirbelrist des Stiers stechen, hinter der Stelle, in die der Matador in wenigen Minuten seinen Degen versenken wird.

Dreißig Fuß vom Stier entfernt bleibt Paco stehen. In jeder Hand hält er eine *Banderilla*. Langsam hebt er die ausgestreckten Arme in die Höhe, bis sie wie Flügel von seinem Körper abstehen, und richtet die Banderillas gerade auf Impulsivos unruhige Augen. Mit einem Schwung der Handgelenke schlägt er die Stäbe zusammen und lenkt damit die Aufmerksamkeit des Stiers auf sich.

Paco beobachtet Impulsivos unbewegliche Gestalt und wartet auf das erste Anzeichen eines Angriffs. Als es soweit ist, beginnt auch er zu laufen, erst langsam, dann keuchend, schnell, in demselben Tempo wie Impulsivo, nach rechts gewendet in einem immer enger werdenden Kreis. Behutsam läuft er über den klebrig nassen Sand, der jeden seiner Schritte festzusaugen scheint. Mit äußerster Willensanstrengung zwingt er sich, nicht auf die weit ausladenden Hörner des Stiers zu schauen, und fixiert das Bündel von Muskeln, hinter das er die Banderillas plazieren muß. Das ist eine der Grundregeln seines Metiers: nicht auf die Hörner zu schauen.

Von allen Mitgliedern der Cuadrilla des Cordobés war Paco durch seine Herkunft und seine Erziehung am wenigsten für die Torerolaufbahn prädestiniert. Erst mit 19 Jahren sah er seine erste Corrida, und auch dies nur auf Befehl seines Vaters, der ihn mit Gewalt in die Maestranza, die berühmte Arena von Sevilla, schleppte. Paco hatte kein Interesse an Stierkämpfen. Nach solidem Mittelschulstudium hatte er gerade eine Anstellung bei einer Presseagentur gefunden. Da er fleißig und ehrgeizig war, besuchte er Abendkurse, um seine Bildung zu vervollständigen, und er erwies sich als so tüchtig, daß sein Chef ihm für seinen zwanzigsten Geburtstag eine Lohnerhöhung und die Beförderung zum Reporter versprach.

An jenem Aprilnachmittag in der lichtdurchfluteten Maestranza erschütterte plötzlich irgend etwas das scheinbar so gefestigte Innere dieses ernsthaften jungen Mannes. War es eines der Wunder, wie die Spanier sie der *Fiesta Brava* zuschreiben, ohne selbst allzusehr daran zu glauben? Noch viele Jahre später war Paco unfähig, die Erregung zu beschreiben, die sich an jenem Tag seiner bemächtigt hatte. Es schien ihm, als wäre er »von der göttlichen Gnade gestreift worden«. Als er die Arena verließ, wandte er sich an seinen Vater und verkündete: »Papa, ich möchte Torero werden!«

Der wackere Mann brach in schallendes Gelächter aus. Er hatte unrecht. Sehr bald sollte er diesen Nachmittag bitter bereuen, an dem er seinen Sohn gegen dessen Willen zur Corrida geführt hatte. Von dem neuen Ehrgeiz gepeinigt, hörte Paco auf, die Abendkurse zu besuchen. Sehr zum Leidwesen seines Dienstgebers kündigte er sogar seinen Posten bei der Presseagentur.

Eines Morgens begab er sich in die Fleischhauerei seines Vaters und teilte diesem mit, er wolle in den Familienbetrieb eintreten. Der Vater, zuerst skeptisch, stimmte schließlich unter der Bedingung zu, daß Paco »ganz unten« anfange. »Ganz unten«, das bedeutete das Ausweiden der Tiere in den Schlachthäusern von Sevilla – und genau dorthin wollte Paco. Wie in allen Städten Spaniens besitzt auch in Sevilla der Schlachthof eine magische Anziehungskraft auf die Torerolehrlinge. Hier und nur hier kann man wirklich lernen, einen Stier zu töten. In den stinkenden Straßen, die zu den Schlachthäusern führen, treiben sich stets Scharen von Burschen herum, in der Hoffnung, hineinschlüpfen und ein paar *Pases* mit den Tieren machen zu können, die das Beil des Schlächters erwartet. Diejenigen, die über ein bißchen Geld oder über Beziehungen verfügen, erreichen oft ihr Ziel. Einmal drinnen, können sie die Arbeiter bestechen und deren Platz einnehmen. Dank den für die Sevillaner Tafeln bestimmten Rindern haben Generationen von Matadoren auf diese Art die Bewegungen der vorschriftsmäßigen *Estocada* gelernt.

Pacos Ausbildung in den Schlachthäusern machte schnelle Fortschritte. Mit einem rostigen Degen, den er auf dem Flohmarkt von

Sevilla erstanden hatte, beförderte er bald über hundert Stiere in seines Vaters Fleischhauerei. Seine freien Tage verbrachte er in den Cafés von Sevilla, auf der Lauer nach einer Chance, seine Talente bei einer *Tienta* zur Schau stellen zu dürfen.

Als Pacos Vater endlich begriff, wie ernst die Absichten seines Sohns waren, beschloß er, ihnen durch einen unfehlbaren Schachzug ein Ende zu bereiten. Er wollte den Teufel durch Beelzebub austreiben. Er nahm den Autobus nach Almodovar del Río, einem Dorf, in dem eine kleine Corrida vorbereitet wurde. Dort verschaffte er mit Hilfe von 500 Peseten seinem Sohn das Recht, eines der drei Tiere des Kampfes, eine alte Kuh namens Romerita, zu töten. Papa Ruiz hoffte, daß Romerita seinem Sohn eine solche Lektion erteilen würde, daß er für immer von seinen Toreroambitionen geheilt wäre.

Aber es kam nicht ganz so, wie es der listige Fleischer vorhergesehen hatte. Paco kämpfte so hervorragend, daß die Einwohner von Almodovar ihm die beiden Ohren und den Schwanz Romeritas zusprachen und ihn im Triumph auf ihren Schultern durch das Dorf trugen. Der arme Vater konnte es nicht fassen. Er war in der Überzeugung nach Almodovar gekommen, dies würde die erste und zugleich die letzte Begegnung seines Sohns mit den höllischen Hörnern eines wilden Rinds sein. Und nun entdeckte er, daß er der Vater eines »Phänomens« war, dessen Mut und Begabung ein ganzes Dorf in Begeisterung versetzen konnten. Schon erblickte er einen neuen Manolete in ihm. Auf der Rückfahrt zeigte er im Autobus stolz die beiden Ohren herum, die sein Sohn erobert hatte. Und den Finger auf Paco gerichtet, verkündete er den Mitreisenden: »Schaut euch diesen Mann gut an. Demnächst wird er das Idol Spaniens sein!«

Von seinem Vater ermutigt und finanziell unterstützt, konnte Paco nun seine ganze Zeit der Erlernung des Stierkämpferhandwerks widmen. Er kaufte sich einen Lichteranzug und trat bei zahlreichen Dorfcorridas auf. Er debütierte sogar in der Maestranza von Sevilla und wurde in der städtischen Presse lobend erwähnt.

Ein bedeutender Tag in seiner Laufbahn war der 23. September 1949. An diesem Tag stand sein Name auf dem Programm einer großen Corrida. Auch diesmal brillierte er und erhielt zwei Ohren, was ihm einen neuen Vertrag für die folgende Woche einbrachte.

Zwei Engagements in Sevilla waren eine hinlängliche Ermutigung, um den Aufstieg zum endgültigen Gipfel zu versuchen. Paco reiste nach Madrid. An einem Märztag debütierte er in dem Heiligtum, in dem er heute vor 20 Millionen Blicken kämpft. Es war ein Fiasko. Von einem Stier übel zugerichtet, von den Journalisten verhöhnt, die zu bestechen er nicht genug Geld gehabt hatte, fand er sich, der sicheren Arbeitslosigkeit preisgegeben, auf dem Pflaster Madrids wieder. Da er zu stolz war, um mit leeren Händen nach Sevilla zurückzukehren, führte er vier Jahre hindurch das Vagabundendasein, das alle Schiffbrüchigen der *Fiesta Brava* kennen. In der Hoffnung, sich zu rehabilitieren, durchstreifte er ganz Spanien. Vergeblich. Dabei war Paco keineswegs ein schlechter Torero. Aber überall, wohin er kam, erweckte er nur Gleichgültigkeit. Seine Laufbahn, die so verheißungsvoll begonnen hatte, schleppte sich vier qualvolle Jahre dahin. Ihren endgültigen Schlußpunkt fand sie in Málaga, an einem Nachmittag, da er es nicht fertigbrachte, einen fürchterlichen, halbblinden Stier des Züchters Pablo Romero zu töten. Ein Hagel von Sitzkissen, Zigarrenstummeln, Orangenschalen, Coca-Cola-Flaschen und vor allem Beschimpfungen prasselte auf ihn nieder. Dreimal gab ihm der Präsident des Kampfes ein *Aviso* – die Aufforderung, den Stier endlich zu töten. Aber »dieses verdammte Vieh«, erinnerte sich Paco, »wollte nicht und nicht sterben«. Endlich mußte der Stier inmitten der *Cabestros* – der zahmen Ochsen – hinausgeführt werden, und Paco mußte Málaga und die Welt der *Fiesta Brava* schmählich verlassen.

Er wurde *Banderillero.* Zehn Jahre lang ging er von Cuadrilla zu Cuadrilla, sein Glück stieg und fiel mit dem seines Matadors. Vier dieser Jahre arbeitete er nun mit El Cordobés. Er wurde der »*Banderillero* seines Vertrauens« und sein bester Ratgeber. Er schützte ihn vor seinen Anbetern. Er wachte über seine Gesundheit und machte ihm Vorwürfe, wenn er zuviel trank. Er diente ihm als Unterhändler mit der Horde von Geschäftsleuten, die ihn stets belagerte. Gemeinsam stiegen sie den Mädchen nach, und oft mußte Paco die peinliche Aufgabe übernehmen, einer Señorita schonend beizubringen, daß sein Maestro eine neue Dulcinea erwählt hatte.

In der Arena gab Paco seinem Matador wertvolle Ratschläge, die er aus seiner langjährigen Erfahrung schöpfte. Und vor allem hinderte er ihn, soweit er es vermochte, allzu große Tollheiten zu begehen. Stets war er bereit, seinem Maestro beizuspringen; er litt Höllenqualen in diesen Augenblicken, in denen die Waghalsigkeit des Cordobés an Selbstmord grenzte. An der Seite seines Matadors hatte er die schönsten und die schrecklichsten Stunden seiner Laufbahn erlebt. Im Kielwasser der Triumphe seines Maestros lernte er den Abglanz des Ruhms kennen, den ihm sein eigenes Schicksal versagt hatte.

Der entscheidende Augenblick ist gekommen. Paco Ruiz läuft auf die rechte Seite des Stiers zu, von der ihn kaum noch zwei Meter trennen. El Cordobés hinter seinem *Burladero* schätzt die Geschwindigkeit, den Schwung, die Wut des Tiers ab, mit dem er sich in wenigen Minuten messen wird. Paco beschleunigt seine Schritte. Was folgt, dauert nur Sekundenbruchteile. Im letzten Augenblick weicht der *Banderillero* mit einer jähen Bewegung vor den schon zum Stoß bereiten Hörnern zur Seite; von seiner eigenen Geschwindigkeit mitgerissen, rutscht er im glitschigen Kot aus. Seine Kameraden halten den Atem an. Doch der Mann, dessen Wirbelsäule einmal gebrochen war, kann sich fangen. Mit einer geschmeidigen Wendung dreht er sich um und setzt seine *Banderillas* nebeneinander in den Widerrist des Stiers. Von dem Einstich der Widerhaken gereizt, bremst Impulsivo seinen Galopp, brüllt auf und peitscht mit seinen Hörnern durch die Luft. Ein Beifallssturm belohnt die präzise Arbeit des *Banderilleros.* Und mit einem Sprung über die *Barrera* beendet Paco seine Darbietung.

Nun ist die Reihe an Pepín. Er trägt an diesem Nachmittag das größere Risiko. Die *Banderilleros* pflegen sich einem Stier stets von einer bestimmten Seite zu nähern. Paco arbeitet »von rechts«. Pepín seinerseits setzt die *Banderillas* von links her, und das bedeutet, daß er nun am bevorzugten Horn Impulsivos vorbei muß.

Der Beruf eines *Banderilleros* ist rein theoretisch nicht übermäßig gefährlich. Die spanischen Versicherungsgesellschaften sind anderer Meinung. Mit seinen 36 Jahren trägt Pepín an seinem Körper die Narben von 17 Verwundungen, die er in der Arena erlitten hat. Und in genau einer Woche wird in dieser nämlichen *Plaza* von Madrid ein *Banderillero* von einem Hornstoß getötet werden.

Als Vater von fünf unmündigen Kindern verspürt Pepín keinerlei Berufung zum Martyrium. Er ist der vorsichtigste Mann in der *Cuadrilla* des Cordobés.

Das Gesicht, dessen Schatten seine Blässe betonen, zu einer Grimasse verzerrt, die Kehle so ausgedörrt, daß er nicht einmal ein Gebet murmeln kann, tritt Pepín mit weichen Knien auf den Sand, um Impulsivo anzugreifen. Mit vorsichtigen Schritten beginnt er in einem weiten Bogen auf die linke Seite des Tiers zuzulaufen. Beunruhigt schauen seine Kameraden ihm zu, jeden Augenblick bereit, ihm zu Hilfe zu eilen. Mit zusammengebissenen Zähnen, die beiden *Banderillas* in die schweißfeuchten Handflächen gepreßt, beschleunigt Pepín mühsam seinen Trab gegen den Widerstand des schweren Bodens. Geifernd schwenkt der Stier von seiner Bahn ab, das linke Horn gegen die nahende Gestalt gerichtet, und stürzt sich auf Pepín. Für 20 Millionen Zuschauer scheint ein Zusammenstoß unvermeidlich.

Direkt vor sich sieht Pepín über den Hörnern, deren Anblick er krampfhaft vermeidet, die Stäbe schwanken, die Paco gerade gesetzt hat. Er forciert seine Geschwindigkeit und biegt sicherheitshalber nach rechts aus. Als er endlich in der Höhe des Stiers ist, bemerkt er, daß er zu weit entfernt ist, um seine *Banderillas* einstechen zu können. Da kehrt er auf dem Absatz um und wirft sich wie ein Fußballtormann nach dem Tier. Er fühlt das Horn über seinen Bauch streifen. Mit einer geschickten Wendung löst er sich und flieht. Durch die neuerlichen Einstiche der Widerhaken erbittert, dreht Impulsivo sich um seine Achse und stürmt hinter dem *Banderillero* her. Die Menge ist beunruhigt aufgestanden, um das Drama besser verfolgen zu können, während aus allen Verschlägen Toreros mit entfalteten *Capas* hervorlaufen, um ihrem Kameraden beizuspringen. Gehetzt von dem zornigen Galopp des Stiers, unter dem Dreckfontänen aufspritzen, rutscht Pepín im Kot aus, taumelt. Als er noch zwanzig Meter von der *Barrera*, von der Rettung entfernt ist, als Impulsivo ihn gerade aufspießen will, erschallt plötzlich aus der Mitte der Arena ein wilder Schrei. Bei diesem ungewohnten Geräusch bleibt das Tier jäh stehen. Dann dreht es sich in die Richtung, aus der die Stimme gekommen ist. Vor sich sieht es den gelben und purpurnen Wirbel einer *Capa*. Unvermittelt senkt sich ein tiefes Schweigen über die Arena. Sprachlos sehen die Zuschauer, wie der Matador sich mit gemessenen, feierlichen Schritten dem Stier nähert, bis die *Capa* dessen Maul streift. Dann läßt El Cordobés das eine Ende des Tuchs los, führt seine rechte Hand bedächtig an die *Montera* und nimmt sie ab. Er dreht sich behutsam um, bietet seinen Rücken den reglosen Hörner, die ihn fast berühren, und wendet sich zur Präsidentenloge. Mit einem eleganten Schwung seiner *Montera* bittet er um die Fortsetzung der Corrida durch den dritten *Tercio*, die Phase, die unabwendbar mit dem Tod Impulsivos enden wird. Trompeten ertönen. Mit ernstem, ruhigem Gesicht entfernt sich El Cordobés gemächlich von seinem Gegner, den schweren Stoff der *Capa* lässig hinter sich herschleifend. Als er die *Barrera* erreicht, bricht auf den obersten Rängen ein Beifallsorkan los, der in wenigen Augenblicken die ganze Arena erfaßt. Nachdem der Matador sich mit einem Schluck Wasser erfrischt und das Glas grüßend zum Publikum erhoben hat, nimmt er aus den Händen seines Degenträgers die *Muleta* aus roter Serge und den hölzernen Degen entgegen.*

Der lange Weg, der Manuel Benítez schließlich bis in diese Arena geführt hat, ist fast zu Ende. Nach einem kurzen Stoßgebet ist der Matador bereit, dem größten Publikum in der Geschichte der Corrida »die erhebende, mystische Schönheit« zu bieten, »die ein Mann, ein Stier und ein Stück roten Stoffs an einem Stab erschaffen können« (Ernest Hemingway: »Tod am Nachmittag«).

Als er in den *Ruedo* hinaustritt, dringt eine Stimme aus dem *Callejón.* Von Dankbarkeit erfüllt, das Gesicht noch von der Furcht gezeichnet, schreit Pepín: »Das linke Horn, Manolo! Paß um Gottes willen auf das linke Horn auf!«

* Erst im letzten Augenblick vor der *Estocada* wird diese Attrappe mit der echten Waffe vertauscht. Der Grund für diese Maßnahme liegt in der außerordentlichen Schwere des Degens, die den Matador bei seiner *Faena* zu sehr ermüden würde. Anm. d. Übers.

Der Maletilla

Es war 2 Uhr morgens. Ein eisiger Wind pfiff durch Madrid und riß die letzten Blätter von den Platanen des Paseo del Prado. Am Ende der Avenue, auf der riesigen, ausgestorbenen Plaza Carlos V., zeichneten die Gaslaternen und die Nachtlichter des Provinzspitals einen leuchtenden Kreis in die Erstarrung der Nacht.

Unter seiner Ladung ächzend, knatterte ein alter Lastwagen über den Platz und bog zu den Lagerhäusern des Atocha-Bahnhofs ein, wo er stehenblieb. Zwei vor Kälte und Schlaf fröstelnde Gestalten kletterten von dem Stapel von Orangenkisten, aus denen die Fracht des Wagens bestand. Manuel Benítez und Juan Horillo waren an der ersten Station ihres Exils angelangt. Sie waren in Madrid.

Nur wenige Palmeños hatten je das Glück gehabt, diesen ersehnten Boden zu betreten, von dem so viele in der Armut ihrer Provinzen gefangene Spanier träumten. Die beiden Freunde rieben sich die Augen. Vor ihnen hob sich das graue, triste Häusermeer der Hauptstadt gegen den Himmel ab. Überzeugt, daß sie hier ihr Glück machen würden, warfen sie sich ihr Bündel über die Schulter und marschierten los. Sie sollten ihre Illusionen bald verlieren. In den finsteren, leeren Gassen rund um den Bahnhof fanden sie kein einziges offenes Café, in dem sie sich wärmen und den Tag erwarten konnten.

In dieser Nacht beherbergte Madrid zwei Landstreicher mehr. Zähneklappernd und erschöpft wickelten Manuel und Juan sich in ihre *Muletas* und schliefen aneinandergedrängt unter einem Torweg ein.

Manuel Benítez erzählt

»Mein erster Eindruck von Madrid war ein Fußtritt in die Seite und eine brutale Stimme, die ›Auf!‹ schrie. Ich öffnete die Augen. Über mir war ein Polizist. Er sah dem Sergeanten Mauleón nicht ähnlich, aber seine

Tritte taten genauso weh. ›Auf und mir nach!‹ schrie er mit einer Wut, als hätten wir mindestens die Bank von Spanien ausgeraubt. Das erste menschliche Gesicht in Madrid – und gleich die Visage eines Bullen!

Auf der Wachstube verlangten sie unsere Ausweise und außerdem die dreißig Peseten, die man bei sich haben muß, wenn man nicht wegen Vagabondage eingelocht werden will. Keiner von uns beiden hatte natürlich dreißig Peseten. Was meinen Ausweis betraf, so hatte ich Angst, ihn herzuzeigen, weil darin vermerkt war, daß mich die Zivilgarde aus Palma hinausgejagt hatte. Ich versuchte zu erklären, daß wir Toreros auf der Suche nach einer *oportunidad* seien. Ich erwartete, daß sie uns daraufhin verbleuen würden. In Palma hätte man uns in einem solchen Fall zuerst eine Tracht Prügel verabreicht und uns dann ein paar Tage lang brummen lassen. Die Zivilgardisten von Palma hatten schließlich sonst nichts zu tun. Aber hier in Madrid hatte die Polizei offensichtlich andere Sorgen. Der Bulle brüllte zu guter Letzt: ›Andad!‹ und warf uns hinaus.

Nach dieser ersten Lektion in Madrider Gastfreundschaft schmiedeten wir einen Schlachtplan. Wir waren ja nicht hergekommen, um in irgendeinem Torweg vor Kälte zu krepieren. Was wir brauchten, war jemand, der uns ein bißchen weiterhalf. Aber wir kannten keine Menschenseele. Madrid ist gräßlich groß. Wie soll man an einem solchen Ort jemanden finden, der einen unterstützt?

Schließlich hatte ich eine Idee: ›Besuchen wir Dominguín‹, schlug ich Juan vor. Luis Miguel Dominguín war damals der größte Matador Spaniens, der *numero uno.* Er war sehr reich und wohnte in Madrid. Vielleicht würde er uns helfen. Ich wußte nicht, an wen wir uns sonst wenden sollten. Ein Cafetier gab uns seine Adresse. Mit leerem Magen, aber voll Hoffnung machten wir uns auf den Weg zu seinem Haus.

Ich kann diesen ersten Tag in Madrid nicht vergessen. Mir fielen fast die Augen aus dem Kopf. Ich war ganz erschlagen. Ich glaubte, in eine andere Welt versetzt worden zu sein. Es kam mir so groß vor, daß ich es kaum glauben konnte. Jedesmal wenn ich eine Straße überquerte, wäre ich beinahe überfahren worden. Ich sagte mir immer wieder: ›Herrgott, ist Madrid groß!‹ Diese vielen eiligen Leute, diese vielen Häuser, diese vielen Autos ... Wenn in Palma ein Auto vorbeifuhr, renkten sich alle die Hälse aus, um es zu betrachten. Und in Madrid gab es Autos, Autos und noch einmal Autos. Da waren große mit blitzenden Stoßstangen, Antennen auf dem Dach und Chauffeuren mit Schirmmützen und weißen Handschuhen. Andere, kleinere, wurden von Herren oder sogar von Frauen gelenkt. Wenn ich diese Leute ansah, wurde ich ganz gelb vor Neid. Alle erinnerten mich an Currito de la Cruz. Ich hätte nie gedacht, daß es so viele Reichtümer auf der Welt geben könnte, so viele Leute, die Autos besaßen, die Krawatten und schöne glänzende Schuhe trugen, die Zigarren rauchten, die in Restaurants gingen, wo sie von anderen Kerlen in weißen Jacketts gegrüßt wurden, oder in Geschäfte, wo es Sachen zu kaufen gab, von denen ich nichts geahnt hatte.

Aber was mich vor allem verblüffte, waren die unglaublichen Berge von Eßwaren in den Schaufenstern: *calamares* – Tintenfische –, ganze Regale voll Serrano-Schinken, alle Arten von Fischen, Würste in jeder Größe... Wir blieben stundenlang stehen und starrten diese Unmengen von Lebensmitteln an. Ich hatte Lust, die Scheiben einzuschlagen und alles zu stehlen. Ich war verrückt danach. Es war jedesmal eine Qual, sich von diesen verfluchten Auslagen loszureißen und weiterzumarschieren. Wir kamen an einem großen grünen Glasfenster vorbei. Ein Passant, der unsere Bündel sah, blieb stehen und sagte uns, daß dies das Hotel Victoria sei, das Hotel, in dem Manolete abstieg, wenn er in Madrid kämpfte. Wir blieben eine Zeitlang auf dem Trottoir vor dem Fenster stehen und träumten. Dann gingen wir weiter.

Schließlich kamen wir zum Haus Dominguíns. Es war ein altes Gebäude mit Skulpturen am Eingang. Ich läutete. Ein Dienstmädchen mit weißer Schürze öffnete. Sie sah nett aus. Ich erklärte ihr, daß wir Torerolehrlinge seien und den Maestro um seine Hilfe bitten wollten, damit wir irgendwo kämpfen könnten.

Sie bat uns zu warten und schloß die Tür wieder. Eine Minute später kam sie zurück und sagte, daß der Maestro nichts für uns tun könne.

Plötzlich fühlte ich mich ganz verloren in dieser großen Stadt voll Lärm und Unruhe. Ich hatte Angst, eine Angst, die ich bisher nie gefühlt hatte, nicht einmal bei den Stieren. Juan schlug vor, wir sollten zur *Plaza* gehen. Dort könnten wir vielleicht jemanden finden, der sich für uns interessierte. Die *Plaza* war sehr weit. Man riet uns, mit der Metro zu fahren.

Es war das erste Mal in meinem Leben, daß ich mit der Metro fuhr. Am Fahrkartenschalter fragte ich, wie ich zur *Plaza de Toros* kommen könne. Der Angestellte sagte mir, daß ich bei der Station ›Carmen‹ aussteigen müsse. Wir stiegen ein, und auf einmal wurde ich von Panik ergriffen. Die Stationen flitzten vorbei, und mir fiel ein, daß ich ja die Schilder nicht lesen konnte, um zu wissen, wo wir aussteigen müßten. Trotzdem kamen wir dank der Hilfsbereitschaft eines Fahrgasts richtig ans Ziel.

Unvermittelt lag die *Plaza* vor uns. Sie sah genauso aus, wie ich sie von den Fotos im Café von Charneca in Erinnerung hatte. Wir blieben reglos und stumm stehen und betrachteten die roten Backsteinmauern. Das war das gelobte Land.

Als wir vor das Hauptportal kamen, bemerkte ich etwas Furchtbares. Plötzlich begriff ich, warum die Polizisten uns nicht verprügelt hatten. Hier gab es Dutzende und Dutzende von *Maletillas* wie uns. Sie waren überall. Die einen saßen in der Sonne, andere schliefen in Fensternischen, in ihre *Capas* eingewickelt. Wieder andere spielten auf dem Gehsteig Torero und Stier. Sie kamen aus allen Windrichtungen: aus Barcelona, aus San Sebastián, aus Cádiz, aus Bilbao und sogar aus Städten, deren Namen ich noch nie gehört hatte. Alle suchten dasselbe wie wir: eine *oportunidad* – eine Chance.

Der Portier ließ uns hinein, den Kampfplatz anschauen. Lange betrachteten wir den *Ruedo* und die leeren Tribünen, die bis in den Himmel zu reichen schienen. Mit einem Lichteranzug in diese Arena einziehen und den Beifall der Menge hören: Das war der Traum meines Lebens.

Als wir hinausgingen, sahen wir einen gutgekleideten Mann aus einem Auto steigen. Er rauchte eine dicke Zigarre. Er hatte es offenbar sehr eilig. Irgend jemand flüsterte: ›Das ist Don Livinio Stuyck, der Direktor der Arena.‹ Ich rannte auf ihn zu, um ihn zu bitten, mir in seiner *Plaza* eine Chance zu geben. Er schaute mich an und zuckte die Achseln. Dann fischte er einen *Duro* aus der Tasche und schmiß ihn mir hin. Ich hob das Geldstück auf und warf es ihm zurück und schrie, daß ich eine *oportunidad* wolle, nicht ein Almosen. Aber er ging weiter. Als er weg war, hob ich das Geldstück schnell wieder auf.

Wir trieben uns den ganzen übrigen Tag vor der *Plaza* herum. Touristen fotografierten uns und gaben uns ein paar Peseten, die wir in einem Café in *calamares* und Weißwein anlegten. Mit vollem Magen, vom Wein erwärmt, fühlte ich mich von neuem Mut durchdrungen. Das erste, was wir tun mußten, war, ein bißchen Geld zu verdienen. Denn hier gab es keine Weiden, auf denen wir Gras essen konnten, und auch keine Orangenhaine wie am Ufer des Guadalquivir.

Zwei meiner Schwestern wohnten in Madrid, aber ich wollte sie um nichts bitten. Charneca hatte uns die Adresse eines Palmeños gegeben, der in einem Vorort namens Vicalvaro ein Café besaß. Dort konnten wir vielleicht Arbeit finden, während wir auf eine *oportunidad* warteten.

Vicalvaro war ein schauderhaftes dreckiges Nest, ganz ähnlich wie Palma, aber kalt und ohne Sonne. Das Leben der Arbeiter war dort das gleiche wie in Palma. Sie kamen jeden Morgen auf die Plaza de los Trabajadores, in der Hoffnung, für einige Stunden eine Beschäftigung auf den Feldern zu finden. Wie in Palma bekamen sie zehn Peseten pro Tag. Der Cafetier von Vicalvaro riet uns, unser Glück gleichfalls auf der Plaza de los Trabajadores zu versuchen. Es war die Zeit der Rübenernte, und wir fanden Arbeit. In der Nacht schliefen wir auf dem Friedhof, dort, wo die Totengräber ihre Schaufeln aufbewahrten. Wir verdienten zuwenig, um anderswo nächtigen zu können. Daneben standen Zypressen und ein großes Steinkreuz für die Opfer des Bürgerkriegs. In den ersten Nächten war es ein komisches Gefühl, mit den Toten zusammen zu schlafen. Aber schließlich gewöhnte ich mich daran.

Wir erlebten harte Wochen in Vicalvaro. Alles, woran ich mich deutlich erinnere, ist, daß ich auf diesem Friedhof fast starb vor Kälte und Hunger und daß ich ständig um die andalusische Sonne trauerte. Aber dann schien uns eines Tages das Glück zu lächeln. Wir fanden auf einer Baustelle in der Nähe Arbeit. Dort zahlten sie dreißig Peseten am Tag, dreimal soviel wie auf den Feldern, und die Leute rauften sich darum, eingestellt zu werden. In Madrid gab es damals Tausende von armen Burschen wie uns, die Arbeit suchten.«

Ein großer Teil Spaniens teilte in diesen Jahren die Qualen und Hoffnungen der beiden Ausgestoßenen von Palma. Drei Millionen Spanier – einer von zehn Einwohnern – verließen in den fünfziger Jahren ihre Heimatorte, um anderswo Arbeit zu finden. Jeden Tag kamen sie zu Hunderten nach Madrid, aus Andalusien, Estremadura, Aragonien. Die meisten blieben am Stadteingang von Madrid, in den schmutzigen Lagern, die gerissene Spekulanten errichtet hatten. Die Baracken, die zu skandalösen Preisen vermietet wurden, bestanden aus verbeultem Wellblech, alten Kisten und auf Baustellen gestohlenen Brettern. Dieser Barackengürtel um die Stadt wurde »Wellblechgürtel« genannt. Überall entstanden kleine Gemeinden, die sich manchmal sonderbare Namen gaben, zum Beispiel »Pozo del Tío Raimundo« –

Brunnen des Onkels Raimund –, und in denen es natürlich weder Wasser noch Elektrizität noch Toiletten gab. Für eine ganze Generation armer Spanier, die die Dürre ihrer Heimaterde in die Städte getrieben hatte, bildeten diese Lager die erste Station auf dem Weg zu einem besseren Leben.

Aber auch die Hauptstadt huldigte, als Manuel Benítez und Juan Horillo ankamen, noch den anachronistischen Gebräuchen der Vergangenheit. Außer für die Arbeiter begann der Tag erst gegen zehn Uhr und wurde vier Stunden später zu Mittagessen und Siesta unterbrochen. Zum Essen gingen die Männer immer nach Hause. Genachtmahlt wurde nie vor zehn oder elf Uhr abends. Madrid war die einzige europäische Metropole, deren Straßen noch nach Mitternacht voll von Menschen waren.

Zwanzig Jahre nach dem Bürgerkrieg war Spanien immer noch ein rückständiges, von den Traditionen eines anderen Zeitalters gelähmtes Land. Eine unfähige Bürokratie hemmte seine wirtschaftliche Entwicklung; sein politisches Leben wurde in der Struktur eines feudalen Regimes erstickt. Während jenseits der Pyrenäen Frankreich die Caravelle konstruierte, die Atombombe entwickelte und seinen Lebensstandard derart erhöhte, daß viele Spanier sagten, »Amerika beginne in La Bidossao«, während das 1945 besiegte und zerstörte Deutschland seinen Bezwingern die Märkte strittig machte und aus seinen Ruinen neue Städte aufschossen, verschlief Spanien die Zeit, in der Vergangenheit erstarrt.

1956 war seine Exportquote immer noch geringer, als sie beim Ausbruch des Bürgerkriegs gewesen war, und erreichte nur ein Drittel der Ausfuhren von 1928. Das Straßennetz war kaum besser als in Jugoslawien. Die amerikanische Luftwaffe mußte zu ihrer Verblüffung feststellen, daß die B-47-Bomber dreier Basen ihres Strategic Air Command in Spanien an einem einzigen Nachmittag mehr Treibstoff verbrauchten, als das gesamte spanische Eisenbahnsystem in einem Monat transportieren konnte!

Die Wirtschaft, total vom Staat kontrolliert, war vor allem auf den Nutzen der Männer des Regimes zugeschnitten. Alle Einfuhren waren an Spezialgenehmigungen gebunden. 820 kommerzielle Trusts, die in den Händen von Frankisten lagen, steuerten die Importe nach höchst einfachen Prinzipien: Sie betrachteten die Unterdrückung der Konkurrenz und die Hochhaltung der Preise als das probateste Mittel, sich zu bereichern. 1956 war ein Drittel der gesamten nationalen Einfuhren

Schmuggelgut. Uniformierte Offiziere fuhren in geschlossenen Lastwagen über die Grenze und untersagten den Zöllnern, ihre Fracht von Radios, Schreibmaschinen, Uhren und Kühlschränken zu inspizieren.

Ungefähr 30 Prozent aller Spanier konnten nicht lesen und schreiben. Der Automobilbestand belief sich auf bloß 250000 Wagen, das heißt ein Auto auf 120 Einwohner – gegenüber einem Auto auf elf Einwohner in Frankreich. Nur zwei von zehn Lohnempfängern verdienten pro Monat mehr als 3000 Peseten. Die nationale Industrie erzeugte noch keine Kühlschränke, keine Waschmaschinen, keine Fernsehapparate, keines der Haushaltsgeräte, die in allen Ländern Europas die Schaufenster füllten. Spanien lebte freiwillig in einer rigorosen Isolierung. Kein Ausländer durfte ohne Visum einreisen und kein Spanier ohne polizeiliche Spezialgenehmigung das Land verlassen. Die Presse, die dem Regime bedingungslos ergeben war, erklärte diese Situation mit den »unüberbrückbaren Gegensätzen«, die Spanien von den Nationen jenseits der Pyrenäen trennten. Den Bars, Restaurants, Cafés, Kabaretts und Kinos war es strengstens untersagt, fremdsprachige Namen zu führen.

Die Regierung Franco duldete nicht den Schatten eines Widerstands. Bei jeder Gelegenheit erinnerte der Caudillo seine Landsleute daran, daß das gegenwärtige Regime »nicht durch irgendwelche heuchlerischen Wahlen« errichtet worden sei, »sondern durch das Bajonett und das Blut der Besten von uns«.

Die spanische Frau lebte in einer abgeschlossenen Welt, deren Fesseln das übrige Europa schon vor mehr als drei Jahrzehnten gesprengt hatte. Eine junge Argentinierin, die in Hosen über den Gran Vía von Madrid ging, wurde festgenommen und mußte Strafe zahlen, weil sie »öffentliches Ärgernis erregt« hatte. Bikinis waren verboten, und in manchen Gegenden mußten sogar die Männer vollständige Badeanzüge tragen. An der katalanischen Küste fielen die Damen der Katholischen Aktion über Touristinnen in Shorts her und versuchten ein Hotel anzuzünden, in dem unverheiratete ausländische Paare im selben Zimmer schliefen. Der Kardinal-Erzbischof von Sevilla selbst deckte diese Auffassung von Moral mit seiner Autorität; zum Beispiel ließ er einmal seinen Wagen anhalten, um persönlich zwei Engländerinnen abzukanzeln, die auf dem Gebiet seiner Diözese in ärmellosen Kleidern spazierengingen. Der Besitz einer spanischen Frau fiel bei ihrer Verehelichung automatisch ihrem Gatten zu. Ein einziger Ehebruch der Frau genügte zur legalen Auflösung des Haushalts, während ein Ehebruch des Mannes »flagrant und öffentlich« sein mußte, um zum gleichen Ergebnis zu führen.

Die Zensur gehorchte ebenso unverständlichen wie lächerlichen Grundsätzen. Der Tod Stalins wurde dem spanischen Volk 48 Stunden lang verheimlicht. Die Reproduktion von Bildern des größten zeitgenössischen spanischen Malers, Pablo Picasso, war verboten, und sein Name durfte in den Zeitungen nicht genannt werden. Als Juan Ramón Jiménez der Nobelpreis zugesprochen wurde, erhielt die Presse Befehl, den Namen des Ausgezeichneten zu unterdrücken, da es sich um einen Gegner des Regimes handelte. Wochenschauberichte über Box- oder Ringkämpfe waren untersagt, weil man dabei halbnackte Männer sehen konnte. Endlos war die Liste von Schriftstellern, deren Werke auf dem Index standen; sie umfaßte unter anderen Karl Marx, Jean-Paul Sartre, Albert Camus, James Joyce, Ernest Hemingway, John Dos Passos. Die Filmzensur verbot jede Anspielung auf den Ehebruch; um dieses Problem zu lösen, änderten die Synchronisationsanstalten kurzerhand die Dialoge. Auf diese Art wurden aus einem Liebhaber und seiner Geliebten Bruder und Schwester, und der Ehebruch wurde in unfreiwilliger Komik zum Inzest.

Die katholische Kirche, die wieder Staatskirche geworden war, erstreckte ihren Einfluß auf alle Lebensbereiche. In ihrem hartnäckigen Konservativismus und Dogmatismus verurteilte sie die Theorien Darwins ebenso unerbittlich, wie sie die heimliche Lektüre einer sozialistischen Zeitung als Todsünde betrachtete. Der Klerus konnte den Terror von 1936 nicht vergessen. Als Gegenleistung für die Hilfe und den Schutz, die das neue Regime ihnen gewährte, unterstützten die geistlichen Würdenträger den Staat.

Protestanten und Israeliten durften ihre Religion nicht öffentlich ausüben, nicht einmal bei Hochzeiten oder Begräbnissen. 1956 ließ der Informationsminister sogar 30000 protestantische Bibeln beschlagnahmen, was einen energischen Protest des Präsidenten der USA zur Folge hatte.

Und dennoch keimten unter dem starren, rückständigen System schon die Ansätze zu zahllosen Neuerungen. Das Fernsehen begann sogar an den entlegensten Orten Fuß zu fassen, und mit ihm wurde ein Tor in die Außenwelt geöffnet. Im Sommer 1956 besuchten 1400000 Touristen Spanien und nahmen die Erinnerung an ein sonniges Land mit, in dem ein Hotelzimmer nur vierzig Peseten und eine Mahlzeit noch weniger kostete.

Da Spanien bei dem Goldregen leer ausgegangen war, mit dem die Vereinigten Staaten Westeuropa im Zuge des Marshallplans überschüttet hatten, hielt es nun begierig seine Hände unter jenem auf, den der Fremdenverkehr über das Land ergoß.

Als erstes sichtbares Ergebnis dieser Entwicklung schossen rund um Madrid Baustellen aus dem Boden – ein gelobtes Land, in das Tausende von Provinzlern wie Manuel Benítez und Juan Horillo strömten, um Arbeit zu suchen. Die Beschäftigung, die die beiden Geächteten aus Palma gefunden hatten, war symbolisch für die neue Ära, die für die spanische Hauptstadt zu Beginn des Winters 1956 anbrach. Madrid stand vor der fieberhaftesten Bautätigkeit seiner Geschichte. Schon hob sich gegen den Horizont ein Wald von Kränen ab, in dem die Kirchtürme, diese traditionellen Wahrzeichen der Madrider Skyline, bald verschwinden sollten. An den Toren der Stadt wuchsen die ersten großen Wohnhaussiedlungen in das Ackerland der Meseta. Aber diese Anhäufung von Ziegeln und Beton, dieses Gewirr von Gerüsten waren nur die Vorboten weiterer Umwälzungen. Spanien, Madrid und auch zwei der ärmsten Einwohner hatten noch einen weiten Weg vor sich.

Mörtel mischen, die Kelle schwingen, Ziegel karren: Darin bestand nun die Tätigkeit jenes Mannes, der davon träumte, vor der Menge der Arena Stiere zu töten. Manuel Benítez hatte den Aufstieg von den Feldern Don Felix Morenos zu der anonymen Arbeit auf einer Madrider Baustelle geschafft – den einzigen Aufstieg, von dem ein armer Andalusier träumen konnte. Dank seiner dreißig Peseten Tageslohn lernte er die Freuden einer täglichen Suppe, eines sporadischen Biers und eines Strohsacks in einem Schlafsaal kennen. Aber am Ende dieses ersten Sommers im Exil war seine Sehnsucht nach Ruhm und Reichtum heftiger denn je. »Ich war nach Madrid gekommen«, erinnert er sich, »um einen Lichteranzug zu tragen und nicht einen Maurerkittel!«

Die beiden Freunde gaben ihre Arbeit auf, verließen die Hauptstadt und folgten wieder den Lockungen ihrer Träume.

Die kleine Stadt Aranjuez bildet mit ihren Weidenalleen, mit ihren blühenden Gärten und ihren grünen Avenuen eine Oase inmitten der Kargheit der Kastilischen Hochebene. An den Ufern des Tajo, der sie durchfließt, erheben sich die Mauern eines prachtvollen Palastes, in dem einst die spanischen Könige den Sommer verbrachten. Aranjuez, unter anderem für die Schmackhaftigkeit seiner Erdbeeren und seines

Spargels berühmt, ist eine beliebte Zwischenstation auf der Straße nach Andalusien. Touristen und Reisende machen in seinen Gärten, in seinen Herbergen halt, um die letzte Kühle vor der Gluthölle des Südens zu genießen. Eine dieser Herbergen heißt »Posada de San Antonio«. Seit fünf Jahrhunderten kann man unter ihrem bemoosten Ziegeldach die Gastlichkeit bescheidener Zimmer, eines Pferdestalls und einer großen Küche mit Töpfen in jeder Größe beanspruchen. Im Jahre 1956 zahlte man in der Posada de San Antonio nur acht Peseten pro Tag. Zu dieser Zeit hatte sich das Personal der Herberge um zwei Stallknechte vermehrt, die mehr aus Mitleid als aus Notwendigkeit eingestellt worden waren. Für Manuel Benítez und Juan Horillo war Aranjuez die erste Etappe in einem neuerlichen Landstreicherdasein. Hier sollten sie ihre Torerolehre durch eine neue Erfahrung bereichern.

Es war Sonntag. Die Arena von Aranjuez, ein ansprechender Bau mit verzierten Holzpfeilern, war von einer bunten, fröhlichen Menge erfüllt. Ganz oben, auf dem letzten Rang in der Sonne, folgten zwei junge Männer mit ekstatischen Blicken dem Verlauf der Corrida. Um dabeisein zu können, hatten Manuel und Juan einen Monat lang gespart. Plötzlich bemerkte Horillo, daß der Platz neben ihm leer war.

»Ich war von der Corrida so mitgerissen«, erzählte Horillo, »daß ich ihn nicht weggehen gesehen hatte. Gerade war der dritte Stier in den *Ruedo* gelaufen. Ich hielt überall nach Manuel Ausschau. Schließlich entdeckte ich ihn ein gutes Dutzend Reihen weiter unten. Auf leisen Sohlen, als wollte er ein Huhn stehlen, glitt er von Stufe zu Stufe und stieg zum Kampfplatz hinunter. Von Zeit zu Zeit blieb er stehen und vergewisserte sich, ob ihn kein Polizist bemerkt habe. Dann schlich er weiter auf den *Callejón* zu.

Er erreichte den schmalen Durchgang hinter der ersten Reihe gerade in dem Moment, als die Kapelle den fünften Stier ankündigte. Mit einer Flanke setzte er über die Brüstung und sprang in den *Ruedo.* Por Dios, dachte ich, Manolo spielt *Espontaneo*! Bei den Corridas dringen oft Burschen, in der Hoffnung, den Stier für ein paar *Pases* dem Matador abspenstig machen zu können und aufzufallen, in den Kampfplatz ein. Das sind die *Espontaneos.* Wenn sie nicht in der *Enfermería* landen, dann im Gefängnis.*

Mir stockte der Atem. ›Manolo!‹ schrie ich aus Leibeskräften.

*Wenn sie sich als begabt erweisen, kann das Publikum allerdings beim Präsidenten ihre Begnadigung erwirken. Anm. d. Übers.

›Komm zurück, du bist ja verrückt!‹ Aber er konnte mich nicht mehr hören. Schon richtete er sich auf und wollte auf den Stier zumarschieren. Das Publikum war aufgestanden. Leute schrien. Zivilgardisten liefen in den *Callejón*; einer erwischte einen Zipfel der alten *Muleta*, die Manuel mitgenommen hatte und die bei seinem Sprung an der Brüstung hängengeblieben war. Manuel und der Gardist zerrten jeder an einem Ende, und ich hoffte, sie würde zerreißen. Dann hätte Manuel wenigstens ein Stück Stoff gehabt, um den Angriff des Stiers abzulenken. Der Stier kam auch immer näher, aber der Gardist ließ die *Muleta* nicht los, und nun liefen von allen Seiten *Peones* herbei, um Manuel zu bändigen, der sich wie ein Teufel schlug. In diesem Augenblick erreichte der Stier die *Barrera*. Manolo ließ los und sprang zur Seite, aber ein Horn traf ihn und schleuderte ihn zu Boden. Die Toreros schwenkten ihre *Capas*, lockten das Tier weg, und die Zivilgardisten liefen in den *Ruedo* und zerrten Manuel hinaus. Die Menge applaudierte, und ich sah meinen Kameraden mit sehr verstörter Miene hinter einem Tor verschwinden. Sein gewagter Coup war schiefgegangen!«

Zum zweitenmal in seinem jungen Leben wanderte Manuel hinter Kerkermauern. In das Aufnahmeregister des städtischen Gefängnisses von Aranjuez schrieb der alte, zahnlose Schließer Vicento Moreno neben den Namen seines neuen Gastes die Nummer 893. In der Rubrik »Grund der Festnahme« trug er ein: »Espontaneo en los toros.« Dann nahm er einen riesigen Schlüssel und führte den Gefangenen in eine Art *Patio* mit hohen Mauern, in dem zwei Fahrraddiebe, ein Trunkenbold, der seine Frau verprügelt hatte, und sechs schwindsüchtige Enten herumlungerten.

Sobald Manuel seine Strafe abgesessen hatte, nahm er gemeinsam mit Horillo sein Vagabundenleben wieder auf. Sie folgten dem Tajo in Richtung Toledo, auf diese uralte Festung zu, von der aus die spanische Christenheit zur Rückeroberung ihres Landes von den Arabern ausgezogen war. Unzählige *Maletillas* wie sie trieben sich in den trostlosen Gebieten Neukastiliens herum, wo in ungefähr zwanzig *Ganaderías* Stiere weideten. Sie zogen von Gut zu Gut, bettelten um eine Chance, bei einer *Tienta* mitmachen zu dürfen, und kämpften in den Mondnächten wie einst in Andalusien mit den wilden Rindern. Sie nährten sich von Marillen, die sie in den Gärten des Tajotals stahlen. Tagelang trotteten sie über Maultierpfade, ihr Bündel auf dem Rücken, die Füße von den Steinen des Wegs blutig gescheuert. Manchmal trafen sie auf eine Ziegenherde, auf eine Zigeunerkarawane oder auf einen endlosen

Zug von Mulis, die unter ihrer Bürde von Juteballen oder Töpferwaren schwankten. Hin und wieder begegneten sie auch einem jungen Radfahrer, der mit gebeugtem Rücken aus Leibeskräften in die Pedale trat. Genau wie sie träumte auch er von Triumphen und begeisterten Mengen. Es war Federico Bahamontes, der »Adler von Toledo«, der künftige Sieger der Tour de France, der in der Einsamkeit Kastiliens trainierte.

»Als Gott die Sonne machte«, heißt es im Sprichwort, »tat er es, um sie über Toledo zu setzen.« Eines Juliabends sahen die beiden Landstreicher vor sich auf dem gewaltigen, wilden Felsen, den der Pinsel Goyas bekannt gemacht hat, Toledo in die glühenden Farben des Sonnenuntergangs getaucht.

Eine Woche lang irrten Manuel und Juan durch die dunklen, von Menthol- und Thymiangeruch erfüllten Gassen voller fröhlicher Leute. Sie entfalteten ihre *Muletas* auf den Plätzen, auf denen die Inquisition ihre ersten Scheiterhaufen errichtet hatte, und bettelten wie junge Buddhistenmönche um ihr tägliches Brot. In der Nacht schliefen sie, in die *Muletas* eingehüllt, in den Ruinen des Alcázar oder in einer Nische eines wappengeschmückten Portals.

Als Hochburg der Waffenschmiede, deren in den schäumenden Wassern des Tajo gehärtete Degen die Azteken und Inkas besiegt hatten, übte Toledo auf die beiden Andalusier eine besondere Faszination aus. Eines Tages entdeckte Manuel in der Auslage eines Antiquitätenhändlers einen wundervollen Gegenstand. Um ihn kaufen zu können, schuftete er einen Monat lang in den Obstgärten der Umgebung. Es war ein alter Degen mit silberbeschlagenem Knauf, eine Waffe, die seines Ehrgeizes würdiger war als das verrostete Bajonett, mit dem er den Deckstier Don Felix' getötet hatte. Die edle Klinge wie ein Ritter der Rückeroberung stolz über der Schulter, zog Manuel mit Horillo wieder zu den *Ganaderías* aus.

Diesmal führte sie ihre Wanderung nach Nordwesten, zu den größten Weiden Spaniens nächst denen Andalusiens, in die dünnbesiedelten Gegenden um Salamanca. Auf ihrem Weg kamen sie über das Schlachtfeld, auf dem eineinhalb Jahrhunderte früher Wellington die Truppen Napoleons geschlagen hatte. Da und dort entdeckten sie auch die Spuren neuerer Schlachtfelder – verrostete Eisenkreuze oder graue Steine auf den Gräbern ihrer Landsleute, die in den blutigen Gefechten des Sommers 1936 gefallen waren.

Das unvermeidliche Bündel auf dem Rücken, die Toledaner Klinge in der Hand, überquerten sie den ausgetrockneten Tormes und betraten die älteste Universitätsstadt Spaniens. Hier, in den Straßen, in denen einst Serenaden erklungen waren, vor den wappengeschmückten Portalen der Patrizierhäuser, vor Denkmälern, deren Sockel reicher verziert waren als die Seiten eines alten Meßbuchs, auf Plätzen mit so klangvollen Namen wie »Wo man Hunger hat« oder »Zirpe, Zikade«, in Höfen voller Blumen, in denen die Studenten sich duelliert hatten, trieben sich nun Manuel und Horillo mit ihren vor Hunger und Ehrgeiz brennenden Augen herum. Ihr Hauptquartier war die Terrasse des Cafés »Las Toreas«, eines bescheidenen Lokals unter den Arkaden der Plaza Mayor. Vincente Ortiz, der beleibte Besitzer, empfand ein besonderes Wohlwollen für die jungen *Aficionados*, die nachts auf den Mosaiken vor seinem Café schliefen. »Jeden Abend«, erinnert er sich, »wickelten sie sich in ihre *Muletas* ein und streckten sich auf der Plaza aus. Im Winter klapperten sie die ganze Nacht mit den Zähnen vor Frost, denn in Salamanca friert es in den Winternächten Stein und Bein. Um sechs Uhr morgens, wenn ich mein Café aufsperrte und die ersten Gäste kamen, flüchteten sich die Burschen herein, um sich zu wärmen. Ich gab ihnen eine Tasse heißen Kaffee. Dann verzogen sie sich zu den *Ganaderías* in der Nähe, in der Hoffnung, bei einer *Tienta* mit einer Kuh kämpfen zu dürfen. Am Abend kamen sie halb erfroren, hungrig und oft genug verletzt zurück. Sie waren arme Teufel, die beiden. Überall wies man sie ab. Das einzige, was sie kannten, war Hunger, Kälte und Einsamkeit.

Damals hatte ich einen großen Hund, einen Boxer; Boris hieß er. Eines Abends sah ich etwas Verblüffendes. Es regnete. Und in der Mitte des Hauptplatzes stand ein großer Bursche ganz allein mit meinem Hund und fuchtelte mit einer Zeitung. Er tat, als ob die Zeitung eine *Muleta* wäre. Er schrie: ›Boris! Boris!‹ und versuchte das Tier dazu zu bringen, daß es ihn angriff. Es war faszinierend und ein bißchen lächerlich. Das war das erste Mal, daß mir Manuel Benítez ›El Cordobés‹ auffiel.«

Aber in Salamanca, der »Mutter der Tugenden, der Wissenschaften und der Künste«, war den beiden andalusischen Analphabeten nicht mehr Erfolg beschieden als in Madrid oder Toledo. Manuel und Juan verließen die Stadt und marschierten auf endlosen Wegen durch das *país charro*, durch riesige dürre Ebenen roter und schwarzer Erde, in denen uralte Dörfer verstreut lagen. Hier, zwischen

Heidekraut und Korkeichen, nahmen sie ihre nächtlichen Kämpfe wieder auf und belagerten von neuem – und von neuem vergeblich – die Tore der großen *Ganaderías.*

In diesem Sommer durchquerten sie bei der Verfolgung ihres Traumbilds halb Spanien. Sie überlebten diese Zeit nur dank ihrer Geschicklichkeit im Stehlen und dank den Kräutern und Früchten, die sie da und dort fanden. Manchmal aßen sie tagelang nichts als Gras und Eicheln, wie in den furchtbaren Jahren ihrer Kindheit. Das schlimmste aber war die beständige Angst, von der sie heimgesucht wurden: die Angst vor den Zivilgardisten; die Angst vor den Feldhütern der Züchter; die Angst vor den Kontrolleuren der Güterzüge, in die sie heimlich einstiegen; die Angst vor den Stieren, von denen sie in den Mondnächten oft übel zugerichtet wurden... Ihre ganze Kleidung bestand aus einem zerfetzten Hemd und einer zerlumpten Hose, die sie Tag und Nacht über einem Panzer aus Schmutz, Blut und Ungeziefer trugen. Sie versteckten sich in den Ladungen von Lastwagen oder schwangen sich unter Lebensgefahr auf fahrende Züge. Sie hockten sich rittlings auf die Puffer, kauerten sich auf die Trittbretter oder unter das Stroh der Viehwagen, legten sich auf die Dächer, und oft mußten sie, um nicht erwischt zu werden, ihre Schlupfwinkel verlassen, von Waggon zu Waggon bis zum Tender der Lokomotive noch vorne springen und irgendwo in der Dunkelheit untertauchen.

Der Herbst brachte einen neuen Abschnitt im Kalender der Tauromachie. Es war die Saison der *Capeas*, jener unausrottbaren Veranstaltungen, deren Ritus allen Gesetzen der Corrida Hohn spricht. Diese *Capeas* fanden aus Anlaß der kleinen *Ferias* statt, mit denen Dutzende über die Kastilische Hochebene verstreute Dörfer das Ende des Sommers feierten. Ohne Stierkampf war ein Fest seinen Namen nicht wert, und für die armen Orte Kastiliens – wie für die ganz Spaniens – ersetzten die *Capeas* die Corridas der Städte. Auf dem Dorfplatz, auf dem ein Gürtel von Karren einen behelfsmäßigen Kampfplatz abgrenzte, wurde ein alter Stier oder eine Kuh losgelassen. Matador konnte jeder Bursche sein, der genug Mut hatte, diesen unberechenbaren Tieren gegenüberzutreten. Wer das Glück hatte, dabei sein Talent beweisen zu können, durfte seine *Muleta* unter den Zuschauern herumgehen lassen, in der Hoffnung, die Kollekte würde so viel einbringen, daß er bis zur nächsten *Capea* nicht zu verhungern brauchte. Die anderen mußten unter dem Hohngeschrei der Menge das Dorf verlassen. Und die Unglücklichsten, die von einem Horn erwischt wurden, erhielten keine weitere Pflege als einen Schuß Alkohol über ihre Wunde.

Diese Veranstaltungen verletzten das fundamentale Prinzip der Corrida, welches vorschreibt, daß ein Stier nur ein einziges Mal in seinem Leben einem Menschen zu Fuß gegenübertreten darf. Denn die Dörfer konnten sich den Luxus nicht leisten, die Tiere töten zu lassen; sie konnten sie nur mieten. Sogleich nach dem Fest wurden die Rinder wieder verladen und zu einem weiteren Kampf gebracht. Natürlich durchschauten sie das Spiel von *Capea* zu *Capea* besser und ließen sich von den roten Tüchern immer weniger täuschen. Die armen Burschen, die von den wohlbedachten Hornstößen dieser gewitzigten Tiere aufgespießt wurden, ließ man krepieren wie Hunde, ohne Beifall, ohne Lohn, ohne Ruhm.*

In diesem Herbst schlossen sich Manuel und Horillo den Scharen hungriger *Maletillas* an, die von *Capea* zu *Capea* zogen. Zwei Monate hindurch legten sie pro Tag zehn, fünfzehn, zwanzig Kilometer zurück. Manchmal erreichten sie am späten Nachmittag die improvisierte Arena auf irgendeinem Dorfplatz, verließen den Ort wieder, sobald der Kampf zu Ende war, und marschierten die ganze Nacht und einen großen Teil des nächsten Tages hindurch, um anderswo den Hörnern eines anderen Stiers gegenüberzutreten. Sie prügelten sich mit ihren Schicksalsgefährten aus den nichtigsten Anlässen, rauften sich um eine Weintraube, um die Ehre, als erster den »Kampfplatz« betreten zu dürfen, um den lächerlichen Ertrag einer Kollekte am Ende eines guten Nachmittags. Es gab furchtbare *Capeas*, bei denen vor dem Zorn tückischer, erfahrener Tiere sogar Manuel der Mut verließ. Dann mußten sie unter Spott und Hohn aus dem Dorf flüchten, verfolgt von einer Meute von Halbwüchsigen, die ihnen Steine nachwarf.

Es war eine harte Schule, eine Welt bitterer Erfahrungen, die in nichts den eleganten Darbietungen prächtiger Toreros in Lichteranzügen vor hübschen Frauen mit Spitzenmantillas ähnelten, wie sie von knallig bunten Plakaten angepriesen werden. Hier, auf den *plazas de mala muerte*, spielten Grazie und Stil keine Rolle. Was allein zählte, waren der nackte Mut, ein ebenso primitiver Kampfinstinkt wie der der

* In »Tod am Nachmittag« erwähnt Ernest Hemingway den Fall eines Stiers aus der Umgebung von Valencia, der auf diese Art innerhalb von fünf Jahren sechzehn junge Burschen tötete und mehr als sechzig verletzte.

Stiere und eine grenzenlose Ausdauer gegen Hunger, Leiden, Müdigkeit und Elend. Die unberechenbaren Tiere der *Capeas* konnten ihre jungen Gegner nichts Neues lehren, es sei denn die Grenzen ihrer Träume.

Als die letzte *Feria* des letzten Dorfes vorbei war und die ersten Winde des nahenden Winters über die öden Ebenen Kastiliens zu pfeifen begannen, beschlossen Manuel Benítez und Juan Horillo, sich zu trennen. Horillo wollte nach Palma del Río zurückkehren, sich bei Sergeant Mauleón melden und in die Armee eintreten. Manuel entschied sich dafür, wieder nach Madrid zu gehen und dort Arbeit zu suchen, um die nächste Saison der *Tientas* zu erwarten.

Und eines Abends setzte ein schlichtes Wort den Schlußpunkt hinter Jahre gemeinsamer Leiden und gemeinsamer Hoffnungen: »Suerte!« – viel Glück! Dann ging jeder in die Richtung seiner neuen Bestimmung, der eine nach Norden, der andere nach Süden.

Entlang des Asphaltbands, das sich gegen Andalusien zieht, ragen die großen Wohnblocks der Siedlung »Marconi« aus dem öden Land an den Toren Madrids wie die Klötze eines riesigen Baukastens. Die von tausend regelmäßigen Fenstern durchbrochenen Fassaden strahlen die charakteristische Melancholie großer Mietskasernen aus. Aber für eine junge Frau bedeutete diese steinerne Welt das glückliche Ergebnis eines Lebens voller Plackerei und Entbehrungen. Für sie, die ehedem gezwungen war, sich den Lohn eines vollen halben Jahres vorauszahlen zu lassen, um ihrem Vater ein anständiges Begräbnis bieten zu können, bedeutete eine Zweizimmerwohnung im Block Nummer 36 die Erfüllung ihrer Träume. Encarna Benítez, die Schwester des Geächteten von Palma, hatte sich eine kleine Mitgift erspart, einen Werkführer der Fabrik »Marconi« namens Manuel Montes geheiratet und war in diesen Kasten am Rand der Straße gezogen, die in die ferne Provinz ihrer Kindheit führte.

Eines Abends fand sie vor ihrer Wohnungstür eine Gestalt auf dem Boden ausgestreckt. Sie erkannte ihren Bruder Manuel, den sie seit drei Jahren nicht mehr gesehen hatte, seit dem Tag, an dem sie Palma mit dem Schwur verlassen hatte, es nie wieder zu betreten. »Er war«, erinnert sie sich, »abstoßend schmutzig und entsetzlich mager. Er blieb liegen, als hätte er nicht mehr die Kraft, um aufzustehen.«

Dieser Besuch beunruhigte die junge Frau. Von ihrer Schwester

Angelita und durch das Gerede der Leute hatte sie von den schändlichen Erlebnissen ihres Bruders erfahren, von seinen Expeditionen auf die Weiden Don Felix', von seiner Haft in Córdoba, von seiner Ausweisung aus Palma. Sie wollte um nichts in der Welt, daß dieser herabgekommene Bruder nun das Glück störte, das sie sich so geduldig aufgebaut hatte. Die Befürchtungen Encarnas waren unbegründet. Unter dem zerlumpten Hemd des Burschen steckte, sorgsam eingewickelt, der einzige Grund seines Kommens: ein Stück Pappe, das er behutsam entrollte, als hätte es sich um ein unschätzbares Kunstwerk gehandelt. Tatsächlich war es nur ein ganz gewöhnlicher Kalender. Aber auf seiner Vorderseite prangte das Porträt Manoletes, des Idols, das er eines Tages an den schmierigen Wänden von Charnecas Café entdeckt hatte. Manuel bat den Mann Encarnas, in die Ecke der Fotografie drei einfache Worte zu schreiben: »Come fué seré« – wie er war, so werde ich sein. Dann unterschrieb er, wobei ihm sein Schwager die Hand führte, rollte den Kalender wieder zusammen und verschwand so plötzlich, wie er gekommen war. Einige Zeit später erfuhr Encarna, was ihr Bruder mit dem Kalender gemacht hatte. Er hatte ihn seiner Verlobten, Anita Sánchez, als Neujahrsgeschenk geschickt.

Dieser zweite Madrider Winter war für den jungen Desperado einer der härtesten Abschnitte seines Lebens. Meist arbeitslos und ohne einen Céntimo in der Tasche, lernte er die Schrecken der völligen Vereinsamung in einer großen, feindlichen Stadt kennen. In den Nächten streifte er durch die Straßen, auf der Suche nach einer Baustelle, auf der er schlafen konnte. Er kauerte sich in einen windgeschützten Winkel und hüllte sich fröstelnd in den alten Mantel, den er bei einem Trödler erstanden hatte. Im Morgengrauen machte er sich wieder auf und erbettelte bei einem mitleidigen Cafetier ein Stück Brot.

In diesem Winter begannen die Gedanken des jungen Andalusiers um einen neuen Traum zu kreisen. Da die *Fiesta Brava* ihre Tore hartnäckig vor ihm verschloß, wollte er nach Palma zurückkehren, Anita Sánchez entführen, sie heiraten und mit ihr nach Südfrankreich fliehen, wo man bei dörflichen Corridas anständig bezahlt wurde, wenn man genug Mut besaß, jungen Stieren eine Kokarde von der Stirn zu reißen.

Ein kleines Kuvert machte diesen schönen Traum für immer zunichte. Darin befand sich ein kurzer Brief, den Manuel sich von seiner Schwester Encarna vorlesen ließ. Er kam von Anita Sánchez. »Lieber Manolo«, hieß es da, »ich möchte Dir sagen, daß wir nicht mehr verlobt sein können. Ich glaube, es ist besser, wenn Du mich vergißt. Du wirst es in Deinem Leben nie zu etwas Ordentlichem bringen, und ich kann nicht ewig auf Dich warten. Ich muß andere Burschen kennenlernen und werde wohl bald heiraten. Gott schütze Dich. Leb wohl, lieber Manolo. Anita.«

Dieser Bruch war die letzte Rache des *Mayorals*, der Manuels wegen so viele Nächte auf freiem Feld verbracht hatte. José Sánchez unterband die Beziehungen seiner Tochter mit dem Taugenichts, der den kostbaren Deckstier der Zucht gemordet hatte, für die er verantwortlich war.

Als Encarna den Brief fertiggelesen hatte, legte sie ihn auf den Tisch und hob den Kopf. Und zum erstenmal sah sie Tränen über die Wangen ihres Bruders laufen.

Auf einer Anhöhe hinter der Arena Las Ventas zeichneten sich die Kräne einer großen Baustelle gegen den Madrider Himmel ab. Mehr als 400 Arbeiter waren bei diesem Unternehmen beschäftigt, das ein Barbesitzer namens Luis López leitete, ein kleiner, stämmiger, ewig mit dem gleichen italienischen Seidenanzug bekleideter Mann.

López hatte seine Laufbahn im Café seines Vaters begonnen. Später hatte er das Lokal weitergeführt und es schließlich verkauft. Dafür hatte er eine Bar in einem für sein Nachtleben bekannten Viertel übernommen. Auf den Rat einiger gutinformierter Gäste hatte er mit Grundstücken in Madrid zu handeln begonnen. Er hatte sehr schnell gewaltige Summen verdient und sein Etablissement in eine luxuriöse Bar umgewandelt. Die Ankunft der ersten amerikanischen Flugzeuge und die Schließung der Madrider Freudenhäuser machten die Bar López' zu einem der frequentiertesten Orte des *Madrid by night*, was dem Besitzer gestattete, einen neuen Ehrgeiz zu befriedigen: einer der ungekrönten Könige der Immobilienspekulation zu werden.

Luis López erzählt

»Ich kannte jeden einzelnen Arbeiter, der bei mir beschäftigt war. Nichts, was auf meinen Baustellen passierte, entging mir. Eines Tages, im Frühjahr 1957, sah ich bei einer Inspektion meines Baus in der Vásquez Mella ein neues Gesicht. Der Kerl fiel mir wegen seiner langen Arme auf. Er rührte Mörtel an und beförderte ihn mit einem einzigen Schwung bis in den ersten Stock. Es gibt nicht viele, die das fertigbringen. Ich fragte meinen Sohn Luisito, wer dieser Bursche war und wer ihn eingestellt hatte. ›Es ist ein Vagabund aus Andalusien‹, antwortete mein Sohn.

Einige Tage später erwischte ich denselben Burschen, wie er mit einem alten Zementsack Torero spielte. Ich bin zwar ein *Aficionado*, aber ich mag es nicht, wenn meine Leute in der Arbeitszeit Torero spielen. Sonst wäre das Haus in zehn Jahren immer noch nicht fertig. Für gewöhnlich entließ ich den Schuldigen fristlos. Es gab genug Arbeitslose, und ich konnte mir meine Leute aussuchen. Diesmal aber, ich weiß nicht warum, beschloß ich, dem Kerl noch eine Chance zu geben, vielleicht wegen seiner langen Arme.

›Paß auf, Kleiner‹, sagte ich zu ihm, ›wenn du ein Torero sein willst, hau ab nach Las Ventas. Aber wenn du noch länger Maurer sein willst, geh zu deinem Mörtel zurück. Ich bezahle dich nicht dafür, daß du mit einem Zementsack herumfuchtelst.‹ Er kapierte und trollte sich wieder zu seiner Arbeit.

Zwei oder drei Wochen später ging ich zu einer Corrida in Las Ventas, wo ich ein Abonnement hatte. Beim fünften Stier sprang ein Bursche in den *Ruedo.* Aber er hatte kein Glück. Als er sich über die *Barrera* schwang, erwischte ein Zivilgardist seinen Fuß. Der arme Kerl fiel mit dem Kopf voran in den Sand, und der Stier warf ihn in die Luft. Die Zuschauer schrien, aber es war nichts passiert. Die Zivilgardisten hoben ihn auf und führten ihn ins Gefängnis.

Am nächsten Tag sah ich in einer Zeitung das Foto dieses *Espontaneos.* Ich fuhr hoch wie elektrisiert. Es war der Andalusier von der Baustelle. Sein Gesicht hatte den Ausdruck eines wilden Tiers. Dieser Bursche, sagte ich mir, während ich das Bild betrachtete, wäre imstande, seine Mutter an ein arabisches Bordell zu verkaufen, bloß um Torero werden zu können.

Mich hat schon immer alles interessiert, was mit der *Fiesta Brava* zusammenhängt. Und dieser Bursche ließ mich nicht ruhen. Ich entschloß mich, die 500 Peseten Kaution zu erlegen, damit er gleich wieder freigelassen wurde. Dann sagte ich zu ihm: ›Wenn du Torero werden willst, kann ich dir helfen. Wenn du wirklich etwas los hast, könnte ich dich zum Beispiel managen. Wenn nicht, laß die Stiere bleiben und sieh zu, daß du ein ordentlicher Maurer wirst.‹

Er strahlte. Ich erlaubte ihm, in einem Rohbau zu schlafen.

Wir befestigten an einem Schubkarren über dem Rad ein Paar Hörner. Das war der Stier. Jeden Abend nach der Arbeit stießen seine Kollegen abwechselnd den Karren in seine *Muleta*, damit er die *Pases* trainieren konnte.

Eines Tages hörte ich von einer *Capea* in einem Dorf bei Jarama, wo ich ein Landhaus besaß. Da ich den Bürgermeister des Dorfes kannte, arrangierte ich es, daß Manuel an dem Kampf teilnehmen konnte. Dabei würde ich mich überzeugen können, ob ich es mit einem wirklichen *Aficionado* zu tun hatte oder mit einem Angeber, dem vor den Hörnern das Herz in die Hosen fiel.

Er konnte nichts. Er konnte nicht einmal seine *Capa* richtig halten. Aber Herrgott, er hatte etwas an sich. Er hatte Mut. Verdammt ja, und ob er Mut hatte! Das Bild in der Zeitung hatte mich nicht betrogen: Dieser Bursche war es wert, daß man etwas für ihn riskierte. Ich beschloß also, ihm zu helfen, ihn unter meine Fittiche zu nehmen und zu sehen, ob ich nicht einen Torero aus ihm machen konnte. Das ist nicht leicht. Man braucht dazu Beziehungen und einen Haufen Geld. Aber ich hatte unbändige Lust, aus diesem Bengel ›jemanden‹ zu machen. Ich hatte eine Menge Freunde im Stierkampfmilieu. Und wenn mich die Sache auch Geld kostete, ich sagte mir, daß ich es mit einem Burschen wie ihm wieder hereinbekommen könnte. Ein Manager, dem es gelingt, einen Torero groß herauszubringen, hat ausgesorgt. Das ist bekannt. Das Abenteuer reizte mich; es wäre eine Abwechslung in meinen eintönigen Geschäften. Es würde mir bei den Stammgästen meiner Bar Ansehen verschaffen. Man würde sagen: ›Don Luis hat einen Torero!‹ Ich rief Manuel. Ich legte ihm dem Arm um die Schultern und sagte: ›Geht in Ordnung. Ab heute kümmere ich mich um dich. Ich bin dein Manager. Ich werde dich lancieren.‹«

Luis López rauchte keine Zigarren und bedeckte seine spiegelnde Glatze nur höchst selten mit einem Hut. Aber das störte Manuel Benítez nicht. Er war überzeugt, daß López der »Herr mit der dicken Zigarre und dem schönen Panama« war, auf den er so lange gewartet hatte. Nun sollte sich dank diesem guten Geist sein Schicksal ändern.

Und endlich verkündete López seinem Arbeiter mit dem feierlichen Lächeln eines Bankiers, der einem Kunden die Genehmigung des beantragten Kredits mitteilt, daß er ihm einen Platz auf dem Programm einer Corrida verschafft habe.

Diese Behauptung war ein wenig übertrieben. López hatte nur eine Stelle als *Sobresaliente* gefunden, das heißt als Ersatztorero für den Fall, daß der *Rejoneador* – der Matador zu Pferd –, der an der Corrida teilnahm, verletzt werden sollte und seinen Stier nicht töten könnte. Natürlich war diese Ehre mit keinerlei Gage verbunden.

Der Kampf würde in Aranda del Duero stattfinden, einem Dorf, 160 Kilometer von Madrid. Dort sollte der Traum Manuels Wahrheit werden. Er sollte durch das große Tor in das Rund einziehen, das er bisher nie hatte betreten dürfen. Zum erstenmal sollten seine Schultern das Gewicht eines Lichteranzugs fühlen.

Ganze Nächte hindurch entlud Manuel Lastwagen, um die 700 Peseten zusammenzubringen, die die Miete eines solchen Kostüms kostete. Er fieberte vor Aufregung, schlief nicht mehr und gaukelte sich ohne Unterlaß die Triumphe vor, die er ernten würde.

Am letzten Tag vor der Corrida begab er sich ins Zentrum von Madrid, zu einer Zeremonie, die im Leben eines jeden Toreros einen denkwürdigen Augenblick bezeichnet. Mit schnellen Schritten erreichte er die Puerta del Sol und blieb vor einem alten Haus hinter dem berühmten Platz stehen. Er stieß ein von den Jahrhunderten geschwärztes Holztor auf und stieg in den ersten Stock. Hier zögerte er kurz. Hinter einer Glastür befand sich ein Etablissement, dem die Männer der *Fiesta Brava* eine besondere Verehrung entgegenbrachten. Es war das Atelier von Santiago Pelayo, dem Christian Dior der Corrida.

Das erste, was man beim Eintreten gewahrte, war Seide, Seide und nochmals Seide. Vom Boden bis zum Plafond türmten sich Ballen in allen Farben, rot, grün, goldgelb. Aus einer Ecke leuchteten das grelle Violett und Gelb eines Dutzend *Capas*. An einem langen Tisch voller Borten, Tressen, Gold- und Silberfäden, glitzernder Pailletten und Rollen von Tuch und Seide thronte der Meister selbst, ein alter, weißhaariger Herr. Santiago Pelayo hatte seine Karriere mit zwölf Jahren begonnen, als er dem großen Joselito einen Lichteranzug geliefert hatte. Seit fünfzig Jahren widmete er seine Kunst ausschließlich der Haute Couture der Corrida. Seine geschickten Finger hatten die Kostüme für vier Generationen von Matadoren genäht. Kein anderer Schneider der Welt übte sein Handwerk mit ähnlicher Sorgfalt aus. Er bezog die extrafeine Seide, die er verwendete, von einem einzigen Erzeuger, einem Nonnenkloster in Barcelona. Außer für die Kostüme von Pelayo diente diese Seide nur noch zu einem anderen Zweck, einem

Zweck, der gleichfalls eine Opferhandlung war. Die Bischöfe und Kardinäle Spaniens trugen Meßgewänder aus dem gleichen Stoff.

Im Verlauf von fünfzig Jahren hatte die Mode der Toreros nur zwei Änderungen erlebt, und beide Male war es Pelayo gewesen, der sie herbeigeführt hatte. Er hatte die goldenen Quasten, die von der Weste baumeln, um drei Zentimeter gekürzt. Und er hatte für die *Taleguilla* – die Kniehoste – von Juan Belmonte eine Baumwollfütterung erfunden, die den Beinen des Matadors die Vollkommenheit verlieh, die ihnen die Natur versagt hatte. Diese Neuerung wurde, wie alles, was von Belmonte kam, von den anderen Toreros übernommen.

Um bei Pelayo Schneiderin zu werden, waren acht Jahre Lehrzeit erforderlich. Die Kostüme, die aus seinem Atelier kamen, waren wahre Kunstwerke, an denen sieben Angestellte drei Wochen lang zehn Stunden pro Tag nähten. In den fünfzig Jahren hatte keine Modernisierung, keine Mechanisierung, keine Vereinfachung die langwierige, peinlich genaue Arbeit der fünfzehn Schneiderinnen des ehrwürdigen Etablissements erleichtert.

Ein Verkäufer führte Manuel Benítez in das Lager. Hier hingen an langen Eisenstangen in bunter Vielfalt mehr als hundert übertragene Kostüme. Diese Anzüge waren von ihren reichen Besitzern nach einem halben Dutzend Corridas oder nach einem Unfall, der sie mit einem bösen Omen gezeichnet hatte, wieder verkauft worden. Pelayo verlieh sie an die angehenden Toreros.

Manuel entschied sich ohne Zögern für ein tabak- und goldfarbenes Kostüm: Diese Farben waren seine Glücksbringer. Aber es war ein hartes Stück Arbeit, den alten Schneider zu überreden, es ihm zu vermieten. Santiago Pelayo hatte schon so schlechte Erfahrungen mit der Verleihung seiner Anzüge gemacht, daß er nun die größte Vorsicht walten ließ. Er erklärte sich erst bereit, sich von dem Kostüm zu trennen, als Luis López eine Kaution erlegte.

In der einzigen Herberge von Aranda del Duero kleidete sich Manuel um. Hier, in einem kleinen Zimmer ohne Fließwasser und Elektrizität, dessen ganze Einrichtung aus einem Bett, einem Sessel, einem zersprungenen Spiegel und einem alten Bild der Heiligen Jungfrau bestand, legte der künftige El Cordobés die feierlichen Attribute der Helden des Stierkampfs an.

Kein *Aficionado*, kein Neugieriger, nicht einmal ein Bedienter der Herberge war bei diesem Zeremoniell zugegen, bei dem sich für gewöhnlich die Leute drängen. Nur Luisito, der Sohn von Luis López, stand Manuel zur Seite und half ihm in das schwere Kostüm. Die *Taleguilla* war so kurz, daß es viele Mühen kostete, sie unter den Knien festzubinden, ohne daß der Gürtel über die Hüften rutschte. Dann wand Luisito sorgfältig die lange Schärpe um die Taille des Matadors und zog ihm die gold- und tabakfarbene Weste an.

Manuel warf sich in die Brust und drehte sich zum Spiegel um. Als er sich selbst in einem Lichteranzug erblickte, schien er wie vom Donner gerührt. »Ich sah, wie er bleich wurde«, erinnert sich Luisito López. »Dann fiel er vor dem Bild der Jungfrau auf die Knie und brach in Tränen aus. In diesem Augenblick kam mein Vater ins Zimmer. Er legte Manuel die Hand auf die Schulter. ›Paß auf, Kleiner‹, sagte er leise, ›wir sind zum Stierkämpfen hergekommen und nicht zum Heulen. Wisch dir die Tränen ab, und auf zur *Plaza*!‹ Daraufhin erhob sich Manuel wortlos und setzte eine ernste, feierliche Miene auf.«

Am Tor der Arena zeigte der Manager auf ein Plakat. Unter den Namen der anderen Toreros konnte man lesen: »Ersatz: Manuel Benítez, der Mann aus Palma.« Luis López hatte seinem Schützling für das erste öffentliche Auftreten den Namen der Stadt verliehen, die ihn mit Schimpf und Schande verjagt hatte.

In dem dunklen, feuchten Gang, in dem die Toreros den Beginn der Corrida erwarteten, lernte Manuel Benítez ein neues Gefühl kennen. Als er von den Tribünen über dem strahlenden Rund vor sich eine Trompete den Einzug der *Cuadrillas* ankündigen hörte, durchlief ein Zittern seinen Körper. Nach so vielen Niederlagen, Enttäuschungen und Leiden war nun der ersehnte Augenblick gekommen. Seine Füße, die in Mondnächten von den Steinen und Dornen der Weiden blutig gerissen worden waren, sollten nun den weichen Sand einer Arena betreten. Die kleine Gruppe der Toreros setzte sich in Marsch. Durch einen leichten Schleier, der sich über seine Augen gelegt hatte, sah Manuel, wie sich plötzlich die Pforten einer *Plaza de Toros* vor ihm öffneten, vor seiner stolzen Gestalt, die endlich vom Glanz eines Lichteranzugs umstrahlt war.

Als Luis López seinen Schützling durch die Arena schreiten sah, dachte er: Was für ein Auftreten er hat! Wie gut er seine *Capa* hält! Er sieht wirklich prächtig aus!

Aber auch an diesem Tag konnte Manuel Benítez seinem Verhängnis nicht entrinnen. Der *Rejoneador*, dessen Ersatzmann er war, beendete seinen Kampf ohne Schwierigkeiten. Das war eine Enttäuschung, an die Manuel sich noch lang erinnern sollte: »Als der letzte Stier tot in den

Sand stürzte, war es mir, als ob mit ihm die ganze Welt einstürzte. Diese ganze Expedition nach Aranda war nur eine Maskerade gewesen. Ich hatte ein schönes Kostüm an. Aber ich blieb, was ich gewesen war: ein Stierkämpfer ohne Stier.«

Das Trio verließ den Ort, wie es gekommen war: mit einem Taxi, das Luis López gemietet hatte. Und der Fluch dieses trübseligen Nachmittags griff sogar auf das alte Auto über. Der Motor begann zu bocken und stellte schließlich, zehn Kilometer vor Madrid, seinen Dienst gänzlich ein. Als am nächsten Morgen die Sonne über Madrid aufging, konnten die Frühaufsteher ein seltsames Gespann durch die ausgestorbenen Straßen ziehen sehen: vier verbitterte Männer, die einen Wagen schoben.

Monate vergingen. Und dann fanden die Stierkampfabenteuer Manuels ein vorläufiges Ende, als bei seiner Schwester Encarna ein kleiner grüner Zettel einlangte. Die Nachricht befahl dem ehemaligen Gesetzesbrecher von Palma del Río, sich zwecks Erfüllung seiner staatsbürgerlichen Pflichten unverzüglich beim nächsten Zivilgardeposten in Hinsicht auf einen sofortigen Eintritt in die spanische Armee zu melden. Manuel sah in der Einberufung eine günstige Gelegenheit, nach dem Mißgeschick von Aranda del Duero die Umgebung zu wechseln.

Luis López ließ seine Beziehungen spielen und brachte seinen Schützling im 4. Schützenpanzerregiment in Carabanchel, einem Vorort von Madrid, unter. Statt des Mercedes seiner Träume steuerte Manuel bald die 42 Tonnen eines »Patton«-Tanks, Modell 1947, eines jener kostspieligen, furchterregenden Fahrzeuge, mit denen Franco dank der amerikanischen Militärhilfe seine Armee ausgerüstet hatte. Aber im Inneren dieses stählernen Ungeheuers träumte der Soldat zweiter Klasse, Manuel Benítez, weiterhin von den Stieren. Er setzte sich über die militärischen Vorschriften hinweg und verwendete jeden Ausgang zu einer Tätigkeit, die unvergleichlich gefährlicher war als die kriegerischen Übungen seines Regiments. Gemeinsam mit dem Kopiloten seines Panzers, einem Schuster namens Sánchez Pacheco, zog er jeden Sonntag seine Uniform aus und trieb sich bei den *Tientas* und *Capeas* in den Dörfern der Umgebung herum.

Er beendete den Militärdienst 1959, ein paar Wochen vor seinem dreiundzwanzigsten Geburtstag. Er war noch jung. Aber für den

Beruf, den er erwählt hatte, war dies bereits ein Greisenalter. Die meisten großen Toreros hatten schon mit zwanzig der Welt der Corrida ihren Stempel aufgedrückt. Die anderen, die sich bis dahin nicht durchgsetzt hatten, waren wieder in die Anonymität und das Elend versunken, denen sie zu entrinnen getrachtet hatten. Joselito war mit dreiundzwanzig einmütig als der größte Matador in der Geschichte der *Fiesta Brava* bezeichnet worden; es war die Zeit seiner berühmten Rivalität mit dem zwei Jahre älteren Juan Belmonte gewesen – das wahre goldene Zeitalter der Corrida. Manolete, das vergötterte Vorbild Manuels, war im gleichen Alter Gegenstand eines leidenschaftlichen Kults gewesen. Antonio Ordóñez hatte mit dreiundzwanzig Jahren schon 334 Kämpfe hinter sich gehabt, und Luis Miguel Dominguín, sein Schwager, war der *numero uno* seiner Generation gewesen. Manuel Benítez aber war an seinem dreiundzwanzigsten Geburtstag nichts als ein armer Bursche vom Land, der statt des Lichteranzugs den grünen Drillich der Armee trug. Vier Gefängnisstrafen waren die einzigen Ereignisse in seinem Leben voller Enttäuschungen und Niederlagen.

Am Ende des Frühlings 1959 geriet Spanien in eine Wirtschaftskrise, die jede Unternehmung – auch den Aufbau eines Toreros – zu einem Wagnis machte. Zwanzig Jahre einer verfehlten Wirtschaftsplanung, einer unfähigen Verwaltungsmaschinerie und einer isolationistischen Politik hatten das Land an den Rand des Bankrotts gebracht. Die Peseta wurde auf dem schwarzen Markt billiger gehandelt als auf den Banken. Die Gold- und Devisenreserven schrumpften immer mehr, und die Staatsschuld wuchs. Die Preise sämtlicher Waren kletterten in schwindelerregende Höhen. Das Angebot an Konsumgütern wurde von Tag zu Tag geringer. Aus Mangel an Devisen sanken die Importe auf ein Minimum. Die allgemeine Depression brachte soziale Mißstände mit sich, die nicht einmal mehr das autoritäre Regime verheimlichen konnte. Es war vermutlich die schwerste Krise seit den schrecklichen Wochen, die dem Bürgerkrieg vorangegangen waren.

Glücklicherweise boten sich für Spanien andere Möglichkeiten als eine Gewaltlösung wie ehedem.

Widerstrebend und verbittert mußte General Franco das Ausland um die Hilfe ersuchen, die er so lange zurückgewiesen hatte: die Unterstützung der Wallstreet, Englands und Frankreichs. Am 16. Juli

1959 wurde der drohende Bankrott durch einen Kredit abgewendet, den der Internationale Währungsfonds und eine Gruppe privater Banken unter zwei Bedingungen gewährten: Franco mußte die Peseta abwerten und die unfähige und korrupte Clique seiner ehemaligen Kriegskameraden aus ihren Ämtern jagen und durch eine neue Mannschaft von Fachleuten ersetzen. Sechs Monate später hob der Caudillo den Visumzwang für die Touristen der westeuropäischen Länder auf.

Das war eine Revolution. Seit zwölf Jahrhunderten, seit Roland in Roncevalles besiegt worden war, hatte Spanien in einer *splendid isolation* gelebt, hinter der natürlichen Schranke der Pyrenäen, die im Lauf der Jahrhunderte nur einmal in der einen, einmal in der anderen Richtung von den Armeen der Invasoren überschritten worden war. Von dieser gewaltigen Befestigung geschützt, hatte es sich seither abseits von Europa gehalten, abseits von den Ideen, von den Leidenschaften, den Fortschritten und Kämpfen, die Europa erschüttert und vorwärtsgetrieben hatten.

Wie Wasser sich durch eine Bresche in einem Damm ergießt, strömte nun eine Flut von Touristen auf die Halbinsel und konfrontierte das spanische Volk mit den vielfältigen Versuchungen, die sein Staatschef seit zwanzig Jahren von ihm fernzuhalten bemüht war. Die Auswirkungen dieser neuen Situation erstreckten sich auf alle Lebensbereiche Spaniens. Tausende von Spekulanten mußten sich, als Opfer der wirtschaftlichen und finanzpolitischen Stabilisierungsmaßnahmen, um neue Erwerbsquellen umsehen. Für einen einfachen Bürger namens Luis López verdrängte der unbezähmbare Ehrgeiz, Manager eines großen Matadors zu werden, bald die Ambitionen eines Bauunternehmers. Aber in diesen Jahren wirtschaftlicher Umwälzungen machte die Einrichtung der Corrida selbst eine Krise durch. Die *Fiesta Nacional*, von der leidenschaftlichen Rivalität zwischen Antonio Ordóñez und Luis Miguel Dominguín nur kurz belebt, dämmerte im Gedenken an ihre ruhmreiche Vergangenheit dahin. Im selben Jahr, als die Grenzen des Landes geöffnet wurden, gab es nur 333 Corridas, kaum mehr als 1948, in der trüben Saison, die auf den Tod Manoletes gefolgt war. Um die *Fiesta* aus ihrer Lethargie zu reißen, gab es nur ein einziges Mittel. »Spanien«, schrieb im Frühling 1959 ein Journalist, »braucht einen großen Matador, der die Giganten der Vergangenheit ersetzt.«

Der Schatten eines dieser Giganten lastete über der *Plaza*, auf die Luis López eines Tages seinen Schützling führte, in einer letzten, verzweifelten Hoffnung, ihn berühmt machen zu können. Jenseits der 25 Bögen einer römischen Brücke, die den Tajo überspannte, lag unter dem Staub der Fernstraße nach Estremadura wie eine kubistische Dekoration das Dächergewirr der kleinen Stadt Talavera de la Reina. Durch die Gassen dieses für seine Stickereien und seine gelb und blau bemalten Keramiken berühmten Ortes waren an einem Juliabend 1809 in voller Auflösung die von Wellington geschlagenen Soldaten Napoleons geströmt. Aber die lebendigste aller geschichtlichen Erinnerungen, die sich mit dem fruchtbaren Tal des Tajo verbanden, war die an ein Ereignis, das 39 Jahre früher in der kleinen Arena von Talavera geschehen war, in der nun López und Manuel zum letztenmal ihr Glück versuchten. Diese Begebenheit, die zu einer nationalen Tragödie geworden war, hatte das Städtchen zu einer Gedenkstätte des größten Matadors aller Zeiten gemacht.

Er hieß eigentlich José Miguel Gómez y Ortega. Aber für die Massen Spaniens trug er nur einen Vornamen. Joselito hatte in jenem Frühling 1920 den Zenit seiner glänzenden Laufbahn erreicht. Mit seinen 25 Jahren hatte er bereits 10 Jahre denkwürdiger Kämpfe in den Arenen Spaniens hinter sich. Mit 105 Corridas in einer einzigen Saison hielt er den Rekord an Engagements. Zweiundzwanzigmal war er der einzige Matador eines Kampfes gewesen und hatte ganz allein die sechs Stiere getötet. Und manchmal hatte er die Kühnheit so weit getrieben, ein siebentes Tier zu verlangen – wie an jenem unvergeßlichen Nachmittag in Madrid, da er 18 Paar *Banderillas* gesetzt und 242 *Pases* mit der *Capa* und der *Muleta* durchgeführt hatte. Sein Repertoire war so umfangreich, daß er den Massen mehr bieten konnte, als es jemals ein Matador vermocht hätte. Seine Meisterschaft war so vollkommen, seine Todesverachtung so groß, daß er sich mitunter die Füße mit einer Schnur zusammenband und die Stiere an seinem gefesselten Körper vorbeirasen ließ. Ganze Corridas hindurch vollführte er nur die gefährlicheren *Pases* mit der linken Hand. Die Eleganz und Schönheit seiner Bewegungen waren so unbeschwert, daß es schien, als gäbe es für ihn keine Gefahr. In seiner ganzen Laufbahn war er nur fünfmal verletzt worden, und nie schwer. Sogar seine Mutter scherzte, daß »der einzige Ort, an dem ein Stier ihn erwischen könnte, sein Hotelzimmer sei, und dort nur, wenn er schlafe«.

Aber die *afición* ist eine seltsame Religion. Sie verwirft von einem

Tag auf den anderen, was sie verehrt hat. Sie stürzte das Idol, zerbrach sein Piedestal und trieb es dazu, den Tod vor den Hörnern der wilden Stiere zu suchen. Das war 1920. Joselito war in dieser Saison nach wie vor der begnadete Matador, der er stets gewesen war. Aber die Mengen, die ihm vor kurzem noch zugejubelt hatten, überschütteten ihn nun mit einer Flut von Verwünschungen und Wurfgeschossen. Dieser Haß erreichte seinen Höhepunkt am 15. Mai 1920 in Madrid. An diesem Tag kämpfte Joselito gemeinsam mit seinem Rivalen und Freund Juan Belmonte vor einem so feindseligen Publikum, daß die Polizei einschreiten mußte, um das Leben der beiden Matadore zu schützen. »Es kommt immer ein Augenblick«, erklärte Belmonte später, »da sich die Bewunderer eines großen Matadors von ihm betrogen fühlen, als ob die Beständigkeit seines Erfolges der Beweis wäre, daß er die Gefahren der Corrida irgendwie umgehe, um sich ungestraft bereichern zu können.«

Die ganze Corrida hindurch hörte an jenem Tag die Menge nicht auf, Joselito zu beschimpfen. Als sich nach dem Tod seines letzten Stiers ein Hagel von Sitzkissen auf den Kampfplatz ergoß, blickte Joselito, Tränen in den Augen, verständnislos in die Menge. Und plötzlich hörte er aus dem Ozean feindlicher Gesichter eine Frauenstimme schreien: »Hoffentlich bringt dich morgen in Talavera ein Stier um!«

Joselito hatte ursprünglich nicht nach Talavera fahren wollen. Um einem Freund einen Gefallen zu tun und auch, weil sein Vater diese Arena 1890 eingeweiht hatte, stimmte er schließlich zu. Aber er wirkte den ganzen Tag lang nervös und deprimiert und sprach ständig davon, sich von der Corrida zurückzuziehen.

Der dritte Stier war kein besonders großes Exemplar. Er hieß Bailador – Tänzer. Es war das tausendfünfhundertachtundsechzigste Tier, mit dem Joselito öffentlich kämpfte. Letztlich unterschied es sich in nichts von all seinen Vorgängern, außer durch einen Sehfehler.

Joselito widmete Bailador dem Gedächtnis seines Vaters und begann eine bewunderungswürdige Arbeit mit der *Muleta.* Er ließ das Tier in einer endlosen Reihe von *Pases* um sich kreisen, die den größten Augenblicken in seiner Laufbahn ebenbürtig waren. Dann ließ er den Stier stehen und entfernte sich mit einer geringschätzigen Miene.

Durch diese wenigen Schritte wurde das Tier auf die Bewegung einer menschlichen Gestalt in seinem verschwommenen Gesichtsfeld aufmerksam. Bailador stürmte los. Die *Peones* schrien auf, um ihren Maestro zu warnen. Dieser drehte sich um und entfaltete gelassen seine

Muleta, um den Stier zu empfangen. Dieses Übermaß an Selbstvertrauen war ein verhängnisvoller Irrtum. Von der blutrünstigen Feindseligkeit, die ihn umgab, verwirrt, überzeugt, daß die Menge seinen Tod wünsche, hatte Joselito den einzigen Fehler seiner langen Karriere begangen. Er hatte den Sehfehler seines Gegners vergessen. Als der Stier in vollem Lauf sein Ziel erreichte, konnte er das lockende Tuch nicht von dem reglosen Mann daneben unterscheiden. Der Zusammenprall war furchtbar.

Während seine *Peones* ihn in die *Enfermería* trugen, hielt Joselito mit beiden Händen seine bloßgelegten Eingeweide und flüsterte immer wieder, daß er über seiner Verletzung »die grüne Kugel« gesehen habe – das Todessymbol der Zigeuner. Eine Stunde später, nachdem er ein letztes Mal nach seiner Mutter gerufen hatte, starb der Matador, dem angeblich kein Stier gefährlich werden konnte, getötet von einem Publikum, das ihn von Arena zu Arena mit seinem unerklärlichen Haß verfolgt hatte. Und als er tot war, überschüttete ihn Spanien wieder mit den Huldigungen, die es ihm in den letzten Monaten seines Lebens verweigert hatte. Kein anderer Name im Pantheon der *Fiesta Brava* ist ähnlich legendär geworden.

In einem feuchten Raum neben der *Enfermería*, in der Joselito »die grüne Kugel« über seiner Wunde gesehen hatte, kleidete sich nun, 39 Jahre später, ein anderer Matador für die Corrida um: Manuel Benítez. Wie in Aranda del Duero war es eine einsame, rasche Zeremonie. Während er letzte Hand an sein Kostüm legte, kam ein unbekanntes junges Mädchen in das Zimmer und überreichte ihm eine Medaille, die ihm »Glück bringen sollte«. Er bedankte sich und hängte sie um seinen Hals, neben jene, die ihm Anita Sánchez einst gegeben hatte und die er nie abgelegt hatte. Überzeugt, daß dieses Geschenk ihm tatsächlich Glück bringen werde, sprach er ein kurzes Gebet und verließ den Raum.

Von einem Verschlag im *Callejón* aus beobachtete Luis López die Tribünen, die sich langsam füllten. Der Manager hatte keine Mühen gescheut. Indem er allen Arbeitern seiner Baustelle für die Corrida freigegeben hatte, hatte er Hunderte von Männern nach Talavera gebracht, die über diese unverhoffte Vergünstigung nur zu glücklich waren.

López war sich dessen bewußt, daß er heute alles auf eine Karte setzte. Zum erstenmal war er nicht nur Manager eines Toreros, sondern auch Impresario der *Plaza*. Da alle Arenen es ablehnten, seinen Matador in ihre Programme aufzunehmen, hatte er die *Plaza* von Talavera de la Reina für ihn gemietet, ein waghalsiges Unterfangen, für das er die ungeheure Summe von 65 000 Peseten aufgewendet hatte. In der Innentasche seines schweißdurchtränkten italienischen Anzugs stak ein kleines Heft, in das er jede Ausgabe für den Kampf notiert hatte. Das ergab eine aufschlußreiche Litanei: Futter für die Stiere – 60 Peseten; Trinkgeld für die Zivilgarde – 500 Peseten; Gage für die fünf Trompeter – 750 Peseten; »Umschläge« für die lokalen Korrespondenten der Zeitungen – 1000 Peseten; städtische Wohlfahrtsorganisationen – 200 Peseten; *Areneros* – 1500 Peseten; Maultiere zum Hinausschleifen der toten Stiere – 260 Peseten; Pharmazeutika – 50 Peseten. Der bedeutendste Posten betraf natürlich die Stiere; er belief sich auf 47000 Peseten. Die Toreros dagegen hatten nichts gekostet: Sie waren schon froh über diese gottgesandte Chance, ihre Kunst öffentlich zur Schau stellen zu dürfen.

López hatte die Vorbereitung der Corrida bis in die kleinsten Einzelheiten überwacht. Er hatte persönlich die Eintrittspreise festgesetzt; ein Platz im Schatten kostete 20 bis 40 Peseten, ein Platz in der Sonne 15 bis 25 Peseten. Um die beiden Kassierer der *Plaza* zur Ehrlichkeit anzuhalten, hatte er vorsichtshalber zwei seiner Männer in ihre Schalter beordert. Die bemerkenswerteste Maßnahme des wagemutigen Managers war die »Vorbereitung der Presse«. Es war das erste Mal, daß Manuel Benítez einen solchen Vorteil genoß, welcher auch sogleich ein eindrucksvolles Interview durch Radio Toledo zur Folge hatte. Das Gespräch bestand aus einer einzigen Frage und einer einzigen Antwort. »Haben Sie Angst?« fragte der Reporter. »Nein«, erwiderte der Matador.

López hatte sich ausgerechnet, daß er mindestens 1800 Karten verkaufen mußte, um die gewaltige Summe, die er in das Abenteuer gesteckt hatte, wieder hereinzubringen. Diese Zahl wurde bei weitem überschritten. Mehr als 3000 Zuschauer füllten die Tribünen. López frohlockte. Das Schauspiel, das sein junger Schützling bieten würde, war kaum noch von Bedeutung. Sein Debüt als Impresario war bereits jetzt von Erfolg gekrönt.

Die Kapelle intonierte einen Paso doble, und die beiden Matadore des Tages traten, von ihrem einzigen *Banderillero* gefolgt, in die Arena. López bemerkte, daß auf den Zügen Manuels ein Lächeln lag, »so breit wie die ganze Arena«.

Es war wirklich ein Glückstag. Manuel Benítez kämpfte mit einer wilden Inbrunst. Der erste Stier warf ihn ein gutes halbes dutzendmal in die Luft, aber er stand immer wieder auf. »Er machte mich ganz seekrank«, erinnert sich López. Das Publikum tobte vor Begeisterung. Während eines *Pases* blieb der Stier plötzlich stehen. Der Mann und das Tier schienen wie aneinandergefesselt. Und so war es auch. Die linke Hornspitze hatte sich im Gürtel des Matadors verfangen. Gelassen reizte Manuel den Stier, weiter anzugreifen. Entsetzt schrie López: »Nein, nein, um Himmels willen, laß ihn sein Horn herausziehen!« Ein Sturm von »olé« erschütterte die Arena.

Mit dem zweiten Stier gab Manuel eine spektakuläre Vorstellung. Er brach die *Banderillas* entzwei und warf sich buchstäblich auf den Rücken des Stiers, um die kaum bleistiftlangen Stäbe einzustechen. Von den Ovationen der Menge mitgerissen, ging er noch weiter. Er kniete sich vor dem Tier nieder, das mit einem wilden Satz losstürmte. Schaudernd schloß López die Augen. Als er sie wieder öffnete, erwartete er, seinen Schützling auf die Hörner gespießt zu sehen. Er hatte sich getäuscht. Im letzten Moment war Manuel mit einer Wendung ausgewichen und betrachtete lächelnd den nach Atem ringenden Stier. Manuel Benítez hatte unzählige Entbehrungen auf sich genommen, um in diese historische Arena zu gelangen. Er war entschlossen, sie als berühmter Torero zu verlassen und endlich die schönen Autos, die prächtigen Häuser, die reichgedeckten Tische, all diese Schätze zu genießen, die für ihn eine mythische Bedeutung angenommen hatten. In seiner Tollkühnheit, seiner Kaltblütigkeit war etwas Aggressives. Es war, als wolle er sich an seinem Schicksal rächen. Es war eine gelungene Rache. Für jeden Stier erhielt er die beiden Ohren. Am Ende der Corrida strömten seine Arbeitskollegen von der Baustelle auf den Kampfplatz und hoben ihn auf ihre Schultern. Von Schulter zu Schulter weitergereicht, verließ Manuel Benítez die *Plaza* an der Spitze eines Triumphzugs. Aus einer rosenumrankten Nische schien die bronzene Büste des unvergeßlichen Joselito durch die weit offenen Tore der Arena dem Unbekannten zuzulächeln, den Spanien bald mit ihm vergleichen sollte.

Die Rückkehr nach Madrid war eine tolle, ausgelassene Kavalkade. Während der Organisator des Kampfes in Talavera blieb, um die Einnahmen zu zählen und seinen Gewinn einzustreichen, zwängten sich die Arbeiter und ihr Held in die Autobusse, die sie nach Talavera gebracht hatten. Manuel schwamm in Glückseligkeit. Er sauste kreuz und quer herum, trank aus allen Schläuchen, die man ihm entgegenhielt, sang, tanzte Flamenco und führte alle Phasen der Corrida noch einmal vor. Er hatte seine Rechnung mit dem Schicksal beglichen. Er hatte öffentlich in einem Lichteranzug gekämpft. Und die Menge hatte ihm zugejubelt. An diesem Abend hatten alle Opfer einen Sinn bekommen. Der Ruhm war zum Greifen nahe.

Nach der Ankunft in Madrid gingen die Feiern im »Gato Negro«, einem Café in der Nähe der Baustelle, weiter. Gegen Mitternacht kam Luis López selbst. Sein Gesicht war so bleich, seine Miene so verstört, daß jede Unterhaltung im Café mit einem Schlag erstarb. Der Impresario hatte sich zu früh zu seinem Erfolg beglückwünscht. Die beiden Vertrauensmänner, die er entsandt hatte, um den Verkauf der Karten zu überwachen, waren gerade rechtzeitig nach Talavera gekommen, um sich zu einem Mittagessen zu setzen, das Luis López teuer zu stehen kam. Von den beiden Kassierern, denen sie auf die Finger schauen sollten, eingeladen, hatten sie Unmengen Wein in sich hineingeschüttet. Und während sie ihren Rausch ausschliefen, hatten die beiden Kassierer ihre eigenen Karten verkauft, den Gewinn eingesackt und waren verschwunden.

Das Freudenfest war vorbei, und vorbei war es mit den Aussichten, die sein Anlaß gewesen waren. Mit gepreßter Stimme verkündete Luis López seinen Zuhörern, daß dieser Verlust von 65 000 Peseten seine Laufbahn als Manager und Impresario beende. Von nun an würde er der *Fiesta Brava* nur noch als Zuschauer angehören können.

Manuel Benítez brauchte längere Zeit, um die volle Tragweite dieser Erklärung zu begreifen. Die Weinflasche entglitt seinen Fingern. Die Worte López' bedeuteten, daß »der Herr mit dem schönen Panama und der dicken Zigarre« ihn verließ. Daß alles umsonst gewesen war. Daß er von neuem allein war, allein mit seinem Mut, allein in einer Welt, in der Beziehungen mehr wert sind als Tapferkeit, in der Geld mehr zählt als die schönsten *Pases* mit der *Muleta.*

Es war ein schreckliches Erwachen. Den Nachhall seines ersten Triumphs noch in den Ohren, mußte Manuel Benítez wieder ganz von vorne anfangen und das ruhmlose Nomadendasein wiederaufnehmen, das er auf dem Sand von Talavera de la Reine für immer zu beenden geglaubt hatte. Den endlosen zermürbenden Wochen auf den Baustellen Madrids folgten neuerlich die selbstmörderischen Sonntage bei den dörflichen *Capeas.* Hier, vor einer blutdürstigen Menge, nahm er heimtückischen Bestien gegenüber für ein lächerliches Trinkgeld haarsträubende Risken auf sich, in der unbezähmbaren Hoffnung, einen »Herrn mit Panama und dicker Zigarre« zu finden, der an die Stelle López' treten würde.

Eines der Dörfer, durch die er in diesem Herbst kam, hieß Loeches. Gleich allen anderen bestand es aus einem Gewirr niedriger Häuser entlang einer schmalen Asphaltstraße, die es mit der Außenwelt verband. Der Hauptplatz war ein großes, in der Sonne aufgesprungenes, von den Winterregen ausgewaschenes Rund. Nur 15 von den 750 Häusern des Orts verfügten über Fließwasser. In dem ganzen Flecken gab es bloß fünf Telefonanschlüsse. Die Haupteinnahmequelle bestand in einem halben Dutzend Ziegeleien, deren Erzeugnisse jede Woche von Lastwagen auf die Baustellen der Hauptstadt gebracht wurden. Denn Madrid war nur 25 Kilometer von dieser tristen Ortschaft entfernt.

Doch jedes Jahr vom 11. bis zum 14. September schüttelte Loeches seine Erstarrung ab und durchlebte anläßlich des Fests seiner Schutzpatronin, der Virgen de las Augustias – der Schmerzensreichen Jungfrau –, einige ausgelassene Tage. An einem Septembermorgen des Jahres 1959 beobachtete ein Bürger des Orts von seinem Balkon aus befriedigt die Vorbereitungen der *Feria*, die in ein paar Stunden beginnen sollte. Er hieß Gregorio Torres Velasco. Er war der Bürgermeister von Loeches, und diese Würde machte ihn zum Verantwortlichen für das Fest. Unter seinem Balkon stießen städtische Beamte große Pfosten in den Boden des Platzes. Binnen kurzem, um genau halb sechs Uhr, würde eine Fanfare durch die Straßen schallen, um die offizielle Eröffnung der *Feria* zu verkünden. Es sollte ein Feuerwerk, Tänze, Spiele und eine Prozession mit der Statue der Jungfrau geben. Und das bedeutsamste Ereignis würde sich hier, unter diesem Balkon, abspielen, in dem magischen Kreis, den die Beamten abgesteckt hatten. Auf diesem Platz sollte ein für ein so armes Dorf ganz außergewöhnlicher Luxus stattfinden: ein Stierkampf.

Das war Tradition. Jedes Jahr versprach Don Gregorio, wenn er das Programm der Feierlichkeiten verlautbarte, seinen Mitbürgern einen »sensationellen Kampf zwischen sechs tapferen Stieren des Züchters Don Mariano García de Lora und zwei berühmten Matadoren, die in der Umgebung triumphiert haben«. Das war natürlich eine gewaltige Übertreibung, da es die beschränkten Mittel der Gemeinde dem Bürgermeister nicht erlaubten, Stiere zu kaufen; Loeches konnte sie nur mieten. Nach der *Feria* mußten die Tiere wieder ihrem Besitzer zurückgesandt werden, um noch bei anderen *Capeas* zum Einsatz gelangen zu können. Don Gregorio Torres Velasco hatte die Stiere dieses Jahres in Augenschein genommen. Einer davon war, wie er mit Befriedigung festgestellt hatte, mindestens acht Jahre alt. Es war das riesigste Exemplar, das Don Gregorio in seinem Leben gesehen hatte.

Was die »berühmten Matadore« betraf, so existierten sie nur in der Phantasie des Bürgermeisters. Der Ort hatte nicht genug Geld, um Berufstoreros zu engagieren. Die »zwei berühmten Matadore« der *Feria* von Loeches waren weder berühmt noch zwei. Sie waren unbekannt und zahllos. Einige lungerten bereits auf den Straßen der Stadt herum, andere würden noch kommen. Es waren *Maletillas.* Zu Beginn des Fests sollten es mehr als fünfzig Burschen sein, die bereit waren, ihr Leben aufs Spiel zu setzen, um die Bevölkerung dieses kastilischen Dorfs zu unterhalten.

Unter den Burschen, die, ihr Bündel auf dem Rücken, zu den armseligen Verheißungen der improvisierten Arena von Loeches auszogen, befand sich Manuel Benítez. Er hatte mehr Glück als seine Kameraden und durfte im alten Seat (spanische Ausführung eines Fiat) eines Geschäftsmannes mitfahren. Die anderen trotteten, mitleiderweckende Gestalten, über die staubigen Straßen, der gnadenlosen Sonne ausgeliefert, die ihnen die Kehlen ausdörrte. Einer dieser *Maletillas* hieß Manuel Gómez. Er war 23 Jahre alt und hatte seinen Posten als Mechaniker in einer Garage für die Dauer der Saison der *Capeas* aufgegeben. Um aus dem Barackenlager Vallecas, in dem er wohnte, hierherzugelangen, war er bereits vor dem Morgengrauen aufgebrochen. In den Taschen seiner alten Blue jeans hatte er nicht einmal mehr so viel gefunden, um sich eine Tasse heißen Kaffee leisten zu können, ehe er sich auf den langen Weg nach Loeches machte. Und dennoch fühlte sich der arme Mechaniker an diesem Herbsttag seinem Ziel so nahe wie noch nie. Am Vortag hatte man ihm zum erstenmal in seinem Leben angeboten, an einer richtigen Corrida teilzunehmen. Aber um diese überwältigende Chance nützen zu können, mußte er zuerst ein schwieriges Problem lösen: Er mußte siebenhundert Peseten auftreiben, um einen Lichteranzug mieten zu können. Und einen Teil dieser Summe hoffte er bei der *Capea* von Loeches zu verdienen.

Das Schauspiel begann zu Mittag. Das ganze Dorf drängte sich auf dem Platz, auf den Dachterrassen benachbarter Häuser, an Fenstern, auf Balkons. Eine verbarrikadierte Sackgasse, die auf den Platz mündete, diente als *Toril.* Auf Befehl Don Gregorios wurde eine Planke beiseite geschoben, und das erste Tier erschien. Es war der alte Stier, der den Bürgermeister so beeindruckt hatte, ein gewaltiges Exemplar mit weit auseinanderstehenden Hörnern, das sofort versuchte, die improvisierte Umzäunung der Arena zu zerschmettern.

Einer nach dem anderen traten die *Maletillas* auf den Kampfplatz. Sie blieben nicht lange. Kaum bemerkte der Stier die schmächtigen Gestalten, die es wagten, ihn zu reizen, stürzte er sich auf sie, stieß sie nieder und warf sie wie einen Sack Lumpen in die Luft. Die Burschen wurden von Panik erfaßt. Nacheinander retteten sie sich in den kleinen Springbrunnen in der Mitte des Platzes. Die Zuschauer brachen in Hohngeschrei aus, und zu guter Letzt warfen sie Steine nach ihnen.

Aus einer Ecke des Platzes beobachtete Manuel Benítez den Stier. Der, sagte er sich, ist mit allen Wassern gewaschen und mit allen Salben geschmiert. Weder die *Capa* noch die *Muleta* konnten seine Aufmerksamkeit auf sich ziehen. Diese Bestie suchte den Menschen und nur den Menschen. Manuel selbst, der in Dutzenden von *Capeas* Erfahrungen gesammelt hatte, war das erste Mal wie durch ein Wunder seinen Hörnern entkommen. Er war zu Boden gestoßen worden, hatte sich aber sofort wieder hochgerappelt, und es war ihm gelungen, das Tier drei- oder viermal passieren zu lassen. Doch beim nächsten Versuch fühlte er plötzlich einen stechenden Schmerz in seiner Wade. Er brach zusammen. Und diesmal erhob er sich nicht wieder. Das Bein war von der Kniekehle bis zum Knöchel aufgeschlitzt.

Er hatte Glück im Unglück. Ein ganz junger Arzt, der gerade die Universität verlassen hatte, wartete in der improvisierten *Enfermería* neben dem Büro Don Gregorios. Aber seine Tasche enthielt nur ein einziges Betäubungsmittel: ein Fläschchen Kognak, den er dem Verwundeten einflößte, bevor er daranging, die Wunde zu nähen. Zweimal brach die Nadel ab, als er sich anschickte, durch die Haut des Toreros zu stechen. »Das war«, schwor er, »eine zähere Haut als die eines Zigeuners.«

Als die Naht fertig war, wurde Manuel in den alten Seat gelegt, der ihn nach Loeches gebracht hatte. Die Rückfahrt war eine furchtbare Prüfung. Aber noch schlimmer war die Demütigung, die den Verletzten in Madrid erwartete. Der Direktor des *Sanatorio de Toreros* weigerte sich, ihn aufzunehmen. Ein von einem Horn zerfleischtes Bein war kein hinlänglicher Grund, um den Parias der Corrida die Pforten dieses Etablissements zu öffnen. Die Betten dieser Klinik waren ausschließlich den Berufstoreros vorbehalten, die in der Stierkämpfergewerkschaft eingetragen waren. Vier Jahre später, als Manuel Benítez der erste Matador Spaniens und der Präsident der Stierkämpfergewerkschaft geworden war, erinnerte er sich an den Nachmittag, an dem er blutüberströmt wie ein streunender Hund weggejagt worden war. An diesem Tag, da sein eigenes Bild neben dem von Sir Alexander Fleming, dem Erfinder des Penicillins, im Warteraum der Klinik hing, befahl er feierlich, daß die Tore des *Sanatorio* nicht nur für die Opfer der *Fiesta Brava*, sondern für alle hilflosen Verletzten offenstehen sollten.

Der alte Seat war weitergefahren. Er brachte seinen stöhnenden Passagier in das riesige städtische Krankenhaus von Madrid auf der Plaza Carlos V.

Der Unfall Manuels hatte die *Capea* von Loeches kurz unterbrochen. Der Stier wurde in die Sackgasse, die als *Toril* diente, zurückgetrieben, und Don Gregorio entschied, ihn vorsichtshalber durch das andere gemietete Tier zu ersetzen. Dieser weise Beschluß stieß bei den Dorfbewohnern auf heftigen Widerstand, und schreiend und stampfend wurde die Rückkehr der mörderischen Bestie gefordert. Widerstrebend gab der Bürgermeister schließlich nach.

Ein achtungsvolles, fast schuldbewußtes Schweigen empfing das wiederkehrende Ungeheuer. Kein Bursche wagte es mehr, auf den Kampfplatz hinauszutreten. Erschrocken sahen sie einander an, ohne ein Wort zu sagen, und jeder wartete, daß ein anderer den ersten Schritt auf das Tier zu machte.

Schließlich schlüpfte ein *Maletilla* durch die Pfosten und ging auf den Stier zu. Sein Wagnis wurde sogleich durch einen Angriff gestoppt, der ihn auf der anderen Seite des Springbrunnens landen ließ. Einer seiner Kameraden sprang hinzu, um das Tier von dem wehrlosen Körper abzulenken. Aber mit einem einzigen Satz entledigte sich der Stier seines neuen Gegners. Der Bursche brach zusammen. Zwanzig Zentimeter tief war das Horn in seinen Bauch gestoßen. Der Arzt in der *Enfermería* seufzte verzweifelt beim Anblick der schrecklichen Wunde. Er hatte noch nie etwas Ähnliches gesehen. Das Horn hatte, nachdem es in den Körper eingedrungen war, in den Eingeweiden gewühlt. Venen, Nerven, Muskeln, Gedärme, Skrotum waren zerfetzt. Aus den Tiefen der Wunde schoß ein Blutstrom aus der Femuralarterie. Der Arzt bemühte sich, die Blutung einzudämmen. Das war alles, was er in diesem kleinen Büro tun konnte. Von dem neuerlichen Unfall bestürzt, beschlagnahmte der Bürgermeister den erstbesten Wagen und befahl dessen Besitzer, den Verletzten nach Madrid zu bringen.

Vor der Abfahrt notierte ein Beamter den Namen des unglücklichen Burschen. Es war Manuel Gómez, der junge Mechaniker, der 25 Kilometer zu Fuß zurückgelegt hatte, um in Loeches die 700 Peseten zu verdienen, die er brauchte, um einen Lichteranzug zu mieten und den Traum seines Lebens zu verwirklichen.

Manuel Benítez erzählt

»Ich erkannte ihn sofort wieder. Ich hatte in Loeches mit ihm gesprochen. Zwei Schwestern legten ihn in das Bett neben mir. Sein Gesicht war so weiß wie das Leintuch. Dann führten sie ihm eine Kanüle in den Arm ein und hängten eine Flasche über ihm auf. Er schien zu schlafen. Ich fragte die Schwestern, ob die Verletzung schwer sei. Eine der beiden schaute mich an und sagte: ›Ihr stellt euch immer vor, daß euch die Stiere eine Menge Geld einbringen können. Aber was ihr nicht wißt, ist, daß sie euch auch etwas anderes einbringen können.‹

Einige Zeit später wachte Gómez auf und begann zu stöhnen. Es war fürchterlich. Er lag mit geschlossenen Augen da und stöhnte. Bald wurde es dunkel, und das elektrische Licht ging an. Und dann erlosch es und es war nichts mehr zu sehen. Ich konnte nicht einschlafen. Gómez stöhnte dauernd. Ich versuchte ihn anzureden. Ich sagte: ›Gómez, Gómez, was ist los?‹ Er hörte mich offenbar nicht, denn er gab keine Antwort. Er stöhnte und stöhnte ohne Unterlaß.

Es wurde immer ärger. Mitten in der Nacht schien er auf einmal zu ersticken. Sein Körper bebte vor Schüttelfrost. Manchmal hatte ich den Eindruck, daß seine Atmung aussetzte; aber dann setzte sie mit einem scharfen Pfeifen wieder ein. Ich hatte Angst. Die Dunkelheit war vollkommen. Es gab nur eine Lampe, weit vorn auf dem Gang. Ich hörte das Schnarchen und Keuchen der Patienten und das Grunzen, das alte Leute beim Schlafen ausstoßen. Und Gómez stöhnte und hechelte die ganze Zeit. Es war grauenerregend. Ich rief ihn leise beim Namen, aber er reagierte nicht. Ich hätte gern jemanden gerufen, der sich um ihn kümmert, aber im Saal war niemand. Und kein Mensch kam. Trotz der Finsternis konnte ich die Konturen seines Betts ausnehmen und unter der Decke seinen zitternden Körper. Schließlich, ich weiß nicht mehr wann, verzichtete ich darauf, um Hilfe zu rufen und schlief ein.«

Noch vor dem Morgengrauen wurde Manuel Benítez von leisen Schritten geweckt. Er bemerkte eine Gestalt an Gómez' Bett. Dann hörte er den Besucher ein paar Worte in einer unbekannten Sprache murmeln und sah ihn seine Hand auf die Stirn des Verwundeten legen. Langsam machte die Hand ein Kreuzzeichen. Sie nahm den Rand der Decke und zog diese Gómez über das Gesicht. Manuel Benítez schrie auf. Er hatte begriffen, daß sein Leidensgefährte gestorben war.

Der Besucher entfernte sich so leise wie er gekommen war. Es war der Spitalgeistliche gewesen. Während das Geräusch seiner Schritte sich über den Gang entfernte, richtete sich Manuel auf und betrachtete das Nachbarbett, auf dem sich die reglosen Konturen eines Menschen abzeichneten. Tränen begannen über seine Wangen zu fließen. »Gómez, Gómez ...!« rief er, aber nur der rasselnde Atem der anderen Patienten antwortete ihm. Lange Minuten starrte er auf den unbeweglichen Körper. Als endlich der erste Schimmer des neuen Tages den Saal erleuchtete, hatte eine furchtbare Wahrheit von seinem Geist Besitz ergriffen. Der Weg zu Ruhm und Glück, der an den Hörnern der Stiere vorbeiführte, konnte auch mit dem weißen Laken enden, unter dem heute ein junger Bursche wie er ruhte. Die Schwester hatte also recht gehabt. Die wundervolle Welt, von der er träumte, hatte eine Kehrseite.

Manuel Benítez durchlebte den trübseligsten Herbst seines Lebens. Kaum hatte er das Spital verlassen, zog er wieder von Dorf zu Dorf, zu den letzten *Capeas* der Saison. Da ihm noch das tragische Bild des Kameraden, der im Bett neben ihm gestorben war, vor Augen stand, brannte er danach, sich zu beweisen, daß sein Mut ungebrochen war. Aber niemand kümmerte sich um die tollkühnen Darbietungen dieses Burschen, der humpelnd den alten Stieren der mörderischen Dorf-*Ferias* entgegentrat. Eines Tages erkannte ihn der junge Arzt, der seine Verletzung genäht hatte. Er schob das Hosenbein hoch, untersuchte die schlecht verheilte Wunde und rief aus: »Du bist verrückt!« Der junge Torero lächelte gelassen. Achselzuckend entgegnete er: »Entweder töte ich die Stiere oder die Stiere töten mich.« Daraufhin ergriff er wieder seine *Muleta* und ging langsam auf das Tier zu, das ihn mit tückischen Blicken erwartete.

Aber eher noch als die Hörner der Stiere drohte ihn in diesem tristen Herbst die Verzweiflung zu töten. Die Saison, die ihm, wie er gehofft hatte, endlich die Pforten der *Fiesta Brava* öffnen sollte, endete mit einer weiteren Niederlage. Er hatte zum erstenmal einen Lichteranzug angehabt. Er war im Triumph aus einer Arena getragen worden. Er hatte einen Kameraden sterben sehen, und dieses schreckliche Erlebnis hatte ihn nicht von seinem Weg abbringen können. Der wilde Ehrgeiz, der ihn dazu getrieben hatte, Currito de la Cruz nachzueifern, verzehrte ihn immer noch. Aber der Glaube an seinen Stern begann ihn zu verlassen. Er begriff, daß er drauf und dran war, seinen Wettlauf mit der Zeit zu verlieren; daß er niemals ein Matador werden würde. Von neuem mußte er sich um Arbeit umsehen, aber diesmal führte ihn seine Suche nicht auf die Baustellen von Luis López. Die Immobilienspekulationen des ehemaligen Managers hatten nicht mehr Erfolg gehabt als sein Abenteuer in der Welt der *Fiesta.* Infolge seiner finanziellen Schwierigkeiten hatte der Unternehmer einen Teil seiner Arbeiter entlassen müssen. Und unter den Männern, von denen er sich getrennt hatte, befand sich der junge Mann mit den langen Armen, dessen Ambitionen ihn 65 000 Peseten gekostet hatten.

Das Mitgefühl eines Ziegelhändlers namens Don Celes rettete Manuel vor dem endgültigen Schiffbruch. Dieser wackere Mann war gleichfalls überzeugt, daß der junge Maurer verdiente, seine Kelle mit einem Degen zu vertauschen, und versuchte also, einen neuen Manager für ihn zu finden.

»Ich bot seinen Mut feil wie einen Blumenstrauß«, erinnert sich Don Celes, »aber niemand wollte ihn haben. Sie hielten Manuel bloß für einen weiteren hungrigen, hoffnungslosen Burschen.«

Die Wohnung befand sich in einem alten Ziegelhaus in der Calle Vallehermoso in Madrid, über dem Café »Armacón«. Im Wohnzimmer schien jedes Möbel den bitteren Geruch von Zigarren auszuströmen. Auf dem Boden, auf Tischen, Sesseln und über dem Kamin lagen Zeitschriften und Bücher, die den Geschmack des Mieters verrieten. Es war ein Wust von Stierkampfliteratur.

Eines Winterabends, zu Beginn des Jahres 1960, unterbrach das

Läuten des Telefons die Stille dieser Wohnung. Die Klingel schrillte lange, bis ein beleibter Mann im Schlafrock erschien und abhob.

Am Apparat war Don Celes, der Ziegelhändler, der seit Herbstende allen seinen Bekannten Manuel Benítez anbot »wie einen Blumenstrauß«. Die Persönlichkeit, die er heute anrief, war seine letzte Hoffnung. Doch auch dieser Mann erwiderte, an einem Zigarrenstummel kauend, daß er Besseres zu tun habe, als seine Zeit »mit all diesen jungen Strolchen zu vertrödeln, die Toreros werden wollen«. Immerhin erklärte er sich aus Freundschaft für den Ziegelhändler bereit, jenen angeblichen Teufelskerl im Café »Armacón« auf ein Glas Wein einzuladen.

Kaum hatte Rafael Sánchez »El Pipo« den Hörer aufgelegt, als er seine Großzügigkeit auch schon bereute. Die Leute, dachte der Mann, dessen Talente das Erste Artillerieregiment ernährt hatten, die Leute nützen meine Gutmütigkeit aus.

Rafael Sánchez »El Pipo« erzählt

»Am Ende des Kriegs war ich Millionär. Jawohl: eine Million Peseten in bar. Dieser Krieg hatte mich zu einem steinreichen Mann gemacht. Und 1939 gab es nicht viele Spanier, die sich brüsten konnten, eine Million Peseten zu besitzen. Das ist ein netter Haufen Geld. Ich war immer der Meinung, daß man mit Geld alles machen kann. Man kann sich zum Beispiel in einen Winkel hocken und es angaffen. Oder man kann es ausgeben. Mein Fall ist das Ausgeben.

Mein Vater wollte, daß ich bei ihm im Krabbengeschäft arbeite, aber ich hatte andere Absichten. Ich hatte geschuftet wie ein Pferd, um meine Million zu verdienen. Kein Mensch hatte mir etwas geschenkt. Ich hatte genausoviel riskiert wie irgend jemand anders. Und jetzt war die Reihe an mir, mich zu amüsieren.

Mein Hauptvergnügen bestand darin, meinem Freund Manolete überallhin zu folgen. In diesem Jahr wurde mein funkelnagelneuer Studebaker ›President‹ ein Stammgast auf den Straßen ganz Spaniens. Wenn ich durch die andalusischen Dörfer fuhr, stürzten die Leute an die Türen und Fenster, um mein Auto zu sehen. Es gab keine große Arena in Spanien, die meinen Besuch nicht empfangen hätte. Ich begleitete meinen Freund Manolete überallhin. Ich fuhr mit dem Auto bis in den *Patio de caballos*.

Alle Welt erkannte mich an meinem Auto und an meinem Hut.

Diesen Hut mit seiner breiten Filzkrempe, die meine Augen beim Chauffieren vor der Sonne abschirmte, hatte ich höchst eigenhändig entworfen. Rubio, der größte Hutmacher von Madrid, erzeugte das Modell dutzendweise für mich. Ich lebte in dieser Zeit kurz nach dem Krieg wie der Herrgott in Frankreich.

Manolete und ich hatten damals alles, was wir uns nur wünschen konnten; Manolete, weil er auf dem besten Weg war, ein berühmter Matador zu werden, und ich, weil ich Geld hatte. Den anderen Leuten fehlte es an allem. Aber wir hatten immer das Beste: die besten Hotels, die besten Restaurants, die besten Nachtlokale. Es gab keine Flamencobar, in der man Rafael Sánchez ›El Pipo‹ und seinen breiten Hut nicht kannte. Wo ich hinkam, gab man mir den besten Tisch. Damals kehrte ich kaum je vor Morgengrauen ins Hotel zurück. Aber jeden Nachmittag war ich in der Arena auf meinem Posten, auf einem Sitz in der ersten Reihe, *barrera de sombra*, und sah meinem Freund beim Stierkampf zu.

Das dauerte ein Jahr, ein ganzes Jahr, das ich nie vergessen werde. Es waren überwältigende Tage. Und am Ende des Jahres war ich abgebrannt, vollständig ruiniert. Aber das war mir egal. Ich hatte mich gut amüsiert. Und ob ich mich gut amüsiert hatte!

Da meine Million Peseten beim Teufel war, mußte ich wieder ganz von vorn anfangen. Ich kehrte nach Córdoba zurück und schaute mich eine Zeitlang um, wie der Hase hier lief. ›Was brauchen die Leute?‹ fragte ich mich. Nun, diese alte Stadt war so dreckig und wimmelte dermaßen von Ungeziefer und Ratten, daß ich mir sagte: ›Was Córdoba braucht, ist ein Insektenvertilgungsmittel.‹ Ich verkaufte meinen Studebaker, fest entschlossen, nun der ›König der Insektizide‹ zu werden.

Das Ärgerliche war, daß ich eine Kleinigkeit übersehen hatte. Es war zwar richtig, daß Bedarf nach einem Insektenvertilgungsmittel herrschte, aber die Leute waren zu arm, um dergleichen zu kaufen. Ich hätte alle Wanzen, alle Spinnen, alle Schaben, die mit meinem Insektizid umgebracht wurden, in einem einzigen meiner Hüte unterbringen können, und es wäre immer noch Platz geblieben. Am Ende eines Jahres war ich ebenso pleite wie am Anfang dieses Abenteuers. Ich gab die Sache auf und beschloß, nach Madrid zu fahren, um etwas anderes zu probieren.

Ich eröffnete ein Restaurant in der Calle Amor de Dios, das ich ›El Puerto‹ nannte, wie die Wirtshäuser in Andalusien, die während des Bürgerkriegs eine solche Goldgrube gewesen waren. Aber leider war das die einzige Ähnlichkeit dieses Restaurants mit den Kneipen. Ich hatte nicht mehr Glück damit als mit den Insektenvertilgungsmitteln. Ich mußte es meinen Gläubigern in den Rachen werfen.

Als ich dieses Restaurant verloren hatte, war ich arm wie eine Kirchenmaus. Ich, Rafael Sánchez ›El Pipo‹, der Mann, der in den besten Hotels Spaniens abgestiegen war, streunte nun durch die Straßen Madrids, ohne genug für einen Kaffee in der Tasche zu haben.

Drei Wochen später starb mein Vater, und ich erbte den Krabbenhandel. Das war das rettende Wunder. Ich kehrte nach Córdoba zurück und beschloß, das Geschäft zu vergrößern. In Andalusien hatte man meinen Vater den ›Krabbenkönig‹ genannt. Bald sollte man auch Rafael Sánchez ›Krabbenkönig‹ nennen, aber nicht nur in Andalusien, sondern in ganz Spanien. Ich zog die Sache groß auf. Ich errichtete im ganzen Land Geschäfte für Meeresfrüchte, in Huelva, in Cádiz und Sevilla. Allein in Madrid besaß ich vier Läden.

Während der Monate, in denen ich Manolete begleitet hatte, war ich mit einer Menge von Leuten in Kontakt gekommen, mit Generalen, Ministern, Politikern. Ich kannte alle Leute, die in Spanien etwas zu reden hatten. Diese Beziehungen waren Goldes wert. Dank meinen einflußreichen Freunden erhielt ich eine Art Monopol für den Krabbenhandel. Ich kontrollierte das Einsalzen aller Krustentiere, die entlang der andalusischen Küste gefangen wurden. Bald belieferte ich die Fisch- und Krabbenhändler des ganzen Landes.

Ich beherrschte ein Imperium, ein Imperium, das auf Krustentieren aufgebaut war. Ich verdiente sagenhafte Summen, ich erinnere mich nicht einmal mehr, wieviel. Auf jeden Fall war es genug, um mich wieder dem zuwenden zu können, was mir Spaß machte. Ich folgte also wieder Manolete.

Das war die schönste Zeit meines Lebens. Manolete stand damals auf dem Zenit seiner Karriere. Ein außergewöhnliches Gefolge drängte sich um ihn: Minister, Generale, Schauspielerinnen, bildschöne Ausländerinnen. Überall, wo wir hinkamen, gab ich große Bankette zu seinen Ehren, Flamencofeste, die bis in den hellen Tag hinein dauerten. Es war wirklich eine wunderbare Zeit. Aber leider hat alles einmal ein Ende.

Seit ich mich nicht mehr um meine Geschäfte kümmerte, begann es abwärtszugehen. Die Männer, die ich als Direktoren eingesetzt hatte, bestahlen mich. Nun war ich ja bereit, ein Auge zuzudrücken, wenn es sich um kleinere Summen handelte. Aber eines Tages merkte ich, daß ihre Diebereien jedes erträgliche Maß überschritten. Und als ich eines schönen Morgens aufwachte, erfuhr ich, daß mein kommerzielles Imperium im Begriff stand, zusammenzubrechen.

Es ist immer das gleiche: Wenn man reüssiert, gelingt einem alles. Wenn man auf dem absteigenden Ast sitzt, geht alles schief. Für mich begann damals alles völlig schiefzugehen. Bald steckte ich bis zum Hals in Schwierigkeiten. Ich mußte mein Imperium liquidieren. Wieder einmal war ich ruiniert.

Meinem Freund Manolete erging es nicht besser. Als er 1947 aus Südamerika nach Hause zurückkam, verlautbarte er, daß er sich zurückziehen wolle. Zuerst glaubten es die Leute nicht. Dann, als sie es glaubten, wurden sie fuchsteufelswild. Und das Publikum wandte sich gegen ihn.«

Der 4. Juli 1947 war der einunddreißigste Geburtstag von Manuel Rodríguez »Manolete«. Abgesehen von den Tagen und Wochen, in denen er seine Verletzungen ausgeheilt hatte, kämpfte er fast ohne Unterbrechung seit 1939. Im Lauf dieser acht Jahre hatte er gut 150 Millionen Peseten angehäuft, einen Betrag, der um so beeindrukkender war, als Spanien in diesen Jahren von Europa abgeschnitten und seine Wirtschaft noch vom Bürgerkrieg zerrüttet war. Manolete rechnete sich eines Tages aus, daß dieses Vermögen die Summe aller Löhne, die die Männer seiner Familie innerhalb von fünf Generationen verdient hatten, bei weitem überstieg. Er war der Meinung, daß es nun Zeit war, seine Millionen auszugeben, wie es ihm gefiel. Die ständige Anspannung dieser acht Jahre war nicht spurlos an ihm vorübergegangen. Er trank zuviel und schlief nicht genug. Deshalb verkündete er bei der Rückkehr von seiner triumphalen Amerikatournee die Absicht, sich vom Stierkampf zurückzuziehen.

Seine Freundin prophezeite ihm, daß ihn das Land nicht gehen lassen werde. »Sein schönes goldenes Kostüm ist für zu viele Leute ein Symbol der *afición* und des Geldes«, sagte sie, »sie werden ihm nicht erlauben, es an den Nagel zu hängen. Eher werden sie ihn umbringen.«

Sie hatte recht. Eine Lawine zorniger Proteste brach bei der Ankündigung seines Abschieds los. Manolete bedeutete zuviel für das Land. Er war mehr als ein Torero. Er war eine Legende, eine Erinnerung an die glorreiche Vergangenheit Spaniens, eine Hoffnung für seine Zukunft und ein Trost in seiner tristen Gegenwart. Die Menge, die ihn einmal zu einem Gott erhoben hatte, wandte sich nun erbittert gegen ihn.

In einem Lied hieß es, daß er »vor einer Maus in der Badewanne Angst habe«. Man warf ihm vor, daß er nur mit kleinen Stieren kämpfe. Man behauptete, daß er die Konkurrenz eines einundzwanzigjährigen Jünglings namens Luis Miguel Dominguín fürchte.

Dieser Spott traf Manolete am verwundbarsten Punkt eines Spaniers und insbesondere eines Matadors: in seinem Stolz. Er erklärte sich bereit, noch eine Saison zu kämpfen, um die Menge eines Besseren zu belehren. Niemals war er größer gewesen als in diesem Jahr, nie war er kräftigeren und gefährlicheren Stieren gegenübergetreten. Aber das Publikum, das ihn vergöttert hatte, war gleichgültig geworden. Es wollte mehr, mehr und immer noch mehr.

Wie dreißig Jahre vorher Joselito wurde Manolete auf jeder *Plaza* ausgepfiffen und verhöhnt. Was er auch tun mochte, er mußte die Beschimpfungen, die Verachtung und den Haß der Menge hinnehmen.

»Bei jeder Corrida wird das Publikum anspruchsvoller«, klagte er einem Reporter in San Sebastián. »Sie verlangen Unmögliches. Mehr habe ich nicht zu bieten.«

Einige Zeit später, nachdem er sich in der Arena selbst übertroffen hatte, ohne die entschiedene Feindseligkeit der Menge besiegen zu können, vertraute er seinem großen Freund und Rivalen Carlos Arruza an: »Ich weiß genau, was sie wollen, und es kann sein, daß ich es ihnen eines Nachmittags gebe, bloß um diesem dreckigen Gesindel eine Freude zu machen!«

Am 28. August kämpfte er in der kleinen Bergwerksstadt Linares am Fuß der Sierra Morena. Jedes Jahr leisteten sich die Kumpel von Linares anläßlich ihrer *Feria* einen außergewöhnlichen Luxus: die größten Matadore Spaniens und die besten Stiere. An jenem Tag waren außer Manolete Luis Miguel Dominguín und Gitanillo de Triana engagiert worden. Die Stiere kamen aus der berühmten *Ganadería* von Don Eduardo Miura. Diese *toros de muerte* – Todesstiere –, wie man die Miuras nennt, haben mehr Toreros getötet als die jeder anderen Rasse: Sie begreifen die Spielregeln der Corrida schneller.

Der zweite Gegner Manoletes hieß Islero. Auf der linken Flanke dieses eher kleinen Exemplars war die Nummer 21 eingebrannt. Es war der tausendvierte Stier, mit dem Manolete öffentlich kämpfte. Er hatte nur einen Fehler: eine übertriebene Vorliebe, mit dem rechten Horn zuzustoßen.

Manolete gelang es, das Tier in eine Reihe so schöner und gefährlicher *Pases* zu ziehen, daß ihn endlich die Ovationen des Publikums belohnten. Sein Manager flehte ihn an, die *Estocada* so rasch wie möglich, ohne Umschweife durchzuführen, da der Fehler des Stiers das Töten außerordentlich riskant machte. Denn der Matador befindet sich in Reichweite des rechten Horns, wenn er nach der *Estocada* zur Seite weicht.

Mit einer ungeduldigen Geste wies Manolete den Ratschlag zurück. Stolz, in souveräner Todesverachtung, beschloß er, vor der Menge von Linares den ganzen Umfang seines Muts und seines Könnens zu beweisen; damit, schien es, wollte er sich an den anderen Zuschauermengen für all ihre Beschimpfungen rächen. Mit einer ruhigen, kraftvollen Bewegung versenkte er seine Klinge bis an das Heft, so langsam, daß sein Degenträger »einen Zeitlupenfilm zu sehen« glaubte.

Die Bewegung war zu langsam. Der Stier hob, bevor er zusammenbrach, noch einmal den Kopf und traf den Matador mit dem rechten Horn in den Schenkel. Von seinen *Peones* getragen, durchquerte Manolete ein letztes Mal die Arena. Ein ferner Donner drang verschwommen in sein Bewußtsein. Das Publikum von Linares applaudierte stehend.

Rafael Sánchez »El Pipo« erzählt

»Das einzige, was ich in meinem Leben je bedauert habe, ist, daß ich am Tag dieser letzten Corrida nicht bei meinem Freund in der Arena war. Als ich davon hörte, mietete ich sofort einen Hispano-Suiza und holte den Doktor Luis Jiménez Guinea, der damals der berühmteste Spezialist für Stierkampfverletzungen war. Wir rasten durch die Nacht nach Linares. Auf halbem Weg hielten wir bei einem Gasthaus an und kauften Eis, um das Penicillin, das wir mitbrachten, zu konservieren. Penicillin war damals in Spanien eine Rarität. Wir trafen Gitanillo de Triana, der uns aus Linares entgegengekommen war. Er fuhr das Buick-Kabriolet Manoletes, das ein reicher mexikanischer *Aficionado* meinem Freund für zwei Freiplätze bei einer seiner Corridas geschenkt hatte. Wir stiegen alle in den Buick und fuhren mit heulenden Reifen los.

Er lag in einem Zimmer des kleinen städtischen Spitals. Ein seltsamer Zufall: Im Vorjahr hatte Manolete einen Burschen, den er mit seinem Auto niedergestoßen hatte, in dasselbe Krankenhaus gebracht.

Er war halb bewußtlos. Alle möglichen Leute drängten sich um sein Bett.

›Gott sei Dank, Sie sind da, Don Luis'‹, flüsterte er, als er den Arzt erkannte. Der Doktor beruhigte ihn. Einige Minuten später stöhnte Manolete, daß er sein linkes Bein nicht mehr fühle. Der Chirurg begann es zu massieren.

›Calma, Manolo‹, sagte er, ›ruhig, mach die Augen zu.‹

›Sie sind zu‹, murmelte Manolete. Seine Augen waren weit offen. Da begriff ich. Ein paar Stunden später verkrampfte er seine Finger in die Decke und schrie auf: ›Ay, madre!‹

Er bäumte sich auf. Es war zu Ende. Mein Freund war tot.«

Wie Manuel Rodríguez »Manolete« es selbst vorausgesagt hatte, gab er den Mengen schließlich, was sie von ihm erwarteten. Zehntausende von Spaniern folgten ihm auf seinem letzten Weg zum Campo de la Merced, dem Friedhof von Córdoba. Wie ehedem bei Joselito, erstickte Spanien seine Gewissensbisse, indem es aus ihm einen Märtyrer und aus seinem Tod eine Legende machte.

In diesem tragischen Augenblick entschloß sich Rafael Sánchez »El Pipo«, selbst in die Welt der *Fiesta Brava* einzutreten und Manager von Toreros zu werden.

Rafael Sánchez »El Pipo« erzählt

»Was man bei dieser Art von Geschäften braucht, ist ein Herz aus Stein und ein außerordentlich flinker Verstand. Der Rest ist Nebensache. Ich brauchte eine Weile, bis mir das in Fleisch und Blut überging, aber als ich soweit war, konnte mich nichts mehr zurückhalten.

Mein erster Torero, Ramón Tirado, war ein Mexikaner. Ich wollte ihn in Spanien schlagartig berühmt machen. Eines Tages erfuhr ich, daß Franco auf dem Flughafen von Madrid ankommen sollte. Ich telefonierte nach Mexiko und befahl dem Torero, eine Maschine zu nehmen, die zur selben Zeit auf dem Flugplatz landen würde. Ich wußte, daß Presse, Fernsehen und Fotografen Franco erwarten würden. Ich sagte mir, daß ich Ramón Tirado dank dem Caudillo zu einer kostenlosen Publizität verhelfen könnte.

Und dann hatte ich eine noch bessere Idee. Ich telegraphierte Tirado, er solle sein Ticket kaufen, seinen Platz buchen, aber nicht mitfliegen. Ich engagierte zwei Fotografen und fuhr auf den Flughafen. Die Maschine aus Mexiko landete ein paar Minuten vor der Francos. Natürlich stand der Name meines Schützlings auf der Passagierliste. Ich führte die beiden Fotografen zur Gangway, damit sie den feierlichen Augenblick, in dem der künftige Triumphator der Arenen seinen Fuß auf spanischen Boden setzte, im Bild festhielten. Da Ramón nicht kam, streute ich das Gerücht aus, er sei mitten über dem Ozean aus dem Flugzeug gesprungen. Innerhalb weniger Minuten verbreitete sich die Neuigkeit über den ganzen Flughafen. Kein einziger Journalist, kein einziger Fotograf, kein einziger Fernsehmann interessierte sich mehr für den Caudillo. Sie drängten sich alle um mich. Ich setzte eine passende Miene auf und schilderte ihnen die Laufbahn meines verlorenen Toreros. Ich erzählte, was mir gerade einfiel. So unglaublich es klingt, diese Geschichte wurde in sämtlichen Zeitungen Spaniens abgedruckt. Tags darauf wußten dreißig Millionen Spanier, wer Ramón Tirado war.

Drei Wochen später wurde mein Schützling zu einem ›Schiffbrüchigen, den ein Frachtdampfer mitten im Atlantik aufgefischt hatte‹. Das war ein Wunder; das war die Hand Gottes. Die Journalisten hatten so sehr an die Wahrheit meiner ersten Geschichte geglaubt, daß sie jetzt den Betrug nicht aufzudecken wagten. Ganz Spanien wollte in diesem Jahr Ramón Tirado kämpfen sehen. Wir verdienten märchenhafte Summen. Unglücklicherweise war der Mexikaner in der Arena nicht so gut, wie ich es auf dem Gebiet der Propaganda war. Die Leute kamen dahinter. Am Ende der Saison war er erledigt, und ich mußte ihn fallenlassen.

Da mir meine früheren Erfolge vor Augen standen, beschloß ich, nach Mexiko zu fahren und dort einen Handel mit Krabben aufzuziehen. Aber dort ist das Geschäftsleben ein Dschungel. In diesem Land von Dieben ist es für einen ehrlichen Mann unmöglich, zu Geld zu kommen. Ich versuchte einige Corridas zu organisieren, um ein paar Pesos zu verdienen. Vergeblich. Enttäuscht und arm wie Hiob kehrte ich nach Spanien zurück.

Ich hatte eine schwere Zeit durchzustehen. Das einzige Mal, daß ich ein bißchen Geld verdiente, war, als ich in Albacete eine Corrida für den Matador Pedrés organisierte. Ich wäre damals um ein Haar an einem Herzanfall gestorben. Pedrés stammte aus Albacete, und so dachte ich die Arena füllen zu können, indem ich eine Corrida mit einem Sohn der Stadt als Star veranstaltete. Ich kündigte an, daß er mit den besten Stieren Spaniens kämpfen werde, mit den Stieren aus der *Ganadería* von Antonio Urquijo.

Das war natürlich ein Witz. Ich hatte keineswegs die Mittel, solche Stiere zu kaufen. Ich überredete einen Freund, sich mit mir zusammenzutun und zum Kauf der Tiere zuzuschießen; dafür würde er einen Teil des Gewinns erhalten. Das ärgerliche war, daß man die Stiere am Donnerstag morgens, wenn sie in die Arena kamen, bar bezahlen mußte. Und an diesem Tag hatte Pedrés eine Corrida. Wenn es der Teufel wollte und er wurde dabei verletzt, würde kein Mensch zu meiner Corrida kommen. Ich wollte also nicht das ganze Geld in den Kauf der Stiere stecken, ohne sicher zu sein, daß mir Pedrés zur Verfügung stand. Ausnahmsweise erlaubte mir der Züchter, die Tiere erst am Donnerstag abend zu bezahlen. Ich postierte meinen Freund mit dem Geld in dem der *Ganadería* nächstgelegenen Gasthaus; dort konnte ich ihn jederzeit telefonisch erreichen. Dann ging ich auf die *Plaza* zur Corrida Pedrés'.

Der fünfte Stier war der letzte Gegner meines Matadors. Als ich das Tier tot zusammenbrechen sah, stand ich auf und lief zum nächsten Telefon, um meinem Kompagnon zu sagen, daß er den Züchter bezahlen könne. Stolz über meine Geschicklichkeit kehrte ich gerade auf meinen Platz zurück, als ich Schreie hörte. Pedrés war verletzt worden, als er versucht hatte, den letzten Stier des Nachmittags, ein dreckiges kleines Biest, das einem anderen Matador gehörte, vom *Picador* wegzulocken. Mir drehte sich alles vor den Augen. Ich stürzte in den *Callejón* und konnte Pedrés sehen, der, weiß wie ein Leintuch, von den *Peones* in die *Enfermería* getragen wurde. Die Polizisten weigerten sich, mich durchzulassen, damit ich mich über seinen Zustand informieren konnte. Ich war vor Entsetzen gelähmt. Alle meine Hoffnungen gingen in Rauch auf. Die Stiere waren bezahlt, und mein Matador würde ihnen nicht gegenübertreten können. Ich rechnete mir aus, daß mich diese Corrida alles, was ich besaß, kostete und noch mehr.

Und dann öffnete sich die Tür der *Enfermería.* Ich traute meinen Augen nicht. Vor mir stand Pedrés, gerade wie Jesus Christus, der aus dem Grab aufersteht.

›Es war nur ein Kratzer, Don Rafael‹, sagte er.

Ich fiel fast in Ohnmacht vor Erleichterung. Am Sonntag nahmen wir 350000 Peseten ein.

Das war alles, was ich in diesem Jahr verdiente, und deshalb schwamm ich auch nicht gerade in Geld, als der Winter kam. Der Ärger mit Spanien ist, daß jeder dahergelaufene Trottel, der einmal bei einer Corrida zugeschaut hat, sich für den größten Stierkampfexperten der Welt hält. Und deshalb rennen einem die Leute ständig die Türen ein, wenn man sich ein bißchen mit den Geschäften der *Fiesta* beschäftigt. Don Celes, der Ziegelhändler, rief mich jeden zweiten Tag an. Er schwor mir, daß der Bursche, den er aufgegabelt hatte, die Begabung eines Manolete habe. Sie denken alle, daß sie ein Manolete werden können. Als ob Spanien auf dem laufenden Band Manoletes hervorbrächte. Um ein für allemal Ruhe zu haben, erklärte ich mich bereit, mit dem Bengel eine *copita* – ein Gläschen – zu trinken.

Als ich das Café betrat, fühlte ich, wie mich seine Augen durchbohrten. Er kam mir entgegen und sagte: ›Werden Sie mein Manager und ich kaufe Ihnen einen Mercedes.‹

›Alles mit der Ruhe‹, erwiderte ich, ›weißt du, wieviel ein Mercedes kostet?‹

›Ja‹, antwortete er mit seiner rauhen Stimme, ›eine Million Peseten.‹

Er war abstoßend dreckig. Seine Kleidung hing in Fetzen. Seine *Espadrillas* hatten keine Sohle mehr. Er war spindeldürr. Er hatte zu lange Haare. Ich sagte zu ihm: ›Dreh dich um!‹ Das ist eine Gewohnheit von mir. Das erste, was ich mir an einem solchen Burschen anschaue, sind seine Arme. Seine waren sehr lang. Das war ein gutes Zeichen: Man kann besser mit der *Muleta* arbeiten, wenn man lange Arme hat. Ich fragte ihn, warum er Torero werden wollte.

›Um genug zum Essen zu haben‹, entgegnete er, ›um aus dem Elend herauszukommen.‹

›Liebst du das Geld?‹

›Mehr als Sie‹, gab er zurück, ›mehr als irgend jemand auf der Welt.‹

Er war, wie er sagte, 24 Jahre. Ich erwiderte, daß er zu alt, daß er nicht mehr gelenkig genug sei.

›Das Alter zählt nicht‹, meinte er, ›wichtig ist nur der Mut.‹

Ich fragte ihn, ob er schon gekämpft habe. ›Sicher‹, antwortete er, ›oft, in der Nacht auf den Weiden. Oder wo könnte jemand wie ich sonst kämpfen?‹

›Kleiner‹, sagte ich, ›weißt du, wie dein Blut aussieht?‹

Er zog das Hosenbein hoch und zeigte mir eine feuerrote Narbe: ›So sieht mein Blut aus‹, und er setzte hinzu: ›Geben Sie mir eine Chance, Don Rafael, ich verspreche Ihnen, daß Sie es nicht bereuen werden.‹

Diese Burschen sind alle gleich. Am Anfang geben sie alle die gleichen Antworten, die gleichen Versprechen. Er hatte lange Arme, gut. Aber er war zu alt. Man muß sie mit sechzehn, siebzehn nehmen. Ich sagte ihm, daß ich untröstlich sei, aber daß ich schon zuviel zu tun hätte. Es tat mir wirklich leid, denn es war irgend etwas an ihm dran. Ja, irgend etwas an seiner Gestalt...

Er beugte sich zu mir, blies mir seinen stinkenden Atem ins Gesicht und schrie: ›Don Rafael, Sie verstehen nichts! Weder von Stieren noch von Menschen.‹

Er machte kehrt und ging zum Ausgang. Eine Stimme in mir flüsterte: ›Rafael Sánchez, du begehst gerade einen großen Fehler.‹ Seine Hand lag schon auf der Schnalle, als ich ihn anrief. ›He, Kleiner, komm zurück!‹«

Zuerst lud El Pipo ihn auf ein Sandwich und eine Tasse Kaffe ein – das erste, was Manuel seit 24 Stunden in den Magen bekam. Dann trug er ihm auf, ihn jeden Mittag anzurufen. Auf diese Weise würde er ihn wissen lassen, ob es ihm gelungen sei, ihm bei einer *Tienta* in der Gegend von Salamanca, wo er Freunde hatte, eine *oportunidad* zu verschaffen.

Wochen verstrichen und nichts geschah. Manuel rührte sich nicht mehr aus dem Café unter El Pipos Wohnung weg. Eines Tages, als er noch entmutigter als gewöhnlich war, drohte er El Pipo, sich an der Puerta del Sol mit einer Tafel aufzustellen, die dem erstbesten, der ihm eine Chance böte, einen Mercedes verspräche. Da er meist arbeitslos war, aß er die Reste, die ihm da und dort mitleidige Cafetiers gaben. In der Nacht schlief er wie einst auf den Baustellen. Und jeden Tag rief er mit ängstlicher Stimme den ehemaligen Krabbenkönig an.

Endlich vernahm er die magischen Worte: »Treffpunkt Plaza de Canalejos, morgen um elf Uhr.«

Er schlief die ganze Nacht nicht und kam eine halbe Stunde zu früh auf die Plaza. Er war schmutzig und roch so übel, daß El Pipo ihn im Fond des Wagens Platz nehmen ließ, um nicht gestört zu werden.

Die *Tienta* fand bei Don Antonio Pérez y Tabernero statt, einem der renommiertesten Züchter der Provinz Salamanca, der zu dieser Gelegenheit zwei der größten Matadore Spaniens, Antonio Ordóñez und Curro Romero, eingeladen hatte. Diese beiden Stars, die elegant in graue Flanelljacketts, bestickte Hemden und Lederhosen gekleidet waren, grinsten amüsiert beim Anblick des zerlumpten Landstreichers, den ihr Bekannter mitbrachte. »Dieser Bursche«, verkündete ihnen El Pipo mit seiner gewöhnlichen Bescheidenheit, »wird euch bald alle erledigen.«

Bei der ersten Gelegenheit, da Manuel Benítez eine junge Kuh reizen durfte, zeigte er sich als jämmerlicher Torero. Als er zum zweitenmal in die Arena trat, stellte ihm Curro Romero ein Bein, so daß er zum großen Gaudium der Gäste hinfiel. Von der Feindseligkeit, mit der man ihm begegnete, aus der Fassung gebracht, gab er mit dem zweiten Tier eine noch erbärmlichere Vorstellung. Schließlich fragte der Züchter El Pipo, wie er auf die Idee verfallen sei, mit einem solchen Idioten hierherzukommen. Rot vor Scham bat der Manager seinen Gastgeber um Entschuldigung und zerrte Manuel aus der Arena. Dann wies er mit einer majestätischen Gebärde auf die Straße, die sich in der Ferne verlor.

»Siehst du diese Straße?« sagte er. »Sie führt nach Madrid. Geh in diese Richtung, bis nach Madrid. Und wenn ich dir einen guten Rat geben darf: Wenn du in Madrid bist, geh weiter bis nach Andalusien, bis nach Hause zu dir. Aus dir wird niemand je einen Torero machen.«

Nachdem er auf diese Art Manuel Benítez aus seinen Augen und aus den Arenen Spaniens verstoßen hatte, schloß sich El Pipo wieder den Gästen der *Tienta* an, die mit einem großen Diner im Haus des Züchters endete. Es war bereits Nacht, als er wieder in sein Auto stieg. Zu seiner großen Überraschung fand er auf der hinteren Sitzbank den verjagten Torero vor, der leise schluchzte. Manuel flehte ihn an, ihn nicht so schnell fallenzulassen, ihm noch eine Chance zu geben. El Pipo seufzte laut auf. Und im Dunkeln sah Manuel seinen breiten Hut sich in einem Zeichen der Zustimmung neigen.

Am nächsten Tag, in einer anderen *Ganadería*, wartete Manuel nicht erst, bis er aufgefordert wurde, in die Arena zu gehen. Er sprang in den Sand, als die erste Färse erschien. Der *Mayoral* wollte eingreifen, doch El Pipo hielt ihn zurück.

»Tiene afición«, sagte er.

Ruhiger, selbstsicherer als am Vortag, kämpfte Manuel hinlänglich korrekt, um eine zweite und dann eine dritte Chance zu erhalten. Sehr bald wurde er die Attraktion des Nachmittags. El Pipo beobachtete ihn mit wachsendem Interesse. Er hatte richtig gesehen: Die Länge seiner

Arme gestattete ihm weite, langsame *Pases.* Kein Zeichen von Nervosität oder Furcht machte sich in seinen Bewegungen bemerkbar.

El Pipo war fasziniert. Das Kinn in die Hände gestützt, den Hut in die Stirn geschoben, eine erloschene Zigarre zwischen den Zähnen, ließ er seinen Schützling nicht mehr aus den Augen. Er wurde sich klar, daß Manuel echtes Toreroblut in den Adern hatte.

Diese Erkenntnis gab dem Manager solchen Auftrieb, daß er eine Visitenkarte aus seiner Tasche holte und einige Worte daraufkritzelte. »Da, Kleiner«, sagte er, »damit kannst du diesen Winter trainieren gehen.«

Diese ganz gewöhnliche Visitenkarte war der Passierschein, nach dem Manuel Benítez zehn Jahre lang vergeblich gesucht hatte, der Schlüssel, der ihm Zugang zu den geheiligten Orten verschaffte, deren Tore ihm immer verschlossen geblieben waren: zu den Privatarenen der Züchter. El Pipo riet seinem Schützling, einige Wochen in der Gegend zu bleiben, während er selbst nach Madrid zurückkehrte, um für die nächste Saison Pläne zu schmieden.

Mit dem kostbaren Dokument bewaffnet, begann Manuel wieder von *Ganadería* zu *Ganadería* zu ziehen. Aber diesmal öffneten sich ihre Pforten vor ihm. Fast jeden Tag fand er eine *Tienta*, bei der er sich in der Handhabung der *Muleta* üben konnte. Er machte große Fortschritte. Bald wurde er eine vertraute Erscheinung in den kleinen Privatarenen, und die Züchter sagten, daß »irgend etwas an ihm dran« sei.

In der Nacht schlief er, in seine *Muleta* eingehüllt, in einem Pferdestall, einer Scheune oder auch unter den Arkaden der Plaza Mayor von Salamanca, wo er drei Jahre vorher einen so harten Winter zugebracht hatte. Die Erfüllung seiner Träume schien zum Greifen nahe zu sein. Eine sonderbare Sorge jedoch ließ ihn manchmal nicht einschlafen. Er war überzeugt, daß sein neuer Manager ihm einen Berg von Verträgen verschaffen würde. Und diese ersten Verträge würden ihn vor ein schwerwiegendes Problem stellen. Nicht nur würde er sie nicht lesen können, sondern er würde sogar außerstande sein, sie zu unterzeichnen. Er hatte die Anfangsgründe des Schreibens vergessen, die er ehedem im Waisenhaus von Palma gelernt hatte. Er konnte nicht einmal seinen eigenen Namen schreiben.

Er beschloß, diesem Mangel abzuhelfen. Eines Abends fand der ehrenwerte Professor des Salesianergymnasiums von Salamanca, Antonio Cortez, an seiner Schwelle einen großen, zerlumpten Burschen, der ihn anflehte, »ihn zu lehren, seinen Namen zu schreiben«. Von der Verzweiflung gerührt, die auf dessen Gesicht stand, erklärte sich der Pater bereit, ihm Stunden zu geben. Sechs Wochen lang kam Manuel pünktlich jeden Abend um 11 Uhr zu dem Geistlichen.

Der alte Lehrer, der noch nie eine Corrida gesehen hatte, sollte sich sein Leben lang an den »todmüden, schmutzigen, mit Blut und blauen Flecken bedeckten Burschen« erinnern, der »in meinen Fauteuil sank und sich begierig auf die paar Kenntnisse stürzte, die er bei mir sammeln konnte«. Was Manuel in diesem Winter am meisten mit Stolz erfüllte, waren nicht seine Heldentaten auf den Gütern der Umgebung, sondern jene in dem kleinen Arbeitsraum des Paters. Er lernte zuerst ein großes M schreiben, das er mit einem waagrechten Strich verlängerte, um die anderen Buchstaben in einer Linie zu halten. Bald konnte er die vier Worte schreiben, die er an allen Wänden Spaniens zu sehen erträumte: Manuel Benítez El Renco.* Er brannte danach, diese neue Fertigkeit zur Schau zu stellen. Jedesmal wenn er eines Bleistifts und eines Zettels habhaft werden konnte, krakelte er mit verbissener Mühe seinen Namen. Das war eine neue Unterhaltung, die schönste Entdekkung dieses Winters.

Der Winter El Pipos war ebenso trist, wie der Manuels bewegt war. Die 350000 Peseten der Corrida von Albacete waren draufgegangen, und der Manager mußte seine Gläubiger um Geduld bitten. Dennoch hörte er nicht auf, unermüdlich Pläne zu wälzen. Überzeugt, seine Chancen verbessern zu können, wenn er »auf mehrere Pferde zugleich setzen« würde, interessierte er sich noch für andere Torerolehrlinge. Man würde ja sehen, wer als erster das »Ziel«, den Ruhm, erreichen würde.

Am Ende des Winters flatterte dem Manager eine Postkarte ins Haus. Sie kam aus Salamanca, von Manuel Benítez, und bat um die unverzügliche Zusendung von 500 Peseten zur Begleichung einiger kleiner Schulden, da der junge Matador sonst aus der Provinz und wahrscheinlich auch aus Spanien fliehen müßte.

El Pipo konnte wohl Visitenkarten aus seinen Taschen zaubern, aber keine 500 Peseten. Dieser Betrag war damals für ihn eine beinahe

* Aus physischen und vielleicht auch psychischen Gründen waren seine ersten Unterschriften von außerordentlicher Größe. Als er später sein erstes Bankkonto eröffnete und Schecks unterschreiben wollte, mußte er feststellen, daß sein Namenszug darauf nicht Platz fand.

ebenso unerschwingliche Summe wie für Manuel. Er zögerte lange, bevor er sich zu dieser beträchtlichen Investition entschloß. Und eines Nachmittags verkaufte er ein Goldstück, das er aus Mexiko mitgebracht hatte, und sandte eine Postanweisung nach Salamanca.

Einige Tage später stand Manuel vor seiner Tür. El Pipo ließ ihn ins Wohnzimmer treten und reichte ihm eine Feder und ein Blatt weißen Papiers. »Unterschreib hier«, befahl er. Stolzgeschwellt malte Manuel die vier Worte hin, die er in Salamanca zu schreiben gelernt hatte: »Manuel Benítez El Renco«.

El Pipo nahm das Blatt und begutachtete es. Unter einem geeigneten Text, den er selbst zu verfassen und auszufüllen gedachte, würde diese Unterschrift den Preis für die Postanweisung nach Salamanca bilden. Das Papier sollte der erste Vertrag zwischen Manuel Benítez und Rafael Sánchez »El Pipo« werden. Nach kurzer Überlegung verkündete der Manager seine erste Maßnahme. »El Renco«, der Hinkende, war, versicherte er, ein Beiname, der nicht im mindesten die Tugenden ausdrückte, welche das Publikum von einem Matador erwartet. Er entschied, daß Manuel von nun an »El Cordobés« heißen würde: der Mann aus Córdoba.

Manuel schaute ihn betroffen an. Dieser Beschluß machte wochenlange Anstrengungen zunichte. Traurig betrachtete er das Papier und begriff, daß er einmal mehr seinen Namen schreiben lernen mußte.

Der künftige »El Cordobés« zog in eine Mansarde ein, die er mit einem Bauarbeiter teilte. El Pipo verschaffte ihm einen Posten als Ladendiener in einem Krabbengeschäft, damit er sich über Wasser halten konnte, während er auf seine erste Corrida wartete.

Danach setzte der Mann, der Manolete sterben gesehen hatte, seine ganze Erfahrung und seine ganze Gerissenheit dafür ein, einen unbekannten, bettelarmen Andalusier auf den verwaisten Thron des Maestros zu erheben. Er zog, gewissermaßen als Handlungsreisender, durch die Cafés von Madrid und pries überall die einzige Ware an, die er zu verkaufen hatte: den Mut eines jungen Toreros. Seinen unvermeidlichen grauen Hut auf dem Kopf, einen abgekauten Zigarrenstummel zwischen den Zähnen, machte El Pipo Tag für Tag seine Runden durch Madrid, einem Monarchen im Exil gleich, der einen neuen Hof sucht. Er bombardierte seine Gesprächspartner mit den begeisterten Lobeshymnen, die ihm wie Honig über die Lippen flossen, er rühmte überall die Vorzüge des jungen Mannes, der, unter seiner erfahrenen Anleitung, die *Fiesta Brava* revolutionieren würde. Heiter und selbstsicher, um keine Zweifel an seiner eigenen Finanzlage aufkommen zu lassen, legte El Pipo unzählige Köder aus und wartete, daß ein Fisch anbeiße.

Aber in jener Saison war es beträchtlich schwieriger, einen Matador an den Mann zu bringen als einen Korb Krabben. Die Kreise, die mit der Corrida zu tun hatten, kannten El Pipo zu gut, um seine wortgewaltigen Ausführungen ernst zu nehmen. Das neue Genie, das er ihnen aufschwatzen wollte, war nur das jüngste Glied einer langen Kette ähnlicher »Phänomene«, die er alle, alle als Erneuerer der *Fiesta* angepriesen hatte. Aber ihre Taten hatten meist nur einen einzigen Stier lang gedauert...

Enttäuscht von der Nutzlosigkeit seiner Madrider Bemühungen, erdachte er einen neuen Plan. Er beschloß, seinem Schützling eine Corrida im Land seiner Geburt, in Andalusien, zu verschaffen. Er reiste also nach Sevilla, wo die *Feria* gerade begonnen hatte. Da er es vorzog, zum Schmied statt zum Schmiedel zu gehen, wandte er sich direkt an den Leiter der *Plaza* von Sevilla, Diomede Canorea, einen wohlgenährten Mann mit pausbäckigem Gesicht, den man den »König Andalusiens« nannte. Canorea war durch seine Abstammung und Erziehung noch weniger für die Geschäfte der *Fiesta* prädestiniert gewesen als sein Madrider Kollege und Konkurrent Livinio Stuyck. Er war ein bescheidener Bankangestellter und ein eifriger *Pelota*-Spieler gewesen. Nach dem Tod seines Schwiegervaters, des Direktors der Arena von Sevilla, war er von seiner Schwiegermutter, einer tatkräftigen, einbeinigen Matrone, herbeizitiert worden und hatte als Erbe die schwere Bürde übernehmen müssen, die Geschicke der berühmten Maestranza zu lenken. Canorea hatte sich dem Willen seiner Schwiegermutter gebeugt, seinen Posten bei der Zentralen Bank in Madrid gekündigt und war nach Sevilla übersiedelt. Da er seine völlige Unwissenheit in den Dingen der Corrida durch einen gesunden Geschäftsgeist ausgeglichen hatte, war es ihm gelungen, ein richtiggehendes Stierkampfimperium aufzubauen. Außer der *Plaza* von Sevilla kontrollierte er nun zwölf andere bedeutende Arenen in Andalusien. Er war, mit Livinio Stuyck und zwei weiteren Managern, einer der vier Kapitäne, durch deren Hände alle finanziellen Angelegenheiten der *Fiesta Nacional* liefen.

Canorea kannte den Besucher, der, unter die tägliche Schar von Schmarotzern und Bittstellern gemischt, ihn in seinem Büro überfiel. An diesem Morgen hatte der Impresario noch weniger Zeit als gewöhnlich für alle diese Gestrandeten der *Fiesta*. Die *Feria* von Sevilla hielt ihn Tag und Nacht in Atem. Er komplimentierte El Pipo mit wenigen Worten hinaus.

Als der Manager eines Tages grübelnd auf dem Bett der kleinen Familienpension lag, in der er abgestiegen war, kam ihm eine Idee. Da sich die Arenen weigerten, seinen Torero auftreten zu lassen, mußte er den Bürgermeister einer Stadt ohne *Plaza* überreden, eine Corrida in einer der transportablen Einfriedungen zu veranstalten, die man mieten und wie ein Zirkuszelt aufstellen konnte. Und welche Stadt wäre wohl leichter zu einem solchen Unternehmen zu bringen als die Geburtsstadt des Matadors? Mit erregten Schritten stürzte El Pipo zum nächsten Telefon.

Es klingelte im Büro der Eisfabrik von Palma del Río, eines schäbigen Gebäudes an den Ruinen der arabischen Mauer. Antonio Caro, der Direktor, hob ab. Caro war von der Stadt beauftragt worden, die seltenen öffentlichen Lustbarkeiten zu organisieren. Vier Jahre vorher hatte er den Pfarrer Don Carlos bei den Vorbereitungen der Corrida unterstützt, welche in einem Wirrwarr geendet hatte, an den sich die Palmeños immer noch erinnerten. Seither hatte Antonio Caro nichts von Stieren hören wollen. El Pipo entfaltete seinen ganzen Charme und seine ganze Wortgewalt, um seinen Gesprächspartner zu überzeugen. Er hob das Genie seines Toreros in den Himmel. Dieser Erbe der Joselito, Belmonte und Manolete sollte, als besondere Huldigung an seine Geburtsstadt, in Palma del Río debütieren!

Antonio Caro sprang wie elektrisiert hoch, als er den Namen dieses »Phänomens« hörte. Das einzige Mal, daß die Bewohner Palmas eine gewisse Sympathie für Manuel Benítez bekundet hätten, sei am Tag nach seiner endgültigen Abreise aus der Stadt gewesen! Kein Mensch in Palma, versicherte Caro, würde auch nur eine einzige Peseta ausgeben, um diesen Strolch und Dieb mit Stieren kämpfen zu sehen; und er selbst, in seiner Eigenschaft als Gemeindesekretär, werde von der Stadt gewiß nicht verlangen, 40000 Peseten aufzuwenden, um ihm eine Arena zu mieten!

El Pipo ließ seine gesamte brillante Überredungskunst spielen, bis sich sein Gesprächspartner endlich bereit erklärte, den Vorschlag dem versammelten Stadtrat vorzutragen. Die Antwort war negativ. »Wenn Palma je Geld für Manuel Benítez ausgibt«, sagte Caro, »so höchstens, um ein Gefängnis für ihn zu bauen, aber nicht, um eine Arena für ihn zu mieten!«

Mit dieser Ablehnung sah El Pipo seine letzte Chance zerrinnen, Manuel zu lancieren. Er versuchte, Caro umzustimmen; noch einmal zählte er ihm alle Vorteile auf, die Palma von einer solchen Veranstaltung hätte. Endlich, als er am Ende seiner Weisheit war, ließ er sich zu dem Versprechen hinreißen, er selbst werde die Leihgebühr für die Arena zahlen. Bei dieser Aussicht schien die Entschlossenheit Caros ins Wanken zu geraten. Und da El Pipo den Sieg zum Greifen nahe spürte, schrie er in die Muschel: »Und die Stiere werde ich auch bezahlen!«

Dieses letzte Angebot brachte den Vergnügungsreferenten von Palma del Río endgültig von seiner ursprünglichen Meinung ab. Da die Corrida die Stadt nichts kosten würde, stimmte er prinzipiell zu. Der Stierkampf sollte den Höhepunkt der örtlichen *Feria* im Mai bilden, in genau vierzehn Tagen.

Erleichtert hängte der Manager ein und ließ sich in einen Stuhl fallen. Plötzlich erbleichte er: El Pipo war sich über den Umfang der eingegangenen Verpflichtungen klargeworden.

»Du lieber Himmel, wo soll ich dieses viele Geld auftreiben?«

Obwohl es Mittag war, verbreitete ein Kristallüster ein fahles Licht im Raum. Die Jalousien und Vorhänge waren geschlossen – nicht um der Versammlung den Anstrich einer Verschwörung zu geben, sondern um das Zimmer vor der Hitze zu schützen, die in den Straßen Córdobas schwelte. Man saß um den riesigen, ovalen Speisezimmertisch, der von jeher Zeuge aller Erfolge und Mißgeschicke der Familie Sánchez gewesen war. Auf der Mahagoniplatte dieses Tisches hatte man bei Hochzeiten das Büfett gerichtet und ebenso einen Imbiß, wenn Freunde und Verwandte gekommen waren, um am Lager eines Sterbenden zu beten. Alle wichtigen Entscheidungen über das Schicksal der Familie Sánchez waren hier, in diesem Raum, besprochen, erwogen und schließlich zum Beschluß erhoben worden. Wieder einmal waren heute alle Verwandten El Pipos hier versammelt: Pepe, sein jüngerer Bruder, der das Krabbengeschäft in der Calle de la Plata führte; sein Onkel José, das erste Familienmitglied, welches während des Kriegs einen der Kettenläden der Sánchez geleitet hatte; seine drei Töchter mit ihren Männern; und ebenso alle Tanten, Onkel, Cousins, Cousinen: der ganze Sánchez-Clan, der dem Ruf des Chefs der Sippe gefolgt war.

Dieser sprach seit zehn Minuten. Sein Monolog faßte die Erfolge und Mißerfolge seiner wechselvollen Laufbahn zusammen, unterstrich die ersteren und überging die weniger rühmlichen Perioden – wie jene, die er im Augenblick durchlebte – mit Schweigen. El Pipo erinnerte an die außerordentliche Freigebigkeit, die er in den fetten Jahren seines Lebens stets jenen gegenüber bewiesen habe, die heute rings um ihn saßen.

Und nun, erklärte El Pipo, bereite er den letzten großen Coup seines Lebens vor. Das Aushängeschild dafür sei ein armer Andalusier, der Matador werden wolle. In einer Wiederholung der feierlichen Prophezeiung, die er vor der Hälfte aller Impresarii Spaniens gemacht hatte, versicherte er dem Familienrat, daß dieser junge Torero eines Tages die Kunst der Corrida revolutionieren werde. Und er, Rafael Sánchez »El Pipo«, werde den Burschen lancieren, er werde »diesen Stern am Himmel der *Fiesta Brava* aufgehen lassen«. Doch hierzu benötige er 200000 Peseten. Er müsse zuerst eine transportable Arena mieten und sechs der billigsten Stiere kaufen, die die Züchter Andalusiens liefern konnten. Er könnte nicht sagen, ob der Bursche, in den er diese Summe stecken wolle, ein guter oder ein schlechter Torero sei. Er wisse nur eines sicher: Eines Tages werde dieser Matador so viel Geld verdienen, daß er alle Banken Córdobas damit überschwemmen könne.

Als El Pipo seine Ansprache beendet hatte, ließ er seinen Blick bedeutungsvoll über die Anwesenden schweifen. Vor ihm, in der Mitte des Tisches, stand auf einem Spitzendeckchen eine leere Schuhschachtel. Die Augen des Managers blieben an ihr haften. Dann wandte er sich mit dem Gebaren eines Exekutors seiner ältesten Tochter Elena zu. Da er wußte, daß sie ihm nichts abschlagen konnte, zeigte er auf ihre linke Hand, an der ein Smaragd funkelte. Er hatte dieses Schmuckstück von einer Reise nach Südamerika mitgebracht, die er gemeinsam mit Manolete unternommen hatte. »Papá«, flehte Elena, »nein, nicht diesen ...« Und nach diesen Worten streifte sie den Ring vom Finger und reichte ihn ihrem Vater.

El Pipo betrachtete das Schmuckstück lange und ließ den Stein im Licht des Lusters aufblitzen, damit alle die Geste seiner Tochter würdigen konnten. Dann ließ er es feierlich in die Schuhschachtel fallen. Wieder hob er den Kopf und musterte die Gesichter ringsum. Sein Blick blieb an den blütenweißen Manschetten seines Bruders hängen, die von zwei goldgefaßten Perlen zusammengehalten wurden. Auch diese Manschettenknöpfe zeugten von seiner verflossenen Freigebigkeit. Er deutete auf sie. Sein Bruder seufzte. Wortlos löste er die Knöpfe und warf sie in den Karton.

Nach und nach wies der Finger des Managers auf jedes Mitglied dieser erlauchten Runde, verlangte hier eine Brosche, da ein Perlenkollier, dort eine Krawattennadel. Als El Pipo an einem der Anwesenden keine Erinnerung an den ehemaligen Glanz entdecken konnte, begann er zu überlegen. Und unweigerlich entsann er sich irgendeines Gegenstandes, den er einst verschenkt hatte. Er bat den Betreffenden also höflich, das Schmuckstück aus seinem Zimmer zu holen, und kurz darauf klirrte ein neuer Beitrag zu den Juwelen, die sich in der Schuhschachtel sammelten.

Bald war der Karton fast bis an den Rand voll mit Goldstücken, Medaillen, Ringen, Armbändern, Uhren und Kolliers. Nun nahm El Pipo seine eigene goldene Uhr ab und legte sie feierlich in die Schachtel. Schließlich zog er von seiner rechten Hand einen breiten goldenen Siegelring, den zwei S und ein Paar Hunde, die einen Keiler angriffen, schmückten. Diesen Siegelring hatten schon sein Vater und sein Großvater getragen; er war in gewissem Sinn sein Hirtenring, das Abzeichen, das ihn als Oberhaupt der Familie Sánchez auswies. Er warf ihn zu den anderen Schmuckstücken. Dann stand er auf. Er verneigte sich vor den Seinen und dankte ihnen mit kurzen Worten, daß sie ihm – wenn auch widerwillig – mit Hilfe der Wahlurne in der Mitte des Tisches das Vertrauen ausgesprochen hatten.

Er nahm das kostbare Gefäß und verließ das Zimmer, um sich stehenden Fußes zu einem Pfandleiher zu begeben und die 200000 Peseten, die er brauchte, zu beschaffen.

Dergleichen hatte Palma del Río noch nicht erlebt. Ein alter Citroën mit zwei riesigen Lautsprechern auf dem Dach machte auf den Straßen einen Radau, der die Fensterscheiben erklirren ließ. Aus den Lautsprechern dröhnte die Stimme El Pipos und kündigte in einem Hymnus von Superlativen das Ereignis ohnegleichen an, das am 15. Mai den Höhepunkt der örtlichen *Feria* bilden sollte: das Debüt eines jungen Matadors, der bald das Idol der *Fiesta Brava* sein werde. »Er war schon«, donnerte El Pipo, »die Sensation aller *Tientas* Spaniens, einer der großen Söhne Palmas, dieser Wiege der Corrida! Palmeños, ihr werdet ihm alle zujubeln! Es wird die Corrida eures Lebens sein!«

Die Reaktionen reichten von völliger Gleichgültigkeit bis zu unbändigster Heiterkeit. In der Calle Pacheco, wohin El Pipo sich verfügt hatte, um die nötige Genehmigung für die Rückkehr des Verfemten einzuholen, war die Neuigkeit mit einer Mischung aus Mißtrauen und Neugier aufgenommen worden. Der Pfarrer Don Carlos dagegen zeigte sich hocherfreut, überzeugt, daß er von seinem Nachfolger als Impresario einen Teil des Gewinns der Corrida für die karitativen Aktionen der Pfarre würde erbitten können. Den *Mayoral* von Don Felix, José Sánchez, erfüllte die Nachricht von der Rückkunft des ehemaligen Verlobten seiner Tochter mit Unruhe. Anita hatte sich noch immer nicht verheiratet, und ihr Vater war nicht sicher, ob sie ihr Versprechen halten würde, diesen unverbesserlichen Taugenichts zu vergessen. Der Cafetier Charneca wieder empfand ein gewisses Erstaunen. Er hatte nie im Ernst geglaubt, daß dieser Bursche, der bei ihm unermüdlich die Bilder von Manolete bewundert hatte, eines Tages in einer Arena stehen würde. Für Antonio Caro, den Eisfabrikanten, war die ganze Angelegenheit zu einem Alptraum geworden. Die Hälfte der Gemeinderäte war empört, daß ihre ehrenwerte Körperschaft das Patronat für die Corrida eines viermal vorbestraften Orangen- und Hühnerdiebs übernehmen sollte.

Als der Besitzer der transportablen Arena hörte, daß nicht die Stadtgemeinde, sondern El Pipo den Kampf veranstalte, drohte er, die Einfriedung zu demontieren, wenn die Miete nicht im voraus bezahlt würde. Er wußte aus Erfahrung, wie rasch ein Mann wie El Pipo die Einnahmen einer Corrida einstreichen und verschwinden konnte.

Angelita Benítez erfuhr durch einen Brief Encarnas von der Rückkehr ihres Bruders. Als Ana Horillo ihr die kurze Nachricht vorlas, brach sie in Tränen aus. Sie hatte sich so sehnsüchtig gewünscht, daß er in diese Stadt zurückkäme, die ihn mit Schimpf und Schande verjagt hatte. Aber um nichts in der Welt wollte sie, daß diese Rückkehr unter solchen Umständen erfolge.

In Madrid war Don Celes, der Ziegelhändler, zur Abreise Manuels erschienen. Als Abschiedsgeschenk überreichte er ihm ein Hemd und ein Paar alte Blue jeans, die seinem Sohn gehört hatten. Manuel umarmte ihn, bevor er in den Wagen stieg. »Don Celes«, sagte er, »ich schwöre Ihnen, daß ich nie wieder eine Kelle oder eine Schaufel anrühren werde.«

Für Manuel war die Rückkehr in seine Vaterstadt ein erhebender Augenblick. Er kam wieder, wie er es vorausgesagt hatte: in einem Auto. Er kam wieder, um etwas zu tun, das ihm die ganze Stadt nicht zugetraut hatte: Bei einer richtigen Corrida, in einen richtigen Lichteranzug gekleidet, mit Stieren zu kämpfen. Er würde vor Männern und Frauen kämpfen, die ihn als unwürdig erachtet hatten, in ihrer Mitte zu leben. Als er den Ortseingang Palmas erreichte, der von den unter dem Joch gebündelten Pfeilen Ferdinands und Isabellas bezeichnet wurde, war das erste, was er sah, sein eigenes Gesicht, ein an eine Wand seiner Geburtsstadt geklebtes Plakat. Über dem Bild stand ein von El Pipo erfundener Slogan: »Allein vor der Gefahr.«

El Pipo empfahl dem Heimkehrer, sich überall zu zeigen. Der Manager hatte, ohne daß es ihn einen Céntimo gekostet hätte, einen zweiten Matador engagiert, um das Programm der Corrida zu vervollständigen. Manuel selbst hatte ihm diesen Mann vorgeschlagen. Juan Horillo, der Gefährte der nächtlichen Abenteuer von ehedem, sollte am Ruhm seines Freundes teilhaben. Gemeinsam gingen die beiden Kameraden in den Straßen der Stadt spazieren, die Manuel seit vier Jahren nicht betreten hatte. Nur wenige Leute zeigten sich erfreut, sie wiederzusehen, und Manuel begriff, daß sein Bild an den Mauern Palmas nicht genügte, um ihn über Nacht zu einem Helden zu machen.

Der schlechte Eindruck, den er hinterlassen hatte, erschwerte die Aufgabe El Pipos beträchtlich. Überall stieß er auf Mißtrauen. Er mußte alles bar bezahlen, und so schmolz das Bündel Banknoten, das er für den Familienschmuck erhalten hatte, immer mehr zusammen. El Pipo war zu gewiegt, um den gleichen Fehler wie sein Vorgänger Luis López zu begehen. Er setzte in die Kassen der Arena zwei seiner Cousins, die Schmuckstücke beim Pfandleiher von Córdoba liegen hatten. Da das Gesetz vorschrieb, daß ein *Banderillero* an der Corrida teilnehmen mußte, engagierte El Pipo einen der Stammgäste des *Café Ivory* von Córdoba, einen alten *Peón* namens Antonio Columpio, der seine Laufbahn fünf Jahre vor der Geburt Manuels begonnen hatte. Der Manager konnte seine finanziellen Ansprüche nach einigem Feilschen auf die Bezahlung einer guten Mahlzeit nach dem Kampf drücken.

Nach langem, geduldigem Suchen fand El Pipo bei Don Francisco Amián fünf billige Stiere, die der Züchter nirgends sonst losgebracht hatte. Die Gruppe wurde durch eine riesige, siebenjährige, für das Schlachthaus bestimmte Kuh ergänzt. Nach dem Herkommen mußte der Preis für die Stiere vor dem Transport in die Arena entrichtet werden. Aber der Manager hoffte, die Bezahlung aufschieben zu können, bis er das Fleisch der Rinder im vorhinein verkauft haben würde. Er schickte den alten *Banderillero* um die Tiere; Columpio sollte erklären, daß »El Pipo in Córdoba zurückgehalten worden sei und die Rechnung am nächsten Tag begleichen werde«. Als Antwort auf dieses Ansinnen postierte der Züchter einen mit einem Gewehr bewaffneten Wächter vor seinem Zaun und befahl diesem, die Abfahrt des Viehwagens zu verhindern, bis die Bezahlung geregelt sei.

Angelita hatte während der Abwesenheit Manuels geheiratet. Sie hatte Kinder, und ihre Wohnung war zu klein, um einen Gast aufnehmen zu können. Manuel schlief in einer Mansarde in der Nähe. Auf eine Truhe neben seinem Bett legte er sein blau-goldenes Kostüm; außerstande, den Blick davon abzuwenden, sah er es im Mondlicht funkeln. Immer wieder streckte er die Hand aus, um über die Seide zu streichen. Er stand sogar auf und schlüpfte in die Weste, als hätte er sich vergewissern müssen, daß dies keines der Luftschlösser war, die so oft wie Seifenblasen zerplatzt waren.

Dann schloß er die Augen, um das Glück und den Stolz, die dieses Kostüm in ihm hervorrief, besser auskosten zu können, und stellte sich das Schauspiel des nächsten Tags vor, diese glorreiche Rache, wenn »der Taugenichts, an dem die Zivilgardisten ihre Stöcke abnützten«, unter den Blicken von tausenden Palmeños in die Arena einziehen würde. Er war in dieser Nacht so selig, daß er nicht den rostbraunen Fleck auf der *Taleguilla* seines prächtigen Kostüms bemerkte. Es war ein Blutfleck: Das Blut, das ein mexikanischer Torero vergangenen Sonntag in der alten Arena von Córdoba vergossen hatte.

Durch das schlafende, taufeuchte Land ging ein Mädchen unter dem ersten roten Schimmer dieses Maimorgens auf Palma del Río zu. Von Zeit zu Zeit blieb es stehen, um am Straßenrand einige Feldblumen zu pflücken. Als es an der Kapelle der Heiligen Jungfrau anlangte, hatte sich ein riesiger Strauß in seinen Armen gesammelt. Anita Sánchez schmückte den Altar mit den Blumen. Sie war in ihrer Familie die einzige, die der Corrida nicht beiwohnen würde. Mit ihrer sanften Stimme bat sie die Jungfrau, den jungen Mann zu beschützen, der zurückgekommen war, um ein Versprechen zu halten, das er ihr eines Tages gegeben hatte, als sein Rücken von den Schlägen ihres Vaters geblutet hatte: »Voy a ser torero.«

Der blau-goldene Lichteranzug war über das Bett ausgebreitet, dessen Decke Manuel einst zerrissen hatte, um sich seine erste *Muleta* daraus zu machen. Auf dem Nachttisch Angelitas standen ein ganz neues Bild der Heiligen Jungfrau und zwei *mariposas*, zwei Metalluntertassen voll Öl, in denen die beiden Dochte brannten, die Angelita in der Morgenmesse von Don Carlos hatte weihen lassen.

Manuel begann sich umzukleiden. Schon wartete draußen eine Schar junger Burschen, um ihn zur Arena zu geleiten. Schweißübertrömt, rot vor Aufregung, trat El Pipo ins Zimmer.

Die gewohnte Jovialität war von seinem Gesicht verschwunden. Wenn der heutige Kampf eine Niederlage werden sollte, würden weder der Torero noch er selbst eine zweite Chance bekommen. Mit gebieterischer Stimme befahl er dem Matador, so dicht an den Stieren zu kämpfen, »daß die Leute den Eindruck haben, du willst dir ihr Fell als Mantel überstreifen«. Und er fügte hinzu: »Wenn du verletzt wirst, steh wieder auf und mach weiter, bis du bewußtlos umfällst.«

Antonio Columpio, der *Banderillero*, zupfte gerade die *Taleguilla* Manuels zurecht, als er dessen Antwort vernahm: »Don Rafael, ich werde über meine Gedärme gehen!« Nach diesen Worten brach der Matador in schallendes Gelächter aus.

Im Nebenzimmer hörte Angelita ihren Bruder lachen. Sie war niedergekniet und sprach fieberhaft den Rosenkranz. Sie mißbilligte dieses Gelächter. Sie hatte immer gehört, daß die Stierkämpfer sich wegen der bevorstehenden Gefahr sammeln, während sie sich ankleiden.

Er soll still sein, dachte sie bitter, und beten wie ich. Einige Augenblicke später öffnete sich die Tür. Ihr Bruder erschien im Glanz seines Lichteranzugs.

Angelita Benítez erzählt

»Als ich ihn sah, schrie ich auf. Sein strahlendes Lächeln schien das ganze Zimmer auszufüllen. Ich fühlte, wie mir die Knie zu zittern begannen. Er kam auf mich zu, umarmte mich und gab mir einen Kuß.

Ich hatte nie geglaubt, daß er es eines Tages zu irgend etwas bringen würde. Und nun stand er da, genau wie er es gesagt hatte, er war Torero, er war ›jemand‹. Ich aber weinte. Das einzige, woran ich denken konnte, war, daß mein kleiner Bruder vor den Hörnern der Stiere stehen würde. Ich habe in seiner Kindheit nie so verzweifelt um ihn geweint wie an diesem Nachmittag.

Er schlang seinen Arm um meinen Nacken, und wir gingen gemeinsam zur Tür. Die ganze Stadt wartete draußen, schreiend und stoßend. Ich fühlte mich elend. ›Manolo, Manolo‹, flüsterte ich, ›ich flehe dich an, geh nicht hin!‹

Er beugte sich zu mir und küßte mich noch einmal, diesmal auf die Augen. ›Weine nicht, Angelita‹, sagte er, ›heute abend kauf' ich dir ein Haus – oder du wirst Trauer tragen.‹«

Die Faena
Madrid, an einem Maiabend, 18.35 Uhr

El Cordobés stapft durch den glitschigen Kot und bleibt unter der Präsidentenloge stehen. Hinter der mit Samt drapierten Balustrade betrachtet Präsident Mariano de Quiros, der Verantwortung bewußt, die auf seinen Schultern ruht, mit ernstem, feierlichem Gesicht die vor Ungeduld brodelnde Arena.

Vor 26000 Zuschauern und 20 Millionen Spaniern an den Fernsehschirmen wird nun eine kurze, aber wichtige Zeremonie auf dem durchnäßten Sand stattfinden.

In einem blühenden Patio eines Hauses von Palma del Río geht eine Frau auf und ab und bemüht sich verzweifelt, zu beten. Zu nervös, um dem Ereignis, das gleich stattfinden wird, zuzusehen, hat Angelita Benítez ihren Ehrenplatz verlassen und ist in den kleinen Hof gelaufen. Aber schon ruft man sie aus dem Zimmer: »Ven, Angelita, aquí está Manolo...«

Nicht weit davon, hinter den Betonmauern eines Gebäudes, in dem ihre Familie seit der Pensionierung ihres Vaters wohnt, beobachtet eine andere Frau mit ängstlichen Blicken den Bildschirm. Sie trägt ein neues Kleid, das sie sich eigens für diesen großen Tag und für die anschließende *Feria* von Palma geschneidert hat. Anita Sánchez, die ehemalige Verlobte des jungen Mannes, der soeben die Arena von Madrid durchquert hat, murmelt ein Stoßgebet für ihn, dem sie einst ihre Erstkommunionsmedaille mit dem Versprechen geschenkt hat, auf immer die Seine zu sein.

In der Calle de la Plata in Córdoba hat sich ein ehrfürchtiges Schweigen über die Tische des *Café Ivory* gesenkt. Ein kleiner beleibter Mann fixiert, ein Glas Bier in der Hand, das Bild des Matadors mit einem ganz besonderen Interesse. Er kennt Manuel Benítez gut. Eines Tages hat er ihm in den Straßen Palmas die größte Demütigung seines Lebens zugefügt. Der pensionierte Sergeant der Zivilgarde Rafael Mauleón wohnt nun in Córdoba, wo er in einem Autoersatzteilgeschäft Rechnungsführer ist. Er hat seinen Chef gebeten, ihm diesen Nachmittag freizugeben. Um nichts in der Welt hätte er den Triumph des Gegners versäumen mögen, welchen er einst durch die Weiten Andalusiens verfolgt hat.

Die heutige Corrida ist die feierliche Bestätigung der *Alternativa* des Matadors. Mit ihr wird er in den Annalen der *Fiesta Brava* offiziell als *Matador de Toros* anerkannt. Von diesem Tag an hat ein Torero das Recht, in allen Arenen der Welt mit erwachsenen, das heißt fünf Jahre alten Stieren zu kämpfen. So wie ein Novize zuerst die zeitlichen Gelübde ablegt, erreicht ein Torero die höchste Würde erst dann endgültig, wenn sie in der bedeutendsten aller *Plazas* bestätigt wird.

In Córdoba, der Stadt, deren Namen er trägt, ist Manuel Benítez im Jahr vorher zum *Matador de Toros* erhoben worden. Keine Zeremonie hätte in den Augen der *Aficionados* symbolischer sein können. Der Hohepriester des Fests war Antonio Bienvenida, der Doyen der spanischen Matadore. Er unterschied sich in allem von dem jungen, undisziplinierten Revolutionär, den er in die Reihen seiner edlen Zunft aufnahm. Bienvenida hatte seine Laufbahn in dem Jahr begonnen, in dem El Cordobés geboren worden war. An dem Tag, da er Manuel Benítez die Attribute seines Berufs übergab, war er 41 Jahre alt und hatte schon 36 seiner Kollegen den Ritterschlag der *Alternativa* erteilt. Vor allem aber war es die Art seiner Kunst, die ihn von dem frisch gebackenen Matador unterschied. Bienvenida war ein entschiedener Verfechter des Klassizismus, ein Anhänger jener Auffassung von der Corrida, die der junge Mann mit den langen zerrauften Haaren durch seine Mißachtung der Regeln, seine Geringschätzung der Traditionen und seinen wilden, zügellosen, unordentlichen Kampfstil in Frage stellte.

Altmodisch oder modern, konservativ oder rebellisch, puristisch oder pragmatisch: Die Anhänger beider Lager füllten an jenem Tag die alten Tribünen der Arena der Kalifen. Zwei Generationen traten sich auf dem Sand von Córdoba gegenüber: die Vierzigjährigen und die neue Welle. Als Antonio Bienvenida seinen jungen Kollegen umarmte und ihm den Degen und die scharlachrote *Muleta* überreichte, begriff das Publikum von Córdoba, daß das Banner der *Fiesta Brava* in andere Hände übergegangen war.

Und für einige tiefer blickende Zuschauer war die Weihe von Córdoba auch ein Vorbote anderer Erneuerungen, die nicht nur das Schicksal der Corrida, sondern das ganz Spaniens betreffen würden...

Die »Bestätigung« ist eine kürzere, weniger feierliche Zeremonie. Sie wird von keiner Berühmtheit der Tauromachie zelebriert, sondern bloß vom rangältesten Matador der Corrida. Dieser Mann heißt heute Pedrés. Manuel Benítez ist kaum jünger als dieser Matador, dessen Ruf sich auf Anerkennung und Schätzung beschränkt. Aufgrund seines älteren Ranges käme es Pedrés zu, mit dem ersten Stier zu kämpfen. Aber nach einem symbolischen Tausch der Degen und *Muletas* geht diese Ehre auf El Cordobés über. Die beiden Männer umarmen sich. Die Menge applaudiert. El Cordobés dankt mit einem Lächeln und verneigt sich zu einem kurzen Gruß in Richtung des Präsidenten de Quiros. Dann dreht er sich wieder um, nimmt seine *Montera* ab und schwenkt sie gegen die überfüllten Tribünen von Las Ventas: Er widmet Impulsivo den tausenden Zuschauern in der Arena und darüber hinaus den Millionen Spaniern vor den Fernsehapparaten. Ein neuerlicher Beifallssturm dankt ihm. Und dann wirft El Cordobés den Zweispitz in den durchnäßten Sand, entfaltet bedächtig seine *Muleta* und geht auf den Stier zu. Es ist ein erhebender Augenblick. Präsident de Quiros hoch oben in seiner Loge wird sich von neuem der erdrükkenden Verantwortung bewußt, die er mit der Erlaubnis des Kampfes auf sich genommen hat. Nur die Erregung der Menge ringsum ist ihm eine gewisse Beruhigung. Als Sklave des Ruhms dieses jungen Mannes hat er keine andere Wahl gehabt. »Der Ruhm ist etwas Wunderbares, aber wer seine Früchte genießen will, muß auch die Folgen in Kauf nehmen.« Nachdem der untersetzte Präsident sich mit diesem Gedanken vor sich selbst gerechtfertigt hat, lehnt er sich bequem in seinen Sitz zurück, fest entschlossen, das Schauspiel wie all die anderen Zuschauer auszukosten.

Weiter unten, hinter einem reservierten Verschlag im *Callejón*, zündet sich Don Livinio Stuyck eine dicke Havanna an. Für den Impresario von Las Ventas ist dies ein Moment tiefer Befriedigung. San Isidro hat sich gnädig gezeigt. Nichts kann nun das Debüt dieses Burschen verhindern, den er vor Jahren vom Tor seiner Arena gewiesen hat.

Unweit der Backsteinmauern von Las Ventas, in einer ruhigen Seitengasse, sind die Gänge eines kleinen Gebäudes mit grünen Fensterläden wie ausgestorben. Krankenschwestern, Ärzte, Patienten, alle Insassen des *Sanatorio de Toreros* haben sich vor dem Fernsehapparat im Tagraum der Klinik versammelt. Nur einer fehlt: der Schrotthändler Robustiano Fernández, der bei einer Dorfcorrida in Estremadura verletzt worden und noch nicht völlig aus seiner Narkose aufgewacht ist. Er hat drei Stunden auf dem Operationstisch unter den Händen des Chirurgen Dr. Máximo de la Torre verbracht. In seiner halben Betäubung weiß er weder, wo er sich befindet, noch ob es Tag oder Nacht ist. Durch das halboffene Fenster dringt von fern das Geschrei des Publikums in sein Zimmer. Vom Ende des Ganges erschallt eine Stimme: »Die *Faena* beginnt.«

Diese magischen Worte bringen den bedauernswerten *Banderillero* wieder zu vollem Bewußtsein. Stöhnend versucht er, sich aufzurichten. Aber seine tauben Muskeln versagten ihm den Dienst und sein Kopf fällt schwer auf das Kissen zurück. Vergeblich ruft er um Hilfe. Mit einer neuerlichen Anstrengung gelingt es ihm, seinen Kopf vom Polster zu heben. Er öffnet die Augen. Sein Blick schweift durchs Zimmer und verharrt auf seinem Bett. Wie in weiter Ferne entdeckt er, unter der Decke hervorschauend, die Spitze eines einzigen Fußes. Um Gottes willen, denkt er, mein Bein! Er stützt sich auf einen Ellbogen und streckt den Arm aus. Fieberhaft tastet er in den Falten der Decke den Platz neben seinem linken Bein ab. Dann schreit Robustiano Fernández auf und reißt die Decke weg. Neben seinem linken Bein ist nur gähnende Leere.

Und während in diesem kleinen Zimmer ein Mann schluchzt, dringt über die benachbarten Dächer der Hall begeisterten Beifalls: Spanien jubelt einem König der *Fiesta Brava* zu, einem der Großen, zu denen zu gehören auch Robustiano Fernández erträumt hat.

El Cordobés hört das Geschrei nicht, das jeden seiner Schritte begleitet. Von der bunten Kulisse ringsum, von seiner ganzen Umgebung nimmt er nur einen Streifen Sand wahr, an dessen Ende ein Stier lauert.

Der Matador ist befriedigt. Bisher ist der Kampf nach Wunsch verlaufen. Die Lanze Josés hat die Tapferkeit Impulsivos enthüllt und seine Wildheit gezügelt, aber sie hat seine Kraft nicht gebrochen. Die flink gesetzten *Banderillas* haben seine Angriffslust geweckt, ohne seinen Zorn zu verstärken. Die *Pases* mit der *Capa* haben das Werk der Pike vollendet, indem sie das Tier gezwungen haben, den Kopf zu senken. Ein Stier, mit dem man glänzen kann, denkt El Cordobés lächelnd.

Er täuscht sich: Weder die Lanze noch die *Pases* mit der *Capa* noch der Blutverlust, der gemeinhin die Sehkraft der Stiere schärft, haben die

Gefahren verringert, die die mangelhafte Sicht Impulsivos und seine Vorliebe für das linke Horn darstellen. Und das größte aller Risiken, die das Idol Spaniens in diesen Augenblicken auf sich nimmt, ist der Zustand des Bodens. Bei jedem Schritt hat er Mühe, nicht auszurutschen.

Der Regen hat zwar aufgehört, doch über den Tribünen haben sich von neuem schwarze Wolken geballt. In wenigen Minuten wird vielleicht wieder ein Unwetter über Madrid losbrechen und den Präsidenten de Quiros zwingen, die Corrida endgültig abzubrechen. Dieser Drohung bewußt, nimmt Manuel Benítez sich vor, dem Zorn des Himmels zuvorzukommen. Er ist fest entschlossen, gleich mit dem ersten Stier seine Aufnahme in die Annalen der *Fiesta Brava* durch einen Triumph zu besiegeln. Der letzte Abschnitt der Corrida, der *Tercio*, der dem Degenstoß vorangeht, trägt den Namen *Faena*. Er ist der langersehnte Moment des Zweikampfes, in dem ein Mensch und ein Stier einander allein gegenüberstehen, in dem der Matador endlich alle Register seines Könnens zieht, alle Eingebungen seiner Kunst enthüllt und alle Schätze seines Repertoires ausbreitet, der erhebende Augenblick, da zwei durch ein Stück rotes Tuch verbundene Gestalten die Zuschauer in Verzückung versetzen.

Bei jeder anderen Gelegenheit hätte Manuel Benítez seine *Faena* mit einer der spektakulären Figuren begonnen, die ihn bekannt gemacht haben: zum Beispiel mit dem *Pase*, bei dem er den Stier aus großer Entfernung herbeilockt, sich jäh umdreht und seine Kehrtwendung genau in dem Augenblick beendet, da das Tier ihn erreicht; oder mit jenem, bei dem er den Angriff kniend erwartet. Doch heute hat sich der größte Matador Spaniens gelobt, dem anspruchsvollen Publikum Madrids ein klares, klassisches Schauspiel ohne unnötige Mätzchen zu bieten. Auf diese Weise hofft er die Kritiker zu entwaffnen, die ihm vorwerfen, das Publikum durch Tricks hinters Licht zu führen.

Wie vorhin mit der *Capa*, so stellt er sich auch jetzt, mit der *Muleta*, dem Stier am gefährlichsten Punkt des Kampfplatzes, genau in der Mitte, dreißig Meter von eventuellen Helfern entfernt. Bei einem Unfall würden die *Peones*, durch den glitschigen Boden beim Laufen gehemmt, vom Gewicht ihrer durchnäßten *Capas* behindert, 15 Sekunden brauchen, um ihm zu Hilfe zu eilen, 15 endlose Sekunden, während deren er den Hörnern Impulsivos ausgeliefert wäre.

Mit zwei raschen Schwüngen der *Muleta* lockt der Matador den Stier in die Mitte des *Ruedos*. Dann nimmt er in souveräner, entschiedener

Haltung Aufstellung, stützt die Füße fest in den Boden und bekundet so seine unwiderrufliche Absicht, die *Faena* an diesem Ort durchzuführen. Angesichts seiner wilden Entschlossenheit steigt ein Raunen der Befriedigung von den Tribünen.

Und ohne Zögern beginnt der Matador seine Darbietung. Er breitet die *Muleta* sorgfältig aus und läßt sie mit einem unmerklichen Schütteln aus dem Handgelenk erzittern. Durch die Stille hören 26000 Zuschauer eine Stimme erschallen, eine rauhe Stimme, die so oft auf den mondhellen Weiden erklungen ist: »Hey, toro!« Bei diesem Ruf scheint Impulsivos schwerer Schädel hochzuzucken. Mit einem Satz stürzt sich das gewaltige Tier mit gesenkten Hörnern in den scharlachroten Stoff.

Reglos wie eine Marmorstatue erwartet El Cordobés seinen Gegner. Mit einem unmerklichen Schütteln aus dem Handgelenk läßt er das Stück Serge erzittern, das den Angriff abfangen soll. Seine Beine sind so eng aneinandergepreßt, daß seine Knie wie zusammengeschmiedet wirken.

In dem Augenblick, da der Stier die in Brusthöhe gehaltene *Muleta* erreicht, zieht der Matador das Tuch elegant hoch, um ihn zu zwingen, den Kopf zu heben. Lächelnd sieht er die Hörner in einer vergeblichen Verfolgung des Stoffs vor sich durch die Luft fegen. Mit einer graziösen Wendung dreht El Cordobés sich um und bietet die *Muleta* von neuem dar. Eine *Faena* mit diesen hohen Pases zu beginnen, ist eine wohlüberlegte Taktik. Der Matador und sein Stier, diese beiden Abkömmlinge der andalusischen Erde, haben gemeinsam eine Szene zu spielen. Und diese hohen schönen *Pases* bereiten das Tier auf das Spiel vor.

Impulsivo ist nun nicht mehr dieser schwarze Block geballter wilder Kraft, als der er vor kurzer Zeit aus dem *Toril* gestürmt ist. Als er sich vorhin auf alles stürzte, was seine Aufmerksamkeit anlockte, waren seine Angriffe die instinktiven, spontanen Reaktionen eines Tiers, dessen Macht noch niemals angefochten worden war. Doch nun ist er ein verletztes Tier. Das Blut, das aus dem Einstich von José Siguenzas Lanze geflossen ist, hat einen scharlachroten Fleck an seiner Flanke hinterlassen. Die Wunde blutet nicht mehr, aber sie brennt wie Feuer. Die Pike hat seiner Gestalt ein wenig von ihrem Adel, von ihrer imposanten Energie genommen. Sein Kopf, den er bei seinem Eintritt in die Arena so hoch erhoben getragen hat, lastet nun in einer weit weniger stolzen Haltung mit seinem gewaltigen Gewicht auf den ermüdeten Muskeln seiner Schultern.

Vor allem ist seine arglose Sicherheit, sein Selbstvertrauen gebrochen. Verstört von den trügerischen Lockungen der *Capas*, beschränkt er sich nun auf die Defensive. Seine Angriffe sind nicht länger ungebärdige Ausbrüche, sondern wohlbedachte, gezielte Reaktionen der Abwehr. Die Hörner trachten, statt ins Leere in einen festen Widerstand zu stoßen. Impulsivo ist nun unendlich gefährlicher. Er weiß, daß er um sein Leben kämpft. Je überlegter er vorgeht, desto riskanter wird es für den Matador, ihn herauszufordern. Dies ist eines der seltsamen Paradoxe der Corrida: Obwohl der Stier unabwendbar dem Tod geweiht ist, arbeitet die Zeit für ihn. Mit jedem *Pase*, mit jeder Minute lernt er die Spielregeln besser. Wenn die *Faena* zu lang ist, wenn die *Pases* zu zahlreich sind, begreift er zuviel. Und dann kann auch er töten.

Der Zweck der drei hohen *Pases*, in die El Cordobés ihn zieht, ist, ihm einen Teil seiner Selbstsicherheit zurückzugeben und seine Kampflust anzustacheln. Es sind offene, ehrliche *Pases*, die das verletzte Tier ein wenig aufmuntern.

Nach einer kurzen Pause, die dem Stier erlaubt, wieder zu Atem zu kommen, setzt El Cordobés die *Faena* fort. Den Arm ausgestreckt, geht er auf das geifernde Maul zu. Diesmal schleift der Saum der *Muleta* über den durchnäßten Boden. Mit vorsichtigen Schritten nähert sich der Matador der *querencia.* Er weiß, wenn er ihre unsichtbare Grenze überschreitet, wird er das Tier zu einem plötzlichen Ausfall reizen. Am Anfang des Kampfes ist dieser Sicherheitskreis zwanzig Meter von den Hörnern entfernt gewesen; dann ist er von Minute zu Minute eingeschrumpft; und in wenigen Augenblicken wird er nur noch ein paar Dezimeter von seinen Hörnern abliegen, in einer so minimalen Entfernung, daß der geringste Irrtum in der Berechnung einen unvorhersehbaren Angriff aus nächster Nähe zur Folge haben kann, einen Angriff, der das Tier zum Sieger in diesem Zweikampf auf Tod und Leben macht.

Mit immer kürzeren Schritten geht El Cordobés vorwärts. Sein Blick schweift von den bläulichen Glanzlichtern der Hörner ab und heftet sich auf zwei schwarze bewegliche Punkte, die die Absicht Impulsivos verraten. In Ausdruck und Richtung der zornigen Augen liegt der Schlüssel des Spiels der Corrida. Diese Augen werden den Matador veranlassen stehenzubleiben, sobald die Spitzen seiner Schuhe die unsichtbare Linie des Todes im Sand von Las Ventas berühren. Während der ganzen *Faena* wird dieser Blick das einzige Band zwischen der Intelligenz des Menschen und der des Tiers bilden; für den Matador hängen die Grenzen seiner Kunst und die Sicherheit seines Lebens davon ab, ob er ihn richtig auslegt. Viele Männer sind getötet worden, weil sie nicht in den Augen der Stiere zu lesen verstanden, und viele andere haben den Lichteranzug für immer ablegen müssen. »Als die Augen Impulsivos sich von der *Muleta* abwandten und sich auf mich richteten«, erinnert sich El Cordobés, »wußte ich, daß mir nur noch ein Sekundenbruchteil blieb, um sie mit einer raschen Handbewegung in den Stoff zurückzulenken; sonst hätte ich mich plötzlich mit einem Horn im Bauch wiederfinden können.«

Am Rand des verbotenen Landes der *querencia* bleibt der Matador stehen. Mit der rechten Hand umklammert er zugleich den Stab der *Muleta* und den leichten Holzdegen, mit dessen Hilfe er den scharlachroten Stoff noch weiter ausbreitet. Und er stellt sich im Profil vor den Hörnern auf.

Die Finger um den Saum der *Capa* verkrampft, betrachtet Paco Ruiz atemlos, bereit, seinem Maestro beizuspringen, die Szene, die sich in der Mitte der Arena vollzieht. »Der Stier wird sich hineinstürzen, ja, er muß sich hineinstürzen«, murmelt der *Banderillero* beschwörend, »und Manolo triumphiert in Madrid.«

Als ob er den Wunsch Pacos erfüllen wollte, stürmt Impulsivo vorwärts und verfolgt wutentbrannt die *Muleta*, die der Matador in einer langsamen, bogenförmigen Bewegung vor ihm schwenkt. Als er plötzlich sieht, daß das Tuch ihm entkommen ist, dreht er sich um seine Achse und kommt im Galopp zurück. Aber schon ist El Cordobés bereit, diesen neuerlichen Angriff zu empfangen. In einem heftigen Luftzug fegen die 525 Kilogramm vor ihm vorbei, die in rasendem Lauf den roten Stoff zu erreichen suchen. Und wieder entzieht sich die *Muleta* den suchenden Hörnern. Mit der Geschmeidigkeit eines Tigers dreht das Tier sich neuerlich um. Diesmal ist seine Wendung so brüsk und rasch, daß der Mann sich in seiner Reichweite befindet. Aber von dem roten Tuch eingehüllt und geblendet, sieht es nur schimmernde Falten. Mit einer jähen Handbewegung zieht es El Cordobés in einen wilden Kreis um seinen Körper. Die *Pases* folgen so rasch, in so vollkommener Schönheit aufeinander, daß sich ein Sturm von Beifall, von »olé« auf den Tribünen erhebt und Mensch und Stier mit einer nicht enden wollenden Ovation umfängt.

Aber das Schauspiel hat erst begonnen. Den Bauch vom Blut des Tiers gerötet, die Haare zerrauft, das Gesicht von überschwenglicher Freude verklärt: So gleicht El Cordobés nun mit einem Schlag seiner Legende, dem Bild, das man sich von ihm macht. In einer jähen Aufwallung bricht er die klassische Kühle seiner ersten *Pases* ab und läuft auf den wutgeifernden Stier zu, schüttelt die *Muleta* gerade vor seinem Maul, schlägt mit dem Degen nach ihm, um ihn zum Angriff zu bewegen. Das ist es, was Spanien erwartet hat: der Kampf zweier wilder Tiere. Plötzlich liegt die grausame, gewalttätige Atmosphäre von Naturgewalten über der Arena. Manuel Benítez weiß, daß er der einzige ist, der dem Publikum der *Fiesta* diese erschreckende Empfindung vermitteln kann. Um sie zu fühlen, strömen die Massen zu seinen Corridas. Er kann an einem einzigen Nachmittag nacheinander Manolete, Dominguín, El Viti sein, er vermag der *afición* alles zu bieten, was ihr die Kämpfer von gestern und heute gegeben haben; aber er ist der einzige, der El Cordobés sein kann, dieser entfesselte Dämon mit den flatternden Haaren, der die Regeln der Tauromachie hinwegfegt und den Zuschauern Krämpfe des Entzückens und Entsetzens einjagt. Bis zu seinem Auftreten war die einzige Empfindung, die ein Matador dem Publikum entlocken konnte, Angst. Er läßt dasselbe Publikum Zorn, Liebe, Haß miterleben, er vermittelt ihm den Instinkt eines noch primitiveren Wesens, als es das Tier ist, mit dem er kämpft, eines Wesens, dessen tolle Ausfälle allen Gesetzen des Ebenmaßes und des Selbsterhaltungstriebs spotten. Von dem leuchtenden Stoff, der über den Sand schleift, gebannt, stürmt Impulsivo vorwärts, galoppiert vorbei, kehrt wieder und immer wieder. Von *Pase* zu *Pase* wird die Bahn des Stiers enger und schnürt den Matador in einen höllischen Wirbel ein. Lange Sekunden bleibt El Cordobés ein Gefangener seines Gegners und muß sich an dessen blutigen Widerrist anklammern, um nicht das Gleichgewicht zu verlieren. Endlich, mit einer jähen Handbewegung, entläßt er das Tier. Und nach einem letzten Schwung der *Muleta* entfernt er sich.

Ein Orkan tost durch Las Ventas. Wie ein Mann sind die Zuschauer aufgesprungen, trampeln, klatschen, schreien. Stehend schwenkt Präsident de Quiros in seiner Loge wie rasend ein Taschentuch, und ein wilder Paso doble erklingt.

Verwirrt, verstört, stumpf ringt der Stier mit heraushängender

Zunge nach Luft. El Cordobés wendet sich mit seinem breiten, strahlenden Lächeln dem Publikum zu, erhebt grüßend Degen und *Muleta* und dreht sich langsam um seine Achse. Der Jubel verdoppelt sich. Von Stolz und Freude übermannt, denkt Paco Ruiz: »Es ist soweit. Er hat gewonnen. Er wird auf den Schultern hinausgetragen.«

Wieder geht der Matador mit seinem lässigen Gang auf Impulsivo zu. Als er seine *Muleta* zu einer neuen Reihe von Pases entfaltet, fühlt er plötzlich einen Tropfen auf seine Stirn fallen, dann einen zweiten. Er hebt seinen Blick. Die schweren Wolken, die sich auf dem Himmel Madrids geballt haben, sind früher geborsten, als er es erhofft hatte. Doch trotz des Regens bleibt er seinem Versprechen treu. Mit einer zornigen Handbewegung streicht er eine widerspenstige Haarsträhne aus der Stirn und läuft auf den Stier zu, während auf den Tribünen die Schirme ein unabsehbares Gewirr schwarzer Kuppeln errichten.

Paco Ruiz, die Augen auf seinen Maestro geheftet, fragt sich, zu welcher neuen Tollheit Manuel sich nun hinreißen lassen wird. Er braucht nicht lange zu warten. Entsetzt sieht er El Cordobés seine Schritte verlangsamen, stehenblieben und die *Muleta* in die andere Hand nehmen. Bei diesem Anblick krallt der *Banderillero* seine Nägel in das abgeschabte Holz des *Burladeros.* »Um Himmels willen«, flüstert er, »er ist wirklich verrückt.« Manuel geht sogleich weiter und schleift mit der linken Hand das schmutzverklebte rote Tuch hinter sich her. Drei Meter vor dem Stier nimmt er Aufstellung.

El Cordobés braucht eine Krönung für seine Madrider *Faena.* Der *Pase*, den er dazu ausersehen hat, trägt wegen seiner schlichten Schönheit den Namen »Natural«. Er ist die gefährlichste Figur der Corrida, die Figur, die den Matador den Hörnern am schutzlosesten ausliefert. Aber ohne eine Folge von *Naturales* ist eine *Faena* nicht vollständig.

El Cordobés zitiert Impulsivo. In der linken Hand hält er den Degen in Hüfthöhe, mit der rechten breitet er den Saum der *Muleta* in den Sand aus. Da der Degen nicht mehr den Stoff hält, ist die Oberfläche des Tuchs nur halb so groß wie bei den *Pases* mit der rechten Hand – an die 60 Zentimeter breit, das ist kaum soviel wie der Abstand der Hörner. Keine Figur offenbart dem Stier so deutlich die Wahl, die seinen Hörnern überlassen ist: Mensch oder *Muleta.* Und heute bringen die *Naturales* ein zusätzliches Risiko mit sich. Impulsivo nimmt wegen des Sehfehlers, mit dem sein linkes Auge behaftet ist, nur einen beschränkten Teil des Raums vor sich wahr. Da die Sicht der Stiere gekreuzt ist – das linke Auge sieht nach rechts, das rechte nach links –, wird das Tier wohl den Matador sehen, aber es wird das äußere Ende der *Muleta* nicht erblicken, jenes Ende, dessen Bewegung ihn vom Körper des Toreros ablenken soll. Während des Sekundenbruchteils, den das Vorbeistreichen des Stiers am Menschen dauert, wird das linke Horn also nicht unter der Kontrolle der *Muleta* sein. Während seines Ansturms wird Impulsivo nur den linken Teil des roten Tuchs sehen, jenen Teil, der dem Körper des Matadors am nächsten ist; und so wird er, wenn er die *Muleta* zu treffen versucht und mit seinen Hörnern durch die Luft stößt, so dicht an El Cordobés vorbeirasen, daß Millionen Spanier die Augen schließen werden, um den alles entscheidenden Augenblick nicht zu sehen.

Der Sturm von fünf »olé«, die wie aus einem Mund erschallen, dankt El Cordobés für den Reigen der fünf *Naturales*, den er Madrid als Geschenk für seine »Bestätigung« darbringt. Vielleicht nie seit Belmonte oder Joselito hat die Metropole so makellose, so klassische, so ehrliche *Naturales* gesehen. Eine Welle der Begeisterung durchläuft die Menge. Eine Flut von Hüten, Schuhen, Weinschläuchen, Taschen ergießt sich in den Sand. In ganz Spanien, in Cafés, Tankstellen, Fabriken schreien und weinen die Leute, schlagen einander auf den Rücken, fallen sich um den Hals, werfen ihre Gläser an die Wand, geben sich den ausgelassensten Freudenkundgebungen hin.

El Cordobés, überwältigt von diesem Jubel, scheint wie verzückt. Blut- und kotbesudelt, von Regen und Schweiß überströmt, sieht er auf dem schmutziggrauen Kampfplatz aus »wie ein Engel des Lichts, der aus der Hölle emporgestiegen ist«. Trunken vor Glückseligkeit, von den Beifallsstürmen zu verzehnfachtem Schwung angestachelt, fühlt er in diesem Augenblick einen einzigen Wunsch: sich auf den Stier zu stürzen und ihn zu umarmen.

Er betrachtet die Tausende von Händen, die ihm frenetisch zuklatschten, und dankt mit wiederholtem Nicken. Trotz des Höllenlärms hat er den Eindruck, daß jeder einzelne Schrei, jedes einzelne Trampeln, jedes einzelne Klatschen ihn gesondert erreicht, als spalte das allgemeine Entzücken sich in Tausende einzelner Freuden auf. Dies ist eine der bewegendsten Empfindungen, die einem Mann in der Mitte der Arena vergönnt sind. Aber es ist auch eine der furchterregendsten. Denn nichts ist wankelmütiger und launischer als das Publikum der *Fiesta Brava.* Den Nachmittagen der Begeisterung folgen, wie Manuel weiß, die schrecklichen Nachmittage des Hasses. Auf die gleiche Weise zersplittert, dringt die Kälte der Feindseligkeit dann in Tausenden von

Beschimpfungen und Drohungen dem Matador ins Herz, als schösse jeder Zuschauer einen eigenen Pfeil der Wut ab. Dieses Erlebnis gehört zum Erschütterndsten; es hat schon viele Toreros getötet. Es hat anderen ihren Schwung genommen, »wie wenn man Bäume in vollem Saft umschneidet, und sie sind plötzlich nur noch tote Stämme« – so beschrieb El Cordobés es eines Tages.

Paco Ruiz fühlt, die Kehle vor Erregung zusammengeschnürt, wie dieser Orkan von Jubel über ihn hinwegbraust. Er läßt seinen Blick über den *Ruedo* schweifen und betrachtet das hohe hölzerne Tor gegenüber. Bald, denkt er in einer Aufwallung von Glückseligkeit, wird es sich für Manolo und für den Triumphzug öffnen, der den Matador durch Madrid geleiten wird. Niemand kann besser als der treue *Peón* die Darbietung würdigen, die El Cordobés unter der entfesselten Wut der Elemente einem Tier gegenüber durchgeführt hat, das wegen seines Sehfehlers und wegen der Geringfügigkeit seiner Lanzenwunde ganz besonders gefährlich ist.

Eine elegante, rasche *Estocada* muß nun diese grandiose Faena beschließen. Mit einem ungeduldigen Blick sucht der *Banderillero* entlang der Brüstung das Gesicht des Degenträgers Paco Fernández. Der Augenblick ist gekommen, da El Cordobés den leichten Holzdegen mit der schweren Toledaner Klinge vertauschen muß, die dem Leben des Stiers Impulsivo ein jähes Ende bereiten wird. Sorgfältig geschliffen liegt der Degen in den Händen Paco Fernández' bereit. Aber der Matador scheint es nicht eilig zu haben, ihn holen zu kommen. Im Gegenteil, seine Schritte wenden sich neuerlich der Mitte des *Ruedos*, dem zornigen, keuchenden Stier zu.

Mit einem Satz schnellt Paco hinter seinem Verschlag hervor wie ein Springteufel aus seiner Schachtel. »Nein, Manuel! Nein, es ist genug!« fleht er mit herzzerreißender Stimme. Bei diesem Ruf dreht El Cordobés sich um. Als er den *Banderillero* auf sich zulaufen sieht, läßt er seine *Muleta* mit einem wütenden Schwung durch die Luft klatschen und befiehlt dem *Peón*, den Platz zu verlassen. Paco zieht sich zurück. Doch eine andere Stimme löst ihn ab. Pepín Garrido bittet nun seinerseits den Matador, auf diese neuerliche Tollkühnheit zu verzichten. Das Spiel, das El Cordobés beginnen will, ist in der Tat ein tödliches Spiel. Mit jedem *Pase*, den er nun noch macht, riskiert er, das Gleichgewicht der Kräfte des Kampfes zu zerstören. Kein Gleichgewicht ist schwieriger zu erreichen, keines ruht auf schwächeren Grundlagen. Zieht der Mensch das Tier in eine ungenügende Anzahl von

Pases, lernt dieses nicht, dem Tuch richtig zu folgen; so würde es vielleicht im Augenblick der *Estocada* zögern, wenn es sich in die *Muleta* stürzen soll, um dem Matador das Ausweichen zu ermöglichen, und dieses Zögern konnte sich als verhängnisvoll erweisen. Wenn der Torero anderseits zu viele *Pases* durchführt, könnte der Stier schließlich entdecken, daß sich neben dem Betrug des Stoffs die Wirklichkeit eines Körpers befindet. Aber von einer inneren Stimme vorwärtsgetrieben, die ihm befiehlt, sich selbst zu übertreffen, geht El Cordobés mit entschlossenen Schritten auf diese neue Gefahr zu.

In der Mitte des *Ruedos* haben die Hufe Impulsivos tausend kleine Krater aufgewühlt, die dem durchnäßten Sand das Aussehen einer Mondlandschaft verleihen. Um den Gefahren dieses schlüpfrigen Bodens zu entgehen, entfaltet Manuel vom ununterbrochenen Donner der »olé« angefeuert, eine akrobatische Geschicklichkeit.

Abwechselnd bedächtig und gewalttätig geht die *Faena* weiter, eine endlose Folge anmutiger und roher Figuren. Der Mensch und der Stier, zu einer einzigen schwarzen und goldenen Erscheinung verschmolzen, tanzen ein wildes Ballett auf Leben und Tod. Die *Banderilleros*, von Entsetzen gelähmt, das ihnen dieses entfesselte Schauspiel einflößt, haben nicht mehr die Kraft, ihren Maestro anzurufen. Andere Gesichter in dem brandenden Ozean der Zuschauer drücken die gleiche Unruhe aus. An der Balustrade über dem *Toril* sieht man Franciscoso Galindo, den *Mayoral* des Züchters, dessen blaue und weiße Farben Impulsivo trägt, das Gesicht zu einer düsteren Maske der Angst verzerren. Mit ungetrübter Freude, stolzgeschwellt, hat der alte Andalusier den edlen Kampf Impulsivos verfolgt. Aber überzeugt, daß der Stier »mehr von der *Muleta* bekommen hat, als er vertragen kann«, weiß er, daß der Kampf nun enden muß. Auch Don Juan Espinosa, der Geistliche der *Plaza*, teilt diese Auffassung. Während er nervös versucht, sich eine Zigarette zu rollen, murmelt er ein Stoßgebet an die Jungfrau, sie möge »den wilden jungen Mann beschützen, der diese Arena in größere Erregung versetzt als irgendein anderer Matador in den letzten zwanzig Jahren«. Ein anderer Mann drängt sich hinkend durch die Menge: Dr. Máximo de la Torre hat seinen reservierten Sitz verlassen und verschwindet in dem dunklen Gang, der zur *Enfermería* führt, »um zum Empfang dessen bereit zu sein, den die Hysterie der *Plaza* in den Tod treiben muß«.

Nichts kann die beiden wilden Geschöpfe voneinander lösen. Trunken vor Glück, Kampfeslust und Leidenschaft, versinkt El Cordobés in ein Meer von Empfindungen, die kein Zuschauer je kennenlernen wird. Mit seinem magischen Tuch zieht er die zornige Bestie in einen rasenden Kreis um sich, bis ihn vor diesem höllischen Wirbel der Schwindel ergreift. Er hat alles vergessen: die Bitten der *Peones*, den Sehfehler des Stiers, den glitschigen Boden. Nichts zählt mehr als das Wunder, die Verzückung seiner mystischen Gebärden. Für ihn, der auf den wurmstichigen Bänken des *Cine Jerez* davon geträumt hat, ein Torero zu werden, ist dieser Augenblick die Krönung seines Lebens, der Lohn aller Leiden der Vergangenheit. Heute, in der Mitte dieser Arena, ist er endlich »jemand«. 20 Millionen Spanier sprechen seinen Namen aus. Er aber ist in einer Welt, die einzig ihm und nur ihm gehört, allein mit einem Stier, den er um seinen Körper tanzen läßt.

Vor diesem unglaublichen Schauspiel breitet sich ein achtungsvolles Schweigen im dunklen Salon des Gutshofs Los Ojuelos 500 Kilometer südlich von Madrid aus. Nur die erregte Stimme des Fernsehkommentators und die stoßweisen Atemzüge der Menschen, die auf den Bildschirm starren, durchbrechen die Stille des Raums. Von der grandiosen Mutprobe, die sein Stier dem Publikum von Madrid geboten hat, entzückt, wünscht Don José Benítez y Cubero nun nur noch eins: daß der Kampf ohne Tragödie zu Ende geht. Zweimal schon hat der Züchter die Waghalsigkeit des Cordobés verflucht, überzeugt, daß das Tier den irrsinnigen Herausforderungen des Matadors nur noch mit einem gnadenlosen Hornstoß in den Körper antworten kann.

Plötzlich zuckt der Züchter zusammen. Er hat auf dem Fernsehschirm das Zeichen gesehen, das er befürchtet hat. Niemand sonst hat anscheinend die Warnung beachtet, die Impulsivo seinem Gegner erteilt hat: einen zornigen Hornstoß genau in die Richtung des reglosen Mannes. »Jetzt hat er begriffen«, denkt Don José, »er kennt nun die Spielregeln. Er sucht den Menschen.« Der Züchter springt auf. Mit leidenschaftlicher Stimme stößt er einen Schrei aus und er wünschte, dieser Schrei könnte die 500 Kilometer überwinden, die sein Gut von der *Plaza* von Madrid trennen.

»Mátalo, hombre, mátalo!« ruft er – töte ihn, Mensch, so töte ihn doch!

Ein verrückter andalusischer Sommer

Sechs Paar blitzblanke Stiefel knallten vor dem weißen Gebäude in der Calle Pacheco die Hacken zusammen. Die Hände in weißen Handschuhen, den Zweispitz quer über dem Kopf, einen Gürtel mit Silberschnalle um die Mitte, musterte Sergeant Mauleón, genannt »Tomate«, mit der hoheitsvollen, geschäftigen Miene eines Generals seine Männer. Keine Bügelfalte, keine Achselklappe entging seinem wachsamen Auge. Nach beendeter Inspektion bellte er einen Befehl, und die kleine Truppe setzte sich in Marsch, stolz und martialisch wie die aufziehende Wache aus der Oper »Carmen«. Den Grund für diese Parade konnte man auf den Plakaten lesen, die alle Wände Palmas bedeckten. In großen, schwarzen Lettern kündigten sie für 5 Uhr nachmittags ein Schauspiel an, das die kleine Stadt seit mehr als dreißig Jahren nicht erlebt hatte: eine richtige Corrida. Und als Hauptakteur dieses historischen Ereignisses nannten die Plakate einen jungen Mann, der ehedem der erbittertste Feind des Sergeanten Mauleón und seiner Männer gewesen war: Manuel Benítez, den unverbesserlichen Ruhestörer der Stiere Don Felix Morenos.

In einer seltsamen Umkehrung des Schicksals sollten die Zivilgardisten nun eine Art Ehrengarde für den Orangendieb bilden, den sie einst über die Hälfte der Weiden Andalusiens gehetzt hatten. In genau dreißig Minuten würden ihre glänzenden Zweispitze und ihre grünen Uniformen die öffentliche Ruhe und Ordnung in der hölzernen Arena repräsentieren, in der die spektakuläre Rückkehr Manuel Benítez' in seine Heimatstadt stattfinden sollte.

Dreißig Jahre lang hatte kein Ereignis in Palma eine ähnliche Mischung von Interesse und Geringschätzung hervorgerufen. Aus dunklen Gassen und lichtüberfluteten Plätzen, aus kahlen Höfen und blühenden Patios zogen die Palmeños zu Hunderten auf die *Plaza* am Ortsausgang.

Die Kutschen der reichen Bürger brachen sich eine Bahn durch den

Menschenstrom, der sich über die Avenida del Generalísimo wälzte. In einer von ihnen saß Don Felix Moreno, einen breiten Filzhut mit runder Krempe auf dem Kopf, einem jovialen Monarchen inmitten seiner Untertanen ähnlich. Unter der gnadenlosen Sonne schwitzend und schnaufend, salutierte »Tomate« respektvoll vor dem Züchter, als seine Männer an der Equipage vorbeizogen. Einige Schritte hinter der kleinen Truppe ging, das Gesicht diskret von einer Mantilla verdeckt, die Frau des Sergeanten. Sie erinnerte sich an die hungrige Miene des Gefangenen, dem sie ehedem die Überbleibsel der Mahlzeiten ihres Gatten zugeworfen hatte. Heute begab sie sich in der verstohlenen Hoffnung auf die *Plaza*, daß ein siegessicheres Lächeln die Spuren der vergangenen Leiden auslöschen würde.

In der neuen Soutane, die er sonst nur anzog, um dem Bischof seiner Diözese seine Glückwünsche zu überbringen, hastete Don Carlos Sánchez, der Stadtpfarrer, zur Arena. Der Entschluß, der Corrida des Burschen, dem er einst so oft die Nase geschneuzt hatte, beizuwohnen, hatte ihn drei Tage währende Gewissensqualen gekostet. Schließlich hatte eine Erwägung den Ausschlag gegeben: der Gedanke an »den Fall, den Gott verhüten möge, daß meine Dienste auf der *Plaza* nötig sein sollten«. Adolfo Santaflor, der Tischler, der Manuel den Stab für seine erste *Muleta* überlassen hatte, kam ebenso wie der unversöhnliche *Mayoral* José Sánchez. Der Besitzer des *Cine Jerez*; Don Rafael, der Arzt, der in der furchtbaren Nachkriegszeit keine Medikamente gehabt hatte; Luis Palo, der Stationsvorsteher, der auf dem Fahrplan der Züge Sevilla-Córdoba die blutigen Trophäen Manuels entdeckt hatte; Antonio und Miguel, die Wasserverkäufer: Sie alle waren da, eingekeilt in die Flut der Palmeños.

Aber von all den Menschen, die sich zu den wehenden Bannern der kleinen Arena ergossen, war keiner glücklicher als der einsame Fahrgast eines alten Taxis. Fast zehn Jahre waren seit dem Tag vergangen, da Pedro Charneca im Halbdunkel seines Cafés den schüchternen jungen Mann entdeckt hatte, der ekstatisch die Fotos von Manolete bewunderte. Als Sympathiekundgebung hatte er ein Schild an die Tür seines Taxis gehängt: »Manuel«, verkündete es, »du wirst der größte Matador Spaniens werden!«

Der große Bursche mit den zerrauften Haaren, der soeben in seinem geliehenen Lichteranzug die Wohnung seiner Schwester verlassen hatte, bewegte sich bereits auf diese kühne Aufschrift zu. Wie bei seinem schmachvollen Spießrutenlauf durch die Stadt, wurde er von

Scharen Halbwüchsiger eskortiert; von ermunterndem Lächeln oder auch hämischem Grinsen begrüßt, durchquerte er ruhig die Stadt, die ihn wie einen Aussätzigen verjagt hatte. An seiner Seite marschierte, ein wenig linkisch in seinem zu engen Kostüm, der Gefährte so vieler Leiden und so vieler Abenteuer, Juan Horillo; dahinter der einzige *Banderillero*, Antonio Columpio, der fünfzigjährige Veteran der *Fiesta Brava*, der dieses Engagement für eine gute Mahlzeit nach der Corrida angenommen hatte.

Der Mann, der diese Mahlzeit versprochen hatte, befand sich bereits auf der *Plaza.* Einen eleganten, sandfarbenen Hut auf dem Kopf, eine Zigarre zwischen den Lippen, musterte El Pipo die sechs Tiere, zu deren Ankauf er den Schmuck seiner Familie verpfändet hatte. Von Mut und Adel dieser Tiere hing das Schicksal seines Schützlings und ebenso sein eigenes ab. Es war eine elende Gruppe, ohne Rasse, fünf scheußliche, kümmerliche, struppige Stiere und eine siebenjährige Kuh mit enormen Hörnern: Kaum für das Schlachthaus würdiges Vieh, dachte El Pipo.

Mit einer angewiderten Geste warf er seine Zigarre weg. Der Erfolg des Wagnisses, auf das er sich eingelassen hatte, hing, das war ihm klar, nun nur noch von der Kühnheit und dem Talent dessen ab, dessen Manager er wider jedes bessere Wissen geworden war. Wenn Manuel heute nachmittag nicht entweder verrückt oder begnadet ist, dachte er, wird es keine richtige Corrida geben.

Freilich überließ El Pipo nichts dem Zufall. Da er nicht genug Geld besaß, um die Gegenwart und das Wohlwollen einiger Journalisten zu bezahlen, hatte er zum probatesten Mittel gegriffen: Er hatte sich selbst für diesen Nachmittag zum Spezialberichterstatter der spanischen Presseagentur Cifra ernannt. In seiner Tasche stak bereits der überschwengliche Artikel, den er, was immer sich auch ereignen mochte, am Abend dem Agenturbüro in Córdoba telefonisch übermitteln wollte, damit die Geburt eines neuen Sterns der *Fiesta Brava* verkündet werde.

Als der Matador den Kampfplatz betrat, rauschte der übliche Beifall auf, vermischt mit unterdrücktem Gelächter und Spottworten, die vor allem von der Schattenseite kamen und bewiesen, mit welchem Hohn viele Palmeños die Darbietungen des bekanntesten Tunichtguts ihrer Stadt zu bedenken gedachten.

An der Seite Antonio Caros, des Eisfabrikanten, der zum Präsidenten der Corrida erhoben worden war, zog El Pipo gravitätisch und feierlich ein weißes Taschentuch hervor. Der 100000 Peseten wegen, die er in das Schauspiel gesteckt hatte, war ihm die Rolle eines ersten Beisitzers zugestanden worden. Auf das Zeichen des Taschentuchs erhob sich einer der vier Trompeter der kleinen Kapelle und gab das Signal zum Beginn des Kampfes.

Das erste Tier lief in die Arena. Es war die riesige siebenjährige Kuh. Sie hieß Almendrita – Kleine Mandel. El Pipo hatte sich vorsorglich ausbedungen, daß dieses Monstrum nicht auf seinen Schützling losgelassen wurde. Ein anderer Torero trat zögernd und zitternd auf den Sand. Die Hörner der »Kleinen Mandel« schienen Juan Horillo weiter auszuladen als die Äste eines Mandelbaums. Er war überzeugt, daß er selbst und Manuel bei diesem Tier bereits auf irgendeiner Weide die Anfangsgründe ihres Handwerks gelernt hatten.

Während er sich zu überwinden suchte, auf das Tier zuzugehen, konnte Horillo an nichts anderes denken als an den schwarzen Stier der Doña Concepción Concha y Sierra, der ihn in der Arena von Jerez übel zugerichtet hatte. Er fühlte, daß er niemals genug Mut haben würde, die Kuh anzugreifen, die ihn erwartete. Und doch wußte er ganz genau, daß er mit ihr kämpfen und »dieses Mistvieh unter den giftigen Blicken der Palmeños töten mußte, als ob es zu ihrer Befriedigung unumgänglich nötig gewesen wäre, mich aufspießen zu lassen«.

Hinter sich hörte er Manuel wieder und wieder rufen: »Los, Juan! Mach dich nicht an! Ich paß ja auf!« Ermutigt versuchte er vorwärts zu gehen. Doch bei jedem Schritt knickten seine Beine ein. Die Arena begann sich »wie ein Karussell« um ihn zu drehen. Die Zuschauer beschimpften ihn. Aber Horillo war unfähig, sich von der Stelle zu rühren. »Ich war wie gelähmt«, erzählt er, »ich zitterte an allen Gliedern. Die Verwünschungen des Publikums prasselten auf mich nieder, und ich brachte es nicht fertig, auch nur einen einzigen Schritt zu machen. Man fing an, mich mit Steinen und Flaschen zu bewerfen. Man schrie: ›Fuera! Fuera!‹ – hinaus! Gott, war das peinlich! Und in der Mitte des *Ruedos* stand Almendrita und fixierte mich mit ihren mordlustigen Augen. Plötzlich geschah es: Sie stürzte auf mich zu. Und da tat ich etwas Fürchterliches, etwas Unverzeihliches. Ich ließ meine *Capa* fallen und nahm Hals über Kopf Reißaus. Ich lief schneller auf die *Barrera* zu, als ich je vor einem Zivilgardisten davongerannt war. Als ich sie erreicht hatte, sprang ich darüber und ließ mich in den *Callejón* fallen. Die ganze *Plaza* war aufgestanden. Die Leute warfen mir Flüche an den Kopf; von allen Seiten wurde ich angespuckt. Ich weiß nicht, wie lange die Pfiffe, die Verwünschungen, die Beschimpfungen dauerten. Ich hockte im *Callejón* wie ein Häufchen Elend und konnte nur an eines denken: Für mich war alles aus, nie wieder würde ich einen Lichteranzug tragen.«

Für Juan Horillo war wirklich alles zu Ende. Der Bursche, der an der Seite Manuels bei den nächtlichen Abenteuern so viele Gefahren auf sich genommen hatte, hatte das letzte Mal den Sand einer Arena betreten. Für seinen Kameraden aber fing ganz im Gegenteil alles an. Entsetzt sah El Pipo seinen Schützling in den *Ruedo* treten. Manuel entfaltete seine *Capa*, strich mit einer ungeduldigen Gebärde die Haarsträhnen aus der Stirn und ging auf Almendrita zu.

Antonio Columpio erzählt

»Nach dreißig Jahren in der Arena glaubte ich alles gesehen zu haben. Das war ein gewaltiger Irrtum. Der verrückte Bengel, der auf diese Kuh zumarschierte, jagte mir einen Schauder über den Rücken, den ich noch nie gespürt hatte. Die Menge hatte sich langsam von ihrem Zornausbruch beruhigt. Und nun waren die Leute alle erstaunt. Eine Minute vorher hatten sie geschrien: ›Diese Strolche! Diese Hampelmänner! Diese Herumtreiber! Zurück ins Loch mit ihnen!‹ Und jetzt sperrten sie Mund und Nase auf. Nicht um ›olé‹ zu schreien, so schnell ging es auch wieder nicht. Eher, um zuzuschauen, wie der Löwe den Dompteur verspeist. Denn diese Almendrita war ein verdammt heimtückisches Biest. Um mit ihr etwas anzufangen, brauchte man eine Erfahrung, die Manuel damals bestimmt noch nicht hatte.

Guter Gott! Als ich sah, wie dieser Bursche sie aus kaum fünf Meter Entfernung reizte, blieb sogar einem so alten *Peón* wie mir die Luft weg. Ich schrie: ›Nein! Nicht so nahe!‹ Schon wollte ich ihm zu Hilfe kommen. Manuel schüttelte seine *Capa* und rief: ›Vaca! Vaca!‹ Almendrita senkte den Kopf und stürzte sich in den Stoff. Es gelang ihm mehr schlecht als recht, sie passieren zu lassen. Nach diesem ersten *Pase* rannte er ihr nach und ließ sie neuerlich angreifen. Aber diesmal ging die Sache schief. Die Kuh erwischte ihn mit voller Wucht. Zum Glück nahm sie seinen Körper zwischen die Hörner, aber der Anprall war so stark, daß Manuel drei Meter hoch in die Luft flog. Er fiel herunter wie ein Sack, aber irgendwie brachte er es fertig, sich hochzurappeln, bevor die Kuh über ihm war. Ich lief ihm zu Hilfe, doch er jagte mich mit einer wütenden Geste vom *Ruedo.* Er machte weiter. Er war wie von Sinnen. Seine zerrauften Haare verdeckten zur Hälfte sein Gesicht. Er fluchte, schrie, fuchtelte mit den Händen, lief kreuz und quer herum – aber er ließ die Kuh passieren. Vielleicht wußte er selbst nicht, wie er das machte. Es war alles andere als eine Corrida, aber es war so aufregend, daß ihn alle mit aufgerissenen Augen anstarrten. Dann hörte ich ein erstes ›olé‹. Und es wurden immer mehr, je tollkühner er wurde. Manuel wickelte sich in Almendrita ein wie in einen Mantel. Ich biß vor lauter Aufregung so fest in den Saum meiner *Capa*, daß ich mir einen Zahn ausbrach. Als er aufhörte, brach ein Beifallssturm los. Es war ein merkwürdiges Schauspiel, wie all diese vorher so feindseligen Leute ihm jetzt ihre Begeisterung und Bewunderung entgegenschrien. Sie setzten ihm so zu, daß er unbedingt weitermachen wollte. Es bekam ihm schlecht. Mit der flachen Seite eines Horns rammte ihn Almendrita derart in den Bauch, daß er zu Boden ging. Und schon stürmte sie los, um ihn zu zertrampeln. Ich lief ihm zu Hilfe und ließ meine *Capa* flattern, um sie wegzulocken. Diesmal blieb er lang liegen. Aus dem Augenwinkel konnte ich El Pipo sehen. Er gestikulierte wild, daß Manuel aufstehen solle, und hielt sich die Augen zu, als wäre soeben ein Schiff mit seinem ganzen Vermögen untergegangen. Schließlich kam Manuel wieder auf die Beine. Bevor ich ihn hindern konnte, stürzte er sich capaschwingend auf Almendrita. Ich flehte ihn an: ›Genug! Genug! Es reicht!‹ Aber er wollte nicht hören. Er wollte um jeden Preis triumphieren. Er kehrte immer wieder zu der Kuh zurück. Die ganze Menge kochte vor ›Olé‹-Rufen, und auch die Zivilgardisten schrien. Sogar Don Felix Moreno. Es war unglaublich.

Aber diese Palmeños hatten eben noch nichts gesehen. Manuel hatte noch eine Überraschung für sie, eine Überraschung, die man heutzutage in den Arenen nicht mehr sehr oft zu sehen bekommt. Ganz am Anfang meiner Laufbahn hatte ich es Belmonte ein paarmal machen sehen und später Manolete und Dominguín. Der Trompeter kündigte den Wechsel der *Tercios* an. Jetzt folgte der Akt der *Banderillas.* Manuel kam, seine Capa hinter sich herschleifend, zur *Barrera.* Er packte die beiden *Banderillas*, die ich ihm reichte, und zeigte sie dem Publikum. Dann brach er sie entzwei und behielt nur zwei Stummel in den Händen.

Mit seinem breiten, herausfordernden Lächeln glitt er wie eine Katze über den Kampfplatz, auf die Stelle zu, wo Almendrita wartete. Fünf oder sechs Meter vor den Hörnern blieb er stehen. Die Leute schrien erschrocken auf: Er hatte sich mit dem Rücken zur Brüstung niedergekniet. ›Er will sich umbringen lassen‹, sagte ich mir schaudernd. Ich drückte mich hinter den *Burladero*, der ihm am nächsten war. Die Kuh stand so dicht bei ihm, daß ich mich nicht getraute, ihn zu bitten, er solle diese Tollheit bleibenlassen. Es gibt kaum etwas Gefährlicheres in der Tauromachie als die *Banderillas* auf diese Weise zu setzen, auf den Knien, den Rücken zur *Barrera*, zwei bleistiftlange Stummel in der Hand! Es erfordert eine unheimlich genaue Berechnung, und man muß irrsinnig vor Mut sein. Eine kleine Abweichung in der Bahn des Stiers – und zack! hat man ein Horn im Auge oder im Mund, hat man ein Loch im Schädel oder in der Lunge. Und bei solchen Verletzungen kann einem kein Chirurg helfen. Niemand kann eine Lungenblutung eindämmen. Das ist tödlich! In der Arena konnte man eine Stecknadel fallen hören. Ich hatte den Eindruck, daß die Zuschauer alle den Atem anhielten, als ob das geringste Geräusch die Tragödie auslösen könnte. Manuel hob die Arme, die Stäbchen in der Hand. Er reckte die Brust heraus und schrie: ›Ven, vaca!‹ Almendrita zögerte. Und dann stürmte sie mit einem Satz los. Einen Augenblick lang war jedermann überzeugt, daß sie Manuel aufspießen würde. Ich machte das einzige, womit ich ihm helfen konnte. Ich streckte meine *Capa* durch den Spalt des *Burladeros*, um die Aufmerksamkeit der Kuh zu erregen. Das plötzliche Auftauchen dieses Farbflecks lenkte ihren Angriff gerade um das bißchen ab, das nötig war. Während das Horn an Manuels Kopf vorbeisauste, setzte er ihr die *Banderillas* genau dorthin, wohin es sich gehört.

Danach waren die Leute bereit, die ganze Arena kurz und klein zu schlagen. Die ganze *Plaza* war aufgesprungen, schrie, gestikulierte, trampelte. Manuel kam mir vor wie betrunken. Er wischte sich den Schweiß von der Stirn und warf mir verstohlen einen dankbaren Blick zu. Er erhob die Arme gegen das überschwengliche Publikum. Die Leute waren außer Rand und Band. Sogar Almendrita war verblüfft. Und ich zitterte wie Espenlaub.«

Eine waghalsige, aber plumpe *Faena*, eine gutsitzende *Estocada* und der Kampf war zu Ende. Innerhalb zehn Minuten hatte der Orangendieb, der »unverbesserliche Delinquent« der Polizeiberichte alle Sünden seiner Jugendjahre gutgemacht. Während Manuel schweißüberströmt, blutbesudelt, aber mit freudestrahlendem Gesicht den Platz verließ, warfen Hunderte Hände statt der Steine und Flaschen, mit denen sie Horillo bedacht hatten, nun Hüte, Taschen, Weinschläuche und Blumen in den *Ruedo.* Sogar Sergeant Mauleón wollte den Torero beglückwünschen und streckte ihm herzlich die Hand hin. »Hombre«, lachte Manuel und ergriff sie, »*die* Hand ist nicht immer so sanft gewesen!« Dann drehte er sich stolz zu all diesen erstaunten oder glücklichen Gesichtern um, die ihm zugewandt waren. Indem er seinen Mitbürgern das kostbarste Geschenk gemacht hatte, den eisigen Schauder der Aufregung, hatte er ein Versprechen erfüllt, das er eines Tages am Rand eines ausgetrockneten Bachs abgelegt hatte: »Voy a ser torero!« Das Wesen, dem diese Worte gegolten hatten, hörte die Ovationen nicht, mit denen er überschüttet wurde. Während der ganzen Zeit der Corrida kniete Anita Sánchez im Halbdunkel der Ermita. In dieser Kapelle hatten sich einst ihre liebevollen Blicke in die des geächteten Jünglings versenkt, der heute sein Leben in einer provisorischen Arena aufs Spiel setzte. Auch eine andere Frau hatte die entscheidenden Augenblicke im Gebet zugebracht. Das Herz von dieser neuen Angst zusammengekrampft, ging Angelita während ihrer Gebete unaufhörlich in ihrem kleinen ärmlichen Zimmer auf und ab. Plötzlich fesselte ein Geräusch ihre Aufmerksamkeit. Sie lief zum Fenster.

Angelita Benítez erzählt

»Vom Ende der Straße näherten sich eine große Staubwolke und eine Menge schreiender, durcheinanderlaufender Leute. Ich erkannte Don Carlos an seiner schwarzen Soutane. Um Gottes willen, schoß es mir durch den Kopf, Manuel ist etwas passiert und er kommt, um mich darauf vorzubereiten. Dann bemerkte ich Charneca. Und schließlich sah ich *ihn.* Mein kleiner Bruder Manuel thronte auf den Schultern von Leuten, die ich nicht kannte. Und rings um ihn drängten sich all die Burschen und grölten aus vollem Hals. Ich konnte es nicht glauben. Es war wie ein Traum. Mein Bruder Manuel, von dem die Leute sagten, daß er nie zu irgend etwas taugen würde, und den man als Dieb behandelt hatte, Manolo, den die Zivilgardisten dauernd verprügelt hatten, Manolo, um den ich so viele Tränen vergossen hatte, er, Manolo, mein kleiner Bruder, wurde im Triumphzug durch die Stadt getragen! Er lächelte, er schrie, er schwenkte seine Trophäen. Mein

Gott, wie selig er aussah! Ich lief auf ihn zu. Plötzlich sah ich Blut auf seinem Bauch. Ich schrie auf. Ich glaubte, er sei verletzt. Don Carlos sah, wie ich erschrak, und beruhigte mich: ›Nein, nein, Angelita, das ist das Blut der Tiere, nicht seines!‹

Er sprang zu Boden, als er vor dem Haus ankam, und ging mir entgegen. Ich versuchte, meine Tränen zurückzuhalten, aber ich konnte es nicht, es war zuviel für mich. Er umarmte mich, und ich zitterte vor Aufregung. Ich weiß nicht, wie lange er mich so umfangen hielt. Alle Leute sahen uns zu. Ana Horillo, die Mutter Juans, weinte, und alle anderen Frauen auch, die da waren. Dann bat mich Manuel: ›Komm, Angelita, hilf mir beim Auskleiden, mir ist heiß.‹

Manuel verabschiedete sich von der Menge. Alle schrien und applaudierten. Dann gingen wir in mein Zimmer. Dort zog er ein zusammengeknotetes altes Taschentuch hervor. Er öffnete es. Es war voll von Geld, voll von schmierigen Banknoten und Münzen. Manuel begann sie zu zählen. Dann zählte er tausend Peseten ab und gab sie mir: ›Da, das sind die ersten tausend Peseten, die ich dir gebe!‹«

Trotz dieses berauschenden Triumphs trennte Manuel noch ein weiter, weiter Weg von seinem Ziel. Dieses Ziel zu erreichen würden ihm nur die *Plazas* von Madrid, Sevilla oder Barcelona gestatten. Sein Erfolg hatte ihm geholfen, seine Ehre sauberzuwaschen, aber er hatte ihn nicht in weiterem Umkreis bekannt gemacht. Im Ozean der *Fiesta Brava* war Palma del Río nur ein winziger Wassertropfen, ein abgeschiedener Vorposten, dessen Trophäen nur symbolischen, keinesfalls aber irgendwelchen realen Wert besaßen. Die Geschichte der *Fiesta* quoll über von den unerhörten Taten junger »Phänomene«, aber der Widerhall dieser Leistungen reichte nie weiter als bis an die Theken der örtlichen Cafés. Niemand kannte diese Tatsache besser als El Pipo. Nichtsdestoweniger bedeutete es für ihn einen großen Sieg, seine Auslagen hereingebracht zu haben und seine Hoffnungen bestätigt zu sehen. Er würde also weitermachen. Kaum waren die letzten »olé« verklungen, da schmiedete der rastlose Geist des Managers auch schon neue Pläne.

»Einen Torero lanciert man genauso wie irgendein Waschmittel. Es gibt einen Haufen Waschmittel und es gibt einen Haufen Toreros. Das Rennen macht nicht unbedingt der mit der besten Ware, sondern der, der sie am besten anzupreisen weiß. Ich hatte sofort begriffen, daß dieser Bursche Goldes wert war. Nicht weil er ein großer Torero war. Er schien von den Regeln der Corrida nicht mehr Ahnung zu haben als von den Cricketregeln. Vom Standpunkt der Kunst aus war das Schauspiel, das er bot, eher erbärmlich. Aber man soll mir nicht mit Kunst kommen, wenn von der *Fiesta* die Rede ist. Wer Kunst will, soll in den Prado gehen. In der Arena geht es um etwas anderes. Mich interessiert in der Arena nur eins: Ein Bursche, der das Publikum außer sich bringt. Zeigen Sie mir einen Burschen, der es fertigbringt, den Zuschauern die Haare zu Berge stehen zu lassen, und ich sage Ihnen: *der* Bursche wird sein Glück als Matador machen. Dieser Manuel Benítez war dermaßen besessen von dem Wunsch, sich einen Mercedes zu kaufen und ein – wie er sagte – ›Herr mit einem Panama und einer dicken Zigarre‹ zu werden, daß er zu jeder Tollheit bereit war. Und er führte diese Tollheiten auch durch, denn er kannte die Angst nicht, diese Seuche, die den größten Matadoren in die Knochen fährt und sie lähmt.

In Palma sah ich, wie die Leute auf die Verrücktheiten Manuels reagierten. Alles war da, Furcht, Freude, Verblüffung, Entsetzen. Ja, Entsetzen! Das war es vor allem. Dieser Kerl ließ es ihnen kalt über den Buckel rinnen. Mit seinem unsinnigen Mut verhalf er ihnen zu einer Gänsehaut. Und das, genau das lockt die Leute in die Arena. Und das, genau das wollte ich verkaufen: den Mut eines verzweifelten Burschen. Damit konnte man ein Vermögen machen. Mit ein bißchen Glück konnte ich am Ende des Sommers wieder ein Millionär sein. Und er auch. Vorausgesetzt, daß er sich bei seinen Verrücktheiten nicht allzu blödsinnig aufspießen ließ. Ich überlegte mir schon alle möglichen Slogans für ihn. Bald wollte ich die Mauern halb Andalusiens mit seinem Bild pflastern, mit Sprüchen darunter wie: ›Sonntag trete ich dem Tod gegenüber. Sehen Sie zu!‹ Aber vorderhand galt es das Eisen zu schmieden, solange es heiß war, und den Erfolg von Palma anderswo zu wiederholen. Das war nicht leicht. Ich hatte mein Geld bei der Corrida von Palma wieder hereingebracht. Aber meine Verwandten wollten ihren Schmuck. Sie hatten kein Verständnis für den Ehrgeiz eines Menschen. Sie wollten ihre läppischen Ringe und Halsketten, während ich das kostbarste Juwel der Welt in Händen hielt: den Mut eines jungen Burschen. Und diesen Burschen mußte ich jetzt nach Córdoba bringen. Nur hier konnte alles beginnen. Ich ging zu dem alten Spitzbuben, der damals die dortige Arena leitete. Ich wußte, daß er gerade einen Kampf mit drei unbekannten südamerikanischen Toreros vorbereitete.

›Wieviel geben Sie dem billigsten Matador?‹ fragte ich ihn.

›20000 Peseten‹, antwortete er.

›Ich lasse Ihnen meinen Bengel um 10000‹, sagte ich.«

Das Gebäude ist ein richtiggehendes Heiligtum. Es steht zwischen dem Bahnhof und den grauen Mauern der *Plaza de Toros.* Fast jeder Einwohner Córdobas, der vorbeikommt, bleibt zu einer kurzen Huldigung vor dem Haus Nummer 20 der Avenida Cervantes stehen. Als Manuel Benítez am Nachmittag seiner ersten Corrida in der Stadt, deren Namen er trug, vom Bahnhof kam, verharrte auch er vor dem hohen, rosenumrankten Gitter. Drinnen, zwischen zwei Bananenstauden, die Schildwache zu stehen schienen, erblickte er die weißen Stuckbögen des Hauses. Am Fahrbahnrand war ein schwarzer Jaguar geparkt. Einmal am Tag, immer zur gleichen Zeit, steigt der einzige Bewohner dieses Gebäudes in den Wagen und läßt sich eine unveränderliche Anzahl von Minuten lang auf einer unveränderlichen Route spazierenfahren. Ist die Ausfahrt beendet, zieht sich die einsame Gestalt wieder in das Schweigen des großen Hauses zurück. Es ist eine greise, fast blinde, stets in Schwarz gekleidete Dame, die man als eine der reichsten Frauen Spaniens bezeichnet. Außer Fabriken und ausgedehnten Ländereien besitzt sie auch ihr eigenes System öffentlicher Verkehrsmittel: die Metro von Madrid. Und dennoch genießt sie ihr gewaltiges Vermögen kaum, sondern lebt in klösterlicher Abgeschiedenheit dem Andenken ihres Sohns, der es ihr hinterlassen hat. Dieser Sohn hieß Manolete. Ehedem kleidete er sich in einem ganz mit rotem Samt ausgespannten Zimmer im ersten Stock zur Corrida um, während sich Hunderte von Bewunderern auf der Avenue drängten, die von seinem Haus zur *Plaza de Toros* von Córdoba führt, einer Avenue, die für ihn die Straße des Ruhms geworden war. Dreizehn Jahre nach dem Tod Manoletes war diese wichtige Verkehrsader fast ausgestorben; die Corrida dieses Nachmittags erregte kaum mehr Interesse als ein alter Film.

Die Tribünen der Arena der Kalifen, die Manolete so oft gefüllt hatte, sollten beim hiesigen Debüt des jungen Mannes, der die Bilder des großen Vorgängers so ekstatisch verehrt hatte, halb leer bleiben. Aber diese traurige Wahrheit machte Manuel nicht viel aus. Eines Tages, davon war er überzeugt, würde er die gleichen Triumphe wie sein Vorbild ernten, denn in ihm brannte das gleiche wilde Feuer, wie es auf den edlen Zügen des Märtyrers aus der Avenida Cervantes glühte. Nach einem letzten Blick auf das Haus mit den geschlossenen Fensterläden begab er sich in sein Hotelzimmer in der Avenida del Gran Capitán, in dem ihn sein einziger Bewunderer mit dem großen Hut und der unvermeidlichen Zigarre erwartete.

El Pipo wirkte besorgt. Der *Sorteo*, an dem er gerade teilgenommen hatte, war für Manuel nicht günstig verlaufen. Die beiden anderen Toreros hatten bei der Verlosung der Stiere manipuliert, so daß der junge Kollege, der das Programm mit ihnen teilte, die beiden Exemplare bekam, die sie als die gefährlichsten erachteten. Die einzige Reaktion Manuels auf diese Neuigkeit war schallendes Gelächter: »Machen Sie sich nichts draus, Don Rafael, wenn mir eine dieser Bestien ein Loch in den Bauch macht, klaube ich meine Gedärme auf und mache weiter!« Der Lichteranzug des Cordobés kam aus Madrid. Der einzige Verleiher von Córdoba, Francisco Prieto, hatte sich angesichts des Zustands, in dem ihm das Kostüm der Corrida von Palma zurückgebracht worden war, geweigert, ihm noch einmal eines zu vermieten. Er erklärte Manuel, daß er seine Anzüge nicht an jemanden hängen wolle, der dafür bekannt sei, »mehr Zeit in der Luft als auf dem Sand der Arena zu verbringen«. Niemals würde der Geschäftsmann die hochmütige Antwort des jungen Mannes vergessen: »Morgen, Señor Prieto, werden sich alle Matadore Spaniens um meine Kostüme reißen, weil sie ihnen Glück bringen. Und ich werde so reich sein, daß ich sie nach jeder Corrida wegschmeißen kann!«

Vorderhand aber waren der großsprecherische Matador und sein Manager so arm, daß sie sich nicht einmal eine Droschke zur *Plaza* leisten konnten. Nach einem letzten Gebet vor dem Bild der *Patrona* von Palma verließ Manuel das Hotel zu Fuß. In Córdoba hatte man es noch nie erlebt, daß ein Matador wie ein armer Zuschauer von der Sonnenseite zu Fuß zur *Plaza* ging. Aber dieser kurze Marsch war nicht die einzige Demütigung, die Manuel an diesem Nachmittag hinnehmen mußte. Auf seinem Weg umdrängte ihn eine lärmende Schar von Halbwüchsigen, die an jeder Straßenkreuzung neuen Zulauf erhielt.

Am Eingang der Arena angekommen, bat Manuel El Pipo um ein paar Münzen. Dieser zog bedauernd die Schultern hoch. Seine Taschen waren leer. Er hatte nicht einmal eine Peseta, um sie den Kindern zuzuwerfen, die seinen Matador bis zur *Plaza* begleitet hatten.

Der erste Stier, den die »Verlosung« El Cordobés zugeteilt hatte, war ein massiges Tier mit Hörnern in Form einer Fahrradlenkstange. Als das Signal zur *Faena* erscholl, verbeugte sich der Matador in Richtung der Präsidentenloge, ging breit lächelnd über den Platz und blieb vor dem Burschen stehen, der ihm an diesem Tag als Degenträger diente. Juan Horillo, den die Furcht an die andere Seite der Brüstung verbannt hatte, sah seinen Kameraden die *Montera* zu ihm erheben. »Dir, Juan«, sagte der Matador, »widme ich meinen ersten Stier zum Gedenken an die Hühner, die wir gemeinsam gestohlen haben, und an die Prügel, die wir zusammen bezogen haben.« Mit einer brüsken Wendung drehte Manuel sich um, warf mit einem jähen Schwung die *Montera* hinter sich und ging auf den Stier zu.

Die Ränge der Arena waren halb leer; die Zuschauer jedoch, die gekommen waren, erinnern sich heute noch mit leuchtenden Augen an das Cordober Debüt des jungen Matadors, der schon in ihrem städtischen Gefängnis gesessen war. Antonio Columpio, der alte *Banderillero*, der wieder an der Seite des Cordobés amtierte, war überzeugt, daß sein Maestro geradewegs auf den Campo de la Merced, den Friedhof, zuging, Pepín Garrido, der in der *Cuadrilla* eines der beiden anderen Matadore beschäftigt war, sagte sich, daß er ihn »das erste und wahrscheinlich auch das letzte Mal« zu Gesicht bekomme. Manuel wurde ein gutes halbes dutzendmal in die Luft geworfen. Aber jedesmal, sosehr ihn seine Glieder auch schmerzten, erhob er sich wieder. Im Zuschauerraum nahm Andrés Jurado, ein Mechaniker der örtlichen Mercedes-Vertretung, sich vor, »falls dieser Bursche die Arena heute lebend verläßt«, in Hinkunft zu allen seinen Corridas zu gehen. Ein unvorhergesehenes Ereignis sollte Jurado an der Durchführung seiner Absichten hindern. Die fanatische Begierde nach einem Mercedes, diesem Symbol des Aufstiegs, sollte den jungen Matador einige Monate später zu Jurados Chef führen; und zugleich mit einem Wagen nahm er Jurado selbst als Chauffeur mit. Die beiden Männer legten im Lauf eines einzigen Jahres mehr als 150000 Kilometer gemeinsam zurück. Da Jurado durch die endlosen Nachtfahrten gezwungen war, tagsüber zu schlafen, hatte er fast nie Gelegenheit, seinen Maestro kämpfen zu sehen.

Im Augenblick wiederholte El Cordobés die Tollheiten, die in Palma solchen Erfolg gehabt hatten. Er kniete nieder, ließ die Hörner links und rechts, in Höhe der Brust und in Höhe des Kopfes passieren. Er hielt seine *Muleta* auf jede erdenkliche Art, hinten, vorne, seitlich, weitab und dicht, so dicht am Körper, daß die Zuschauer aufschrien, aufsprangen und frenetisch applaudierten.

Mehrere Male traf ihn die flache Seite der Hörner, doch die *Patrona* von Palma wachte an diesem Tag über ihren Schützling. Die Stiere stießen ihn nieder, warfen ihn in die Luft, trampelten auf ihm herum – aber jedesmal stand er wieder auf, und das Blut, das seinen Lichteranzug besudelte, war nicht das seine. Sein Wille zum Triumph war so übermächtig, daß er im Moment der *Estocada* einfach vergaß, den Degen loszulassen. Der Stier machte einen Satz, und Manuel wirbelte durch die Luft wie ein Windmühlenflügel, in der Hand immer noch die Waffe, die wieder aus seinem Gegner geglitten war, nachdem er sie bis ans Heft versenkt hatte. Einige Sekunden nachdem der Torero unsanft auf dem Sand gelandet war, brach der Stier tot zusammen.

Manuel war zu Fuß auf die *Plaza* gekommen; er verließ sie auf den Schultern seiner neuen Bewunderer. Im Hotel angekommen, warf er sein Kostüm ab und ließ sich erschöpft aufs Bett fallen. Sein Körper war nur noch eine Masse schmerzenden Fleischs und geschundener Knochen. El Pipo trat ins Zimmer. Unter dem Arm trug er ein kleines, in Zeitungspapier gewickeltes Paket. Er öffnete es. Ein dünnes Bündel Banknoten kam zum Vorschein. Mit einer triumphierenden Gebärde warf El Pipo die Scheine in die Luft, so daß sie sich wie ein Konfettiregen über den nackten Körper seines Matadors ergossen. Zu ausgepumpt, um Überraschung oder Freude zu zeigen, sah Manuel gleichgültig seinen Manager an, der ausrief: »Das gehört dir, Kleiner! Für diesen Nachmittag!« Und bevor Manuel irgendeine Bewegung machen konnte, fügte El Pipo hinzu: »Aber wenn du eine weitere Corrida willst, mußt du mir alles lassen, damit ich sie organisieren kann!« Mit einer müden Geste nahm Manuel einen Schein und wischte die anderen von seinem Körper. Dann drehte er sich wortlos zur Wand. El Pipo kniete vor dem Bett nieder und sammelte die vom Schweiß des Matadors feuchten Banknoten ein. Er machte einen kleinen Stapel daraus, den er wieder in die alte Zeitung einrollte und verließ eilig den Raum.

Am nächsten Morgen kaufte sich Manuel Benítez mit der einzigen Banknote, die ihm sein Manager gelassen hatte, eine Eisenbahnfahrkarte nach Palma del Río. Er hatte dort ein Versprechen zu erfüllen. Auch er trug ein in Zeitungspapier gewickeltes Paket unter dem Arm. Darin befand sich ein Schatz, den er seinem Freund Pedro Charneca bringen wollte. Manuel trat in das Café und warf das Päckchen auf die Theke. »Hier hast du die Provision, die du verlangt hast«, sagte er. Kein Geschenk hätte den dicken Cafetier mehr entzücken können: Es waren die Ohren und die Schwänze der ersten beiden Stiere, die sein Freund in der Stadt der Kalifen getötet hatte.

Nach diesem Triumph waren die Aktien El Pipos jäh gestiegen. Die Zeitung von Córdoba schrieb, daß sein Schützling »mit Gottes Hilfe – und Gott hat ihm in jeder Minute dieses Nachmittags geholfen – ein großer Torero werden könnte. Man kann richtig kämpfen und richtig töten lernen, aber man kann nicht erlernen, was er hat: den Mut eines Löwen«. Schon fragten sich die *Aficionados* von Córdoba, welche weiteren Überraschungen ihnen El Pipo mit diesem Phänomen zu bereiten gedachte, das er anscheinend wie ein Zauberer aus seinem Hut gezogen hatte. El Pipo wußte es selbst nicht. Die Ovationen, die Manuel in Palma und Córdoba geerntet hatte, lagen noch zu kurz zurück, als daß jene Männer schon davon gehört haben konnten, an die er sich gern wenden wollte. So beschloß er, sich in einem alten Taxi wieder auf den Weg zu machen und neuerlich der Handlungsreisende des Cordobés zu werden. Seine Fahrten führten ihn unvermeidlich in die andalusischen Städte und Dörfer, die anläßlich ihrer jährlichen *Ferias* einen oder zwei Kämpfe veranstalten wollten. Dort versuchte El Pipo die Impresarii der örtlichen *Plazas* mit seiner einschmeichelndsten Stimme zu überzeugen, daß er den neuesten Stern besaß, der am Himmel der *Fiesta Brava* aufgegangen war.

Die barocken Türme der Stadt Ecija erscheinen zwischen den sanften Kuppen der Ebene, durch die die Straße von Córdoba nach Sevilla führt. Von hier aus sind vor einem Vierteljahrhundert in der ersten Kühle eines Morgengrauens die Kolonnen des Majors Baturone ausgezogen, um Palma del Río den Roten zu entreißen. Am Ufer der braunen Fluten des Genil erheben sich auf den Ruinen eines römischen Amphitheaters die weißen Stufen der *Plaza de Toros.*

Innerhalb von fünfzig Jahren hat diese bescheidene Arena ihren Teil an Triumphen und Tragödien erlebt: den Tod eines jungen Toreros, fünf feierliche *Alternativas*, die begnadeten *Faenas* einiger Großer der *Fiesta Brava* und die Niederlagen unzähliger anderer.

Nicht weit von der Arena, unter den Arkaden der Plaza Mayor von Ecija, saß jeden Vormittag ein Mann am Metalltisch eines Cafés und studierte seine Zeitung. Ohne sich von den Taubenschwärmen ringsum stören zu lassen, schlürfte er, während er las, ein Glas Sherry. Er war stets mit der Sorgfalt eines Dandys gekleidet. Seine schwarzen Haare waren peinlich genau gescheitet, und sein blütenweißes Hemd war zugeknöpft bis zum Hals. Beim zwölften Glockenschlag der benachbarten Kirche Santa Bárbara stand er auf und begab sich gemessenen Schritts zur Arena. Der Arbeitstag von Jesús Jiménez Torres begann. Von allen Ämtern, die es in Ecija gab, war seines das abwechslungsreichste: Er leitete die *Plaza de Toros* einer Stadt von 49762 Einwohnern.

Jesús Jiménez Torres erzählt

»50000 Leute ist ein ganz schöner Haufen, was? Aber um nur 2500 davon auf die Tribünen meiner *Plaza* zu kriegen, braucht man Genie. Jawohl, Genie! Da heißt es immer, die *Fiesta Brava* entflammt das Herz jedes Spaniers. In Madrid, Sevilla, Pamplona vielleicht schon. Aber hier, in diesem Kaff, muß man zu den ausgefallensten Mitteln greifen, um die Massen in Bewegung zu setzen. Hier bekommt man bestenfalls die Nasenspitze eines Touristen zu sehen. Sie brausen in voller Fahrt über die Hauptstraße und denken gar nicht daran, stehenzubleiben. Welcher Ausländer würde schon ausgerechnet nach Ecija kommen, um sich einen Stierkampf anzuschauen? Das ist jammerschade, denn die Touristen sind verrückt nach Corridas. Sie zahlen jeden Preis für eine Karte. Ob sie kommen, um ein malerisches Schauspiel zu sehen, oder um zuzusehen, wie ein Matador aufgespießt wird, ist egal. Jedenfalls verstehen sie nichts davon. Was sie kaufen, ist – Lokalkolorit.

Aber mit den Leuten von hier etwas anzufangen ist ein anderer Kaffee. Die Einheimischen kommen nicht für nichts und wieder nichts. Sicher, zu einem guten Matador gehen sie. Wenigstens ein paar. Aber ein guter Matador ist teuer. Außerdem braucht er gute Stiere, und gute

Stiere sind ebenfalls teuer. Also muß ich die Eintrittspreise erhöhen. Und wenn, Gott behüte, die Corrida nichts taugt, schlagen die Leute Krach, weil sie 200 Peseten für einen Platz ausgegeben haben. Da stehen sie mit verkniffenem Gesicht in der Sonne und denken an ihre 200 Peseten. Dann denken sie an die gräßliche Hitze und an das erbärmliche Schauspiel, das sie sich anschauen müssen. Und schließlich schnappen sie sich Bier- und Coca-Cola-Flaschen und schmeißen sie dem Matador an den Kopf. Das ist die *bronca*, die Volkswut.

Um hier den kleinsten Kampf aufzuziehen, braucht man 250000 Peseten. Und die sind zum Fenster hinausgeworfen, wenn nicht mindestens 2500 Zuschauer kommen. Dabei bezahlt man mit diesem Haufen Geld noch nicht einmal die Toreros! Jedes Jahr kommen Dutzende, ja vielleicht Hunderte von Burschen zu mir und flehen mich an, sie aufs Programm einer meiner Corridas zu setzen. Es gibt für sie nur ein einziges Mittel, wie sie mich dazu bringen können: Sie müssen mir 250 Karten abnehmen. Natürlich können sie diese Karten nicht für sich selber kaufen. Sie müssen sie eben anbringen. Keine verkauften Karten – keine *oportunidad.* Ich versuche immer, mir einen Anfänger auszusuchen, den man in seinem Dorf kennt, der Freunde hat. Bei solchen ist es möglich, daß man sie sehen will, und dann habe ich ein paar Leute auf meiner *Plaza.* Aber die beste Methode, um die Zuschauer anzulocken, ist immer noch, sein Hirn zu gebrauchen.

Eines Tages engagierte ich zum Beispiel einen Bengel aus Lora del Río, einer Kleinstadt vierzig Kilometer von hier. Er hieß Montes, und er verkaufte in seinem Nest auf den Straßen selbstgebackene Krapfen. Um ihn bekannt zu machen, ließ ich ihn herkommen und befahl ihm, sich auf den Hauptplatz von Ecija zu stellen, mit einigen Fotos von seinem letzten Stierkampf und einer Tafel, die von mir eine Chance verlangte. Er blieb eine Woche dort. Dann ließ ich ihn eines Tages sein Kochgeschirr aus Lora del Río bringen, damit er den Passanten Krapfen anbieten konnte. Jedesmal, wenn ich an ihm vorbeikam, tat ich, als ob ich ihn mißtrauisch ansähe. Am Freitag waren die Leute schon bereit, mich in der Luft zu zerreißen. Und am Abend, als die Empörung ihren Höhepunkt erreicht hatte, ging ich auf den Hauptplatz und sagte den Leuten, daß ich mich dem Druck der Öffentlichkeit beuge und daß José Montes seine Chance auf der *Plaza de Toros* von Ecija am folgenden Sonntag um 5 Uhr bekommen sollte. An diesem Sonntag war meine Arena voll, und ich hatte keinen Schaden.

Wenn ich die Leute auf meine Corridas aufmerksam machen wollte, engagierte ich den Zwerg der Stadt. Ich hatte eines Tages bemerkt, wie ihn die Leute anstarrten und wie verblüfft sie die dröhnende Stimme hörten, die aus diesem winzigen Körper kam. Eines Sonntags kleidete ich ihn in einen karierten Anzug und stülpte ihm einen Zylinder auf den Kopf. Ich gab ihm Handschuhe, eine Zigarre und einen Spazierstock, steckte ihm eine Nelke ins Knopfloch und schickte ihn durch die Straßen, damit er überall die Corrida ankündigte. Er sah so merkwürdig aus, daß die Leute stehenblieben, um ihn anzugaffen. Und dabei hörten sie die Reklame. Am Sonntag war meine *Plaza* gut besucht. Ich änderte seine Verkleidungen dauernd. Manchmal steckte ich ihn in einen Miniaturlichteranzug. Einmal mietete ich einen Lautsprecherwagen, fuhr durch die Straßen und verlautbarte, daß unmittelbar hinter mir ein großes Radrennen durch die Stadt kommen werde. Fünf Minuten später tauchte der Zwerg auf einem winzigen Kinderfahrrad auf, als Rennfahrer verkleidet, und streute Flugblätter für den Kampf des Nachmittags aus.

Manchmal, wenn ich weiß, daß die Matadore nicht viel taugen, baue ich irgendeine kleine Nummer ins Programm ein, die die Leute unterhält. Die beste besteht darin, in der Mitte des *Ruedos* einen mit Fett eingeriebenen Pfosten aufzustellen, an dessen Spitze ein Schinken baumelt. Ich fordere die Burschen der Stadt auf, sich den Schinken zu holen. Während sie sich darum balgen, hinaufklettern zu dürfen, lasse ich einen Stier los. Und immer klammert sich dann ein Bursche mit dem Schinken im Arm oben fest und bemüht sich verzweifelt, nicht zum Stier hinunterzurutschen.

Wenn Sie wüßten, wie man sich hier abstrampeln muß, um auch nur eine einzige Peseta zu verdienen! Und die ständigen Scherereien in diesem verdammten Beruf! Da kann es vorkommen, daß einem ein Stier entwischt oder daß einem ein Züchter zwei Biester schickt, die sich dermaßen hassen, daß sie sich knapp vor der Corrida gegenseitig umbringen. Vor zwei Jahren entkam ein Stier gerade in dem Augenblick, als die Zuschauer aus der Arena strömten. Die Tiere, die an diesem Tag getötet worden waren, hingen schon aufgeschlitzt in den Lastwagen der Fleischhauer. Man konnte gar nicht so schnell schauen, war die Hälfte der Mädchen mit ihren schönen Sonntagskleidern in die Lastwagen verschwunden und suchte hinter den blutigen Fleischseiten Zuflucht.

Hier bei uns ist es eben die echte *Fiesta Brava* und nicht die Wichtigtuerei wie in den Städten! Wer den Weiterbestand der Corrida in Spanien sichert, das sind die Impresarii in den Kleinstädten. Ohne uns würde die *Fiesta* bald zu einem Spektakel für reiche Spanier und schöne Ausländerinnen werden!

Als ich damals den breiten Hut von Rafael Sánchez ›El Pipo‹ im Fond eines schäbigen Taxis erspähte, dachte ich mir: Aha, da ist der Krabbenkönig, der einen seiner Coups landen will. El Pipo war zu dieser Zeit am Ende. Er war ruiniert. Alles war ihm in die Binsen gegangen. Es gibt, wie wir in Spanien sagen, volle Schiffe und leere Schiffe. Nun, El Pipo war in diesem Jahr ein leeres Schiff, genauso leer wie seine Toreros.

Er wollte mich mit seinem El Cordobés beschwatzen. ›Un fenómeno‹, sagte er immer wieder, ›Sie werden sehen! Die anderen können sich alle eingraben lassen.‹ Das war eine alte Leiter, die ich seit Jahren von ihm hörte. Für mich war sein Cordobés bloß ein weiterer dieser Jammerlappen, von denen er schwor, daß sie die *Fiesta Brava* revolutionieren würden. Meine Corrida für den nächsten Sonntag war schon organisiert. Zwei Matadore und vier Stiere. Mehr konnte ich mir nicht leisten. Aber El Pipo ließ sich nicht abwimmeln.

›Don Jesús‹, sagte er, ›ich gebe Ihnen meinen Cordobés gratis.‹

›Und Sie bürgen für den Preis der Stiere, wenn ich nicht auf meine Rechnung komme?‹

›Einverstanden‹, entgegnete er.

›Und Sie nehmen mir 300 Karten ab?‹.

Zu meiner Verblüffung ging er sogar darauf ein. Ich sagte mir, daß er ein verdammtes Vertrauen in seinen Bengel setzen mußte. Und er hatte recht damit. Diesmal hatte El Pipo nicht gelogen. Es war ein richtiges Fenómeno, das er mir daherbrachte!«

Noch nie hatte die Organisation einer Corrida Jesús Torres so sehr das Fürchten gelehrt. Weder das »fenómeno« noch El Pipo noch irgendein Vertreter war zum *Sorteo* nach Ecija erschienen. Das »fenómeno« näherte sich in diesem Augenblick inmitten einer Staubwolke Ecija. Der Mann, der eines Tages der reichste Matador Spaniens werden sollte, kam an jenem Tag weder in einem alten Rolls-Royce noch in einem Hispano-Suiza noch in dem traditionellen Chrysler mit der Dachgalerie voller Koffer, *Capas* und Degen. Er saß auf dem verrosteten Gepäckträger eines Motorrads, das der einzige Garagist Palmas lenkte. Plötzlich wurde die Fahrt jäh unterbrochen. Ein Hase hatte sich am Straßenrand gezeigt. Unfähig, seinen Landstreicherinstinkten zu widerstehen, sprang Manuel von der Maschine und verfolgte das Tier. Mit einem wohlgezielten Steinwurf erlegte er es und nahm es mit. Eine halbe Stunde später hielt der junge Torero auf dem knatternden Vehikel seinen Einzug in Ecija, wobei er triumphierend seine Beute schwenkte. Torres war wie vom Donner gerührt, als er den staubbedeckten, ölverschmierten, zerrauften dürren Burschen in geflickten Hosen erblickte, dessen Bild er am Eingang der Arena mit der Versicherung angeschlagen hatte, er sei die neueste Sensation der Tauromachie. »Er sah eher wie ein entsprungener Sträfling aus als wie ein Torero«, erinnert sich Torres. Ebensogroß war die Verblüffung des Impresarios, als er sah, wie Manuel das Essen hinunterschlang, das er ihm in dem kleinen Speisesaal des Hotels »Central« auftischen ließ. El Cordobés kannte den Grundsatz nicht, der einem Torero vorschreibt, vor einer Corrida nur wenig zu sich zu nehmen, damit im Fall einer Verletzung sein Magen leer ist. Er stopfte sich voll, »als hätte er seit drei Tagen nichts gegessen, bis er kaum noch atmen konnte und sein Gesicht so violett war wie die Soutane eines Bischofs«.

Diese Sorgen waren allerdings nur nebensächlich. Wovor der Impresario wirklich Angst hatte, war die völlige Pleite des Kartenverkaufs. Von allen Corridas, die der erfinderische Torres je organisiert hatte, hatte noch keine weniger Interesse erweckt. Er hatte nur 400 Karten an den Mann bringen können – ein so lächerliches Ergebnis, daß das größte Fiasko seiner Laufbahn unabwendbar schien. Verzweifelt suchte Torres nun nach irgendeinem Vorwand, um die Corrida absagen zu können. Während er noch überlegte, hörte er das Knattern einer Vespa, dann einer zweiten und schließlich das Dröhnen einer ununterbrochenen Folge von Fahrzeugen. Er stürzte ans Fenster. Der Lärm, der seine Gedanken unterbrochen hatte, riß nun die ganze Stadt aus ihrer Lethargie. Die Leute schraken aus ihrer Siesta hoch und liefen aus ihren Häusern, um zu sehen, was geschehen war.

Was geschah, erinnerte in gewisser Weise an die Invasion von 1936. Eine Kolonne von Mopeds, Motorollern, Motorrädern fuhr, aus Palma kommend, unter ohrenbetäubendem Getöse in Ecija ein. Dahinter folgte eine Reihe alter Lastwagen, die von erregten, fröhlichen Palmeños überquollen. Sie schrien, sangen und forderten die verdutzten Ecijaner auf, mitzukommen. An den Seiten der Wagen klebten Schilder, die die Vorzüge des jungen Matadors aus Palma in den höchsten Tönen priesen. Von dem Tumult, dem Gelächter, dem Gesang und vor allem von den vollen Weinschläuchen, die von den Lastern geworfen wurden, angelockt, folgten Hunderte und bald Tausende von Ecijanern der sonderbaren Parade. Auf dem ersten Wagen stand, stolz und gravitätisch wie ein Konquistador am Bug seiner Fregatte, der Initiator dieses plötzlichen Einfalls. Pedro Charneca führte seine Mitbürger auf die *Plaza de Toros*, um den Sohn Palmas bei seinem Kampf gegen zwei schwarze Stiere Ecijas zu ermutigen.

Als die Trompeten den Beginn der Corrida verkündeten, war Jesús Jiménez Torres gerettet. Der Einzug Charnecas hatte ein echtes Wunder vollbracht: Statt der erwarteten 400 Zuschauer hatten fast 4000 *Aficionados* die *Plaza* überschwemmt.

Sein Gesicht war schweißüberströmt, seine Haare hingen ihm in die Augen. Sein Kostüm war von oben bis unten mit dem Blut des Tiers besudelt, dem er soeben zwei winzige *Banderillas* auf die gleiche riskante Weise wie 14 Tage früher in seiner Heimatstadt eingestochen hatte. Die Arena tobte vor Begeisterung. Seit Jahren war die *Plaza* von Ecija nicht so außer Rand und Band gewesen wie bei dieser ersten Begegnung mit dem jungen Matador, der gerade langsam über den Kampfplatz ging, auf der Suche nach jemandem, dem er seinen zweiten Stier widmen konnte.

Vor Pedro Charneca blieb Manuel stehen, schwenkte seine *Montera* und rief: »Für dich, Freund! Du hast mir geholfen, hierherzugelangen. Ich schwöre dir, daß wir nach dem nächsten Stier, den ich dir widme, die Arena gemeinsam in meinem eigenen Auto verlassen werden!«

Aber ehe Manuel Benítez dieses Gelöbnis halten konnte, mußte er eine Prüfung bestehen, eine gnadenlose Prüfung, der die *Fiesta Brava* ihre Neulinge unterzieht. Jedes Jahr eliminiert diese Prüfung eine beträchtliche Anzahl junger, vielversprechender Matadore aus der Welt der Corrida. Es ist die Prüfung durch das Blut, der unbestechliche Maßstab für die Tapferkeit eines Toreros. Ehe Spanien einen neuen Matador anerkennt, wartet es stets das Ergebnis dieser Prüfung ab: der ersten Verletzung in der Arena. Denn, wie eine spanische Redensart versichert, »der Mut verfliegt fast immer mit dem Blut des ersten *Cornada*«. Und vor dem Publikum einer richtigen Corrida hatte Manuel diese Probe noch nicht abgelegt.

In der drückenden Hitze dieses Frühlingsnachmittags unterwarf sich Manuel Benítez vor den Augen von 4000 Zuschauern dieser entscheidenden Probe. Es geschah einen Augenblick vor der *Esto-*

cada. Als der Matador seinen Degen hob, machte der Stier einen Satz. Das Horn drang tief in seinen Schenkel ein.

Manuel stand wieder auf. Aus dem Riß in seiner *Taleguilla* schoß Blut. Mit schmerzverzerrtem Gesicht wollte er wieder auf den Stier zugehen. Die Zuschauer schwiegen gebannt. Einige Meter vor dem Tier brach er zusammen. Noch einmal erhob er sich und ging einige Schritte vorwärts. Mit einer ärgerlichen Gebärde befahl er den *Peones*, sich zu entfernen. Dann stürzte er in den Sand. Diesmal erreichten ihn die Helfer, ehe er sich wieder aufrichten konnte. Trotz seiner wütenden Proteste trugen sie ihn im Laufschritt in die *Enfermería.* Während sein Blut in Strömen floß, mußten ihn vier Zivilgardisten bändigen, damit der Arzt ihm Erste Hilfe leisten konnte. Eine rasche Untersuchung der Wunde ergab, daß die Mittel dieser behelfsmäßigen Verbandsstation zu ihrer Versorgung nicht ausreichten. Der Arzt tat sein möglichstes, um die Blutung zu stillen, und ordnete die sofortige Überführung des Verletzten nach Córdoba an.

Eine Stunde später lag Manuel bewußtlos unter dem mitleidigen Blick eines alten, rundgesichtigen Mannes, des Chirurgen der *Plaza de Toros* von Córdoba. Don Antonio Ortiz Clot erkannte den jungen Mann auf dem Operationstisch wieder. Während er seinen sterilisierten Kittel anzog, sagte er sich, daß ihre erste Begegnung sich nur um eine Woche verschoben habe: Acht Tage vorher, als El Cordobés in der Arena von Córdoba debütiert hatte, hatte Dr. Ortiz Clot in der *Enfermería* Dienst gemacht; überzeugt, daß ein Stier Manuel erwischen werde, hatte er seinen Sanitätern befohlen, im Operationssaal alles für ein sofortiges Eingreifen vorzubereiten.

Dr. Clot hatte sich auf einen äußerst ausgefallenen Beruf spezialisiert, den nur eine Handvoll Männer in Spanien und Südamerika ausübt.

Er war Taurotraumatologe, ein Facharzt für Stierkampfverletzungen. Dieser Zweig der Chirurgie beruht auf der Tatsache, daß Verletzungen durch das Stierhorn mit anderen Wunden kaum zu vergleichen sind. Für gewöhnlich verläßt das Horn den Körper eines Toreros durch dasselbe Loch, durch das es eingedrungen ist. Aber da der Stier während des Stoßes den Kopf bewegt, richtet es innerlich bedeutend größere Schäden an, zerfetzt Muskeln, Nerven, Adern und Organe. Die tatsächlichen Folgen einer *Cornada* sind also äußerlich so gut wie unsichtbar. Solche heimtückischen Verletzungen zu untersuchen, zu reinigen, zu nähen und zu behandeln ist eine schwierige, heikle Aufgabe. Und dies praktizierte Dr. Ortiz Clot seit 30 Jahren.

Der junge Mann, dem er gerade eine Bluttransfusion geben ließ, war der jüngste Vertreter einer langen Reihe von Matadoren, die auf seinem Operationstisch gelegen waren. Belmonte, Manolete, Ortega, Dominguín und Legionen von Unbekannten – sie alle hatte er bewußtlos, mit klaffenden Wunden, dem Tod nahe gesehen. Im Herbst, während der Saison der *Capeas*, brachte man ihm aus der ganzen Gegend übelzugerichtete junge Burschen. Die Erfahrung und die Geschicklichkeit des alten Arztes hatten so viele Mitglieder der *Fiesta Brava* gerettet, daß er sich auf keiner Straße Córdobas zeigen konnte, ohne von irgendeinem dankbaren Freund oder Verwandten eines Toreros gegrüßt zu werden.

Er untersuchte und reinigte Manuels Wunde mit peinlicher Genauigkeit. Das Horn war zehn Zentimeter tief eingedrungen und hatte die Femuralarterie nur um ein Haar verfehlt. Als der junge Patient aus der Narkose erwachte, waren seine ersten Worte: »Doktor, Sie müssen mich heute abend gehen lassen. Ich habe übermorgen eine Corrida.«

Der Chirurg lächelte väterlich. »Kleiner«, erwiderte er, »du wirst eine hübsche Weile hierbleiben müssen.«

Dr. Clot täuschte sich. Als er am übernächten Tag die Abendnachrichten hörte, stutzte er. »Heute nachmittag«, sagte der Sprecher, »bot der junge Matador El Cordobés in El Viso eine so außerordentliche Leistung, daß das Publikum ihm die vier Ohren, die beiden Schwänze und einen Huf seiner beiden Gegner zuerkannte.«

»El Cordobés?« wunderte sich Dr. Clot. »El Cordobés?« Er rief im Spital an. »Ja, Don Antonio«, antwortete eine Schwester verlegen. »El Cordobés ist heute nacht aus dem Spital geflüchtet.«

Manuel Benítez hatte seine Prüfung bestanden.

Dies war der Beginn des verrücktesten Sommers, den Manuel Benítez erleben sollte. Die glückliche Symbiose, die der physische Mut eines hungrigen Burschen und die Gerissenheit eines Geschäftsmannes eingegangen waren, ermöglichte einen spektakulären Aufstieg, der in der Geschichte der *Fiesta Brava* seinesgleichen suchte. Bevor noch die ersten kühlen Brisen des Herbstes Córdoba erreichten, sollte ganz Andalusien – und bald auch ganz Spanien – für den aufstrahlenden Stern, für das neue Idol der modernen Tauromachie zittern. El Pipo würde die Juwelen seiner Familie ihren Besitzern zurückgeben, begleitet von neuen Beweisen seiner Freigebigkeit. Und Manuel Benítez sollte bei einer einzigen Corrida 200000 Peseten verdienen, genug Geld, um jedesmal, wenn er aus einer Arena kam, jenen Schatz zu kaufen, nach dem er seit fast 20 Jahren fieberte: ein Auto...

El Pipo hatte sein Hauptquartier in einer schmalen Gasse Córdobas aufgeschlagen, in der Calle de la Plata – der Silbergasse. In dieser Gasse waren einst in einem endlosen Nebeneinander von Werkstätten das Gold und Silber der Azteken und der Inkas von den geschickten Händen der Goldschmiede zu Schmuckstücken verarbeitet worden, die die Höfe ganz Europas zierten. Nun symbolisierten nur noch die verstaubten Auslagen einiger Pfandleiher die einstige glanzvolle Berufung dieser Gasse. Ihre einzige Besonderheit bestand nun in einem kleinen Café, dem *Café Ivory.* Es war der Treffpunkt der *Aficionados* von Córdoba. Auf der Terrasse und um die kleine Theke war ständig eine Schar dieser Männer versammelt: Züchter auf der Durchreise; verabschiedete *Banderilleros* und *Picadores*, die ewig unrasiert vor ewig leeren Kaffeetassen saßen; arbeitslose Matadore mit knochigen, finsteren Gesichtern...

Das Orakel dieses Orts war ein fünfzigjähriger Schuhputzer namens Curro, ein ehemaliger *Banderillero*, der seinen Arbeitgeber verloren hatte, als ein Stier den unglücklichen Matador an die Brüstung der Arena von Madrid gespießt hatte. Von früh bis spät kroch er zwischen den Beinen der Gäste umher, und nichts bewies besser die Wertschätzung, die ein Mann hier genießen konnte, als der Eifer, mit dem Curro auf seine Schuhe spuckte. Zu dieser Zeit war auf der Terrasse des *Café Ivory* kein Paar Schuhe so blitzblank wie das einer gewichtigen, majestätischen Persönlichkeit namens Rafael Sánchez »El Pipo«. Seinen berühmten Hut in den Nacken geschoben, hielt El Pipo hier Hof. Die Zeit war vorbei, da er die Städte und Dörfer durchziehen mußte, um die Vorzüge seines Schützlings auszuposaunen und die örtlichen Impresarii um eine Chance anzuflehen. Nun begann man zu ihm zu kommen.

Die Phantasie El Pipos war in diesem Sommer äußerst fruchtbar. Er hatte die »richtige Verpackung für seine Waschmittelmarke« gefunden. Da die Tapferkeit in einem Land, das sie mit einem richtiggehenden Kult umgab, ein relativ häufiger Artikel war, mußte man dem Mann, der sie zur Schau trug, den Anstrich des Besonderen geben. So beschloß der Manager eines Nachmittags, Manuel zum »Torero der Armen« zu machen.

Nach dieser Entscheidung ging El Pipo daran, eine Legende um seinen Schützling zu weben: Eine Legende, die Manuel nicht bloß in das Zentrum einer Arena, sondern in den Mittelpunkt der Gedanken aller seiner andalusischen Landsleute rücken würde; eine Legende, die Leute anlocken würde, welche vorher noch nie einen Fuß in eine Arena gesetzt hatten; eine Legende, die auf einer gemeinsamen Erfahrung Manuels und so vieler Andalusier beruhte: auf der Armut.

Um diese Legende zu verbreiten, verfaßte El Pipo eigenhändig eine illustrierte Broschüre über das Leben seines Matadors. Noch selten war die Sprache der *Fiesta Brava* so überschwenglich und pathetisch gewesen wie in dieser Lobeshymne mit dem schlichten Titel »Der Torero der Armen«. El Pipo verkündete darin, daß »auf einem Stück grünen Samts im Herzen Andalusiens ein unschätzbarer Edelstein namens Manuel Benítez ›El Cordobés‹ erstanden« sei. »Im Volk verwurzelt, der Heimaterde, dem Spanien der Epen und Legenden entsprossen, hat dieser rohe Diamant«, fuhr die Broschüre fort, »einen genialen Steinschleifer gefunden, einen anderen Sohn des Volks namens Rafael Sánchez ›El Pipo‹.«

Dann wurde Manuel mit allen großen Ereignissen der spanischen Geschichte und Kultur in Verbindung gebracht: mit der Rückeroberung, mit der Entdeckung der Neuen Welt, mit der Vertreibung der napoleonischen Unterdrücker, mit den Gemälden Goyas und dem Adel Don Quijotes. Zum Schluß besang El Pipo die »wachsende Leidenschaft Spaniens für den Vagabunden seiner Straßen, der das Opfer seines Blutes ständig auf dem Altar der *Fiesta Brava* erneuert«.

Der unglückliche Juan Horillo erhielt die Aufgabe, dieses Machwerk in den Dörfern zu verbreiten und neuerlich, doch dieses Mal allein, die Gegenden zu durchstreifen, durch die er einige Jahre vorher gemeinsam mit Manuel gezogen war.

Um den Mythos, den sein Schützling verkörperte, durch Tatsachen zu untermauern, beschloß El Pipo, daß Manuel öffentlich seine Freigebigkeit zeigen und auf diese Art beweisen müsse, daß er die Seinen auch im Ruhm nicht vergaß. Allerdings hatte El Pipo eine etwas sonderbare Auffassung von Nächstenliebe. Eines Morgens nahm er einen Pressefotografen auf einen Spaziergang mit. »Passen Sie auf, was dieser Torero tut«, empfahl er seinem Begleiter, sobald er Manuel am vereinbarten Ort bemerkte. El Cordobés schenkte einem Schuhputzer ostentativ 300 Peseten und forderte ihn mit schallender Stimme auf, »seine Bürsten ein paar Tage beiseite zu legen«. Sobald der Fotograf seine

Aufnahme gemacht hatte, stürzte sich der Manager auf den Schuhputzer und entriß ihm das Geld wieder. Auch Manuel selbst wurde ein Opfer dieser zwielichtigen Strategie: Eines Tages ließ El Pipo ihn beim Essen von Krabben fotografieren. Kaum hatte El Cordobés den ersten dieser ungewohnten Leckerbissen verzehrt und die Szene war auf den Film gebannt, nahm El Pipo ihm den Teller weg und stellte ihn wieder in das Schaufenster seines Bruders.

Jedesmal, wenn sie sich gemeinsam in einem Dorf aufhielten, bediente El Pipo sich des mitleiderregendsten Bettlers, damit Manuel seine Großherzigkeit zur Schau stellen konnte. In Andujar ließ er einem Invaliden durch seinen Torero einen Rollstuhl schenken, »damit er imstande sei, seiner Corrida beizuwohnen«. El Pipo war vom Erfolg dieser Geste so befriedigt, daß er den Rollstuhl sofort nach dem Kampf zurückverlangte, um ihn anderswo auf die gleiche Weise verwenden zu können. In Posada lud er bei einem befreundeten Cafetier ein Dutzend Armer zu einem Bankett zu Ehren des Matadors. Sobald die Journalisten verschwunden waren, ließ er das großartige Büfett, das in Hinsicht auf die Fotografen aufgebaut worden war, abräumen und an seiner Stelle das bescheidenste Gericht servieren, das auf der Speisekarte des Cafés stand.

Sein Meisterstück legte der erfinderische Manager ein Jahr später in Barcelona ab. Nach einem Triumph in der Arena befahl El Pipo seinem Matador, sich auf dem Balkon seines Hotelzimmers zu zeigen. Dort schrieb El Cordobés Autogramme auf Hundertpesetenscheine, die er in die dichtgedrängte Menge warf. Es kam fast zu einer Straßenschlacht, und die Zivilgarde mußte einschreiten. Am nächsten Tag berichteten alle Zeitungen Spaniens darüber. El Pipo frohlockte. Seine Befriedigung hatte ihren guten Grund: Die von ihm zu diesem Zweck engagierten Männer hatten fast zwei Drittel aller Banknoten mit dem Autogramm El Cordobés' erobert.

El Pipo beschränkte die Legende, die er um seinen Matador rankte, nicht auf das materielle. Eines Tages bestach er eine alte Frau aus Palma del Río, zu erzählen, ihr sterbender Sohn sei dadurch gerettet worden, daß er die Hand des Cordobés berührt habe.

Ein andermal bemerkte El Pipo auf dem Weg zu einer Corrida eine Gruppe von Bauern, die ein Feld pflügten. Er ließ den Taxichauffeur anhalten, befahl seinem Matador mitzukommen und ging auf die Landarbeiter zu. Mit der Rhetorik eines geschulten Politikers hielt er eine lange Ansprache über die Vorzüge seines Toreros und schloß seine

Rede mit der pathetischen Aufforderung: »Seht diesen jungen Mann an! Eines Tages wird er reich und berühmt sein und euch aus eurer Sklaverei befreien! Kommt her, berührt seine Hand! Das wird euch Glück bringen.« Von dieser neuen Unverschämtheit seines Managers aus der Fassung gebracht, ließ es El Cordobés über sich ergehen, daß die Bauern nacheinander schüchtern über seine Hand strichen.

Auf dem Rückweg zum Taxi fuhr El Cordobés wütend auf seinen Manager los. »Laß mich nur machen«, grollte El Pipo, »du wirst schon sehen. Sie werden heute nachmittag alle zur Corrida kommen.« Er hatte recht. Einige Stunden später konnte er in der Menge, die sich an den Schaltern der *Plaza* drängte, befriedigt alle Mitglieder seines improvisierten Auditoriums erkennen.

Bald trug diese ungewöhnliche Reklamekampagne ihre Früchte, und der Matador wurde immer gefragter. Über Schotterstraßen, über holprige Feldwege, auf die sich noch nie ein Tourist verirrt hatte, in Autobussen oder alten, klapprigen Taxis fuhren Manuel Benítez und El Pipo unter der betäubenden Sonne von Stadt zu Stadt, von einer transportablen Arena in die andere, und von Mal zu Mal konnte El Pipo mit Vergnügen die Zuschauermassen größer werden sehen, die sich von den mitreißenden Mutproben seines Matadors anlocken ließen.

Für seine ersten Corridas bezog Manuel eine Gage von 20000 Peseten. Aber nur wenige Banknoten gelangten wirklich in seine Taschen, da die Spesen und die merkwürdigen Propagandafeldzüge El Pipos den Großteil der Einkünfte verschlangen. Der Torero verwendete einen Teil seiner ersten Einnahmen zum Kauf einer ungewöhnlichen Trophäe: eines Schinkens, eines riesigen Schinkens, desgleichen das Loch in der Calle Belén niemals gesehen hatte. Dieser Schinken wurde sein unzertrennlicher Begleiter; seine stete Gegenwart bildete gewissermaßen den Beweis, daß sein neues Leben kein Traum war. »Ich nahm meinen Schinken ins Hotel mit«, erinnert sich Manuel, »hängte ihn ans Fenster, und jedesmal wenn ich Hunger hatte, schnitt ich mir eine Scheibe ab. Es machte mich glücklich, ihn anzuschauen. Es war ein wunderbares Gefühl, so reich zu sein, daß ich mir einen ganzen Schinken kaufen und mir jedesmal eine Scheibe abschneiden konnte, wenn ich Lust danach hatte. Es gibt Leute, die auf die Gesellschaft eines Freundes versessen sind. Ich war damals auf die Gesellschaft meines Schinkens versessen. Er war für mich mehr als ein Freund, er war etwas, das einen nie enttäuschte, das den Hunger vertrieb, das man Stück für Stück verzehren konnte. Und als er aufgegessen war, als nur noch der Knochen übrig war, kaufte ich mir einen anderen, und in meinen Augen war es derselbe Schinken.«

Noch ein anderer Gefährte begleitete den Matador auf seinen Reisen, ein Spatz, den er mit gebrochenem Flügel am Straßenrand aufgelesen hatte. Dieser Vogel wurde sein Glücksbringer und machte jede der Fahrten des jungen Stiertöters auf dessen Schulter hockend mit. Das Leben dieses Maskottchens währte allerdings nur zwei Schinken lang: Es fand zwischen den Zähnen eines Hotelkaters ein jähes Ende. Bald sollte ein anderes Symbol den Platz des Schinkens und des Spatzes in Manuels Herz einnehmen: ein Automobil. Eines Abends, als er auf den Schultern seiner Bewunderer aus der *Plaza* von Andujar getragen wurde, sprang er plötzlich zu Boden, warf die beiden Ohren, die er erobert hatte, weg und stürzte sich gestikulierend auf den Besitzer eines kleinen Wagens, dessen Dach er in der Menge erspäht hatte. Es war ein Renault 4 CV, dessen Kilometerzähler schon beinahe die Strecke zweier Erdumkreisungen anzeigte. Sein Lack blätterte bereits ab und die Federn standen aus den Sitzen hervor. Aber das war Nebensache. Dieser Wagen war die vollkommene Verkörperung des Aufstiegs nach so vielen harten Jahren.

Mit schweißüberströmtem Gesicht entriß Manuel El Pipo das Paket, das die Gage für diesen Nachmittag enthielt. Unter den verblüfften Blicken der Zuschauer blätterte er die Scheine wild auf das Dach des Autos. »Da!« schrie er, als der Haufen Banknoten hinlänglich hoch geworden war. »Da haben Sie 50000 Peseten! Dieser Wagen gehört jetzt mir!«

Da Manuel keinen Führerschein hatte, mußte er sich zu einer weiteren Ausgabe entschließen. Er engagierte Luis Gonzáles, den jungen Mann, dem er soeben sein Auto abgekauft hatte, als Chauffeur. Der kleine Wagen wurde für Manuel »das schönste Spielzeug der Welt«. Er war der greifbare Beweis, daß er endlich auf dem heißersehnten Weg von Currito de la Cruz war. Jetzt, dachte er, kann ich durch das große Tor zur Casa Grande von Don Felix fahren.

Noch im Lichteranzug stieg er in sein erstes Auto und fuhr, ohne sich um Führerschein und dergleichen zu kümmern, nach Palma del Río. Gegen 2 Uhr morgens durchquerte er mit Vollgas die Straßen seiner Geburtsstadt und hielt schließlich vor einem langgestreckten weißen Gebäude mit grünen Fensterläden an, dessen Silhouette ihm noch in deutlicher Erinnerung war. Wie ein ausgelassener Heimkehrer eines Silvestergelages drückte er so lange auf die Hupe, bis sich endlich ein

Fenster erhellte und eine wutbebende Gestalt hinter den Scheiben erschien. Unter schallendem Gelächter trat Manuel den Gashebel durch und verschwand in der Dunkelheit. Zum letztenmal in seinem Leben hatte er die Nachtruhe seines alten Feinds, des Sergeanten Mauleón, gestört.

Priego, Lucena, Andujar, Belmés, Cardenas und noch eine Reihe anderer kleiner Städte und großer Dörfer an den Abhängen der Sierra und in den Ebenen Andalusiens bildeten in diesem verrückten Sommer den Hintergrund für den Aufstieg des neuen »Phänomens«. »Es waren«, erinnert sich El Pipo, »Nachmittage des Triumphs und des Irrsinns. Eine höllische Hitze herrschte. Jeder Platz war zweifach oder dreifach besetzt. Die Balken bogen sich unter den Menschentrauben. Manchmal brachen die Tribünen zusammen. Die Leute schrien, Frauen fielen in Ohnmacht. Bisweilen sprangen auch die Stiere in die Menge oder entkamen aus dem *Toril.* Die Zivilgardisten entsicherten ihre Gewehre. Panik brach aus. Es war ein allgemeiner Veitstanz.«

Die Panik war oft genug El Pipos ureigenstes Werk. Denn der Manager hatte nicht die Absicht, seinen Star vor halbleeren Tribünen kämpfen zu lassen. Um die *Plazas* zu füllen, um vor den Arenen ein beispielloses Chaos zu entfesseln, scheute er vor keinem Mittel zurück. Einer seiner bevorzugten Kunstgriffe bestand darin, der örtlichen Pfarre einen Stoß Karten zugunsten der Wohltätigkeitsorganisationen zu überlassen. Um seine Großzügigkeit auszugleichen, ließ er diese Karten ein zweites Mal drucken und an den öffentlichen Schaltern verkaufen. Wann immer er konnte, gab er für jeden einzelnen Platz zwei oder drei Karten aus, überzeugt, daß die Leute sich prügeln würden, um ihre Sitze zu erobern. Mit Hilfe der Journalisten, die er regelmäßig bestach, steuerte er in Presse und Rundfunk die wachsende Erregung, die diese Praktiken hervorriefen. Und überdies führte er seinen eigenen Reklamefeldzug. »Herz- und Nervenleidende werden gebeten, den Corridas des Cordobés fernzubleiben«, verkündete eine Zeitung. »Wann wird der König des Muts endlich wieder nach Córdoba kommen?« fragte eine andere. »Die Spannung steigt«; »Die *afición* erreicht ihren Siedepunkt«; »Das Ereignis des Jahrhunderts«: Mit solchen Schlagzeilen und Plakaten schuf und schürte El Pipo ein turbulentes Interesse, das er bald auf ganz Spanien ausdehnen sollte. Eines Tages würde er den Namen seines Matadors in Leuchtschrift an der *Plaza* von Barcelona anbringen lassen; ein andermal würde er behaupten, die Arena von Bilbao sei durch die Hitze der Begeisterung für El Cordobés in Brand geraten ...

Bei den ersten Corridas dieses Sommers suchte El Pipo stets Mittel und Wege, sich das Amt eines Präsidenten oder Beisitzers der Corrida zu verschaffen, damit er für eine großzügige Zuteilung von Ohren und Schwänzen an seinen Matador sorgen konnte. Aber diese Vorkehrung genügte nicht immer. Um die gelegentlichen Versager Manuels bemänteln zu können, ließ El Pipo den *Banderillero* Antonio Columpio bei einem Fleischhauer einen Schwanz und ein Paar schwarzer Ohren kaufen, die von da an einen ständigen Teil ihrer Ausrüstung bildeten. Wenn El Cordobés die Ohren seiner Stiere nicht erkämpfen konnte, befahl ihm sein Manager, die Arena Hals über Kopf zu verlassen und sich draußen mit den Trophäen aus der Fleischerei den Fotografen zu stellen. Dieser Kniff bewährte sich über Erwarten gut – bis Manuel eines Tages in Belmés beim Schwenken zweier schwarzer Ohren ertappt wurde, während er zwei braune Stiere getötet hatte.

Im folgenden Jahr in Granada sollten die Tricks El Pipos einen neuen Höhepunkt erreichen. Mit Hilfe einer ansehnlichen Summe brachte der Manager einen Chirurgen dazu, eine leichte Verletzung des Matadors mit dem Skalpell oberflächlich zu erweitern. Sobald ihm die neue Wunde eindrucksvoll genug schien, ließ er einen Fotografen eintreten und den schrecklichen Anblick im Bild festhalten. Als der Matador einige Tage später wieder in der Arena auftrat, veröffentlichte El Pipo in allen Zeitungen Spaniens dieses Bild, das die Tapferkeit und die physische Leistungsfähigkeit seines Toreros bewies.

Die größte Sorge El Pipos aber betraf in diesem Sommer sein kostbarstes Gut, sein Kapital selbst: das Leben seines Matadors. Manuel stand im Begriff, die Prophezeiung El Pipos wahr zu machen: die Panzerschränke der Banken von Córdoba – und die von Rafael Sánchez – bis zum Rand zu füllen. Nur eines konnte ihn hindern, dieses Ziel zu erreichen: eine schwere Verletzung, die ihn für Wochen oder Monate von den Arenen fernhalten würde. El Pipo bemühte sich mit allen Mitteln, dieses Risiko zu verringern.

»Wenn man arm und unbekannt ist«, pflegte er zu sagen, »muß man sich mit den Krumen begnügen, die die anderen nicht mögen. Aber wenn man einmal ›jemand‹ ist, ist man selbst an der Reihe, den Kuchen zu verspeisen und die Krumen den anderen zu überlassen.« Und da die Triumphe seines Schützlings anhielten und die Impresarii scharenweise zu seinem Tisch im *Café Ivory* strömten, biß El Pipo kräftig in den

Kuchen. Er brauchte nicht mehr mit Stieren vorliebzunehmen, die die Organisatoren der Corridas bestimmten. Er konnte fast immer die Tiere aussuchen, die ihm gefielen.

Die Stiere, die El Pipo gefielen, waren *toros cómodos* – die am leichtesten zu behandelnden Stiere, die es gab. Er begab sich oft selbst auf die Weiden, um sie auszuwählen. Immer wenn dies möglich war, entschied er sich für Exemplare mit einwärts gebogenen Hörnern. Überdies trachtete er, Tiere mit langen Nacken zu bekommen, von denen man erwarten konnte, daß sie im Augenblick der *Estocada* den Kopf sehr tief halten würden. Nach dieser ersten Auslese achtete El Pipo darauf, daß sein Matador von den sechs Stieren jeder Corrida die beiden besten bekam. Da El Cordobés in den Dörfern rings um Córdoba sehr bald die Attraktion jedes Kampfes geworden war, konnte der Manager auch oft die Matadore bestimmen, die gemeinsam mit seinem Schützling auf dem Programm stehen sollten. Die Toreros, die El Pipo auf diese Art förderte, mußten sich freilich hiefür erkenntlich zeigen. Gelegenheit dazu bot sich beim *Sorteo*, in dessen Verlauf die Vertreter der anderen Matadore El Cordobés die Stiere überlassen mußten, welche El Pipo verlangte.

Nach dieser »Formalität« sorgte der Manager dafür, daß die Wut und die Kraft der Stiere sich in Schranken hielten. Es gab mehrere Wege, um dieses Ziel zu erreichen. Der einfachste bestand darin, die Tiere bis zum Beginn des Kampfes in den Käfigen eingesperrt zu lassen, in denen sie transportiert worden waren. Zugleich entzog El Pipo ihnen für zwei Tage Futter und Wasser. Die drückende Sommerhitze, die Gefangenschaft, Hunger und Durst waren unfehlbare Mittel, um die Wildheit und die Energie der Tiere zu zügeln.

Es gab noch andere Methoden. El Pipo wußte, daß »nichts die Schnelligkeit eines Stiers mehr herabsetzt als ein paar gutgezielte Schläge mit einem Sandsack vor dem Kampf«. Ein weiterer wirkungsvoller Trick bestand darin, den Stieren heimlich eine Droge unter das Futter zu mischen. Der bevorzugte Kunstgriff El Pipos jedoch – ein äußerst gebräuchlicher Kunstgriff – richtete sich gegen die Waffen des Stiers: gegen seine Hörner. Sie waren »gestutzt«.

Es ging dabei nicht darum, sie stumpf zu machen, das heißt, ihre unmittelbare Gefährlichkeit zu verringern: Sie wurden um kaum zwei Zentimeter gekürzt und sofort wieder spitzgefeilt, um ihnen ihr ursprüngliches Aussehen zurückzugeben. Die Gründe dieser Operation lagen beträchtlich tiefer. Das Horn eines Stiers ist ein lebendes

Organ mit Blutgefäßen und Nerven. Es ist für den Stier das, was für eine Katze der Schnurrbart ist: eine Art Radar, mit dessen Hilfe er die Hindernisse der Außenwelt wahrnimmt und berechnet. Wenn man einem Stier die Spitzen seiner Hörner abschneidet, zerstört man sein Gefühl für die Entfernung. Er stößt danach weniger treffsicher zu und findet oft nur Luft, wo er einen festen Widerstand zu treffen gehofft hat.

Das Stutzen der Hörner war in der Nachkriegszeit ein so gebräuchlicher Trick geworden, daß der spanische Staat ein Gesetz dagegen erlassen mußte. Die Matadore, denen man diesen Schlich am häufigsten vorwarf, waren Manolete und Dominguín. Die Sicherheitsdirektion gründete ein eigenes Laboratorium, um die Hörner der verdächtigen Tiere mit Röntgenstrahlen zu prüfen. Die schuldigen Züchter wurden mit Geldstrafen bis zu 300000 Peseten belegt. Aber es ist außerordentlich schwierig, den Betrug an einem lebenden Tier aufzudecken. Immerhin machte das neue Gesetz den meisten Schiebungen bei den großen Corridas der Städte ein Ende. Auf dem Land jedoch, wo Polizisten und Tierärzte für die Bestechungen der Matadore weit anfälliger sind, ist das Stutzen nach wie vor gang und gäbe.

El Cordobés war in diesem Sommer noch nicht bekannt genug, um die Aufmerksamkeit der Inspektoren der spanischen Staatspolizei zu erregen. El Pipo konnte in aller Ruhe die Hörner der Stiere absägen lassen. Der Mann, dem er diese Aufgabe übertragen hatte, war der alte *Banderillero* Antonio Columpio. In 35 Jahren Stierkampf hatte sich Columpio eine profunde Kenntnis aller Seiten – und Schattenseiten – der *Fiesta Brava* angeeignet. Er galt als einer der geschicktesten »Hornstutzer« Andalusiens.

Im allgemeinen fand die Prozedur in der Nacht vor dem Kampf in den Gehegen der *Ganaderías* statt, wo die Stiere den Transport zur Arena erwarteten. Der Zeitpunkt dafür mußte sorgfältig gewählt werden, da die Tiere innerhalb von 24 Stunden ihr durch das Stutzen getrübtes Sehvermögen zurückgewinnen. Columpio schlich sich unauffällig zu den *Corrales*. Hier ließ er mit Hilfe bestochener Viehtreiber die Stiere nacheinander in eine Art hölzernen Käfig einsperren, der zur Pflege kranker Rinder dient. Die Wände des Käfigs sind mit einer Reihe von Öffnungen versehen, die es den Tierärzten gestatten, gefahrlos an jeden beliebigen Körperteil heranzukommen. Die Hörner stehen aus solchen Öffnungen hervor; mittels um einen

Balken geschlungener Stricke kann der Kopf des Tiers während des Stutzens festgezurrt werden. Die Operation ist rasch und einfach. »Ein paar Schnitte mit der Säge«, erinnert sich Columpio, »und die Spitzen fielen zu Boden wie abgeschnipselte Fingernägel. Ich brauchte nur noch die Enden zurechtzufeilen und mit ein bißchen Erde und Mist einzureiben, und die Sache war geregelt: Sie sahen aus, als hätten sie seit Jahren im Boden der Weiden gewühlt.«

Manchmal, wenn ein pflichtbewußter Züchter nicht mit sich reden ließ, war Columpio gezwungen, die Hörner in den Lastwagen zu stutzen, in denen die Tiere auf die *Plaza* transportiert wurden. Der *Banderillero* vergaß nie, die abgeschnittenen Spitzen einzustecken, um sie später heimlich El Cordobés zu geben, zum Beweis, daß er seine Aufgabe getreulich erfüllt hatte.

Das Stutzen der Hörner, die marktschreierische Propaganda und all die Tricks El Pipos genügten jedoch nicht, um dem Manager und seinem Schützling Zugang zu der Welt zu verschaffen, von der sie träumten. Ein Horn ist, gestutzt oder nicht, eine tödliche Waffe. Das Horn, das Manolete tötete, war gestutzt. Um El Pipos Werk zu vollenden, war eines unumgänglich vonnöten: der Mut des Matadors, dieser aberwitzige Mut, den ein junger, ruhmbesessener Mann in diesem Sommer bis zum Exzeß trieb, bis zu haarsträubenden Risiken, die sogar seinen zynischen Manager das Gruseln lehrten.

Tag für Tag setzte er kniend seine winzigen *Banderillas*: Er setzte sie, reglos an die *Barrera* gelehnt, in einer ungeheuerlich gefährlichen Stellung, in der ihm nur Sekundenbruchteile blieben, um einer furchtbaren Verletzung zu entkommen. Er setzte sie kniend, mit dem Rücken zum Stier.

Er führte mit der *Muleta Faenas* durch, die die Zuschauer vor Entsetzen aufschreien ließen. Er machte *Pases de pecho* – Pases in Höhe der Brust –, die die Stiere zwangen, mit den Hörnern seinen Brustkorb zu streifen. Er ließ sie wieder und wieder kniend passieren, so daß die Hörner nur um Zentimeter seine Augen, seinen Schädel, seinen Mund verfehlten. Er ließ sie, während er an der Brüstung lehnte oder kniete, so nahe vorbeirasen, daß er bei der geringsten Änderung in der Bahn des Stiers unweigerlich gegen die Planke gespießt worden wäre wie ein Schmetterling.

Eines Tages, auf dem Weg nach Andujar, kündigte er Columpio an, daß er etwas machen werde, was noch nie in einer Arena versucht worden war. Der alte *Banderillero*, überzeugt, in seiner langen Laufbahn alles gesehen zu haben, warf ihm einen skeptischen Blick zu. Er hatte unrecht.

Vor den angstgeweiteten Augen des grauhaarigen *Peóns* brach El Cordobés wie üblich seine *Banderillas* entzwei, schritt auf den in der Mitte des Platzes wartenden Stier zu und drehte sich um. Rückwärts gehend näherte er sich ihm langsam. Als der Stier losstürmte, blieb er stehen. Knapp bevor ihn die Hörner erreichten, streckte er sein rechtes Bein zur Seite, um die Aufmerksamkeit des Tiers anzulocken und seinen Lauf abzulenken. Der Stier schwenkte ab, und mit einer jähen Wendung stach ihm El Cordobés seine *Banderillas* in den Widerrist. Atemlos vor Begeisterung klatschte Columpio gleich der ganzen *Plaza* frenetisch Beifall.

Später, in Pozoblanco, gab El Cordobés seinem *Peón* einen noch triftigeren Grund zu applaudieren. An jenem Tag ging er rückwärts bis in die Mitte des Kampfplatzes, faltete seine *Muleta* zusammen und blieb drei Meter vor den Hörnern stehen. Das Tier ging ein paar Schritte vorwärts, um diese beunruhigende Gestalt zu beschnüffeln. Kein Muskel in Manuels Körper zuckte. Von diesem Augenblick an, erinnert sich Columpio, »konnte man in der Arena einen Floh husten hören«. El Cordobés setzte sich ganz langsam nieder, gerade vor den Hörnern des Stiers, kaum 50 Zentimeter von seinem Kopf entfernt. Mit den kontrollierten Bewegungen eines Hochseilartisten, der eine Nummer ohne Netz vorführt, beugte er sich behutsam nach vorn, nahm einen Fuß in die Hände und streifte den Schuh ab. In seinem Rücken konnte er den heißen, feuchten Atem des Stiers fühlen. In der gleichen, methodischen, vollkommen beherrschten Weise wiederholte er den Vorgang mit dem anderen Fuß. Danach nahm er in jede Hand einen Schuh, stand in Strümpfen auf und drehte sich allmählich, unendlich vorsichtig, zum Stier um. Wie in einem Zeitlupenfilm streckte er die Arme aus und klopfte mit den Sohlen sachte gegen die Hörner. Dann zog er die Schuhe mit der gleichen Langsamkeit wieder an, bückte sich und hob seine *Muleta* auf. Und mit einem jähen Ruck entfaltete er das grelle Tuch vor den Augen seines Gegners. In einem wilden Satz stürzte das Tier sich in den Stoff.

Ein Lärm, wie Columpio ihn noch nie vernommen hatte, brach auf den Tribünen los. »Die ganze *Plaza*«, erzählte er, »war aufgesprungen, johlte und trampelte.« Der grauhaarige *Peón* sagte sich, daß er wohl nie einen Herzanfall bekommen würde, wenn er jetzt keinen bekommen hatte.

Meistens hatten die Kämpfe des Cordobés keinen Zusammenhang mit der edlen Kunst der Tauromachie, wie sie die Meister von Ronda und Sevilla gelehrt hatten. Seine *Faenas* waren gewalttätige, rohe Darbietungen, die den klassischen Bewegungen und Figuren kaum ähnelten. Jedesmal wenn er auftrat, verbreitete sich eine Atmosphäre ungezügelter Wildheit in der Arena. Doch daß seine Haare zu lang waren, daß er mit dem Degen nach dem Stier schlug, um ihn zum Angreifen zu bringen, daß er die *Capa* nicht richtig handhabte und die Beine geschlossen hielt, während sie gepreizt sein sollten, fiel nicht ins Gewicht: Was bedeutete dies gegen seine unglaubliche Tollkühnheit, gegen seine Bereitschaft, Dinge zu riskieren, die sonst niemand wagte?! Schon rief er hysterische Verehrung und wütende Ablehnung hervor. Bewunderer und Gegner hatten jedoch eines gemeinsam: Sie drängten sich zu den Corridas des Cordobés.

El Pipo hatte es bald nicht mehr nötig, zwei oder drei Karten pro Platz zu verkaufen, um die Arenen zu füllen. Die Leute kamen ganz von selbst, angelockt von dem wachsenden Zauber des Namens El Cordobés. Die Corridas begannen mit Raufereien um einen Sitzplatz und endeten mit überschwenglichen Kundgebungen zu Ehren des Matadors. Eine Flut von Enten, Kaninchen, Hühnern, Würsten und vollen Weinschläuchen ergoß sich am Ende der Corridas in den kleineren Orten über den erschöpften Matador; in den Städten war es ein Hagel von Hüten, Taschen, Mantillas, Schuhen, Blumen. Manche Frauen rissen sogar Stücke von ihren Miedern und Kleidern, um sie dem Mann zuzuwerfen, der ihr Herz so zu entflammen vermocht hatte.

Die Saison, die mit einem Vabanquespiel begonnen hatte, endete mit einem triumphalen Erfolg: Die Bank war gesprengt. Einem Zyklon gleich, der immer heftiger wird, je weiter er vorrückt, brandeten die Wogen der Begeisterung um El Cordobés von Corrida zu Corrida höher. Im August kam er wieder nach Palma, zu seiner ersten Corrida mit *Picadores.* Antonio Caro, der Eisfabrikant, der drei Monate vorher erklärt hatte, daß die Stadt ihm eher ein Gefängnis bauen als eine Arena mieten werde, mietete die größte transportable Arena, die es in Spanien gab. Und der junge Mann, der einst als Gage nur eine Handvoll schmieriger, zerknitterter Banknoten bekommen hatte, verlangte und erhielt nun dicke Bündel nagelneuer Scheine. Pedro Charneca entfernte feierlich die Bilder Manoletes von den Wänden seines Cafés und ersetzte sie durch Fotos des jungen Mannes, der zum Idol seiner Gäste werden sollte und einen neuen Zustrom von Desperados auf die Weiden Don Felix' auslösen würde. »Der König ist tot, es lebe der König«, proklamierte Charneca, »Manolete gehört den Toten, El Cordobés den Lebenden!«

Einige Tage später trat Manuel in Ecija auf. Jesús Torres, der Impresario, der ihm ehedem nicht einmal 1000 Peseten gegeben hatte, hatte El Pipo nun anflehen müssen, ihn für 100000 wieder in seine Arena zu bringen. In Córdoba kämpfte er an einem einzigen Nachmittag mit vier Stieren, und Presse und Radio verlautbarten, daß »der Zug nach Sevilla erst nach der Corrida abfahre«.

»Der Name ›El Cordobés‹ genügt, um jede beliebige Arena von Andalusien zum Bersten zu füllen«, schrieb die Zeitung von Córdoba. Im September und während der Saison der *Ferias* trat er bei einer ununterbrochenen Folge sensationeller Corridas auf. In Belmés erhielt er an einem einzigen Nachmittag für seine vier Stiere acht Ohren, zwei Schwänze und einen Huf und wurde zwei Stunden lang auf den Schultern seiner Bewunderer durch die Straßen der Stadt getragen. In Priego rief sein Erscheinen ein Verkehrschaos hervor, das die Hauptstraße vier Stunden lang verstopfte. In Jaén kämpfte er unter einem Wolkenbruch.

»Heuer geht die Saison überhaupt nicht zu Ende«, kommentierte die Zeitung von Córdoba, »jede Stadt will eine Corrida mit El Cordobés. Wenn das so weitergeht, wird die Bank von Spanien bald ihm gehören.«

Solche Prophezeiungen waren kaum übertrieben. Am Ende dieses verrückten Sommers, in Jaén, konnte El Pipo einer der bedeutendsten Persönlichkeiten der *Fiesta Brava*, dem greisen Pedro Balaña, so überzeugend die Tollkühnheit seines Matadors demonstrieren, daß dieser hingerissen ausrief: »Rafael, dein Torero wird ganz Spanien eine Gänsehaut einjagen!«

Vor freudiger Erregung bekam El Pipo selbst eine Gänsehaut; er wußte, daß dieser Ausruf Millionen wert war. Balaña war der Besitzer der Arenen von Barcelona, Palma de Mallorca und eines weiteren halben Dutzends von *Plazas*, er war der Herr eines der blühendsten und gewinnbringendsten Unternehmen der *Fiesta*.

Im Februar des folgenden Jahres fuhr El Pipo mit seinem Torero nach Barcelona. Am vierten Tag, nach vier Triumphen vor einem

Publikum, das nur die Idole anerkennt, die es selbst großgemacht hat, verließ El Cordobés die *Plaza Monumental* durch das große Tor auf den Schultern seiner neuen Bewunderer. Von da an standen die berühmtesten Arenen Spaniens für den gerissenen Manager und seinen waghalsigen Matador offen.

In diesem zweiten Sommer zog Manuel siebenundsiebzigmal seinen Lichteranzug an, tötete 151 Stiere, eroberte 212 Ohren und versetzte alle Teile Spaniens in den gleichen Begeisterungstaumel wie im Jahr zuvor Andalusien. Für jeden Kampf erhielt er 200000 Peseten, fast so viel wie sein Vorbild Manolete in seinem letzten Lebensjahr.

In einem Zimmer des Palasthotels schrieb der joviale Manager eines Winterabends eine Zahl auf eine Zündholzschachtel und warf diese lässig seinem Matador zu. Es war der Voranschlag El Pipos für die dritte Saison – eine astronomische Zahl! Manuel hatte noch nie in seinem Leben so viele Nullen hintereinander gesehen: 16000000 – *sechzehn Millionen* Peseten! Mit gönnerischer Miene schlug El Pipo vor, diese gewaltige Summe in drei Teile zu teilen: ein Drittel für den Torero, ein Drittel für den Manager und ein Drittel für die gemeinsamen Spesen und eine neue Werbekampagne, die El Pipo unternehmen wollte. Die Rechnung El Pipos zeigte seine Absicht, die Henne, die ihm goldene Eier legte, unverzüglich zu rupfen. Er wußte, wie fragwürdig das Schicksal eines Matadors ist, wie kurz seine Karriere dauern kann. Immerhin gab es eine Entschuldigung für seine unmäßige Geldgier: El Pipo war ein so guter Redner, daß er manchmal selbst an den Mythos zu glauben begann, den er selbst erschaffen hatte. Er war zutiefst überzeugt, daß in Wirklichkeit er der Held der spanischen Arenen war, daß El Cordobés bloß ein Produkt seines Genies war. In seinen Stammcafés behauptete er gern, daß die Laufbahn des Toreros nur so lange währen würde, als es ihm beliebe; denn an dem Tag, an dem er ihn verließe, würde »die Welt des Matadors zusammenfallen wie ein Kartenhaus«. Da El Cordobés jedoch sicher war, daß auch das Drittel, das für die Finanzierung der neuen Reklamekampagne bestimmt war, zu einem Gutteil in die Taschen El Pipos fließen würde, lehnte er den Vorschlag des Managers rundweg ab.

Der unvermeidliche Bruch vollzog sich im folgenden Jahr in Barcelona. Aber der andalusische Torero setzte seinen Aufstieg fort. Oft rief er durch sein Erscheinen einen Auflauf hervor. Die Zivilgarde, die ihn so hartnäckig verfolgt hatte, mußte ihn nun vor seinen hysterischen Anbetern schützen. In Valencia mußte die Polizei eingreifen, um ihn aus der Menge zu befreien.

Er entfesselte einen Sturm von Auseinandersetzungen. Überall gerieten sich Bewunderer und Gegner in die Haare. Seine unberechenbaren Einfälle, die Wildheit seiner Figuren, seine völlige Mißachtung der Formen und Traditionen brachten ihm ebenso viele Feinde wie Freunde ein, und oft war das Johlen der Menge in der Arena ein Ausdruck der Ablehnung und nicht der Begeisterung. In Pamplona rächte er sich an einem von Wein und Feindseligkeit trunkenen Publikum, indem er seine *Faenas* mit einer so geringschätzigen Beiläufigkeit abwickelte, daß eine furchterregende *Brenoa*, eine Explosion von Zorn, losbrach, wie sie die alte *Plaza* noch kaum je erlebt hatte. Aber wo er hinkam, erregte er das allgemeine Interesse. Die Journalisten, die fünf Jahre vorher das langsame Zugrundegehen der Tauromachie beklagt hatten, bejubelten nun ihre Wiedergeburt. Wie groß auch immer der wirkliche Wert von Manuels Kunst sein mochte: die Massen strömten von Mal zu Mal zahlreicher zu seinen Corridas, um die Sensation zu erleben, wie er die Hörner der Stiere näher und näher an seinem Körper vorbeirasen ließ, näher als irgendein anderer Matador es je gewagt hatte.

Während er seinen Siegeszug fortsetzte, kämpften die mächtigsten Manager und Impresarii von Spanien um den vakanten Platz El Pipos. Ihre Vertreter lauerten dem Matador in den Gängen der Hotels auf wie Privatdetektive und flüsterten ihm die neuesten Vorschläge ihrer Auftraggeber ins Ohr. El Cordobés empfing die Abgesandten derer, die ihn vor kurzem noch geringschätzig abgewiesen hatten, mit einem einzigen, immer gleichen Wort: »Wieviel?« Im Februar 1963 befriedigte ihn endlich eine Antwort, die des alten baskischen *Apoderados* Pablo Chopera. Dieser garantierte ihm eine Gage von 525 000 Peseten pro Corrida, mehr als 250 000 pro Stier, mehr als 25 000 für jede Minute der Gefahr, eine märchenhafte Summe, die den andalusischen Vagabunden zum bestbezahlten Torero in der Geschichte der *Fiesta Nacional* machen sollte.

Manuel hatte seine Träume verwirklicht. Er fuhr in einem weißen Mercedes – einem der drei, die er besaß – zur Corrida; er hatte einen Chauffeur mit weißen Handschuhen und Schirmmütze, den treuen Andrés Jurado, der sich einst in der Arena von Córdoba geschworen hatte, keinen seiner Kämpfe zu versäumen. Acht von zehn Postkarten, die in diesem Jahr vor den *Plazas* Spaniens verkauft wurden, zeigten sein Bild. Wie er es dem Schneider vorausgesagt hatte, der sich seinerzeit geweigert hatte, ihm einen Lichteranzug zu leihen, konnte er nun »seine Kostüme nach jeder Corrida wegschmeißen«. Vor allem aber war die Prophezeiung El Pipos in Erfüllung gegangen: Zu Millionen strömte das Geld des ehemaligen »Phantoms des *campo*« in die Banken Córdobas und Madrids. Mit der unbeholfenen Unterschrift, die ihn ein Priester in Salamanca gelehrt hatte, unterzeichnete Manuel Schecks über riesige Summen, die er in die einzigen Güter investierte, von denen ein armer Andalusier träumen konnte: in Land und Häuser. Er konnte nun Orangen von seinen eigenen Bäumen pflücken und auf den Weiden seine eigenen Stiere reizen. Er besaß 15 000 Olivenbäume in der Nähe von Jaén und 10 000 Hektar am Fuß der Sierra zwischen Córdoba und Palma. Hier züchtete er selbst Kampfstiere, und wenn er seine Tiere in Städte sandte, von denen er einst nur die Gefängnisse gekannt hatte, konnte er an den Wänden der Arena Plakate sehen, die in großen Lettern »sechs tapfere Stiere von *Don* Manuel Benítez« ankündigten.

Die symbolischste all seiner Erwartungen aber war jene, die er auf einer Anhöhe im Norden Córdobas gemacht hatte. Dort befanden sich inmitten von Korkeichen und wilden Olivenbäumen die Ruinen eines Bauernhofs. Das Gebäude war im Sommer 1936 ein nationalistischer Vorposten, später eine Kaserne der Zivilgarde und schließlich ein Zufluchtsort für einen armen Schäfer und seine Herde gewesen. Als Manuel Benítez und Juan Horillo in einer Gewitternacht von den Feldhütern einer benachbarten *Ganadería* verfolgt worden waren, hatten sie an die Tür dieses verfallenen Hauses geklopft. Statt sie wegzujagen, hatte der alte Schäfer sie freundlich aufgenommen, ihnen Milch kredenzt und ihnen erlaubt, ihre Kleider zu trocknen und am Feuer zu schlafen. Am nächsten Tag hatte Manuel beim Abschied versprochen wiederzukommen, wenn er reich und berühmt sein würde; er würde diese Ruine kaufen und darauf sein Haus bauen. Der Schäfer und seine Herde waren längst fortgezogen, aber Manuel hatte sein Versprechen gehalten. Während er von Arena zu Arena zog, errichtete ein Heer von Arbeitern an der Stelle dieser Ruine einen weitläufigen Wohnsitz mit einer Privatarena, Pferdeställen, Scheunen und einem riesigen Schwimmbassin. Am Tor konnte man neben dem Emblem, das Manuel gewählt hatte, einem andalusischen Hut, in eisernen Lettern lesen: »Hacienda Manuel Benítez El Cordobés«.

Der Ruhm des Besitzers der Hacienda war bereits über die Grenzen Spaniens, über den Ozean, bis zu den fernen Küsten gedrungen, die die

Vorfahren des Toreros einst erforscht hatten. Von den Anden bis zum Popocatepetl waren die Massen Perus, Mexikos, Kolumbiens und Venezuelas in die Arenen geströmt, um dem Phänomen zuzujubeln, das ihnen die Alte Welt gesandt hatte. Die Tournee war ein einziger Triumphzug gewesen. Als Manuel zurückkam, war sein Gesicht von der Sonne Acapulcos verbrannt, und seine Taschen quollen von Dollars und phantastischen Verträgen für die nächste Saison über.

Aber der Erfolg hatte auch seine Kehrseite. Siebenmal hatte der Matador in diesem dritten Sommer seine Tollkühnheit auf einem Operationstisch bezahlen müssen. Zweimal, in Barcelona und Valencia, waren seine Verletzungen äußerst schwer gewesen; und einmal, in Granada, sogar lebensgefährlich. Neun Liter fremden Bluts waren in seine Venen geflossen, und siebenundvierzig Tage, in denen er mit Stieren hätte kämpfen können, hatte er in Spitalbetten zubringen müssen.

Der verrückte Sommer, in dem der kometenhafte Aufstieg des Cordobés begann, endete mit einem Erlebnis, das der ersten Saison seiner Karriere einen glanzvollen Schlußpunkt setzte. In der Arena von Córdoba, die bei seinem ersten Auftreten vier Monate vorher halb leer gewesen war, drängte sich nun eine fröhliche, lärmende Menge. Als der letzte Stier tot zusammenbrach und das ganze Publikum aufstand, um dem Matador zuzujubeln, schritt eine stolze, gravitätische Gestalt in die Präsidentenloge. Mit einer Geste zeigte der Mann, daß er El Cordobés und den Zuschauern den allerletzten Stier zu schenken wünschte, der sich im *Corral* der *Plaza* befand, den Reservestier, der für den Fall bereitstand, daß einer der anderen sich als kampfuntauglich erweisen sollte.

Der Mann, der El Cordobés den letzten Stier der Saison schenkte, war derselbe, der Manuel so hartnäckig von seinen *Tientas*, von seiner *Ganadería* vertrieben hatte, derselbe, dessen Deckstier einem Stich mit einem alten Bajonett aus dem Bürgerkrieg zum Opfer gefallen war. Es war Don Felix Moreno.

Angelita Benítez erzählt

»Ich war allein zu Hause und wusch gerade Wäsche. Er kam in dem kleinen grünen Auto, das er sich gekauft hatte. Er rief: ›Komm, komm schnell, Angelita, ich muß dir was zeigen!‹ Er sah so aufgeregt aus, daß ich glaubte, er wolle mich nach Madrid mitnehmen. Ich lief hinaus, wie ich war, mit meiner Schürze, die Hände voll Seife.

Es regnete an diesem Tag und die Straßen waren voll Kot. Er führte mich an einen Ort, wo es in Pflaster gab und keinen Kot. Er hielt an und sagte: ›Komm mit.‹ Dann ging er in ein großes Haus hinein.

Drinnen war es stockfinster. Wir tasteten uns an den Wänden entlang, und dann zündeten wir eine Kerze an. Er sagte: ›Ich wollte dir ein Haus kaufen, weil du keines hast.‹ Er hatte es bereits gekauft. Er war irgendwann hierhergekommen und hatte alles geregelt, ohne mir einen Ton zu sagen.

Ich bin ein eher ruhiger Mensch. Ich falle nicht wegen jeder Kleinigkeit in Ohnmacht. Dazu habe ich zuviel gesehen in meinem Leben. Wenn jemand verspricht, daß er etwas für mich tun wird, sage ich danke schön. Hält er sein Wort nicht, gut, dann vergesse ich es eben, weil ich weiß, daß die Leute nun einmal so sind. Aber *er* war ernst zu nehmen. An dem Nachmittag, da er zu einem Stierkampf hierhergekommen war, hatte er versprochen, mir ein Haus zu kaufen. Ich hatte es ihm geglaubt, denn er hatte es versprochen.

Aber an diesem Tag konnte ich es lange nicht fassen. Als wir unseren Rundgang durch das Haus begonnen hatten, hatte ich zu weinen angefangen. Ich war überwältigt von diesen Zimmern. Wir hatten nie etwas Ähnliches besessen. Wir hatten unser Leben lang alle in einem einzigen Raum geschlafen. Es gab Fließwasser und ein Waschbecken mit einem Hahn, den man bloß aufzudrehen brauchte. Wir hatten in unserem Haus kein Wasser gehabt. Und es gab auch einen kleinen Patio, in dem ich meine Wäsche aufhängen konnte.

Aber was den größten Eindruck auf mich machte, war die Größe des Hauses. Ich glaube, ich habe ständig wiederholt: ›Wie groß! Wie groß!‹ Als ich jung war, hatte ich oft in einem ebenso großen Haus den Fußboden gescheuert; aber Arme wie wir wohnten nicht in solchen Häusern.

Manolo sah so glücklich aus, so stolz auf sich selbst. Beim Hinausgehen blies er die Kerze aus und holte die Schlüssel aus der Tasche. Und er gab sie mir.

›Siehst du‹, sagte er, ›das ist das Haus, das ich dir versprochen habe.‹«

So endete eines regnerischen Tags an der Schwelle des Hauses, das er seiner Schwester geschenkt hatte, der verrückteste Sommer Manuels.

Er hatte einen unglaublichen Aufstieg hinter sich. Ein einziger Sommer hatte ihn aus einem Orangendieb in einen Helden verwandelt. Vor ihm stand die Welt von Currito de la Cruz weit offen.

Am folgenden Nachmittag übersiedelte Angelita mit ihrem Mann und ihren vier Kindern in ihr neues Heim. Ein neues Leben begann für sie. Aber auch in ihrem schönen Haus und in dem veränderten Dasein, das es verkörperte, sollte ein Gedanke weiterhin Angelita in den Nächten heimsuchen. Sie konnte nie vergessen, auf welche Art Manuel das Geld für dieses Haus verdient hatte. Und ebensowenig konnte sie vergessen, daß an irgendeinem sonnigen Nachmittag in irgendeiner Arena einer unbekannten Stadt auch der zweite Teil des Versprechens in Erfüllung gehen könnte, das ihr Bruder ihr gegeben hatte: »Heute kauf' ich dir ein Haus – oder du wirst Trauer tragen ...«

Die Minute der Wahrheit
Madrid, an einem Maiabend, 18.40 Uhr

Die Schlußphase trägt den stolzen Namen »Minute der Wahrheit«. Für diesen letzten Akt der Corrida ist in einer fernen Dezembernacht unter den Zweigen eines »Himmelsbaums« der Stier Impulsivo geboren worden. Das wilde Geschöpf wird jetzt sterben.

Und heute ist der Altar dieser rituellen Handlung, die die *Fiesta* krönt, nicht auf den Sand einer Arena beschränkt; in Millionen Wohnungen, in Tausenden von Cafés, von Geschäften, Fabriken, Büros, Spitälern, ja sogar Klöstern werden zwanzig Millionen Spanier, verbunden durch ihre Bewunderung männlicher Tapferkeit und ihren Sinn für das Tragische, gemeinsam mit El Cordobés das symbolische Blutopfer darbringen. Mit seiner schweren Toledaner Klinge bewaffnet geht der Matador, eine schmale, verwundbare Gestalt, auf die gewaltige waagrechte Masse zu, die wie ein Monolith in der Mitte des Platzes droht. Der Akt, an dessen Erfüllung er schreitet, trägt nicht umsonst seinen Namen: »Minute der Wahrheit«. Niemals sonst während der Corrida und vielleicht in keinem anderen von Menschen ersonnenen Schauspiel ist die Gefahr ebenso groß. Acht von zehn schweren Verletzungen der Toreros entstammen diesem Augenblick; so vor allem jene, die Manolete, das Vorbild des Cordobés, das Leben kostete. Weder die Pikenwunde auf dem Rücken noch die Einstiche der *Banderillas* noch die Täuschungen der *Faena* haben die animalische Kraft des Stiers wirklich brechen können. Und hierin liegt die Gerechtigkeit der bevorstehenden Entscheidung: In der letzten Minute bleibt Impulsivo die Macht, den Mann zu töten, der mit dem Degen in der Hand auf ihn zukommt.

In der riesigen Arena ist nur der gedämpfte Aufprall der Regentropfen im Sand zu vernehmen. Nicht das flüchtigste Lächeln erhellt die Züge des Cordobés. Sein Gesicht ist verkrampft, seine Kehle trocken; mit finsterer Miene leckt er sich über seine ausgedörrten Lippen, wischt sich mit einer fahrigen Geste den Schweiß von der Stirn. Eine plötzliche

Hitzeaufwallung brennt in seiner Brust, seinem Bauch, dringt über die Schenkel bis in die Füße und verleiht seinen Schritten eine automatenhafte Starrheit. Von seinem Nacken rinnt etwas Kaltes – Regen oder Schweiß? – unter sein Hemd, läuft seinen Rücken entlang. In diesem entscheidenden Augenblick kann der berühmteste Matador unserer Zeit das Gefühl nicht unterdrücken, das jeden Torero, auch den tapfersten, befällt: die Angst.

Nach den Idealen des *Reglamento Taurino*, wie sie die ersten Kämpfer der Moderne festgelegt haben, muß eine ehrliche *Estocada* eine außergewöhnliche Tat sein, die hervorstechendste Mutprobe der edlen Kunst der Corrida. In wenigen Sekunden wird El Cordobés der Bestie gegenüberstehen. Mit einem kaum merklichen Zucken seiner *Muleta* wird er das Tier zwingen, die richtige Stellung einzunehmen: den Kopf gesenkt, vor allem aber die Vorderbeine in einem bestimmten Winkel. Ohne diese letzte Berechnung würde die winzige Stelle im Widerrist, in die er den Degen stoßen muß, von einem Schulterknochen versperrt werden. Immer wieder brechen sich Matadore das Handgelenk und verfehlen die *Estocada*, weil sie diese Stelle nicht freigelegt haben: ihr Degen prallt gegen einen Knochen... Sobald er Impulsivo sorgfältig »hergerichtet« hat, wird Manuel Benítez, die *Muleta* in der Linken, den Degen in der Rechten, sich über seinen Gegner beugen und zustechen. Nur eine Sekunde wird der Endkampf dauern. Aber die minuziösen Bewegungen, die ihn bestimmen, spielen sich an einem so gefährlichen Ort ab, daß der kleinste Fehler eine Tragödie auslösen kann.

Seltsam, aber in Wirlichkeit entscheidet nicht die Hand mit dem Degen über die *Estocada*. Die Führung des lockenden Tuchs mit der Linken ist in dem Augenblick, da die Klinge in das Rückgrat des Stiers dringt, so wichtig, daß der Matador beim geringsten Mangel in der Koordination der beiden Bewegungen unweigerlich aufgespießt wird. In dem Moment, da der Mann sich über den Stier neigt, bewegt dieser sich nach vorn, und die *Muleta* muß seinen Blick auf sich ziehen und die Hörner vom Körper ablenken. Oft und oft werden Toreros, die ihre Linke nicht richtig gebrauchen und den Stier zuwenig weit weglocken, an einem der verwundbarsten Punkte ihres Körpers durchbohrt, an einer Stelle, deren Namen sie niemals aussprechen, die die Anatomie jedoch als Scarpa-Dreieck kennt. Hier, am Übergang des Unterleibs in die Schenkel, verlaufen unter einer dünnen, wenig widerstandsfähigen Haut zwei lebenswichtige Gefäße des menschlichen Körpers: die

Femuralarterie und die Femuralvene. Die *Estocada* ist nicht nur deshalb so gefährlich, weil sie perfekte Koordination der Bewegung fordert, sondern darüber hinaus, weil sie den Torero zwingt, ein fundamentales Gesetz seiner Sicherheit zu verletzen: Zum erstenmal verliert der Matador, während er den Blick auf das Rückgrat seines Gegners richtet, dessen Kopf und Hörner aus den Augen.

Manuel Benítez bleibt zwei Meter vor dem geiferbedeckten Tier ruhig stehen. Nach seiner grandiosen, wilden *Faena* bleibt ihm nun nur noch, sein Werk zu vollenden. In wenigen Sekunden, wenn der Stier in den regen- und blutgetränkten Sand stürzt, werden die Tribünen, wird das ganze Publikum, das zu erobern er gekommen ist, in einhellige Begeisterung ausbrechen. Er betrachtet die beiden schwarzen, zottigen Spitzen, die im Takt hin und her gehen wie ein Metronom: die Ohren Impulsivos; gleich wird, davon ist er überzeugt, ein Meer weißer Taschentücher diese Symbole des Triumphs für ihn verlangen, um sein Debüt in der berühmtesten Arena der Welt zu krönen. Doch zuerst muß er dem Kampf ein faires Ende setzen, muß er sich furchtlos zwischen die Hörner stellen, den rechten Arm ausstrecken, richtig zielen, kraftvoll zustoßen, muß er das Horn an sich streifen lassen und ohne Hast ausweichen. Manuel fürchtet dieses letzte Kräftemessen. Gleich vielen Meistern der *Muleta* führt er den Degen mangelhaft. Er ist ein schlechter Töter. Seit er einmal in Bilbao schwer an der Schulter verletzt worden ist, kann er den rechten Arm nicht hoch genug heben, um seine Waffe richtig zu führen. Dieses Handikap sowie die unvermeidliche Nervosität im entscheidenen Augenblick erklären die jämmerlichen *Estocadas*, die manchmal auf seine glanzvollen *Faenas* folgen.

Fürchtet er, daß er heute versagt? Oder kann er der Versuchung nicht widerstehen, einen neuen Beifallssturm auszulösen? Denn El Cordobés entschließt sich zu einem weiteren Risiko. Er ignoriert die Drohungen des heimtückischen Horns, das soeben seinen Körper gesucht hat, und zögert seine *Estocada* durch eine letzte Herausforderung der animalischen Intelligenz hinaus. Statt den Stier rasch zu töten, entfaltet er mit einem jähen Schwung seine *Muleta* und zitiert Impulsivo zu einem neuen *Pase*.

Hinter ihren Burladeros sehen die *Banderilleros* Paco und Pepín erschrocken zu. Auf den Rängen über ihnen regt sich keine Hand zum Beifall, nur ein besorgtes, ängstliches Raunen erhebt sich. Irgendwo in der Menge knetet Don Espinosa Carmona, der Geistliche der Arena von Las Ventas, nervös den Rosenkranz in der Soutanentasche. Von dem eigens für ihn reservierten Verschlag aus betrachtet Livinio Stuyck mit furchtgeweiteten Augen die Szene. Unter all diesen Zuschauern, die von der Tollkühnheit des Toreros wie vor den Kopf gestoßen sind, ist keiner beunruhigter als er. Sollte das Glück El Cordobés verlassen, hätte der Matador nicht allein die Folgen zu tragen; Don Livinio und die anderen Impresarii würden mit ihm getroffen, und an ihrer empfindlichsten Stelle: ihrem Geldbeutel. Die kleinen kommerziellen Reiche, die sie für die nächsten Wochen um seinen Namen errichtet haben, würden einstürzen. Jeder Tropfen Blut, den El Cordobés vergösse, würde sie hunderttausende Peseten kosten: Denn die Zuschauer würden das Geld für ihre Eintrittskarten zurückverlangen, wenn ihr Lieblingsmatador die Arena mit einem Spitalbett vertauschen müßte.

Impulsivo stürzt sich in die zitternde Versuchung des roten Tuchs. Die Füße unbeweglich, den linken Arm weit ausgestreckt, zieht ihn Manuel in einen prächtigen *Natural*, der das tödliche Horn knapp an seinem Schenkel vorbeirasen läßt. Keine Bitte, vorsichtig zu sein, kann ihn beirren. Er ist in diesem Moment, wie er sich später erinnert, »närrisch vor Glück«. Von seinem Leib-an-Leib-mit-dem-Tier hingerissen, unfähig, an etwas anderes zu denken als an die wunderbare Macht seiner rituellen Gesten, dreht er sich um, geht weg, kommt wieder, lockt den Stier mit sich, streicht sich eine widerspenstige Haarsträhne aus der Stirn. Jedesmal gelingt es ihm, mit einem jähen Schütteln der Muleta das blauschimmernde Horn von seinem Körper abzulenken. Mit einem Aufschrei der Angst begleitet das Publikum jeden *Pase*, als fühlten all die Zuschauer das Horn in ihre eigenen Eingeweide dringen. Vor ihren Fernsehapparaten haben Millionen von Spaniern aufgehört zu reden, zu trinken, zu lachen, fasziniert von der düsteren Schönheit dieses Balletts mit dem Tod. El Cordobés geht in einen neuen *Pase*, seine Rechte hält in Hüfthöhe den schweren Degen, mit der Linken breitet er die von Schmutz, Geifer und Blut getränkte *Muleta* aus. Wie hypnotisiert scheint sich der Stier an dem scharlachroten Stoff festzusaugen. Und diesmal verfolgt er das Tuch um den Körper herum und schließt den Matador in einen immer enger werdenden Wirbel. Unter dem Ansturm dieser gewaltigen Masse, die sich um ihn dreht wie ein Schwungrad um seine Achse, verliert El Cordobés das Gleichgewicht, fängt sich wieder und versucht, diesem Teufelskreis zu entkommen. Die Zuschauer halten den Atem an; ihre

Kehlen werden trocken. Keinen Augenblick lang lockert der Stier seine Umklammerung.

Und das Drama nimmt seinen Lauf. Von der Schulter Impulsivos wird El Cordobés umgerissen, vergeblich suchen seine Hände an dem blutigen Widerrist Halt, er taumelt und rollt in den Kot. Und sofort pfeift das Horn des Stiers durch die Luft wie eine Sense und findet, was es so lange gesucht hat. Manuel fühlt, wie »ein heftiger brennender Schmerz« seinen Schenkel zerreißt. Das Horn ist am unteren Rand jenes berüchtigten Dreiecks eingedrungen und verläßt sein Fleisch wieder, nachdem es eine Bahn der Verwüstung gepflügt hat. Manuel sieht es vorbeifegen wie einen Blitz, über seinen Kopf peitschen und mit vermehrter Wildheit wiederkommen. Er begreift plötzlich, daß er den Preis für seinen Wagemut zahlen muß. Im Bruchteil einer Sekunde wird ihm klar, daß er mitten in der Arena liegt, so weit wie nur möglich von den rettenden *Capas*, die die furchtbare Bestie von seinem Körper weglocken könnten. Er fühlt das Horn über seinen Bauch schrammen; mit einer verzweifelten Anstrengung versucht er es zu packen und den scheußlichen Kopf wegzustoßen, der über ihm geifert und brüllt. Aber ein Gefühl der Verzweiflung und Ohnmacht überfällt ihn. Hingestreckt in den Schmutz, das Gesicht schmerzverzerrt, ist er der Wut und dem Rachedurst des Ungeheuers hilflos ausgeliefert. Der Schmerz überschwemmt seinen Körper. Mit einem erstickten Schrei ruft er nach Paco und Pepín. Dann fühlt er »nichts mehr«. Er hat das Bewußtsein verloren.

Die Retter laufen verzweifelt über den aufgeweichten Sand, der sie vom Schauplatz des Dramas trennt. Paco Ruiz wird niemals vergessen, »welch furchtbares Schauspiel sich mir bot, während ich rannte wie verrückt: das schmerzverzerrte Gesicht Manuels, und das linke Horn Impulsivos wühlt in seinem Bauch«. Ein Bild entsteht vor dem geistigen Auge Pacos, das Bild des sterbenden Manolete. »Die Schlgader«, schreit er, »um Gottes willen, die Schlagader!«

Als El Cordobés wieder zum Bewußtsein kommt, »flatterten«, so erinnert er sich, »gelbe und purpurne *Capas* wie riesige Blütenblätter über meinem Kopf, um den Stier wegzulocken«. Der Anblick der geifernden Bestie, ihre Ausdünstung, die Rufe der *Peones*, das Geschrei der Menge und das Feuer, das seinen Körper verzehrt, vermischen sich in seinem Geist mit diesem sanften Farbenspiel. Unter den Gestalten, die sich um ihn bewegen, erkennt er Paco. »Me ha dado fuerte«, stöhnt er – er hat es mir ordentlich gegeben. Einige Sekunden fühlt Manuel, wie »mein Leben mich durch dieses Loch in meinem Schenkel verläßt«. Ein letztes Mal bemerkt er den gelben und purpurnen Tanz einer *Capa*, die über ihm wirbelt. Dann nur noch Schwärze. Er ist wieder ohnmächtig geworden.

Paco begreift, daß keine *Capa* der Welt diese furchtbare Belagerung sprengen kann, rennt hinter Impulsivo, erwischt seinen Schwanz und beginnt wütend daran zu zerren. Aber eine halbe Tonne vorwärtsdrängende Wildheit zurückzuhalten, übersteigt die Kraft eines einzelnen Mannes. *Areneros* in roten Hemden laufen herbei. Zu zweit, dann zu dritt, viert, fünft klammern sie sich an, um den Stier zurückzureißen und von seinem Opfer abzubringen. Endlich gelingt es ihnen, und andere Helfer stürzen hinzu, nehmen den schlaffen Körper auf und tragen ihn weg, während die *Peones* den Stier in eine Wand von Capas einschließen.

Einen Augenblick vorher, als das Horn sich in den Leib Manuels gebohrt hat, sind tausende Zuschauer in Las Ventas, Millionen anderer vor ihren Fernsehern im gleichen Schrecken aufgesprungen. Nun betrachten sie mit bestürzten, angstvollen Gesichtern, wie der leblose Körper ihres Idols vom Platz getragen wird. Von den Tribünen, von Balkons, aus Fenstern und Kaffeehaustüren steigt das gleiche Murmeln des Mitgefühls, als suche plötzlich der gleiche Spuk das Gedächtnis der Tausenden heim, jene Erinnerung, die auch Paco entsetzt hat: Manoletes Tod in Linares.

In dem Gang, der zur *Enfermería* führt, herrscht ein totales Chaos. Aus allen Ecken der Arena kommen die Leute gelaufen, um ihr Blut, ihre Tränen, ihre Gebete oder auch bloß ihre Neugierde anzubieten. Polizisten, Fotografen, Journalisten, Prominente drängen und stoßen sich und versperren den Weg des Matadors. Die Herren der *Plazas* ganz Spaniens, die sich heute in Las Ventas eingefunden haben, schauen nervös zu, wie El Cordobés vorbeigetragen wird, betrachten seinen zerfetzten Schenkel und versuchen den Schaden abzuschätzen, den das Horn Impulsivos ihren Projekten für die nächsten Tage, Wochen oder gar Monate zugefügt hat.

Als die Träger in den *Callejón* gelangen, stürzt Paco Fernández, der Degenträger, hinzu. In seiner Hand hält er ein Gummiband: die Abbindmanschette, die er stets bei sich trägt. Und während die Träger sich den Weg freikämpfen, schnürt Paco in einer verzweifelten Bemühung das Band um den Schenkel des Verwundeten, um den Blutstrom einzudämmen, der sich aus der Wunde ergießt. Von den ersten Reihen der Tribünen werfen Frauen Blumen auf den bleichen, reglosen Körper des Matadors, Männer bekreuzigen sich oder strecken den Arm aus, um den Lichteranzug zu berühren, der nun mit Blut durchtränkt ist. Mit gezogenem Knüppel drängen die Polizisten die Horde von Fotografen und Zuschauern zurück, die den Gang zur *Enfermería* blockiert. Don Juan Espinosa Carmona, der Geistliche von Las Ventas, kann, in die Masse eingekeilt, dem jungen Matador seinen Segen nur von ferne spenden. Mit einer letzten Anstrengung gelingt es den Trägern, der Menge zu entkommen und die *Enfermería* zu erreichen.

Und auch dieser kleine Raum ist voll von Menschen. Doch trotz des Wirrwarrs haben die beiden Sanitäter, die an diesem Tag den Dienst auf der *Plaza* versehen, bereits ihre weißen Mäntel übergestreift. Der eine reißt in aller Eile die Schutzhülle von dem altertümlichen Operationstisch, den einst Ricardo Torres »Bombita«, ein berühmter Matador des Jahrhundertanfangs, gestiftet hat. Der andere stürzt zum Kühlschrank, um die beiden Blutkonserven zu holen – jenes Blut, das zwei Madrilenen am Morgen im Austausch gegen die größte aller Vergünstigungen gespendet haben: gegen zwei gute Plätze bei der Corrida des Cordobés. Der Sanitäter hängt die Flaschen in ihr Gestell, steckt hastig die Schläuche an, richtet Instrumente, Verbandzeug, Injektionsspritzen her. Als die Träger Manuel auf den Operationstisch legen, schließt der Anästhesist die Gummimaske an die Flaschen mit Sauerstoff und Lachgas.

Mit einer zornigen Bewegung befiehlt der einbeinige Chirurg Máximo de la Torre dem Haufen, der sich in der *Enfermería* drängt: »Hinaus!« Und während die Polizisten das Zimmer räumen, beugt er sich über die bleiche, blutende Gestalt auf dem Operationstisch. Einen kurzen Augenblick lang öffnet El Cordobés die Augen. Als er das Gesicht Don Máximos erkennt, versucht er ein schwaches Lächeln; stöhnend wiederholt er, was er schon Paco zugemurmelt hat: »Me ha dado fuerte!« Ein trockenes Klappen folgt seinen Worten: Die Tür der *Enfermería* ist ins Schloß gefallen.

Bestürzung lähmt ganz Spanien. Menschen laufen von Haus zu Haus, rufen sich über die Straßen weg an, teilen in Cafés und Geschäften einander ihre Verzweiflung, ihre Erregung mit, weinen zusammen. In Palma del Río ist Angelita Benítez mit einem Aufschrei von ihrem

Stuhl aufgesprungen, als sie Impulsivos Horn in den Körper ihres Bruders dringen gesehen hat. Niemals wieder wird sie dem grausamen Schicksal einer Corrida zuschauen können. Überzeugt, daß das Schicksal nun ihren Bruder gezwungen hat, den zweiten Teil seines Versprechens zu halten, ist die bedauernswerte Frau in Ohnmacht gefallen.

Stumm betrachtet Don Carlos Sánchez den Fernsehschirm. Im Augenblick der Verletzung hat eine seltsame Idee den Kopf des alten Pfarrers durchkreuzt. Mit seinem Blut wäscht er die Ehre seines Volkes rein, hat er gedacht: El Cordobés hat die Gefahr der Hörner erkannt und ist doch nicht gewichen. Mit dieser Mutprobe vor Millionen von Landsleuten hat er die Schmach seiner Familie gerächt. Nach dieser Überlegung steht der Geistliche auf und begibt sich in die Kirche, um für den jungen Mann zu beten, dem er einst so oft die schmutzige Nase geschneuzt hat.

Eine Atmosphäre der Angst legt sich eisig über Palma. Die Ringelspiele der *Feria*, die die Kinder herumgewirbelt haben, stehen still. Sogar die Wahrsager sind verstummt.

Pedro Charneca geht zum Telefon, das er mit so großen Kosten hat installieren lassen, und ruft Madrid an. Der Platz vor seinem Café ist schon schwarz von Menschen. Diese Leute werden bis 3 Uhr morgens ausharren; bis 3 Uhr morgens wird der treue Charneca alle Viertelstunden mit Madrid sprechen, um Nachrichten über seinen jungen Freund zu erfahren und sie sogleich der draußen versammelten Menge weiterzugeben.

Unweit davon schluchzt Anita Sánchez in das Halbdunkel ihres Zimmers. Dann steht sie auf und legt das blaue Kleid ab, das sie sich eigens für heute geschneidert hat. Für Anita und für ganz Palma wird es heuer keine *Feria* geben.

Und überall teilen die Massen die Bestürzung der Bürger von Palma. In Córdoba empfängt der Portier eines großen Hotels einen Bus voller amerikanischer Touristen mit dem Ruf: »Muy grave!« – sehr schwer. Im *Café Ivory* hat sich die düstere Stimmung einer Totenwache ausgebreitet. Curro, der *Banderillero*, der Schuhputzer geworden ist, weil ein Stier ihm in eben jener Arena seinen Matador genommen hat, weint. Mit verstörten Mienen sitzen der ehemalige Sergeant Mauleón und Juan Horillo nebeneinander und lauschen den Nachrichten von Radio Madrid.

El Pipo, das Gesicht in Melancholie versteinert, eine erloschene

Zigarre zwischen den Zähnen, starrt finster auf die Bilder, die über den kleinen Bildschirm flimmern. In seiner Vorstellung bleibt El Cordobés, was er während des verrückten Sommers 1960 für ihn gewesen ist: der Ausdruck seines eigenen Genies. Die Hörner Impulsivos haben nicht nur Manuel Benítez gehindert, im Triumph aus den Toren der Arena getragen zu werden; sie haben auch El Pipo gehindert, die Freude über seinen letzten und endgültigen Triumph auszukosten.

In der Arena von Las Ventas bleibt eine letzte rituelle Handlung zu erfüllen. Nichts kann Impulsivo vor seinem Schicksal bewahren: denn er hat einen Menschen verletzt. Nach dem gnadenlosen Gesetz der Corrida ist er verurteilt, durch die Hand jenes Mannes zu sterben, der gerade erst die Erhebung Manuels in den Rang eines *Matadors de Toros* bekräftigt hat. Kein Umschweif und kein unnötiger *Pase* dürfen diesen Schlußakt begleiten, den Pedrés nun an der Stelle seines bewußtlosen Kameraden ausführen wird. Das Tier, gegen das er seinen Degen richtet, hat einen Menschen verwundet; Pedrés kann an der Spitze seines linken Horns die rötlichen Spuren von Manuels Blut sehen. Impulsivo weiß jetzt, wo sich die feste Substanz befindet, die er so lange vergeblich gesucht hat. Er ist ein unvergleichlich gefährlicherer Gegner geworden. Niemand erwartet etwas anderes als eine rasche und vorsichtige *Estocada.*

Der Blick des Züchters Don José Benítez y Cubero ist mit gespannter Aufmerksamkeit auf den vorschnellenden Arm des Matadors gerichtet. Auf der flirrenden Mattscheibe glänzt der Degen wie ein Lichtstrahl. Die Hand des Töters stößt durch die Hörner, auf die Muskelstränge im Nacken zu. Die Klinge biegt sich, sucht ihren Weg, findet ihn und senkt sich in die schwarze Masse Impulsivos, bis nur noch ihr roter Griff hervorsieht. Pedrés läßt sie los und weicht mit einer schnellen Wendung zur Seite.

Es ist ein erregender Moment, der vor allem den weißhaarigen Züchter ergreift. Fünf Jahre eines wilden Lebens, das Produkt einer generationenlangen, sorgfältigen Zuchtwahl finden hier ihr Ende. Tödlich getroffen liefert das schöne Tier, das einst durch die Weite Andalusiens galoppiert ist, einen letzten vergeblichen Kampf. Seine Augen, in denen sich früher nur der Glanz grüner Weiden gespiegelt hat, sehen nun den Tod in einem bunten Kaleidoskop, in dem die riesigen Stufen der Tribünen tanzen. Und langsam senkt sich der Schleier. Aus dem Maul Impulsivos bricht ein Strom schwarzen schäumenden Blutes. Er wankt, strafft sich noch einmal, wankt wieder. Der Wirbel der *Capas* läßt ihn ein letztes Mal schwindeln, zwingt ihn, sich zu drehen und beschleunigt so das Werk der Waffe in seinem Körper. Seine Vorderbeine knicken ein. Er fällt auf die Knie, wie um an dem Ritual teilzunehmen, dessen Opfer er ist. Und dann bricht auch sein Hinterteil zusammen, und die stolze dunkle Masse liegt zur Gänze im Sand. Noch einen Blick wirft Impulsivo auf die Welt, die ihn umgibt. Seine Augen füllen sich mit Tränen. Und er rollt auf die Seite, tot. Das Schicksal, für das er geboren wurde, ist erfüllt.

Während er stirbt, steigt ein befriedigtes Raunen von den Rängen, die er zum letztenmal sieht. Ein flimmerndes Meer weißer Taschentücher fordert seine Ohren für den Matador, der bewußtlos auf einem Operationstisch liegt, während ein Chirurg um sein Leben kämpft.

Mit behandschuhten Fingern sondiert Dr. Máximo de la Torre die Wunde. Zuallererst hat er vorhin Antitetanus gespritzt. Zum zweiten hat er dem Anästhesisten einen Befehl gegeben: Infolge der Schwere der Verletzung hat er nicht warten können, bis eine langsam wirkende Droge den Matador völlig betäubt, und hat angeordnet, eine große Dosis Pentothal zu injizieren.

Während er sich immer tiefer tastet, sieht er, wie das Gesicht des halb bewußtlosen Toreros sich vor Schmerz verzerrt. Trotzdem aber muß er seine Sondierung fortsetzen. Nach und nach erkunden seine Finger die Ausdehnung der Verletzung: eine lange Bahn zerrissener Nerven, zerfetzter Muskeln, zerstörter Gewebe. Am Grund der Wunde findet er ein riesiges Blutgerinnsel; vorsichtig befühlt er es und löst damit auf dem Gesicht Manuels eine neue Welle des Schmerzes aus. Inmitten dieses Hämatoms pulsiert das Gefäß, das Don Máximo sucht, das Gefäß, dessen Zustand für El Cordobés über Leben und Tod entscheidet: die Femuralarterie. Mit sorgenvoll gefurchten Zügen betastet der Chirurg den dicken violetten Strang; rings umher sind Adern und Nerven zerrissen; er forscht weiter. Und plötzlich stößt er einen Seufzer aus und sein Gesicht entspannt sich: Die Arterie ist unversehrt. Das Horn Impulsivos ist einen halben Zentimeter an dieser lebenswichtigen Ader vorbeigegangen.

Endlich zieht der Arzt seine Hand aus der klaffenden, an die

20 Zentimeter tiefen Wunde. Mit einer elektrischen Pumpe saugt er das Blut ab, das in Strömen fließt. Dann erweitert er mit dem Skalpell die äußerlich sichtbare Öffnung, um sicher zu sein, daß ihm kein Einstich des Horns entgangen ist. Er beginnt die Wunde mit langen Pinzetten von den Fremdkörpern zu säubern, die sie verunreinigen. Und seine Suche ist äußerst ergiebig: Bald sammeln sich auf einem weißen Tuch neben ihm Seidenfetzchen, Hornsplitter von Impulsivo; sogar einen goldenen Faden von der *Taleguilla* Manuels fördert er zutage.

Plötzlich meldet eine angstvolle Stimme, daß der Blutdruck in stetigem Sinken begriffen ist. »Transfusion!« ordnet Don Máximo an. Und sogleich fließt aus der über dem Tisch aufgehängten Flasche ein dünner roter Faden, Geschenk zweier anonymer Madrilenen, in die Venen des Matadors.

Geduldig setzt der Chirurg seine Arbeit fort. Er klemmt die beschädigten Gefäße ab und fängt an, das zerfetzte Muskelgewebe Schicht für Schicht zusammenzunähen. Der Operationssaal dampft in einer feuchten Hitze. Schweißtropfen perlen von der Stirn der Männer in Weiß und kleben ihnen ihre Masken an die Wangen. Die Stille wird nur durch das Röcheln des Verletzten unterbrochen und hin und wieder durch die ernste Stimme Don Máximos: »Tupfer ... Nadel ... Skalpell ... Transfusion ... Penicillin ... Blutdruck? ... Puls? ... Ein Saum von Instrumenten umgibt die Wunde, aus der immer noch ein Blutstrom sprudelt, den der Chirurg ständig abpumpen muß. Trotz aller Gefäßklemmen und Tampons dauert die Blutung an und verschlimmert den Zustand des Patienten. Wenn es nicht bald gelingt, sie einzudämmen, besteht die Gefahr, daß El Cordobés in ein tödliches Koma verfällt. Don Máximo verlangt die zweite Blutkonserve und erkundigt sich in immer kürzeren Abständen nach Puls und Blutdruck. Auf dem Gesicht Manuels liegt die Blässe des Todes.

Siebzig Minuten später ist die Operation beendet. Die Überlebenschancen des Matadors hängen nun von seiner eigenen Widerstandskraft ab. Wird er die furchtbare Krise, die eine schwere Stierkampfverletzung immer nach sich zieht, überstehen? Vor der *Enfermería* erscheint das blinkende Licht eines Rettungswagens. Und als die Sanitäter den schlaffen Körper in das Auto verladen, stürzt ein Mann herzu und legt etwas auf das Fußende der Bahre. Paco Ruiz will nicht, daß sein Matador diese Arena, die er nach so vielen Opfern und verzweifelten Anstrengungen erreicht hat, verläßt, ohne die Trophäe mitzunehmen, die ihm das Publikum zugesprochen hat: ein Ohr Impulsivos.*

Als die Ambulanz losfährt, tritt ein erschöpfter Mann aus der Tür der *Enfermería.* In seinen Händen, die noch in blutigen Handschuhen stecken, hält Dr. Máximo de la Torre einen Zettel, auf den er drei Worte geschrieben hat: sein Verdikt über den Zustand des Cordobés. Mit einer müden Geste streckt er den Journalisten, die sich am Tor drängen, das Papier hin. »Pronóstico muy grave«, lesen sie – Befund: sehr schwer.

Tausende angstvoller Madrilenen bilden entlang des kurzen Wegs von der Arena zur Toreroklinik ein dichtes Spalier. Berittene Polizisten müssen dem Rettungswagen eine Gasse durch die Menge bahnen, die alle Tore der *Plaza* besetzt hält. Und sofort danach schließt sich das brodelnde, brüllende Menschenmeer wieder; man hört Frauen kreischen, hört das Weinen niedergestoßener Kinder. Als die große Limousine vorbeifährt, schreien Leute: »Es lebe El Cordobés!« andere bekreuzigen sich, werfen Kußhände, weinen. Noch nie herrschte um die berühmte Arena solcher Wirrwarr. Vom Dach eines Autos aus fängt eine Kamera die unglaubliche Szene für Millionen von Fernsehzuschauern ein. Mit heulender Sirene und aufblitzendem Blaulicht fährt die Ambulanz durch das Tor von Las Ventas. Und so geht das herausfordernde Versprechen Manuels, das er einige Stunden zuvor gegeben hat, in Erfüllung: diese Arena entweder auf den Schultern der Menge oder auf einer Bahre zu verlassen.

Einen Mann, der strahlend und siegesgewiß gekommen ist, im Fond eines Krankenwagens fortfahren sehen: ein unendlich trauriges Schauspiel; aber dazu gesellt sich heute noch ein anderer, besonderer Kummer. Denn der da im Rettungsauto weggeführt wird, ist nicht nur ein berühmter Torero, der eine Begeisterung entfesseln kann, wie es nur wenigen in der Geschichte der *Fiesta Brava* vergönnt war; sondern er bedeutet für Millionen von Spaniern die Inkarnation des Mythos, den El Pipo in dem verrückten Sommer 1960 geschaffen hat; das Symbol vom Aufstieg der Armen und Unterdrückten in so vielen Städten und

* Diese Ehrung war ganz und gar außergewöhnlich: Das *Reglamento Taurino* sieht vor, daß die Trophäen nur Matadoren zugesprochen werden, die ihre Stiere auch getötet haben.

Dörfern. Für viele verkörpert El Cordobés das Gesicht eines neuen Spanien, in dem der Wind der Revolution bis in die geheiligten Traditionen seiner *Fiesta Nacional* fährt. Gestern waren seine Triumphe die ihren; heute erleben sie sein Unglück mit ihm. Daß er an diesem Maiabend die Kathedrale der Tauromachie statt auf den Schultern einer überschwenglichen Menge im Fond eines Krankenwagens verlassen muß, ist mehr als ein persönliches Drama. Es ist eine Tragödie, die sie alle trifft.

Die Ambulanz bleibt vor dem grünen Gittertor des *Sanatorio de Toreros* stehen, inmitten einer undurchdringlichen Mauer von Polizisten. Als die Sanitäter die Bahre mit dem leblosen Körper aus dem Auto ziehen, verstummt mit einem Schlag der Lärm der Menge, die sich ringsumher drängt.

Ein Gewitter von Blitzlichtern bricht los, und einige Stimmen schreien: »Suerte, Manolo!« – viel Glück, Manolo! Dann verschwindet El Cordobés, das Gesicht in einer Grimasse des Schmerzes erstarrt, in der Klinik, die ihm einst, vor nunmehr fünf Jahren und fünf Monaten, die Aufnahme verweigert hat.

Entlang des Weges der Bahre bildet sich ein respektvolles Spalier auf den Gängen. Auf Krücken humpelnd, in Rollstühlen, von Wärtern gestützt, schleppen sich einige der 217 Opfer der *Fiesta Brava*, die das *Sanatorio* dieses Jahr zählen wird, herbei, um ihren Protagonisten zu begrüßen. In diesem Moment vergißt jeder von ihnen Eifersucht, Neid und Haß und fühlt in seinem Innersten nur mehr die unendliche Solidarität der Männer in den Lichteranzügen, die ihr Blut in den Arenen vergießen.

Als Robustiano Fernández Lärm auf dem Gang hört, reißt er sich mühsam aus dem Schock, in den ihn der Verlust seines Beins gestürzt hat; er richtet sich auf den Ellbogen auf und sieht, wie El Cordobés auf der Bahre vorübergetragen wird. Drei Türen weiter bleibt der kurze Zug stehen. Hier, auf Zimmer 9 im zweiten Stock des *Sanatorio de Toreros*, liefert Manuel Benítez nun einen erbitterten Kampf um sein Leben.

Die Nacht bricht an. Draußen, vor der Klinik und in den umliegenden Straßen, wird die Menge von Minute zu Minute größer. *Maletillas* klettern die Gitterstäbe hoch; zwei von ihnen haben, um einen Blick auf ihr Idol zu erhaschen, ein makabres Versteck gefunden: die *Morgue* –

das Leichenschauhaus. Eine Horde von Journalisten, Fotografen, Kameraleuten und Radioreportern belagert alle Ausgänge der Klinik.

Außerstande, das Schauspiel des leidenden Matadors auf ihre Filme zu bannen, stürzen sich die Fotografen auf die stummen Zeugen der Tragödie: auf die blutverkrustete *Taleguilla*, auf die von den Hufen Impulsivos zertrampelte *Montera.* Der Telefonist der Klinik, ein ehemaliger Matador, der nach einer schweren Verletzung in Caracas den Stierkampf aufgeben mußte, ruft die Polizei an; er verlangt Verstärkung, um die Klinik vor der Masse zu schützen, die den Zaun einzudrücken droht. Eine ununterbrochene Auffahrt von Autos speit einen Strom von Persönlichkeiten aus, die nach dem Befinden des verletzten Toreros fragen: Matadore, Künstler, der Bürgermeister, der Polizeichef, Zeitungsbesitzer, Aristokraten, Prominente... Die Telefonzentrale wird von Anrufen überschwemmt. Telegramme treffen ein zu Dutzenden, dann zu Hunderten, Tausenden.

Vor der Tür des Matadors, die von zwei stämmigen Krankenwärtern bewacht wird, harrt eine Gruppe von Verwandten und Freunden aus: Paco und Pepín, Tränen in den Augen; die beiden Schwestern Carmela und Encarna; der Manager Chopera, der den märchenhaften Kontrakt mit Las Ventas ausgehandelt hat.

Aber nicht nur rings um das *Sanatorio de Toreros* wachen die Menschen. Auf den Ramblas von Barcelona, unter den Arkaden der Plaza Mayor von Salamanca, in den Cafés von Sevilla drängt sich die erregte Menge um die Radioempfänger und wartet auf Nachrichten. In den Kirchen von Córdoba beten die Gläubigen um das Leben des jungen Mannes, der den Namen ihrer alten Stadt trägt; in der kleinen Kapelle des Karmeliterklosters knien zahllose Männer und Frauen vor einem Bild, das von den Toreros besonders verehrt wird: Es zeigt Jesus, der auf dem Weg nach Golgatha unter dem Kreuz zusammenbricht. In Lima, Caracas, Mexico City unterbrechen die Sender ihre Programme und geben Nachrichten über den Verletzten durch.

Kurz vor Mitternacht verbreitet sich rings um die Klinik ein Gerücht: El Cordobés ist gestorben. Ein Raunen der Bestürzung steigt aus der Menge – gefolgt von einer Welle der Freude, als die Meldung dementiert wird.

Wenige Minuten später dringt ein Stöhnen aus dem Zimmer 9. Wie ein Ertrunkener, der ins Leben zurückgerufen wird, taucht Manuel Benítez aus seiner Betäubung auf. »Agua, dame agua«, flüstert er – Wasser, gebt mir Wasser. Dann verlangt er nach Paco Ruiz. Als er das

Gesicht seines *Banderilleros* über dem Bett erkennt, murmelt er: »Ist der Stier tot?«

Paco nickt. Dann zieht er das Päckchen aus der Tasche, das er vor ein paar Stunden auf die Bahre des Matadors gelegt hat.

»Da«, sagt er, »da hast du sein Ohr, Manolo!«

Am nächsten Mittag war El Cordobés außer Gefahr. Aber immer noch hatte sich die Erregung über seine Verletzung nicht gelegt. Niemals seit dem Tod Manoletes hatte ein Torero die Aufmerksamkeit der Presse und des Rundfunks so ausführlich beschäftigt. Das verzerrte Gesicht Manuels, der die Hörner des Stiers packt, blickte von den Titelseiten aller Zeitungen des Landes. Endlose Artikel begleiten dieses Dokument und brachten klinische Details, wie sie gemeinhin nur bei einem Herzanfall oder einer Operation des amerikanischen Präsidenten verlautbart werden. Und sogar Zeitungen, die mit der Corrida so wenig zu tun haben wie die *New York Times*, die Londoner *Times*, *Le Monde* in Paris und *Mainichi* in Tokio räumten dem Unfall des Toreros einen bevorzugten Platz ein.

Rings um die Klinik harrte die Menge immer noch aus. Mitfühlende Besucher brachten geweihte Medaillen, selbsterfundene Wundermittel, Gebete zur Beschwörung des bösen Blicks, Kuchen, Obst, Hühner. Die Telefonanschlüsse der Klinik waren ständig besetzt. Zwei junge Französinnen waren mit dem Flugzeug nach Madrid gekommen, um ihrem Idol nahe zu sein, und boten sich als freiwillige Helfer für den Telefondienst an. Telegramme – deren Adresse manchmal einfach »El Cordobés – Spanien« lautete – trafen immer noch zu Tausenden ein; sie kamen von Filmschauspielerinnen, von Kaffehauskellnern, von hohen Würdenträgern, von Arbeitern, von Geistlichen. Und eines von ihnen war sogar von dem Mann unterzeichnet, dessen Polizei Manuel Benítez jahrelang gejagt hatte: vom Caudillo von Spanien.

Jeden Tag veröffentlichte die Presse lange Reportagen über den Gesundheitszustand des Matadors, ein Thema, das die Erfindungskraft des gewitztesten Journalisten erschöpfte.

Durch einen seltsamen Zufall sollte von der ungeheuren Aufmerksamkeit, die den Verletzten auf Zimmer 9 umgab, auch ein anderer Mann profitieren. Ein Journalist, der eines Tages auf der Suche nach Stoff durch die Gänge der Klinik irrte, warf einen Blick in eines der

Zimmer neben dem des Matadors, den er interviewen sollte. Der einzige Insasse des Raums starrte aus dem Fenster und weinte vor sich hin. Es war Robustiano Fernández. Neugierig geworden, trat der Journalist ein.

Weil ein Andalusier, der seine Träume verwirklicht hatte, am selben Tag verletzt worden war, an dem der Altmetallsammler sein Bein verloren hatte, konnte dieser nun für kurze Zeit aus der Anonymität auftauchen, der er so lange zu entfliehen gesucht hatte. Der Reporter veröffentlichte seine Geschichte; endlich zierte sein Bild die erste Seite einer Zeitung. Aber leider berichtete der Artikel nicht von seinen Triumphen, sondern von seiner Tragödie. Immerhin zeitigte diese traurige Berühmtheit ihre Früchte. »Der Torero ist tot, der Mensch aber lebt«, schloß die Reportage, und um diesem Menschen leben zu helfen, wurde unter den Lesern der Zeitung eine Sammlung veranstaltet.

Der Ertrag war bescheiden; kaum so viel, wie der Patient von Zimmer 9 für ein paar Minuten in einer Arena verdiente. Doch er ermöglichte es, Robustiano Fernández etwas zu bieten, das ihn wieder hoffen und ihn glauben ließ, daß auf dem Operationstisch des Doktors de la Torre nicht alles für ihn geendet hatte: eine billige Zweizimmerwohnung in einem Madrider Vorort. An einem sonnigen Morgen humpelte Robustiano Fernández auf zwei Krücken aus dem *Sanatorio de Toreros* und begab sich in seine Wohnung. Dort begann er neuerlich ein Leben als Altmetallsammler und kehrte für immer in den Abgrund der Vergessenheit zurück, dem er für kurze Zeit entflohen war: ein trauriges, anonymes Symbol der Niederlagen bei der Corrida.

Elf Tage nach seiner Verwundung verließ Manuel, auf einen Stock gestützt, unter dem Beifall der Menge und den Blitzlichtern unzähliger Fotografen die Klinik.

Weitere zehn Tage später stand, gegen den Rat seiner Ärzte, gegen die Bitten seiner Freunde, seine blasse, magere Gestalt in der Arena der kleinen Küstenstadt Marbella. Dort erhielt er, seiner noch nicht verheilten Wunde, seinen kraftlosen Gliedern zum Trotz, die vier Ohren und einen Schwanz der Stiere aus der *Ganadería* von Antonio Elizado und bewies so Spanien und der ganzen Welt, daß sein Mut nicht durch jenes klaffende Loch in seinem Schenkel entwichen war, das ihm ein Stier namens Impulsivo gerissen hatte. Während seiner *Faena* begann Blut aus der Wunde zu sickern. Aber das hatte keine Bedeutung. Er sollte seinen Weg fortsetzen, der ihm in einer fernen Nacht seiner Kindheit vorgezeichnet worden war.

Am nächsten Nachmittag sollte er in einer anderen Stadt, in einer anderen Arena unter der sinkenden Sommersonne zwei anderen wilden Stieren gegenüberstehen.

Epilog

Der eisige Wind der Sierra wirbelte einen Schwarm roter Funken durch die Dunkelheit. Drei Burschen drängten sich um ein Feuer und bemühten sich mit vereinten Kräften, mittels eines Stücks Holzkohle einige Worte auf einen Streifen Stoff zu schreiben, den einer von ihnen von seinem Hemd gerissen hatte. Ringsumher lagen die Schalen der Eicheln verstreut, die seit drei Tagen ihre einzige Nahrung bildeten, abgesehen von den Grasbüscheln, die hier und dort aus dem Boden sprossen. Als sie ihre Inschrift beendet hatten, streckten sie ihre frostklammen Glieder, erhoben sich und schlichen zu einem schmiedeeisernen Tor jenseits einer nahen Straße. Sorgfältig befestigten sie das Transparent an den schwarzen Pfosten, die einen flachen andalusischen Hut aus Metall umrahmten, das Emblem des Herrn, der hinter dem Tor liegenden Besitzung. Dann traten sie zurück und betrachteten ihr Werk.

Für diese armen hungrigen Burschen bildete dieses Tor den Eingang zu einem gelobten Land, zu einer Art Santiago de Compostella, einem Wallfahrtsort, der das Paradies symbolisierte, nach dem sie sich sehnten. Sie waren *Maletillas*. Für sie wie für Tausende ihrer Kameraden, die über die Straßen Spaniens irrten, war der Mann, dem dieses Gut gehörte, ein neuer Currito de la Cruz, ein Vorbild, dessen Legende sie mit ihren durchlöcherten *Espadrillas* und ihren zerrissenen Hosen folgten. Antonio Carbello »Mejita«, der Jüngste einer Familie mit sechzehn Kindern, von denen nur noch fünf am Leben waren, hatte einen Schäfer zum Vater, welcher selbst bereits mit sieben Jahren auf den Feldern gearbeitet hatte. Juan Garido »El Carabinero«, der vierte Sohn eines blinden Bettlers, war ein schwächlicher Geselle mit mürrisch verkniffenem Gesicht, den die Zivilgardisten fast zum Krüppel geprügelt hatten. Constantino »El Grande« seinerseits wußte nicht einmal, wer seine Eltern waren. Er war in dem unbarmherzigen Winter 1941 als Neugeborener vor der Tür eines Klosters in Huelva ausgesetzt worden.

In ständiger Bewegung, um sich zu wärmen, bemüht, den nagenden Hunger zu vergessen, beobachteten die drei *Maletillas* sehnsüchtig die Lichter des Gebäudes und warteten auf die Ausfahrt seines Besitzers.

Endlich erschienen zwei Scheinwerfer hinter dem Swimming-pool. Einige Sekunden später knirschten Reifen auf dem Kies. Am Steuer eines langen weißen Jaguar-Kabrioletts – eines der drei Wagen dieses Modells, die es in Spanien gab – saß, eine Kaschmirweste um die Schultern, einen Schal von Hermes* um den Hals, der Mann, den die drei fröstelnden, hungrigen *Maletillas* erwarteten: Manuel Benítez »El Cordobés«. Zu erregt, um ein Wort hervorbringen zu können, rissen sie das Transparent vom Tor und entfalteten es im Licht der Scheinwerfer. »Manolo«, besagten die unbeholfenen Buchstaben der Botschaft, »wir gratulieren Dir zu Deinem Triumph in Mexiko. Wir wollen berühmt werden wie Du. Gib uns eine *oportunidad*, in Deiner Privatarena zu kämpfen.« Manuel betrachtete eine Weile den Stoffstreifen, der im Winterwind flatterte. Dann trug er den drei Burschen mit einem wissenden Lächeln auf, sich in seiner Küche etwas zum Essen zu holen. Und mit aufheulendem Motor verschwand er in der Nacht.

Hinter einer scharfen Kurve erschien ein Lichtermeer in der Dunkelheit: die Stadt der Kalifen, Córdoba. In dieser Nacht – der ersten, die er seit seiner Rückkehr aus Mexiko in Córdoba verbrachte – hatte Manuel eine Verabredung, eine Verabredung, die einzuhalten ihn nichts auf der Welt hindern konnte, eine Verabredung, der er jedesmal getreulich nachkam, wenn er von seinen Reisen heimkehrte. Eine dichtgedrängte Menge harrte bereits auf ihn, als er den Jaguar in der Calle Antonio Maura vor dem Haus Nummer 71 bremste. Wer in diesem Gebäude jedoch seinen Besuch erwartete, war keine Dulcinea, keine Flamencotänzerin, kein Restaurantbesitzer. Es war nur ein Priester, ein einfacher Pfarrer, den El Cordobés eines Tags verzweifelt angefleht hatte: »Padre, machen Sie einen Menschen aus mir!« Manuel Benítez, der reichste Torero in der Geschichte der *Fiesta Brava*, der einzige Spanier, dessen Berühmtheit mit der Francos konkurrieren konnte, hatte die Bittschrift der *Maletillas* am Tor seines Guts nicht entziffern können. Er konnte nicht lesen und schreiben.

* Weltberühmtes Pariser Geschäft für Schals, Halstücher usw. Anm. d. Übers.

Eigentlich war es seine Musikalität, die dem Padre Arroyo die Ehre der Bekanntschaft mit Manuel Benítez verschafft hatte. Eines Sonntags war der Priester, als Manuel gerade seinen Lichteranzug angelegt hatte, in das mit Neugierigen überfüllte Zimmer getreten. Was er jedoch zu dieser feierlichen Zeremonie mitgebracht hatte, war kein Gegenstand religiöser Verehrung, sondern eine Ziehharmonika, ein prächtiges Akkordeon, auf dem er einen eigens für den Matador komponierten Paso doble spielte. Diese Weise mit dem Titel »Das Lächeln des Cordobés« wurde zu einer der populärsten Spaniens. Von diesem Tag an waren der Seelsorger und der junge Stiertöter Freunde.

Und seit damals verwandelte sich in jeder Nacht, die El Cordobés in Córdoba zubrachte, der kleine Wohnraum des Geistlichen in ein Klassenzimmer. In einen blauen Samtfauteuil gelehnt, lernte Manuel hier, »ein Mensch zu sein«.

Die Hand, die mehr als tausend Stiere getötet hatte, übte auf den karierten Blättern eines Schulhefts für Kinder die einfachen Worte, die der Priester vorschrieb: »Yo soy Manuel Benítez« – ich bin Manuel Benítez. »Me gusto mucho torear« – ich kämpfe gern mit Stieren.

Manchmal verlängerte Padre Arroyo als Belohnung den Unterricht durch eine Stunde Französisch – eine Sprache, die den andalusischen Analphabeten faszinierte. Um sich auf seinen Schüler einzustellen, hatte der Pfarrer die gebräuchlichsten Ausdrücke aus dem Wortschatz Voltaires ausgewählt. Die erste Seite begann mit «bonjour« und »Mademoiselle«.

Auch der Schreibunterricht folgte einer ungewöhnlichen Methode. Manuel lernte früher die lateinische Schrift als die Druck- und Blockbuchstaben. Praktische Überlegungen hatten den Pfarrer zu diesem Vorgehen bewogen: Der Torero mußte vor allem die Verträge entziffern können, die Tag für Tag in seinem Namen abgeschlossen wurden und deren finanzielle Klauseln unweigerlich mit der Hand abgefaßt waren.

Weniger trockene Gegenstände vervollständigten den nächtlichen Unterricht des berühmten Matadors. In einem dicken, in rotes Leder gebundenen Band seiner Bibliothek, »Gedanken und Maximen«, fand Padre Arroyo Sätze, die er der Phantasie und dem Verstand seines Schülers überließ. Einmal war es ein Ratschlag Pythagoras': »Laß nicht zu, daß dein Körper der Kerker deiner Seele werde«, ein andermal ein Aphorismus von Auguste Comte: »Für die anderen zu leben ist nicht nur eine gebieterische Pflicht, es ist das Glück«, dann wieder ein

Gedanke Kants: »Die Freundschaft ist die Schönheit der Tugend.« Der Mann, der so lange von der Welt nur das unsagbare Elend der Seinen, die Prügel der Zivilgarde, die Gitter der Gefängnisse und das Dickicht der Städte gekannt hatte und nun, verhärtet, aber siegreich, in einer Umgebung der Habgier und Schmeichelei lebte, hörte mit offenem Mund zu und versuchte, diese sonderbaren Worte »Glück«, »Tugend«, »Seele« zu verstehen. Der Priester erklärte sie ihm mit Hilfe einfacher Bilder und Vergleiche, und es war ein ergreifender Augenblick, als ein mit Ruhm und Geld überhäufter Mann in einem bescheidenen Zimmer die Werte, den Sinn des Lebens zu verstehen begann. Doch der größte Torero Spaniens sollte in dem blauen Lehnstuhl in der Calle Antonio Maura noch andere Entdeckungen machen. Eines Tages, durch die Bilder von Raumschiffen und Satelliten im Fernsehen neugierig geworden, fragte er den Priester: »Padre, ich kenne mich mit diesen Astronautengeschichten nicht aus. Wie können sie denn immer rundherum in Kreisen um die Erde fliegen?«

Der Geistliche holte aus dem Nebenzimmer einen Globus. Er drehte ihn in den Händen Manuels und zeigte seinem Schüler die Meere, die Christoph Kolumbus durchkreuzt hatte. Und während El Cordobés mit seinen Fingern nachdenklich über die Kontinente strich, die seine Vorfahren erforscht hatten, begriff er, daß sich ihm ein neues Mysterium erschloß. Wie in der Vollmondnacht, da er auf den Weiden jenes der *Muleta* ergründet hatte, wiederholte er hingerissen: »Fenomenal, fenomenal, fenomenal . . .«

Bis dahin hatte der berühmteste Matador der Welt tatsächlich nicht gewußt, daß die Erde rund ist.

Die Zurückgezogenheit dieses kleinen Wohnzimmers in Córdoba ist stets nur eine kurze Unterbrechung im ruhelosen Leben des Cordobés. Kein Mann ist einsamer als ein Gott der Arena. Die ständige Gesellschaft eines Schwarms von »Freunden« gehört zu seiner Legende, sie ist eine Droge, die ihm ohne Unterlaß seine Wichtigkeit und seine Popularität in Erinnerung ruft. Wie einem orientalischen Potentaten folgt ihm ein Rattenschwanz von Schmeichlern, Schnorrern und Schmarotzern. Tag und Nacht wimmelt die Rotte der Bittsteller und Bewunderer in den Räumen und Gängen seines Hauses, in seinen Hotelzimmern, in den *Callejones* der Arenen. Direktoren von *Plazas*, die ihn engagieren wollen, Journalisten auf der Lauer nach einer Indiskretion, Züchter,

Verehrer, Verwandte, Mitglieder der *Cuadrilla,* Bediente, Reporter, Fotografen aus der ganzen Welt, Neugierige, Frauen auf der Jagd nach einem Abenteuer, junge Toreros drängen sich um ihn und nehmen an jedem Augenblick seines Lebens teil.

Es gibt keine Tür in Spanien, die sich ihm verschlösse. Herzoginnen flehen ihn an, zu ihren Bällen zu kommen. Die Werbeagenten von Geraldine Chaplin bitten ihn, ihrem Star einen Stier zu widmen. Er lädt den Zorn der amerikanischen Tierschutzvereine auf Jacqueline Kennedy, als er ihr den Tod eines seiner Gegner weiht. Er besucht Paris, besichtigt den Eiffelturm inmitten eines Rudels von Fotografen, und Régine, die Königin des Pariser Nachtlebens, gesteht, daß sie sich in den gutaussehenden Andalusier verliebt habe. In keinem Haus, nicht im adeligsten und nicht im ärmlichsten, wird er anders empfangen als mit Freude und Achtung. Und dennoch: Wirklich wohl fühlt er sich nur auf dem steinigen Boden seiner Güter, die er ohne Krawatte, in Hemdsärmeln durchstreifen kann. Nur hier kann er den Strapazen der großen Welt entgehen, jenen Klippen, die er einmal beim Filmfestival von San Sebastián kennengelernt hat, als er bei einem Galadiner seine Tischdame, ein entzückendes Starlet, bitten mußte, seinen Fisch zu zerlegen, da er nicht mit dem Besteck umgehen konnte.

Kaum sieben Jahre nach der Zeit, da er nicht einmal die paar Céntimos für ein Stück Brot in der Tasche hatte, weiß er nicht mehr, wieviel er tatsächlich besitzt. Als er sein erstes Bankkonto eröffnete, fragte ihn der Direktor, wieviel er einlegen wolle. »Ich weiß nicht«, antwortete er, »wieviel Kilo wollen Sie?« Sein Vermögen dürfte sich, nach vorsichtigen Schätzungen, auf mindestens 500 Millionen Peseten belaufen. Er erhält das ganze Jahr über 150 Personen.

Die Gatten seiner Schwestern Carmela und Encarna, die ihn ehedem als nichtsnutzigen Herumtreiber betrachtet haben, befassen sich nun mit seinen Geschäften und führen ein fürstliches Leben, von dem sie zehn Jahre vorher nicht einmal zu träumen gewagt hätten.*

Sein Bild, sein Name zieren eine Unmenge von Produkten: Weinflaschen, Postkarten, Aschenbecher, Biergläser, Bleistiftspitzer, Spielkarten, Zigarren, Puppen, Nippsachen, Teller, Wimpel und sogar eine echt goldene Krawattennadel.

Der Mann, der die erste größere vor den Hörnern der Stiere ver-

* Manuel Montes, der Mann seiner Schwester Encarna, ist nun sein *Apoderado.* Anm. d. Übers.

diente Summe zum Kauf eines Hauses für seine Schwester verwendet hat, besitzt nun sein eigenes Bauunternehmen. Die Zivilgardisten von Córdoba können von den Fenstern ihrer Kaserne aus Tag und Nacht den Namen ihres ehemaligen Häftlings in Leuchtschrift an dem Hotel strahlen sehen, das er vor kurzem errichtet hat. Dieses Hotel ist mit seinen 105 von eigenhändigen Gemälden des Matadors geschmückten Zimmern, seinem Schwimmbecken, seiner Sauna und seiner Bar eines der luxuriösesten Spaniens.

In Manuels Garagen funkelt das Chrom eines Jaguar, einer Flotte von Mercedes, eines Alpine Renault Sport und mehrerer Landrover. Er fährt diese Wagen mit halsbrecherischer Geschwindigkeit und übersät so die holprigen Wege, die zu seinen Gütern führen, mit den Trümmern der Getriebe, der Auspufftöpfe, der Stoßdämpfer, der Differentiale. Aber ein neues Fahrzeug hat diese Symbole des Erfolgs von ihrem Platz im Herzen Manuels verdrängt. Als Besitzer einer zweimotorigen Piper »Aztec«, die er um mehr als drei Millionen Peseten kaufte, auf den Namen »El Cordobés« taufte und natürlich von Padre Arroyo weihen ließ, ist Manuel Benítez der erste Matador der Geschichte, der sich in seinem Privatflugzeug zu den Corridas begibt.

Um diese Maschine zu steuern, hat er der spanischen Luftwaffe ihren besten Düsenjägerpiloten abgeworben; doch meist bedient er selbst die Kontrollen und zwingt den Flieger, während der Landungen die Hände hinter dem Nacken zu verschränken – zum Entsetzen der *Banderilleros* Paco Ruiz, der in diesen Augenblicken die Jungfrau und alle Heiligen mit herzzerreißender Stimme um ihren Schutz anfleht. Für El Cordobés, der sich noch an die erschöpfenden Fußmärsche durch die endlosen Weiten Kastiliens und Estremaduras erinnert, gibt es kein erhebenderes Gefühl, als nach einer Corrida in Arles oder Nîmes in sein Flugzeug zu springen und noch am selben Abend eine *tortilla* mit *chorizo* – eine Art Eierspeise mit Wurst – bei seiner Schwester Encarna, mitten in Madrid, zu verzehren.

Manuel Benítez besitzt heute mehrere Villen, aber immer noch hat er eine besondere Neigung für jenes Landhaus, das er in der Nähe Córdobas auf den Ruinen hat errichten lassen, welche einst ein armer mitleidiger Schäfer bewohnte. Hier, an dem großen Eichentisch des Speisesaaals im Erdgeschoß, fand kürzlich zu Weihnachten das erste Treffen der Familie Bénitez seit jenen schrecklichen Weihnachten 1940 statt, als jeder sich in seinem Unglück abgekapselt hatte, »wie eine Schnecke in ihrem Haus«. Umgeben von seinen Schwestern, deren Männern, seinen 13 Neffen und Nichten und seinem Bruder Pepe sang, scherzte und lachte Manuel, und die fröhliche Stimmung dieser Nacht vertrieb die düsteren Erinnerungen.

Unweit dieses Speisesaals befindet sich im ewigen Halbdunkel eines kleinen Raums das Nervenzentrum der Hacienda, der Schreibtisch eines jungen Manns, von dem Manuel zu Beginn des Sommers 1960 am Ausgang der *Plaza* von Andujar sein erstes Auto gekauft hat. Da Luis González sich als erbärmlicher Chauffeur erwiesen hat, ist er zum Aufseher des Guts ernannt worden. Eine seiner Hauptaufgaben besteht darin, die Berge von Post zu beantworten, die El Cordobés Tag für Tag bekommt. Man kann sich keine ergreifendere, keine symbolischere Lektüre vorstellen als diese von unbeholfenen Händen gekritzelten Briefe. »Lieber Manolo«, besagt ein Schreiben aus Gaeta de Venta, »unser Ort hat nur 17 Einwohner, und bis zum nächsten Dorf sind es 50 Kilometer. Wir wissen, daß Du ein gutes Herz hast, schenk uns einen Fernsehapparat.« – »Hilf mir, barmherziger Manuel«, fleht ein Brief, »ich weiß nicht mehr aus noch ein. Eines meiner acht Kinder ist herzkrank und ein anderes ist gelähmt. Ich muß sie nach Madrid zum Arzt bringen. Schick mir ein bißchen Geld für die Reise.« – »Manuel«, bittet ein anderer, »leih mir 40000 Peseten, sonst stirbt mein Mann an Asthma in dem feuchten, dunklen Loch, in dem wir leben. Er ist erst 34 Jahre alt. Er braucht eine Wohnung mit ein bißchen Sonne.«

Kein *Maletilla* hat jemals das Haus Manuels mit leerem Magen verlassen, kein Bettler ist ohne ein Almosen in seiner Tasche von ihm weggegangen. Die rauschenden Feste, die er auf seinen Gütern veranstaltet, bieten allen Armen der Gegend Gelegenheit, sich den Bauch vollzuschlagen. Als er die kleine Arena seiner Besitzung in der Nähe Palmas feierlich einweihte, befanden sich unter den 1000 Gästen mehr als 200 *Maletillas*, für die er einen ganzen Lastwagen voll Schinken und Montilla-Wein kommen ließ. Er hat dem alten Pfarrer Don Carlos Sánchez die Ausstattung und das Mobiliar für eine neue Berufsschule in Palma del Río gestiftet. Kaum ein anderer Matador ist so oft zugunsten von Wohltätigkeitsorganisationen aufgetreten. Jedoch – mit verständlicher Bitterkeit – kann er sagen, daß »wann immer jemand an meine Tür klopft, dann nur, um mich um etwas zu bitten«.

El Cordobés ist eine Naturgewalt: geschmeidiger, instinktsicherer, animalischer noch als die Stiere, mit denen er kämpft, innerhalb wie außerhalb der Arena ein impulsives, launenhaftes, unendlich vitales

Wesen, ein Wesen mit einer unerschöpflichen Fähigkeit zu trinken, zu lachen, Gitarre zu spielen, zu singen und ganze Nächte hindurch die Flamencos seiner Heimat zu tanzen. Fast immer ist er Ausländern gegenüber herzlich und aufgeschlossen, doch er weiß auch zur rechten Zeit jene Würde, jenen Adel zu zeigen, der allen Spaniern eigen ist, wie niedrig ihre Abstammung auch sein mag. Und ebenso kann er plötzlich abweisend, verschlossen, geheimnisvoll werden: Er gibt einem seine Hand, sein Lächeln, aber behält seine Gedanken, seine Meinungen für sich. Er erinnert sich stets, wie hart sein Weg zum Ruhm gewesen ist, aus welchen Tiefen er aufgestiegen ist. Die bitteren Jahre des Hungers und der Einsamkeit haben ihn gelehrt, mißtrauisch und vorsichtig zu sein. Zu stolz, um diesen Abschnitt seines Lebens zu verleugnen, sagt er oft, daß »Armut keine Schande ist«.

Doch er läßt die Gespenster der Vergangenheit niemals auferstehen und liebt es nicht, von gestern zu sprechen. Er lebt mit Leib und Seele in der Gegenwart, in dieser überwältigenden Gegenwart, in der die Leiden und Ungerechtigkeiten von einst keinen Platz haben. In der harten Schule der Knüppel der Zivilgarde und der eisigen Nächte auf den Baustellen Madrids hat Manuel gelernt, ein Realist zu sein. »Um zu protestieren, muß man reich sein«, hat er einmal gesagt, »denn das einzige, was auf die Leute Eindruck macht, ist Geld.« Die Verkünder der Sozialrevolution wissen, daß sie auf der Hacienda von Spaniens Idol nicht gerade ihren glühendsten Mitstreiter finden.

Sein auffallendstes Charaktermerkmal bleibt seine außerordentliche Impulsivität. Er folgt jedem Einfall, jeder Laune. Er hat es fertiggebracht, mit seiner Unpünktlichkeit sogar eine Nation vor den Kopf zu stoßen, die das Zuspätkommen zu einem geheiligten Brauch erhoben hat. Kürzlich kam er bei einer Corrida der *Feria* von Sevilla erst nach allen anderen Toreros in die Arena. Eines Abends bei Padre Arroyo erweckte ein kleines Heft seine Neugier, das der Priester aus der Tasche gezogen hatte, um einige Worte aufzuschreiben. Als der Geistliche das Interesse seines Schülers gewahrte, versuchte er ihm zu erklären, daß es sich um ein Notizbuch handle, um »ein Heftchen, in das man seine Termine, seine Verabredungen vermerkt, eben alles, was einem Mann hilft sein Leben einzuteilen«. Nichts konnte dem sprunghaften Geist Manuels unverständlicher, fremder sein.

Ihm einen einzigen Tag lang zu folgen, ist ein aufreibendes, verwirrendes, beunruhigendes Abenteuer. Unversehens springt er auf ein Pferd und galoppiert gemeinsam mit seinen Viehhütern davon, auf der

Suche nach einem verlaufenen Stier. Ein paar Minuten später verlangt er ein Gewehr und geht Vögel schießen. Dann setzt er sich auf einen Stein und verlangt Brot und Wurst, und ein Bedienter stürzt ins Haus. Wenn dieser zurückkommt, ist Manuel verschwunden. Er braust am Steuer eines seiner Mercedes nach Córdoba und befiehlt dort, sein Hotel aufzustocken. Eine Stunde später sitzt er, immer noch in Stiefeln und Reithosen, an den Kontrollen seiner Piper »Aztec« und fliegt nach Sevilla, nach Madrid oder Málaga, um einem Freund einen überraschenden Besuch zu machen. Am übernächsten Morgen erfährt Spanien aus den Zeitungen, daß der Matador in Lima oder Caracas weilt und die Ohren seiner Stiere erobert hat. Einmal, nachdem er die ganze Nacht in einer Bar von Córdoba Flamenco getanzt hatte, beschloß er plötzlich, mit seinem Sport-Renault nach Madrid zu fahren. Nach 50 Kilometer hielt er erschöpft auf dem Hauptplatz eines schlafenden Dorfes an, stieg aus, legte sich ins Gras und schlief augenblicklich ein. Als er einige Stunden später die Augen aufschlug, sah er über sich die entzückten Gesichter der Bauern, die ihn umringten. Für die armen Bewohner dieses abgeschiedenen Fleckens war der im Gras ihres Platzes ausgestreckte Körper eine ebenso wunderbare Erscheinung wie die der Jungfrau für die Kinder von Fatima.

Doch so impulsiv er auch ist, er vergißt nie, auf den Eindruck zu achten, den er auf seine Umwelt macht. Er weiß instinktiv, was seine vielen Bewunderer von ihm erwarten. Da er von Rafael Sánchez »El Pipo« gelernt hat, daß man in der Masse auffallen muß, trägt er oft einen breiten, weißen Sombrero. Seine zerraufte Mähne, sein schlacksiger und lässiger Gang sind ebenso natürliche Eigenart wie Pose.

Aufgrund sonderbarer Skrupel, die ihn manchmal quälen, trägt er diese Maske nicht nur vor seiner Umgebung, sondern auch vor sich selbst. Einst ist er von den Feldern geflohen, um der Sklaverei einer Arbeit um Lohn zu entkommen – und heute fühlte er »ein unbezähmbares Bedürfnis zu arbeiten«. Wie jene Spieler, denen ihr Gewissen befiehlt, die beim Roulette oder beim Rennen gewonnenen Summen irgendwie zu rechtfertigen, entfaltet Manuel außerhalb der Arenen eine unermüdliche Betriebsamkeit. Von seiner Auffassung von »Arbeit« besessen, fährt er hin und her, gibt Anordnungen, überwacht und dirigiert die Tätigkeit auf seinen Gütern, seinen Baustellen und stürzt sich ständig in neue Unternehmungen.

Und dabei hätte er sich nach jedem Sommer für den Rest des Jahres Ruhe verdient. 1965 trat er allein in Spanien hundertelfmal in der Arena auf und schlug damit den Rekord Belmontes. Im August dieses Jahres nahm er innerhalb von 31 Tagen an 32 Corridas teil, tötete 64 Stiere, eroberte 53 Ohren und 11 Schwänze und legte 15 000 Kilometer zurück.

Dieses zermürbende Leben hat seine Spuren hinterlassen: 19 Narben, die aneinandergereiht dreimal um seine Taille reichen würden, zwei schwere Schulteroperationen, zerfurchte Züge, einen abgemagerten, von der Spannung der Arenen, den langen Reisen und den Ansprüchen des Publikums zerquälten Körper. Sich als hungriger junger Bursche vor die Hörner der Stiere zu stellen, ist ein außerordentlicher Akt der Tapferkeit; ist man aber erst einmal über dreißig und hat an die 500 Millionen Peseten auf der Bank liegen, ist es doch etwas ganz anderes.

Wie Manolete in seinem letzten Lebensjahr trinkt Manuel weit mehr, als ein solchen Anstrengungen unterworfener Organismus gefahrlos zu verkraften vermag. Während der Saison der Corridas kann er nur mit Hilfe eines schweren Schlafmittels einschlafen, das er sich en gros aus Mexiko kommen läßt. Am nächsten Morgen muß er dann, um seine Lethargie abzuschütteln, irgendeine andere Droge schlucken und gerät so in den Teufelskreis einer immer künstlicheren Existenz.

In Málaga, Murcia, Zaragoza haben ihn Journalisten so müde gesehen, daß sie in ihren Zeitungen eindringliche Warnungen geschrieben und ihm das Schlimmste vorausgesagt haben, wenn er nicht auf seine Gesundheit achtgebe. Doch als Gefangener der Verträge, mit denen er überhäuft wird wie noch nie ein Torero, als Sklave seiner Bewunderer, seines Ruhms, seiner Lebensgier hat El Cordobés nicht mehr die Kraft, sich aus diesem verhängnisvollen Strudel zu befreien. In einer Winternacht hat er es wohl einmal versucht – doch vergeblich. Es war 4 Uhr morgens. In einem holzgetäfelten Zimmer seiner neuen Hacienda schrak Manuel aus dem Schlaf und richtete sich schweißüberströmt auf. Er hatte einen Alptraum gehabt: Ein Horn eines riesigen schwarzen Stiers hatte seinen Körper durchbohrt. Wie an dem Tag, da ihn Impulsivo verletzt hatte, fühlte El Cordobés, »wie ihn sein Leben durch dieses klaffende Loch verließ«.

Er sprang aus dem Bett, warf sich in einen seiner Mercedes, raste nach Córdoba und telefonierte nach Madrid, um bekanntzugeben, er wolle sich zurückziehen.

Vier Tage später fuhr eine lange Schlange schwarzer Limousinen, einem prunkvollen Trauergefolge ähnlich, bei seiner Hacienda vor.

Aus jedem der Wagen stieg einer der Kapitäne der *Fiesta Brava*: Livinio Stuyck, der Impresario, der El Cordobés nach Madrid geholt hatte; Pedro Balaña, der Sohn des Mannes, der El Pipo prophezeit hatte, daß sein Torero »ganz Spanien eine Gänsehaut einjagen« werde; Diomede Canorea, der Direktor der Maestranza von Sevilla, der sich geweigert hatte, dem jungen, von seinem Manager als »Erneuerer der Corrida« angepriesenen Vagabunden in seiner Arena eine Chance zu geben.

Dank dem Besitzer dieses Guts, dank dem Fernsehen und dank dem Fremdenverkehr hatten die Geschäfte dieser Männer einen ungeahnten Aufschwung genommen. Noch nie in der Geschichte der *Fiesta* hatten so viele Leute so viel Geld ausgegeben, um immer zahlreichere Corridas zu besuchen. Während 1959 nur 333 Kämpfe stattgefunden hatten, waren es nun jedes Jahr mehr als tausend. In weniger als fünf Jahren waren zwölf neue *Plazas* erbaut worden. Die großen *Ferias* hatten an Bedeutung gewonnen, die Stierkampfsaison war länger geworden. Die Macht und der Einfluß der Impresarii waren beträchtlich angewachsen und ebenso ihre Bankkonten.

Und nun drohte der Alptraum eines launenhaften jungen Mannes dies alles zunichte zu machen. Kaum waren die Absichten Manuels bekanntgeworden, stürzten Hunderte von *Aficionados* zur Maestranza von Sevilla, um ihre Abonnements für die *Feria* im April zu stornieren. Der Besitzer des größten Hotels von Grao de Castellón, dem Strandort von Castellón de la Plana, erklärte, daß es ohne El Cordobés »weder *Feria* noch Touristen« geben werde. Ein angesehener Wirtschaftsexperte rechnete aus, daß die Hotels, die Taxichauffeure, die Agioteure, die Restaurants und noch eine Reihe anderer Geschäftszweige durch den Abschied des Matadors an die 300 Millionen Peseten einbüßen würden. Für die Direktoren der Arenen würde der Ausfall der hundert Corridas des Cordobés einen glatten Verlust von über 200 Millionen Peseten bedeuten.

Mit düsterer, feierlicher Miene traten die Besucher in das Büro Manuels. Der Matador empfing sie im Sporthemd, unter der Büste Manoletes und der Skulptur eines anderen Großen aus Córdoba, des Philosophen Seneca. Dieselben Männer, die ihre *Plazas* vor einem armen Andalusier namens Manuel Benítez verschlossen hatten, flehten nun El Cordobés siebenundvierzig Minuten lang an, wieder aufzutreten und die *Fiesta* vor der drohenden Katastrophe zu bewahren. Schließlich ließ der Matador sich überreden, vielleicht aus der Überlegung heraus, daß sein Alptraum ihn selbst 100 Millionen Peseten an

Konventionalstrafen kosten konnte. Er unterzeichnete mit seiner großen, unbeholfenen Unterschrift die Erklärung, welche die sieben Besucher in der Hoffnung mitgebracht hatten, er werde diesen Entschluß rückgängig machen, der »den Stierkampfunternehmen Spaniens, dem Publikum und der *Fiesta Brava* selbst unermeßlichen Schaden zufügen würde«.

So kehrte Manuel zu den Stieren, den Massen, den endlosen Reisen und der zermürbenden Spannung zurück, denen er zu entkommen gehofft hatte. Und diese Rückkehr setzt ihn einer neuen Gefahr aus, der gleichen Gefahr, der Joselito und Manolete zum Opfer gefallen sind: daß die Massen auch ihn eines Tages stürzen wollen und ihn so zwingen, sein Leben jenseits einer Grenze aufs Spiel zu setzen, die kein Mensch überschreiten kann.

In dem schwindelerregenden Wirbel von Städten, Menschen und Stieren weiß Manuel manchmal nicht einmal mehr, wo er sich befindet und in welcher Arena er am nächsten Tag kämpfen muß. Er weiß nur, daß er jeden Tag in zwanzig Minuten eine Million Peseten verdient, fünfzigtausend Peseten für jede Minute vor den Hörnern eines Stieres, für jede Minute Lebensgefahr – eine wirklich phantastische Summe.

Sein wahrer Reichtum jedoch bleibt diese unerschöpfliche, animalische Kraft, dieser wilde, impulsive Schwung, den man nicht erlernen, nicht erwerben kann: der Mut. Diesem Mut verdankt es El Cordobés vor allem, daß er geworden ist, was er ist: der berühmteste und umstrittenste Matador seiner Generation. Den Millionen von Spaniern, die ihn wie einen Gott verehren, stehen Millionen anderer gegenüber, die ihn verachten. Seine Gegner behaupten, er sei bloß ein Poseur, ein Clown, ein Effekthascher, ein Rohling, der die Corrida zu einem brutalen Zweikampf ohne Schönheit und Eleganz gemacht habe. Seine Bewunderung dagegen versichern, daß er die Leidenschaftlichkeit der *Fiesta* wiedererweckt habe.

El Cordobés hat für Angriffe, die sich gegen ihn richten, nur ein geringschätziges Achselzucken übrig. »Die Leute, die mich kritisieren«, hat er erklärt, »sollen mit mir in die Arena gehen. Wenn sie einmal die Hörner an ihrem Bauch, an ihrer Brust, an ihrem Kopf vorbeisausen gefühlt haben, kann ich sie schon eher ernst nehmen. Ich bin durchaus imstande, wie Manolete oder Ordóñez zu kämpfen. Aber dann wäre ich bloß ein anderer Manolete, ein anderer Ordóñez. Was ich sein will, ist, was ich bin: El Cordobés, der einzige El Cordobés.«

Trotz seiner Schwächen, seiner Fehler, seiner halben Milliarde, seiner Häuser und Autos ist Manuel Benítez nach wie vor der Mann, dessen Legende sich nicht auf den Sand einer Arena beschränkt, sondern den Glauben und die Hoffnungen eines ganzen Volks verkörpert. Ein armes Dienstmädchen namens Juanita Moro sieht in ihm »eine Art Gott, weil er die Träume verwirklicht hat, die ich nie verwirklichen werde«. Für einen Journalisten namens Eugenio Suarez ist er »für Spanien, was Kennedy für Amerika, de Gaulle für Frankreich, Gandhi für Indien ist: ein für jedes Volk notwendiges Idol«. Der Student der Philosophie Víctor Fraga, der noch nie eine Corrida gesehen hat, betrachtet ihn als »das Symbol, das Spanien braucht; denn er ist aus dem Nichts aufgestiegen und zu Glanz und Reichtum gelangt«.

Die Gegner des Cordobés haben in gewissem Sinn recht: Er kennzeichnet den Niedergang einer bestimmten Auffassung von der Corrida. Doch die Revolution, die Manuel Benítez in die Arenen getragen hat, gleicht jener, die bereits das ganze Land erfaßt. Es ist eine unabweisbare Tatsache: Das Spanien der Kastagnetten, der Mantillas, der Paseos, dieses so schöne, so edle, so romantische Spanien Montherlants und Hemingways versinkt nach und nach in der Flut einer neuen Zivilisation, der Zivilisation des Coca-Cola, der Leuchtreklamen, der Hochhäuser, doch auch der vollen Mägen. Wie auch immer das Urteil der Stierkampfkritiker ausfallen mag, El Cordobés bleibt der Torero der Massen, der Massen, die auf der Sonnenseite der spanischen Arenen in seiner Gestalt den Vorboten eines neuen, eines besseren Lebens begrüßen.

Es ist ein schönes, neues Appartement. An seinen Wänden hängen keine Gemälde großer Meister, sondern eine Reihe Porträts von Matadoren. In dem langen, dunklen Gang, der in das Wohnzimmer führt, herrscht ein ständiges Kommen und Gehen von Dienstmädchen mit weißen Schürzen und Männern mit geheimnisvollen Mienen. In einer Ecke des Wohnzimmers trocknet ein magerer junger Mann mit melancholischem Gesicht still und in sich gekehrt Gläser ab. Dieser Bursche ist jedoch keineswegs ein Bedienter oder ein Mixer. Er heißt José Fuentes und ist Matador. Er ist die neueste Entdeckung des Hausherrn, der künftige Star El Pipos. Hier, in dieser Madrider Wohnung, die an die Stelle des *Café Ivory* getreten ist, verfolgt der ehemalige Krabbenkönig den letzten Ehrgeiz seines Lebens: ein »Phänomen« zu lancieren, das die *Aficionados* Manuel Benítez vergessen läßt.*

Der Manager ist älter, dicker geworden, doch auch er ist nach wie vor eine legendäre Persönlichkeit. Eine banale Nachricht, die kürzlich in allen Zeitungen Spaniens stand, veranschaulicht seine Popularität. Ein *Maletilla* stieg eines Tages auf das Dach eines Hauses in Córdoba und schrie, er werde hinunterspringen, wenn man ihm nicht eine *oportunidad* gäbe. Die Feuerwehr kam mit einer Magirusleiter, und Passanten, Priester und Polizei baten den bedauernswerten Burschen, auf sein Vorhaben zu verzichten. Schließlich hatte ein Feuerwehrmann eine glänzende Idee. Er zog seine Uniformjacke aus, setzte einen breitrandigen Hut auf und klemmte sich eine riesige Zigarre zwischen die Zähne; eilig kletterte er die Leiter hinauf und rief dem Burschen zu: »Ich bin El Pipo, spring nicht, ich gebe dir eine Chance!«

Als der Verzweifelte die Gestalt des berühmten Managers zu sehen glaubte, lief er seinem Retter entgegen, überzeugt, daß ihm nun endlich der ruhmreiche Weg in die *Plazas* Spaniens offenstand.

Angelita Benítez wohnt in dem Haus, das ihr Bruder ihr gekauft hat. Für alle Palmeños ist dieses Haus die »casa del Cordobés«. Ihr Leben hat sich seit ihrer Übersiedlung kaum geändert. Sie hat das Lichtermeer Madrids noch nie gesehen und wird es wahrscheinlich auch nie sehen. Doch ihr ältester Sohn wird nicht wie sie und ihr Bruder auf den Feldern der Morenos arbeiten: Er lernt in Sevilla einen Beruf, den er bald im Dienst seines millionenschweren Onkels ausüben wird. Er möchte Buchhalter werden. Angelita kümmert sich mit der gleichen Tatkraft, mit dem gleichen Fleiß um ihr Heim wie ehedem in dem Loch in der Calle Belén. Von früh bis spät wäscht sie, wachst den Boden und kocht auf ihrem neuen Propangasherd Gerichte, die sie als Kind nur vom Hörensagen gekannt hat. Doch hinter dem freundlichen Lächeln der Ältesten der Benítez verbirgt sich eine Fülle bitterer Erinnerungen.

»Niemand scherte sich um uns, als wir arm waren und fast starben vor Hunger«, seufzt sie, »und heute, wo Manuel reich und berühmt ist, nennen sich Leute unsere Freunde, die uns früher nicht einmal angespuckt hätten.« Jetzt drängen sich täglich Besucher vor ihrer Tür, ein paar hungrige Weiber, ein Mann, der 50000 Peseten für eine Operation haben will, weil er ein »Aficionado« ist.

* 1967 war José Fuentes bereits einer der meistbeschäftigten Matadore Spaniens. Er erkämpfte sich im Lauf der Saison über 60 Ohren. Anm. d. Übers.

Doch die schwersten Stunden erlebt die Schwester des Cordobés nachts, wenn die Dunkelheit über den Dächern von Palma del Río das Klappern der Störche verstummen läßt. Nacht für Nacht fleht Angelita die *Patrona* an, ihren Bruder von den Stieren abzubringen und die Drohung von ihm abzuwenden, die sie seit dem Tag seines ersten Ruhms auf ihm lasten fühlt.

Unweit ihres Hauses, in einer billigen Wohnung einer neuen Siedlung in der Calle Averroes, denkt noch eine andere Frau ständig an Manuel Benítez. In ihrem kleinen Zimmer schneidert Anita Sánchez mit Hilfe der Nähmaschine, die er ihr geschenkt hat, Kleider für die Damen von Palma. Sie ist eine sanfte, stille Frau mit schönem, melancholischem Gesicht. Ein Ereignis hat sie in den Augen ihrer Mitbürger für immer gezeichnet. Sie war die Verlobte des Cordobés, und die Männer, die sie hätte heiraten können, sehen sich anderswo um.

Juan Horillo, verheiratet und Vater von drei Kindern, lebt in einer Wohnung in einem neuen Viertel von Palma, die ihm sein ehemaliger Leidensgefährte geschenkt hat. Von den Landstreicherjahren seiner Jugend geprägt, ist er als Erwachsener geblieben, wie er als Kind gewesen ist: sprunghaft, sorglos, unfähig, sich der mindesten Disziplin zu unterwerfen. Er verschwindet für Tage und Wochen von daheim, und niemand weiß, wo er sich aufhält. An dem Tag, da er Manuel treffen sollte, um den Kaufvertrag für das Haus zu unterschreiben, das sein Freund ihm schenken wollte, kam er nicht; er zog es vor, über das Land zu vagabundieren und irgendwo bei einem Bauern einen Teller *migas* zu erbetteln. Er war der erste Gutsaufseher des Cordobés, doch auch der kurzlebigste. Von seiner Unverläßlichkeit aufgebracht, setzte ihn Manuel nach drei Tagen vor die Tür. Seither verdient Juan Horillo in einer Autoreparaturwerkstätte in Córdoba ein paar Peseten – meist Trinkgelder von Touristen, an deren Wagen er den Reifendruck prüft.

Die gemeinsamen Erinnerungen aber bilden ein unzerreißbares Band zwischen dem Multimillionär und dem unverbesserlichen Vagabunden. Fast jedesmal, wenn ihre Wege sich kreuzen, ziehen sie zusammen zu einem sonderbaren Ausflug aus. In einem Mercedes durchstreifen sie das Land ihrer Kindheit, um am Rand der Gärten, der Obstkulturen der erregenden Beschäftigung von einst nachzugehen: Orangen zu stehlen.

In der stillen Sakristei der Himmelfahrtskirche verwaltet Don Carlos Sánchez immer noch friedlich seine Pfarre und verzeichnet die markanten Ereignisse im Jahresablauf einer Kleinstadt: Geburt, Heirat und Tod eines Palmeños.

Das Café von Pedro Charneca am anderen Ende des Orts ist die gleiche schmutzige, übelriechende, lärmerfüllte Spelunke wie ehedem. Der Chef des Hauses, noch dicker geworden, hat nach wie vor mit seinem ewigen Lächeln eines Bonvivants den Thron inne, auf den er so stolz ist: den eines Königs der *afición* von Palma del Río.

Don Felix, der Züchter, nimmt seinen Platz in der Familiengruft der Morenos auf dem Sankt-Johannes-Friedhof ein, einige Meter von dem Massengrab entfernt, in dem jene ruhen, die während des selbstmörderischen Bürgerkriegs mit ihrem Leben für das seiner Saltillo-Stiere bezahlt haben.

Nur wenig scheint sich in den hitzeflimmernden Gassen und auf den von Orangenbäumen umsäumten Plätzen dieser kleinen Stadt geändert zu haben. Vor der arabischen Mauer spielen die Kinder immer noch das große Spiel der Corrida, und auf den Straßen ruft das Auto eines Ausländers nach wie vor Neugierde hervor. Und doch hat sich in Palma seit der Ausweisung von Manuel Benítez und Juan Horillo vor nunmehr elf Jahren vieles gewandelt. Neue Schulen, ein Ziegelofen, die Wohnblöcke einer Siedlung mit 1500 Einheiten ragen aus dem Gewirr der bemoosten Dächter. Die Straßen, einst im Sommer von Staubwolken, im Winter von Schlammlöchern bedeckt, sind heute gepflastert oder asphaltiert. Hinter den Fenstern der Palmeños brennen nicht mehr Kerzen, sondern elektrische Glühbirnen. Miguel und Antonio, die Wasserverkäufer, müssen sich um einen neuen Beruf umsehen, denn in die Häuser Palmas hält der Luxus der modernen Zivilisation Einzug: Fließwasser.

Noch fühlbarer sind die wirtschaftlichen und sozialen Fortschritte, die die kleine Stadt langsam aus ihrer jahrtausendelangen Lethargie reißen. Weitläufige Bewässerungsanlagen leiten die fruchtbringenden Wasser des Guadalquivir über zehnmal so große Gebiete wie ehedem. Die Orangenproduktion, die einst kaum für die Bedürfnisse der Stadt und für die Diebstähle Manuels ausreichte, ist so sehr angestiegen, daß die Früchte Palmas nun bis nach Frankfurt, Paris, Amsterdam geliefert werden. In den Ebenen, die Manuel Benítez durchstreift hat, verdrängen die Schafherden nach und nach die wilden Stiere auf die dürrsten und entlegensten Weiden. Die aufblühende Baumwollkultur Palmas füllt zu Hunderten die Lastwagen der Textilfabriken Kataloniens. Mehr und mehr ersetzen Zugmaschinen die Gespanne der Ochsen und

Maultiere. Mit neun Traktoren, zwei Mähdreschern, einer Baumwollpflückmaschine und vierzig Arbeitern bringt heute ein einziges Gut der Morenos viermal soviel ein wie kurz nach dem Bürgerkrieg mit 210 Arbeitern, 70 Ochsen und 30 Maultieren.

Aber noch bezeichnender ist die soziale Entwicklung, die diese Umwälzung begleitet. Neben den Familien der Großgrundbesitzer, die nach wie vor das Leben der Kleinstadt beherrschen, hat sich rasch eine neue Mittelklasse herausgebildet: Bauern, die dank den langfristigen Krediten des Staates ihren Besitz bewässern konnten, Handwerker, Facharbeiter, Geschäftsleute, Funktionäre der landwirtschaftlichen Genossenschaften. Die tägliche Anwerbung auf der Plaza des los Trabajadores, wo die Generation von Manuels Vater um eine Beschäftigung bettelte, besteht immer noch, doch die Perioden der Arbeitslosigkeit sind durch die Vervielfachung der Kulturen verkürzt worden. Ein Landarbeiter erhält heute zehnmal soviel wie die Kinder der Benítez vor zehn Jahren auf den Feldern Don Felix' verdient haben: 150 Peseten pro Tag.

Das übliche Gefolge des Fortschritts begleitet diesen zaghaften, aber unaufhaltsamen Aufstieg. In dem Jahr, da El Cordobés zum erstenmal in seiner Geburtsstadt kämpfte, gab es keine einzige Tankstelle in Palma. Heute stehen an sechs Punkten des Ortes wie Schildwachen rote Zapfsäulen. 400 Autos und 250 Lastwagen haben die zwei Taxis und die Handvoll Limousinen abgelöst, die vor dem Krieg durch die verschlafenen Straßen Palmas knatterten. 1958 verkaufte das größte Fahr- und Motorradgeschäft nur ein einziges Moped – gegenüber 200 im vergangenen Jahr. Drei Jahre nach der historischen Corrida von Las Ventas, bei der sich die Palmeños um bloß zwölf Fernsehempfänger drängten, ragt ein halbes Tausend von Antennen neben den Nestern der Störche von den Dächern. Als unvermeidliche Folge der Ausbreitung des Fernsehens herrscht nun in den Cafés, in denen die Männer sich abends trafen, gähnende Leere.

Elektrische Heizstrahler ersetzen in vielen Wohnungen die traditionellen *braseros*, an denen die Palmeños ihre frostklammen Glieder zu wärmen pflegten, und sogar die bescheidensten Haushalte besitzen jenes erste Gerät des modernen Lebens, das vor zwanzig Jahren noch unbekannt war: ein elektrisches Bügeleisen. Die Frauen Palmas, die seit unvordenklichen Zeiten ihre Babies in ihren Umhängetüchern trugen, schieben nun Kinderwagen; sogar ein Spielwarengeschäft steht ihnen zur Verfügung. In seinem Schaufenster kann man einen Gegenstand bewundern, der ein Vielfaches dessen kostet, was Manuels Vater in einem ganzen Monat verdiente: eine Schlafpuppe, die »mamá« sagen kann und 915 Peseten kostet.

Auch dieses neue Palma beherbergt noch viel Elend und Armut. Vor allem aber vermittelt es nur eine schwache Ahnung von den gewaltigen Umwälzungen, die während des letzten Jahrzehnts ganz Spanien erschüttert haben. Die Madrider Neubauten, auf denen Manuel und Juan vor zehn Jahren Arbeit gesucht haben, sind nun in einem Wald von Glas, Stahl und Beton verschwunden. Die Hauptstadt, in der ehedem alles Ausländische verpönt war, hat heute Bars mit der lockenden Aufschrift »Dolce Vita«, Mannequins, die Miniröcke vorführen, Plakate, die eine Marke von Regenmänteln mit so internationalen Symbolen wie dem Eiffelturm oder dem Tower von London anpreisen. 400000 Autos – eines auf sechs Einwohner – verstopfen nun die Straßen der Metropole, die endlich diesen Luxus des gehobenen Lebensstandards entdeckt: Verkehrsstauungen. Der Barackengürtel, der die Stadt umgab, ist großen Siedlungen gewichen. Das Lager »Brunnen des Onkels Raimund« ist abgerissen worden. An seiner Stelle erhebt sich ein neues Arbeiterviertel – der Stolz der Madrilenen, die behaupten, es gebe »in Paris mehr schlecht untergebrachte Spanier als in Madrid«.

Die Stadt besitzt den größten Supermarket Europas, das *Pryca*, in dem man alle Produkte der Welt, bis zu polnischem Wodka und russischem Kaviar, kaufen kann. An den Eingängen der Geschäfte und Restaurants prangen die Insignien des *Diner's Club* und des *American Express.*

Die Gesellschaft, die vor zehn Jahren den Frauen nur eine untergeordnete Rolle einräumte, hat nun bereits ihre Serviererinnen und Taxilenkerinnen. Bei einer großen Tankstelle in Madrid wird man von Mädchen in Motorradkombinationen à la James Bond bedient. Die Stoßstangen zahlreicher Autos sind mit sonderbaren Schildern verziert, deren verbreitetstes verkündet: »Mädchen gesucht. Keine Vorbildung erforderlich«. In diesem Land, das so völlig unter der Fuchtel der Kirche steht, ist der Verkauf von Verhütungsmitteln weniger Beschränkungen unterworfen als in Frankreich, und die erotische Freizügigkeit in den Kinos untergräbt die Wirksamkeit der Zensur, die von Tag zu Tag an Strenge verliert. Die spanischen Lichtspieltheater zeigen heute so entschieden unmoralische Filme wie »Hochzeit auf italienisch«, »Eva« und die großen Erfolge von Marilyn Monroe und

Brigitte Bardot. In den Auslagen der Buchhandlungen tauchen nach und nach die bis dahin unveröffentlichten Übersetzungen von Werken auf, deren Titel die Spanier früher nicht einmal auszusprechen wagten. Ihre Autoren sind Marx, Sartre, Joyce, Hemingway.

Erste zaghafte Ansätze. Sie sind nur der sichtbare und äußerst oberflächliche Ausdruck des Phänomens, das Spanien in den letzten zehn Jahren am tiefgreifendsten verändert hat: eines unerhörten wirtschaftlichen Wachstums, das in der Geschichte der Nation ohne Parallele dasteht. Das Land, das erst 1958 sein erstes serienmäßiges Automobil erzeugte, stellt nun pro Jahr 150000 her; im gleichen Zeitraum verlassen mehr als eine halbe Million Fernsehapparate die Fabriken. Trotz einer schleichenden Inflation gelangen auch die breiten Massen dank dem beträchtlichen Anstieg der Löhne in den letzten Jahren mehr und mehr in den Genuß der allgemeinen Prosperität. Doch diese Entwicklung hat auch ein von Tag zu Tag heftigeres Bedürfnis nach Freiheit zur Folge.

Spanien lernt heute die Erscheinung kennen, die die Staatswissenschaftler als »Revolution der Hoffnung« bezeichnen; die Regierung Franco erreicht »die kritische Periode, wenn ein autoritäres Regime sich reformieren will«, wie Alexis de Tocqueville, der französische Staatsmann und Historiker des 19. Jahrhunderts, es ausgedrückt hat.

Die Studentenunruhen, die Demonstrationen der Arbeiter, die Forderungen einer ständig wachsenden Gruppe junger, gegen ihre eigene Hierarchie rebellierender Priester, die Ansicht der neuen Generation, für die der Bürgerkrieg nichts weiter bedeutet als »eine blutige Fehde zwischen Egoisten, die ihr Vaterland verwüstet haben, um ihre Eitelkeit zu befriedigen«: All dies stellt den Caudillo vor ein furchtbares Dilemma. Wie soll er den behördlichen Druck in Grenzen halten und politische Reformen durchführen, ohne gleichzeitig die Einrichtungen zu untergraben, die ihm drei Jahrzehnte lang ermöglicht haben, Spanien zu regieren?

Die Bemühungen der Regierung haben bisher viel versprochen und wenig geändert. Das heikelste Problem Spaniens, das der Nachfolge Francos, ist nach wie vor ungelöst, und der Caudillo begnügt sich, auf die bekannte Langlebigkeit der Männer seiner Familie hinzuweisen – die einzige Kundgebung seines Humors, die auch seine Gegner anerkennen. Eines jedoch ist sicher: Während die Regierung mit Winkelzügen und Ausflüchten durch ihre Schwierigkeiten laviert, wächst die Unzufriedenheit, werden die Streiks umfassender, die Studentenunruhen heftiger, die Angriffe der jungen Priester nachdrücklicher, die Forderungen der neuen Generation ungeduldiger. Bisher hat General Franco in seiner Bedrängnis noch kaum einen anderen Ausweg gefunden als die Gewalt.

Durch die öden Weiten Kastiliens weht ein eisiger Wind. Myriaden von Zugvögeln fliegen über den mit Schneewolken bedeckten Himmel. Die Touristen, die zu Millionen ihren Urlaub unter der paradiesischen Sonne der Halbinsel verbracht haben, sind abgereist. Eine bedrückende Stille, eine bedrückende Einsamkeit lastet über den leeren Tribünen der Tempel, in denen den Sommer über Männer in Lichteranzügen Stiere getötet haben. Die *Plazas* Spaniens, mit alten, im Wind tanzenden Zeitungen, Orangenschalen und Zigarrenstummeln übersät, gleichen den verlassenen Amphitheatern einer untergegangenen Zivilisation. Die *Fiesta Brava* ist bis zur nächsten Saison in einen Winterschlaf versunken. Und dennoch ziehen über die ausgestorbenen Straßen Kastiliens Scharen von Landstreichern zu den hohen Mauern der *Plaza de Toros* von Madrid, in der ein sonderbarer Kongreß stattfinden soll: der Kongreß der *Maletillas* Spaniens. Zu Dutzenden, Hunderten, Tausenden haben sie sich auf diese Wallfahrt gemacht, sind sie dem Ruf von Dominguito Dominguín, dem Bruder des großen Matadors Luis Miguel Dominguín, gefolgt: Halbwüchsige mit 14 Jahren und Männer mit 42, Zwerge und Riesen, perfekte Athleten und arme, verkrüppelte Burschen. Sie tragen bizarre Namen: »Kleine Banane«, »Der Zigeunerpharao«, »Der Zyklon«, »Der Verzweifelte«. Eines jedoch haben sie alle gemeinsam: Sie sind arm, hoffnungslos arm. Auf einen Burschen aus einer Großstadt kommen zehn aus den rückständigsten Orten Andalusiens oder Estremaduras. »*Maletillas*, das ist eure Chance!« Dieser Aufruf Dominguitos hat sie auch in den hinterwälderlischsten Dörfern erreicht, und sie haben sich auf den Weg gemacht wie ehedem Manuel Benítez auf den Spuren von Currito de la Cruz.

Acht Tage lang kampierten die *Maletillas* Spaniens nachts in der Arena, an großen Holzfeuern, um nicht zu erfrieren, und legten tagsüber vor den Hörnern junger Kühe die Prüfung der Tapferkeit ab. Nur wenige wurden auserwählt. Doch für ein Dutzend Burschen öffneten sich an den nächsten Sonntagen die Tore der Arenen: Sie durften bei richtigen Corridas richtige Lichteranzüge tragen. Und vor allem konnten sie, dank den Wundern des Fernsehens, mit einem

Schlag aus der Anonymität treten und berühmt werden. In einer Sendung mit dem Titel »Oportunidad« wurden sie interviewt und erzählten, wie ihr auswegloses Leben sie vor die Hörner der Stiere getrieben hatte. Ihre Berichte waren so erschütternd, daß der Direktor des spanischen Fernsehens den Organisator dieses seltsamen Kongresses zu sich rief und ihn von der sofortigen Absetzung der Sendungen in Kenntnis setzte. »All diese Geschichten von Elend und Hoffnungslosigkeit«, erklärte der Wortführer des offiziellen Spanien, »all diese Geschichten von Vätern im Gefängnis und im Kindbett gestorbenen Müttern, von überfüllten Baracken und leeren Mägen sind Kindereien, Märchen, Erfindungen. Was wir zeigen müssen, ist die wirkliche Geschichte der Corrida, die Geschichte der Todesverachtung und des Kults der Tapferkeit, die Geschichte unseres großen Erbes: des heldenhaften Bluts, das in den Adern dieser *Maletillas* fließt. Das ist die wahre, unvergängliche Legende der Corrida, die einzige Wahrheit, die Spanien erhalten und fortsetzen muß.«

Achtzehn Kilometer östlich der andalusischen Stadt Jaén, am Fuß der Sierra Magina, erheben sich die gewaltigen Mauern des Schlosses Arroyo Vil über dem silbrigen Meer jahrtausendealter Olivenbäume. Jedes Jahr zu Silvester laden die Besitzer dieses stolzen Wohnsitzes, der Graf und die Gräfin d'Argillo, ihren jüngsten Sohn, seine Frau und seine Schwiegereltern zu einer Landpartie ein, deren Ablauf unveränderlich ist: Von zehn Uhr morgens bis sechs Uhr abends findet eine Jagd auf die roten Rebhühner Spaniens statt, unterbrochen durch ein Picknick mit *tortillas*, Serrano-Schinken und Montilla-Wein. Nach einer Ruhepause hört die Familie in der Schloßkapelle die Mitternachtsmesse; danach wird gegessen, und schließlich tanzt man bis zum Morgengrauen Flamenco. Es ist ein ruhiges Familienfest, wie es am selben Tag auch auf allen anderen großen Gütern Spaniens gefeiert wird. Einzig die Identität der Schwiegereltern des jungen Grafen verleiht ihm den Anstrich des Besonderen: es sind General Francisco Franco und seine Frau.

Nur äußerst selten werden zu dieser Gelegenheit Außenstehende ins Schloß Arroyo Vil geladen. Doch im vergangenen Jahr nahm ein prominenter Gast den Ehrenplatz zur Rechten der Señora Franco ein und beteiligte sich an der privaten Jagd des Caudillo von Spanien. Es war Manuel Benítez »El Cordobés«.

Zwei Tage verbrachte der einstige Orangendieb aus Palma del Río mit dem Mann, dessen Gefängnisse seinem Vater den Tod gebracht hatten. Wie ein x-beliebiger Tourist in einer Arena filmte Franco den Matador mit seinem neuesten Spielzeug, einer 8-mm-Kamera. El Cordobés schoß die stattliche Anzahl von 35 Rebhühnern, tanzte für die Tochter des Caudillo Flamenco und diskutierte mit seinem Gastgeber über die Probleme der Olivenkultur. Und dann posierten die beiden berühmtesten Männer Spaniens – ein einunddreißigjähriger Stierkämpfer, der Sohn eines republikanischen Soldaten, und der Offizier, der aus einer »Rapid Dragon« gestiegen war, um sich an die Spitze des blutigsten Bürgerkriegs der modernen Geschichte zu stellen – Seite an Seite für einen Fotografen. Zwei Generationen, zwei Spanien, zwei Welten begegneten einander auf diesem Foto: ein Greis an der Neige seines Lebens und seiner Macht und ein junger Matador mit langen Haaren, der die unerfüllten Hoffnungen seines Landes verkörpert.

Dieses Buch hätte niemals entstehen können ohne die geduldige und tatkräftige Mitarbeit von Manuel Benítez »El Cordobés«. Von unserem ersten Zusammentreffen in Córdoba, Januar 1965, an bis zu unserer Trennung fünfzehn Monate später in einer Madrider Klinik, wohin ihn sein gefährlicher Beruf geführt hatte, durften wir sein Leben mit ihm teilen. Mit außerordentlicher Liebenswürdigkeit und Zuvorkommenheit, für die wir ihm an dieser Stelle noch einmal danken wollen, beantwortete er unsere minuziösen Fragen, öffnete er uns die Tore seiner Hacienda, nahm er uns zu Weideritten unter seine Stierherden mit, räumte uns auf den langen Reisen in die Arenen einen Platz an seiner Seite ein und ermöglichte uns den Zugang in die *Callejones* zahlloser *Plazas*.

Er machte uns mit den Mitgliedern seiner Familie und mit seinen Freunden bekannt, deren Unterstützung von unschätzbarem Wert für uns war. Unsere besondere Verbundenheit möchten wir seinen Schwestern Angelita, Encarna und Carmela ausdrücken, die für uns die schmerzlichen Erinnerungen an ihre Kindheit und Jugend wachgerufen haben. Manuel Montes, seinem Schwager und Vertrauensmann, dem Cafetier Charneca, dem Pfarrer Don Carlos und dem Pater Arroyo, Juan Horillo, der mit uns die langen Streifzüge aus den Vagabundenjahren des Cordobés noch einmal unternahm, der sanften Anita Sánchez, dem Manager El Pipo, der mit großer Geduld seine eigenen Erlebnisse und die Ereignisse des tollen Sommers, in welchem der Matador zum Ruhm aufstieg, rekonstruierte, den Mitgliedern der *Cuadrilla*, den *Banderilleros* Paco Ruiz und Pepín Garrido, dem *Picador* José Siguenza, dem Degenträger Paco Fernández sowie dem Chauffeur Andrés Jurado und Luis González sprechen wir gleichfalls unseren herzlichsten Dank aus. Im Verlauf unserer langen Recherchen sind all diese Zeugen von El Cordobés' Leben auch unsere Freunde geworden.

Ebenso möchten wir allen denen unsere Erkenntlichkeit bekunden, die die Geschicke der *Fiesta Brava* lenken und uns ihre Unterstützung in reichem Maße gewährt haben: dem Direktor der Arena von Madrid, Livinio Stuyck, dem berühmten Matador Antonio Bienvenida, den Chirurgen Dr. Máximo de la Torre und Dr. Ortiz Clot, den Züchtern José Benítez y Cubero, Alonso Moreno, José und Antonio de la Cova.

Ohne den freundlichen Beistand zahlreicher Kollegen von der spanischen Presse wäre die Rekonstruktion der historischen Corrida vom 20. Mai 1964 unmöglich gewesen. José María Nováis, Eugenio Suárez, Gonzalo Carvajal, Lozano Sevilla und Antonio Olano mögen unserer Dankbarkeit versichert sein.

Dank gebührt weiterhin Pat Tarnovski, Bernadette Lapierre und Wendy Gordon für ihre unermüdlichen Nachforschungen, die uns eine wertvolle Hilfe waren. Die Dutzende von Notizbüchern, die Stapel von Dokumenten und die kilometerlangen Tonbänder, die wir von unserer Enquete in Spanien mitbrachten, konnten nur dank der Intelligenz und Hingabe einer außergewöhnlichen Mitarbeiterin, Dominique Conchon, zu einem Buch zusammengefügt werden. Sie hat mit grenzenloser Ausdauer unsere Dokumente geordnet und später unser Manuskript durchgesehen. Ebenso danken wir Manuela Andreota, Annie Philippe, Marie Benoîte Allizon, Irène Givatovsky und Germaine Gabry für ihre tatkräftige Mitwirkung während der Monate, in denen wir »Oder du wirst Trauer tragen« niederschrieben.

Unser Dank gilt ferner Jacques Peuchmaurd und Paul Andreota sowie dem großen Stierkampfexperten Claude Popelin für die wertvollen Korrekturen, die ihre schriftstellerische Erfahrung unserem Text angedeihen ließ.

Schließlich danken wir unserem Verleger Robert Laffont und seinen Mitarbeitern, Huguette Rémond, Jean-Claude Lattès, Jacques Labour und Françoise Lebert, daß sie unserem Projekt ihr Vertrauen geschenkt haben.

Ein Teil unseres Buches erzählt das Schicksal des Geburtsortes von El Cordobés während des Bürgerkriegs. Wir haben versucht, diese grausamen Tage mit der größten Objektivität und Redlichkeit zu schildern. Es ist uns nicht möglich, die Namen all derer zu nennen, die uns in Spanien und außerhalb ihres Landes bei dieser Rekonstruktion geholfen haben, ohne sie in Schwierigkeiten zu bringen. Manche Berichte mußten uns nachts im Auto, irgendwo in Andalusien oder sonstwo, übermittelt werden. Sollte jedoch der eine oder andere dieser Augenzeugen einer heute mehr und mehr pardonierten Vergangenheit unser Buch lesen, so möge er an dieser Stelle die Versicherung unserer Erkenntlichkeit entgegennehmen.

»Les Bignoles«, Ramatuelle
5. Mai 1967

Erklärung der Fachausdrücke

Afición Begeisterung und zugleich Sachverständnis für den Stierkampf.

Aficionado Stierkampfbegeisterter.

Alguaciles (wörtlich etwa: Gerichtsdiener). Zwei in der klassischen Tracht der Gerichtsdiener des 17. Jahrhunderts gekleidete Reiter, die knapp vor Beginn der Corrida die Arena von Neugierigen, Verkäufern usw. säubern. Sie führen den feierlichen Einzug der Toreros in die Arena an.

Alternativa Die feierliche Erhebung in den Rang eines »Matadors de Toros«.

Apoderado Manager und Bevollmächtigter.

Apodo Beiname eines Toreros, z. B. »El Cordobés«.

Areneros Angestellte der Arena, die die niedrigsten Dienste verrichten: Sie glätten und besprengen den Sand, führen die Pferde der Picadores usw.

Aviso (kurz für: aviso de rigor = strenge Mahnung). Mahnung des Präsidenten, den Stier zu töten, wenn dieser nach zehn Minuten Arbeit des Matadors noch am Leben ist. Drei Minuten später erfolgt ein zweites, weitere zwei Minuten darauf ein drittes Aviso. Ist es dem Matador dann immer noch nicht gelungen, den Stier zu töten, so wird dieser inmitten zahmer Ochsen vom Platz getrieben und draußen geschlachtet.

Banderillas Zwei zirka 65 Zentimeter lange, mit bunten Bändern verzierte Holzstäbe, die an den Spitzen eiserne Widerhaken tragen.

Banderillero Untergeordneter Stierkämpfer, der dem Stier zwei Banderillas in den Nacken sticht.

Barrera Die ungefähr eineinhalb Meter hohe hölzerne Brüstung, die den Kampfplatz umgibt.

Burladero (von »burlar« = verspotten). Der Barrera vorgeschobene Holzplanken, hinter denen die Toreros Zuflucht suchen oder ihren Auftritt erwarten.

Cabestro Zahmer Ochse.

Callejón (wörtlich: Gäßchen). Schmaler Rundgang um den Kampfplatz, zwischen Barrera und Tribünen.

Capa Ursprünglich spanischer Mantel. Tuch mit purpurner Vorder- und gelber Hinterseite, mit dem der Stier »zitiert« wird. (»Zitiert« ist der Fachausdruck.)

Capea Ländlicher Stierkampf mit gemieteten Stieren, die nicht getötet werden.

Cornada Verletzung durch einen Hornstoß.

Corral Stiergehege.

Corrida (kurz für: corrida de toros). Stierkampf.

Cuadrilla Stierkämpfertruppe.

Enfermería Der Arena angeschlossene Erste-Hilfe-Station.

Espontaneo Stierkampfbesessener Bursche, der während einer Corrida auf den Kampfplatz springt, um den Stier zu reizen. Der spanische Staat bestraft diese Tat mit Gefängnis.

Estocada Der klassische Degenstoß, mit dem der Stier getötet wird. Richtig geführt, trifft er ein Nervenzentrum und wirkt unmittelbar und ohne Blutvergießen tödlich.

Faena (wörtlich: körperliche Arbeit). Die Arbeit des Matadors mit der Muleta in der letzten Phase des Kampfes.

Fiesta Brava, auch Fiesta Nacional Der Stierkampf.

Ganadería Stierzüchterei.

Garrocha Lange Lanze. Die Garrocha, die bei den Tientas verwendet wird, hat eine nur 1 Zentimeter lange Eisenspitze, während die der Kampflanze bei der Corrida 3 Zentimeter lang ist.

Maletilla (von »maleta« = Bündel). Junge Burschen, die auf der Suche nach einer Chance von Züchterei zu Züchterei und von Arena zu Arena vagabundieren.

Matador (kurz für: matador de toros, d. h. wörtlich Stiertöter). Der Anführer einer Stierkämpfertruppe. Er muß den Stier töten. Nur er hat das Recht, Degen und Muleta zu führen.

Mayoral Der oberste Viehhüter einer Züchterei.

Montera Der Zweispitz der Toreros. Der Matador nimmt sie vor der letzten Phase des Kampfes ab und wirft sie auf den Kampfplatz.

Muleta (wörtlich: Stab). Das an einem Stab befestigte scharlachrote Tuch des Matadors. Der Matador bedient sich seiner nur in der letzten Phase des Kampfes.

Natural Eine Pase mit der linken Hand.

Novillo Junger (meist dreijähriger) Stier.

Pase Stierkampffigur nach genau vorgeschriebenen Regeln. Jede Art von Pase hat ihren eigenen Namen.

Paseo Der feierliche Einzug der Toreros in die Arena. Allgemein auch Faschingszug, Korso, Prozession usw.

Patio de caballos (wörtlich: Pferdehof). Vorhof der Arena, in dem die Pferde der Picadores die Corrida erwarten.

Peón (wörtlich: Knecht). Dem Matador unterstellter Stierkämpfer.

Peto Die gepolsterte Matte, mit der die Pferde der Picadores an den Flanken vor den Hörnern geschützt werden.

Picador Berittener, mit einer 4 Meter langen Lanze bewaffneter Stierkämpfer. Seine Beine stecken, zum Schutz vor den Hörnern, in Eisenschienen. Er muß dem Stier seine Lanze in den Widerrist bohren.

Plaza de Toros Die Stierkampfarena.

Querencia Der bevorzugte Ort des Stiers in der Arena. (Sein »Revier«, wie es die Verhaltensforschung nennt.)

Reglamento Taurino Der überlieferte Kanon des Stierkampfs.

Rejoneador Berittener Matador. Sein Rassepferd ist nicht gepanzert, da es sehr beweglich sein muß.

Ruedo Der kreisrunde Kampfplatz.

Sorteo Die Verlosung der sechs Stiere unter die drei Matadore einer Corrida.

Taleguilla Die Kniehose des Lichteranzugs.

Tercio Eine Phase des Stierkampfs. Der Übergang von einem Tercio zum anderen wird vom Präsidenten der Corrida angeordnet und kann vom Matador erbeten werden.

Tienta Zeremonie in den Züchtereien, bei denen die jungen Kampfstiere bzw. Kühe durch einen Lanzenreiter auf ihre Tapferkeit geprüft werden. Tiere, die diese Mutprobe nicht bestehen, werden sofort ins Schlachthaus geschickt.

Torero Stierkämpfer im allgemeinen. Das von Ausländern häufig gebrauchte Wort »Toreador« ist veraltet und wird von den Spaniern belächelt.

Toril Der verdunkelte Stall neben dem Kampfplatz, in dem die Stiere die Corrida erwarten.

Traje du luces (wörtlich: Lichteranzug). Das mit schweren Gold- und Silberstickereien, Quasten, Pailletten usw. verzierte Kampfkostüm des Matadors.

Verónica Stierkampffigur, bei der die Capa nach vorne geschwungen wird, um den Stier anzulocken.

Inhalt